改訂加除
地方制度輯攬
【改訂76版】
第1分冊

良書普及会 編纂

地方自治法研究復刊大系〔第二七八巻〕

改訂加除

地方制度輯攬

〔改訂七十六版〕

第一分冊

日本立法資料全集 別巻1088

信山社

改訂加除

地方制度輯覽

良書普及會編纂

地方制度輯攬加除一覧

加除注意 加除録ノ表紙ニ指定ノ（除頁欄）ノ紙数ヲ除キ、下段（加頁欄）ノ紙数ヲ加ヘ、終リニ除頁ヲ指定ト照合シ過誤ナキヲ検頁後綴ルコト

加除號數	内容現在	加除扱者検印
第壹號	昭和六年八月三十日現在	
第貳號	七年三月三十日現在	
第參號	七年十月一日現在	
第四號	七年十二月一日現在	
第五號	八年六月一日現在	
第六號	八年十一月十日現在	
第　號	年　月　日現在	
第　號	年　月　日現在	
第　號	年　月　日現在	
第　號	年　月　日現在	
第　號	年　月　日現在	

加除號數	内容現在	加除扱者検印
第　號	年　月　日現在	
第　號	年　月　日現在	
第　號	年　月　日現在	
第　號	年　月　日現在	
第　號	年　月　日現在	
第　號	年　月　日現在	
第　號	年　月　日現在	
第　號	年　月　日現在	
第　號	年　月　日現在	
第　號	年　月　日現在	
第　號	年　月　日現在	

本表ヲ巻首ニ挿入シ所定欄ニ記入セラレタシ

良書普及會藏版

法規ノ經過表示

改訂加除綴ニ於テ特ニ必要ナル法規ノ經過ヲ表示シ卽チ完全加除法ニ依リ法規ノ運用ニ資シ適正ヲ期シ以テ引照錯誤ノ危險ヲ排除スル爲左ノ略語ヲ用ヒ各條項ニ就キ經過ヲ表示ス

因ニ從來一般ニ行ハルル法規書ノ類ハ施行未施行ニ關心ナク挿替ヘ爲ニ現行法規ヲ抛棄セル如キ殊ニ一部改訂或ハ一部追加等ニ於テハ該當事象ニ對スル其ノ當時ノ法規ノ適用ヲ索ムル途ナキノ常態ニアルヲ遺憾トシ本書ハ此ノ經過表示法ヲ達成セリ

一　各法規訓令ノ條項ノ下ニ（　）內年番號新設トセルハ新シク設定セラレタルモノ又改正ハ改正、追加ハ新シク加ヘラレタルモノ及改正新設トアルハ從來ノモノヲ改正シテ其ノ條項ヲ新シク設ケラレタルモノ、尙本條新設又ハ本條改正トアルハ其ノ條全文ノ改正ナル場合ニ付第二項以下ニ（　）ノ記入ヲ略ス場合アリ

一　條文中法規ノ年番號ノ下（　）內ニ法規名ヲ私記セルハ其ノ法規ノ名稱ヲ註記シ又現行規定ノ適用ヲ失ヘル字語ハ【　】ヲ附ス

一　法規運用上ニ特ニ必要ナル關係法條ヲ參照シ或ハ他ノ法規及訓令通牒ト牴觸スルモノハ注意事項ヲ附記ス

上諭

朕地方共同ノ利益ヲ發達セシメ衆庶臣民ノ幸福ヲ增進スルコトヲ欲シ隣保團結ノ舊慣ヲ存重シテ益之ヲ擴張シ更ニ法律ヲ以テ都市及町村ノ權義ヲ保護スルノ必要ヲ認メ茲ニ市制及町村制ヲ裁可シテ之ヲ公布セシム

御名御璽

明治二十一年四月十七日

内閣總理大臣 伯爵 伊藤 博文

内務大臣 伯爵 山縣 有朋

凡例

一 本書ハ總テ現行ノ地方制度竝ニ關係諸法規ヲ統一シ而シテ實際家ノ執務上又江湖ノ座右必備ノモノタラシム

一 本書ハ市制、町村制、府縣制、同施行令、同施行規則ヲ根幹トシ之ガ附屬ノ法令竝ニ關係ノ法律、布告、勅令、達、閣令、省令、訓令、省達、指令、告示、通牒、省議決定、回答等必要ヲ顧慮シ博ク數百件ニ亘リ之ヲ輯錄ス

一 本書ノ中卄子ヲ爲ス法條ハ下段ニ舊法ヲ對照シテ法規運用上其ノ事態ニ徵シ變化竝ニ判定ニ資ス

一 本書ハ誤見ヲ防ギ記憶ヲ容易ニシ且檢索ヲ自由ナラシムル爲メ各條文中各項ノ頭ニ２３等ノ數字ヲ附シ、而シテ沿革ヲ明瞭ニスル爲メ其ノ該當條項ノ下ニ法令發布ノ年月日及番號ヲ附ス

一 本書ノ編輯方ニ就キ御氣付ノ點ハ御敎示ヲ希フ

編者識ス

改訂加除 地方制度輯攬目次

市制

町村制

(改三)

◎改正市制附則第二項、町村制附則第四項及施行令附則第九項ノ規定ニ依ル命令ニ關スル件……（大一五、内令二二）……二八二
◎昭和四年市制町村制改正經過規程……（昭四、勅一八七）……二八二
◎市制町村制ノ施行ニ關スル件……（明四四、勅二四三）……二八七
◎町村制ヲ施行セサル島嶼指定ノ件……（大一〇、勅一九〇）……二九三
◎市制町村制施行ノ際取扱方ノ件……（明二二、内訓三五二）……二九四
◎新ニ市町村ヲ置キタル場合ニ於ケル市町村條例設定ニ關スル特例ノ件依命通牒……（大一二、發地七）……二九四
◎市制第六條ノ市ノ指定ニ關スル件……（明四四、勅二三九）……二九五
◎市制第六十五條ノ名譽職參事會員ノ定數ノ件……（昭四、勅一八九）……二九五
◎市制第八十二條第三項ノ市指定ノ件……（明四四、内令一四）……二九五
◎衆議院議員選擧法第六條第三號ニ關スル件通牒……（大一五、發地一八）……二九六
◎市町村行政ニ關スル件依命通牒……（大一三、發地一五）……二九七
◎地方債許可ノ方針ニ關スル件依命通牒……（大一三、發地七四）……二九八
◎地方債許可ノ方針ニ關スル件訓令……（昭四、内訓九七三）……二九九
◎地方債許可ニ關スル件依命通牒……（昭七、發地一）……三〇〇
◎既許可地方債ニ關スル件依命通牒……（昭四、地祕五三）……三〇〇
◎地方債許可暫行特例……（昭七、勅二三六）……三〇一
◎地方債許可暫行特例第三條ノ規定ニ依ル事業ノ範圍指定……（昭八、内、藏告一）……三〇二

◎市制町村制施行令、北海道一級町村制及北海道二級町村制ノ規定ニ依ル起債ノ方法、利息ノ定率及償還方法ノ變更指定ノ件……（昭八、內、藏告二）……三〇三
◎地方債ノ許可權限ニ關スル規定改正ノ件依命通牒……（昭八、發地七〇）……三〇四
◎府縣會議員又ハ市町村會議員ノ發案議決ニ伴フ歳入出豫算ノ件通牒……（昭四、發地五五）……三〇六
◎町村制ニ代ル制ヲ施行スル地ノ町村税ノ徴收ニ關スル件……（大一五、勅二八六）……三〇六
◎市町村税指定ノ件……（昭四、內令一五）……三〇七
◎市町村特別税廢止ニ關シ通牒……（昭七、地發乙一五六）……三〇七
◎入湯税ニ關スル件依命通牒……（大一一、發地五三）……三〇八
◎島嶼町村制施行町村ノ內外ニ於ケル附加税賦課ニ關スル件……（大四、內令六）……三〇八
◎道府縣會議長會費竝全國町村長會費支出ニ關スル件通牒……（大一五、地發乙九七）……三〇八
◎公共團體ノ意義ニ付通牒……（大一一、東地六七）……三〇九
◎市町村吏員服務紀律……（明四四、內令一六）……三一〇
◎市町村長除服及旅行取締方ノ件……（大元、內訓一五）……三一一
◎市ノ境界變更ノ件通牒……（大一〇、地一一六）……三一二
◎民法第二十一條及第百四十三條……三一二

◎年齢計算ニ關スル件……（明三五、法五〇）……三一二
◎地租地租附加税及段別割ニ關スル法規ヲ皇族所有ノ土地ニ適用スルノ件……（大二、皇令八）……三一三
◎【北海道會法、府縣制】、市制町村制ノ規定ニ依リ直接税及間接税ノ種類……（大一五、内告六八）……三一三
◎市制町村制ニ依ル懲戒審査會及鑑定人ノ費用負擔ニ關スル件……（明四四、勅二九三）……三一五
◎市町村事務報告例概則……（明二五、内訓三五〇）……三一六
◎市町村巡視規程概則……（明二五、内訓三四九）……三一八
◎六大都市行政監督ニ關スル法律……（大一一、法一）……三二〇
◎六大都市行政監督特例……（大一五、勅二一二）……三二〇
◎大正十五年改正府縣制附則第三項ノ規定ニ關スル件……（大一五、内令三九）……三二一
◎行政又ハ司法區域ニ關スル市ノ所屬ノ件……（明三三、勅七一）……三二五
◎收入證紙發行ニ關スル件……（大元、内訓一七）……三二六
◎公營質屋ニ關スル件通牒……（大一四、地發甲六）……三二六
◎各地ニ唱フル字ハ漫ニ改稱變更スヘカラサル件……（明一四、達八三）……三二七
◎市町村内土地ノ字名改稱變更取扱規定……（明四四、内訓二）……三二七
◎市區町村内土地ノ字名改稱及區域變更ニ關スル件……（大九、地一八七）……三二九

◎沖繩縣〔區〕町村內土地字名改稱變更取扱方……（明四四、內訓三）……………（改三）三二九
◎市町村內土地ノ字名改稱取扱方ノ件……（大一四、內訓三）……………三三一
◎市內ノ町名改稱取扱方ノ件依命通牒……（大一四、發地一）……………三三一
◎市町村ニ於テ民勢調査ヲ爲ス際申告ヲ拒ミタル者等處罰方……（明四一、內令一五）……………三三一
◎議員又ハ市町村吏員タルヲ得サル官吏ハ在職者ニ限ルノ件……（明二二、閣令一八）……………三三二
◎皇族身位令……（明四三、皇令二）……………三三二
◎會計檢査院法……（明二二、法一五）……………三三二
◎裁判所構成法……（明二三、法六）……………三三二
◎陸軍軍法會議法……（大一〇、法八五）……………三三三
◎海軍軍法會議法……（大一〇、法九一）……………三三三
衆議院議員選擧法
……（大一四、法四七）……………三三三
◎衆議院議員選擧法施行令……（大一五、勅三）……………三四〇ノ二
◎地方議會議員ノ選擧運動ノ爲ニスル文書圖畫ニ關スル件……（大一五、內令二一）……………三四〇ノ一〇
◎選擧運動ノ爲ニスル文書圖畫ニ關スル件……（大一五、內令五）……………三四〇ノ一〇ノ一
◎衆議院議員選擧法ノ疑義ニ關スル件通牒……（昭六、高發乙一六）……………三四〇ノ三
◎衆議院議員選擧法ノ解釋ニ關スル件通牒……（昭六、高發甲五）……………三四〇ノ三

◎衆議院議員選擧法第百四十四條ノ二第三項（府縣制第百四十五條第二項）ノ規定ニ依ル町村ノ屬スベキ區域指定ノ件……（昭七、内告五九）……三四〇ノ一三
◎入寄留者犯罪人名簿整備方……（昭二、内訓三）……三四〇ノ一四
◎本籍人犯罪人名簿整備方……（大六、内訓一）……三四〇ノ一四
◎禁治産者及破産者名簿整備方……（昭二、内訓四）……三四〇ノ一四
◎**道府縣會議員ノ選擧權及被選擧權並市町村會議員ノ公民權ニ關スル法律**……（大一五、法五六）……三四〇ノ一五
◎市制町村制ニ關スル件通牒……（大一五、崎地七一）……三四〇ノ一六
◎選擧人名簿ノ調製ニ關スル件通牒……（大一五、遞地八）……三四〇ノ一六
◎市町村會議員選擧ノ件依命通牒……（昭四、發地七三）……三四〇ノ一七
◎市町村長、助役、收入役及副收入役ノ就職ニ關スル件……（大一五、地發乙一九〇）……三四〇ノ二〇
◎市町村長、助役、收入役及副收入役ノ任期起算ニ關スル件……（大一五、發地六八）……三四〇ノ二〇
國稅徵收法……（明三〇、法二一）……三四一
◎國稅徵收法施行規則……（明三五、勅一三五）……三四六
◎國稅徵收法施行細則……（明三〇、藏令一〇）……三五〇
◎**市町村ニ於テ徵收スヘキ國稅ノ件**……（明三〇、勅一九五）……三五〇ノ二
◎國稅徵收法ニ依ル市町村交付金交付規程……（大三、藏令八）……三五〇ノ三

◎國稅ノ納稅告知書ニ府縣稅市【區】町村稅併記認可ニ關スル件‥‥（大二、藏訓九）‥‥三五〇ノ四
◎**租稅ノ他ノ收入徵收處分囑託ニ關スル法律**‥‥（明四〇、法三四）‥‥三五〇ノ四
◎租稅等徵收ノ囑託費用ノ件通牒‥‥（明四〇、地甲二九）‥‥三五一
◎所得稅法‥‥（大九、法一一）‥‥三五一
地方稅ニ關スル法律‥‥（大一五、法二四）‥‥三五二
◎地方稅ニ關スル法律施行ニ關スル件‥‥（大一五、勅三三九）‥‥三五六
◎雜種稅ノ課目指定‥‥（昭二、內、藏告一）‥‥三五六ノ九
◎地方稅ニ關スル法律施行規則‥‥（大一五、內、藏令）‥‥三五六ノ一〇
◎營業收益稅法‥‥（大一五、法一一）‥‥三五六ノ一二
◎信託法‥‥（大一一、法六二）‥‥三五六ノ一七
◎地方稅ニ關スル法律命令ノ施行ニ關スル件依命通牒‥‥（昭二、發地三）‥‥三五六ノ一八
◎營業稅ニ關スル件依命通牒‥‥（昭三、發地一七）‥‥三五六ノ二一
◎電柱稅ノ賦課ニ關スル件依命通牒‥‥（昭六、發地七一）‥‥三五六ノ二二
◎電柱稅ノ賦課ニ關スル件依命通牒‥‥（昭七、發地五三）‥‥三五六ノ二三
◎制限外課稅委任許可報告ノ件依命通牒‥‥（昭二、發地六）‥‥三五六ノ二三
◎府縣ニ於ケル費用ノ府縣負擔ニ關スル件‥‥（大一五、勅三三八）‥‥三五七
◎地方稅ニ關スル法律第二十八條ニ依ル委任ノ件‥‥（大一五、勅一四三）‥‥三五八
地方稅制限ニ關スル法律‥‥（明四一、法三七）‥‥三五九

◎昭和六年法律第五十一號、同年法律第五十號及同年法律第三十號（地方稅ニ關スル法律中、地方稅制限ニ關スル法律中及都市計畫法中改正法律）施行令‥（昭六、勅五〇）‥三六二ノ二
◎昭和六年法律第五十一號及同年法律第五十號（地方稅ニ關スル法律中及地方稅制限ニ關スル法律中改正法律）施行規則‥‥（昭六、內、藏令）‥‥三六二ノ五
◎地方稅關係改正法令ノ施行ニ關スル件依命通牒‥‥（昭六、發地四九）‥‥三六二ノ七
◎地租附加稅ノ不均一賦課ニ關スル件‥‥（昭七、勅二六）‥‥三六二ノ一三
◎地租附加稅不均一賦課ニ關スル件依命通牒‥‥（昭七、發地二二）‥‥三六二ノ一四
◎地租附加稅及特別地稅同附加稅ノ制限外課稅ニ關スル件通牒‥（昭六、發地九二）‥三六二ノ一五
◎災害免租地ニ對スル不課稅ニ關スル件依命通牒‥‥（昭六、發地六六）‥‥三六二ノ一五
◎地方稅制限ニ關スル法律第六條ニ依ル委任ノ件‥‥（大九、勅二八二）‥‥三六三
◎地方稅制限法改正ノ件ニ付依命通牒‥‥（大一二、發地三〇）‥‥三六三
家屋賃貸價格調査令‥‥（昭四、勅四〇三）‥‥三六四ノ一
◎家屋賃貸價格調査令施行規則‥‥（昭四、內、藏令）‥‥三六四ノ八
◎家屋賃貸價格調査令竝ニ同施行規則ニ關スル件依命通牒‥‥（昭五、發地一）‥‥三六四ノ一三
◎大正十五年勅令第三百三十九號（地方稅ニ關スル法律施行ニ關スル件）中竝家屋賃貸價格調査令中改正ニ關スル件依命通牒‥‥（昭七、發地九八）‥‥三六四ノ二〇
◎**市町村其ノ他公共團體ノ起債ニ關シ依命通牒**‥‥（大一二、發地二三）‥‥三六五
◎市町村ノ廳舍、公會堂、中等學校校舍等ニ關スル起債ノ件‥‥（昭四、發地三三）‥‥三六五
◎自作農創設維持竝住宅建設資金起債ニ關スル件通牒‥‥（大一三、發乙二三九）‥‥三六五ノ一

◎基本財産ノ蓄積積戻停止ニ關スル件……（昭二、地發乙一三九）……三六五ノ六
◎制限外課稅、特別稅新設增額變更等許可稟請書ニ添附樣式ノ件…（昭二、內、藏訓三三四）……三六五ノ六
◎市町村其ノ他公共團體ノ課稅許可稟請書ニ添附スベキ書類ノ件依命通牒……（昭二、發地四）……三七四
◎市町村其ノ他公共團體ノ課稅許可稟請書ニ添附ス可キ書類ノ件通牒……（明四三、地三四一四）……三七四
◎地盆調添附方及樣式ノ件通牒……（明四三、地六〇九三）……三七五
◎起債稟請ノ場合添附スヘキ書類……（明二六、內、藏訓六九二）……三七六
◎起債ニ依ル事業費ノ精算報告ノ件依命通牒……（大一二、發地六〇）……三七八
◎起債ニ依ル事業費精算ノ件ニ付通牒……（大一二、地發一七九）……三八〇

地租法

地租法……（昭六、法二八）……三八〇ノ一
◎地租法施行規則……（昭六、勅四七）……三八〇ノ三
◎地租法施行細則……（昭六、藏令六）……三八二
◎震災被害者ニ對スル租稅ノ減免猶豫等ニ關スル法律……（昭六、法四六）……三八三
◎震災被害者ニ對スル租稅ノ減免猶豫等ニ關スル法律施行方……（昭六、藏令一一）……三八四
◎震災被害者ニ對スル租稅ノ免除猶豫等ニ關スル法律……（昭八、法一三）……三八六
◎震災被害者ニ對スル租稅ノ免除猶豫等ニ關スル件施行方……（昭八、藏令六）……三八六
◎砂防法……（明三〇、法二九）……三八八
◎砂防法第十一條ノ地租其ノ他ノ公課減免ニ關スル件……（明三二、勅三七四）……三八九
◎森林法……（明四〇、法四三）……三九〇

◎酒造稅法（明二九、法二八）……三九〇
◎競馬法（大一二、法四七）……三九〇
◎鑛業法（明三八、法四五）……三九〇ノ一
◎鑛產稅附加稅ノ賦課步合算定標準ニ關スル件通牒（昭八、發地六）……三九〇ノ一
◎直接鑛業用工作物ニ對スル不動產取得稅賦課ニ關スル件依命通牒（昭七、發地一一一）……三九〇ノ二
◎砂鑛法（明四二、法一三）……三九〇ノ二
◎砂鑛區稅法（明四三、法九）……三九〇ノ二
◎相續稅法（明三八、法一〇）……三九〇ノ三
◎郵便法（明三三、法五四）……三九〇ノ三
◎電信法（明三三、法五九）……三九〇ノ三
◎取引所稅法（大三、法二三）……三九〇ノ三
◎製鐵業奬勵法（大一五、法四九）……三九〇ノ三

府縣制

第一章　總則……三九一
第二章　府縣會……三九二
第一款　組織及選擧……三九二
第二款　職務權限及處務規程……四二七
第三章　府縣參事會……四三四
第一款　組織及選擧……四三四
第二款　職務權限及處務規程……四三六
第四章　府縣行政……四三九

◎市郡部會市郡部參事會ヲ設クルノ件……(明三二、內令二五)……五二八
◎府縣【郡】ヨリ給料給與ヲ受クル吏員職員ニ對シ退隱料退職給與金遺族扶助料ノ支給ニ關スル規定ヲ設クルノ件……(明三三、內令一四)……五三三
◎府縣【郡】吏員服務紀律……(明三五、內令三)……五三三
◎國庫出納金端數計算法……(大五、法二)……五三六
◎公共團體ノ收入及仕拂ニ關シ國庫出納金端數計算法準用ノ件……(大五、勅二〇九)……五三七
◎貸座敷引手茶屋娼妓賦金賦課並處分方……(明二一、閣令一二)……五五六
◎堤塘使用料及道路並木布貸渡料其他收入金取扱方……(明二一、內訓一七)……五五六
◎堤塘道路並木敷ノ使用及收益ニ關スル件……(明二四、內訓四六二)……五五七
◎請願巡查經費ニ關スル件……(明二三、內訓三八)……五五八
◎府縣警察費ニ對シ國庫下渡金ノ割合……(明二一、勅六一)……五五八
◎巡查ノ用ニ供シタル國費支辨ノ物件ヲ府縣ニ讓渡スルノ件……(大五、勅三四)……五五九
◎各府縣下ニ存在スル公共財產等ニ關スル件……(明二二、內令一)……五五九
◎公共團體ノ管理スル公共用土地物件ノ使用ニ關スル法律……(大三、法三七)……五六〇
◎道府縣費ヨリ市町村立小學校敎育補助費支出ノ件……(明四〇、勅二一七)……五六〇
◎國庫ヨリ俸給ヲ受クル府縣ノ官吏ニ對シ府縣費ヨリ旅費支出ニ關スル件……(大一一、勅五)……五六〇ノ一

◎國庫ヨリ俸給ヲ受クル府縣ノ官吏ニ對シ府縣費ヨリ旅費支出ノ件依命通牒……（大一一、發地一一）……五六〇ノ二
◎道府縣手数料令……（明四三、勅二一九）……五六〇ノ二ノ一
◎賣藥部外品等ノ免許手数料額及手数料免除ニ關スル件……（明四三、內令一九）……五六〇ノ二ノ二
◎**會計法**……（大一〇、法四二）……五六〇ノ四
◎會計規則……（大一一、勅一）……五六〇ノ五
◎國債ニ關スル法律……（明三九、法三四）……五六〇ノ六
◎**罹災救助基金法**……（明三二、法七七）……五六〇ノ七
◎罹災救助基金法施行手續……（大七、藏令八）……五六〇ノ三
◎道府縣罹災救助基金管理方法……（明三八、藏令三八）……五六三
◎府縣災害土木費國庫補助ニ關スル法律……（明四四、法一五）……五六五
◎災害土木費國庫補助規程……（明四四、勅一九九）……五六五
◎時局匡救土木事業執行ニ關スル訓令……（昭七、內訓一一）……五六七
◎國庫ノ補助スル公共團體ノ事業ニ關スル法律……（明三〇、法三七）……五六八
◎同上施行ニ關スル件……（明三一、勅一八四）……五六九
◎軍事救護法……（大六、法一）……五七〇
◎軍事救護法施行令……（昭六、勅二八四）……五七一
請願令……（大六、勅三七）……五七一
◎請願ニ關スル件依命通牒……（大九、發地一五三）……五七三
訴願令……（明二三、法一〇五）……五七三

◎訴願ノ手續及經由行政廳ノ件ニ付通牒……（明二四、縣甲二九）……五七七

行政裁判法……（明二三、法四八）……五七七

第一章　行政裁判所組織……五七七
第二章　行政裁判所權限……五七九
第三章　行政訴訟手續……五八〇
第四章　附　則……五八四
◎行政廳ノ違法處分ニ由リ行政裁判所ニ出訴シ得ヘキ事件……（明二三、法一〇六）……五八四
◎行政訴答書書式……（明二四、裁告一）……五八五
◎行政訴訟提起ニ關スル附加期間……（昭四、九、二一、官報）……五八八
◎行政訴訟豫納金手續……（明三二、裁告一）……五八八
◎行政裁判所事務分配方法……（昭八、裁告一）……五八八ノ一

水道條例……（明二三、法九）……五八九

◎水道條例第二十一條ノ二ノ規定ニ依ル職權委任ノ件……（大一〇、勅三三一）……五九三
◎水道條例第三條及第十一條但書ノ規定ニ依ル命令ニ關スル件……（大一〇、内令二二）……五九三
◎水道條例ニ依ル職權委任等ニ關スル件……（大一〇、發衛二三一）……五九七

北海道會法……(明三四、法二)……五九八
◎北海道會法中改正法律施行期日ノ件……(大一五、勅二一三)……六〇四
◎同上ノ件……(昭四、勅一一)……六〇四
北海道地方費法……(明三四、法三)……六〇四
◎北海道地方費ニ關スル件……(大一一、勅二五六)……六〇七
◎北海道地方費吏員ノ服務紀律ニ關スル件……(大一二、内令六)……六〇八
◎北海道會法及北海道地方費法施行令……(大一五、勅二〇二)……六〇八
◎北海道會法施行ニ關スル件……(大一五、内令二〇)……六一二ノ一
◎北海道地方費法施行ニ關スル件……(昭六、内令二三)……六一二ノ一
北海道一級町村制……(昭二、勅二六九)……六一二ノ二
北海道二級町村制……(昭二、勅二七〇)……六一二ノ八
第一章　總則……六一二ノ八
第一款　町村及其ノ區域……六一二ノ八
第二款　町村住民及其ノ權利義務……六一二ノ九
第三款　町村條例及町村規則……六一二ノ一二
第二章　町村會……六一二ノ一二
第一款　組織及選擧……六一二ノ一二
第二款　職務權限……六一二ノ二五
第三章　町村吏員……六一二ノ三一

水利組合法（明四一、法五〇）……六一三

第七章　組合ノ監督……六三一
第八章　雜　則……六三三
附　則……六三四
◎水利組合豫算調製ノ式及費目流用其ノ他財務ニ關スル件…(明四一、內令一三)……六三五
◎水利組合吏員賠償責任及身元保證令…(明四一、勅一九一)……六三七
◎水利組合吏員服務紀律…(明四一、內令一四)……六三九
◎水利組合法第八十條ニ依ル命令ノ件…(大元、勅五〇)……六三九
◎**水產會法**…(大一〇、法六〇)……六四〇

耕地整理法…(明四二、法三〇)……六四〇ノ一
◎耕地整理法施行規則…(明四二、農令三九)……六四〇ノ四〇

公有水面埋立法…(大一〇、法五七)……六四一
◎公有水面埋立法施行令…(大一一、勅一九四)……六五三
◎公有水面埋立ニ關スル取扱方ノ件依命通牒…(大一一、發土三五)……六六二
◎同上ノ件…(大一二、發土二)……六六八

職業紹介法…(大一〇、法五五)……六六九
◎職業紹介法一部施行期日ノ件…(大一〇、勅二九一)……六七一
◎職業紹介法施行令…(大一〇、勅二九二)……六七一

◎職業紹介法施行規則……（大一三、内令二九）……六七三
◎職業紹介法施行令中改正ノ件通牒……（大一四、社發三五八）……六八〇

道路法……（大八、法五八）……六八一
第一章　總則……六八一
第二章　道路ノ種類、等級及路線ノ認定……六八二
第三章　道路ノ管理……六八四
第四章　道路ニ關スル費用及義務……六八七
第五章　監督及罰則……六九〇
第六章　訴願及訴訟……六九三
第七章　雜則……六九三
附則……六九五
◎道路法施行期日ノ件……（大八、勅四五九）……六九七
◎**道路法施行令**……（大八、勅四六〇）……六九七
◎道路法第七條ノ規定ニ依ル準用等ノ件……（大八、勅四七一）……七〇三
◎道路法中特例ニ關スル法律……（昭七、法三五）……七〇四
◎道路法第十七條但書ノ規定ニ依ル市指定……（大八、勅四六一）……七〇四
◎道路管理職員制……（大九、勅二四五）……七〇四ノ一
◎道路管理者特別規程……（大八、勅四七二）……七〇四ノ三
◎道路法第二十條第二項ノ主務大臣ノ權限ニ關スル件……（大一一、勅三八五）……七〇五

◎道路法第三十條道路臺帳ノ件……（大八、内令二三）……七〇六
◎道路法第三十一條道路構造ノ件……（大八、内令二四）……七〇八
◎道路法第三十一條街路構造ノ件……（大八、内令二五）……七一一
◎道路法第三十三條第三項ノ道路ニ關スル費用負擔ノ件……（大一一、勅三八六）……七一四
◎道路法第六十二條ノ規定ニ依ル命令ノ件……（大八、勅四七四）……七一五
◎道路占用ニ關スル申請手續ノ件……（大九、内令一五）……七一六ノ一
◎道路法ノ規定ニ依リ監督官廳ノ認可ヲ要セサル件……（大九、内令六）……七一六ノ二
◎道路工事執行令……（大九、内令三六）……七一六ノ六
◎道路元標ニ關スル件……（大一一、内令二〇）……七一六ノ三
住宅組合法……（大一〇、法六六）……七三五
◎住宅組合法施行期日ノ件……（大一〇、勅三〇三）……七三七
◎住宅組合法施行規則……（大一〇、内令二一）……七三七
◎**簡易生命保險積立金貸付規則**……（大八、遞令七四）……七四一
地方學事通則……（大三、法一三）……七四三
市町村義務教育費國庫負擔法……（大一二、法二〇）……七四六
◎市町村義務教育費國庫負擔法ノ施行ニ關スル件……（大一二、勅三一五）……七四七
◎市町村義務教育費國庫負擔法施行規程……（大一二、文訓一六）……七五〇
◎市町村義務教育費國庫負擔法改正ノ件依命通牒……（昭五、發地五五）……七五八

◎市町村義務教育費國庫負擔法改正ニ關スル件通牒……(昭五、發地五六)……七五九
◎市町村義務教育費國庫負擔法第三條ノ特例ニ關スル法律……(昭七、法二一)……七五九
◎市町村義務教育費國庫負擔法第三條ノ特例ニ關スル法律(昭和七年法律第二號)施行ニ關スル件……(昭七、勅一四四)……七六〇
◎市町村義務教育費國庫負擔法ニ依ル委任ノ件……(大一二、文令二七)……七六〇ノ一
◎市町村立尋常小學校費臨時國庫補助法……(昭七、法二三)……七六〇ノ二
◎市町村立尋常小學校費臨時國庫補助法施行規程……(昭七、文訓一九)……七六〇ノ三
◎學齡兒童就學奬勵規程……(昭三、文訓一八)……七六〇ノ四
◎學校給食臨時施設方法……(昭七、文訓一八)……七六〇ノ六
◎短期現役小學校敎員俸給費國庫負擔法……(大一〇、法一七)……七六一
◎短期現役小學校敎員俸給費國庫負擔法施行ニ關スル規程……(大一〇、文訓一〇)……七六二
◎府縣社鄕社村社ニ供進スヘキ神饌幣帛料ノ件……(大九、內令二四)……七六三
◎史蹟名勝天然紀念物保存法……(大八、法四四)……七六四
◎史蹟名勝天然紀念物保存法施行令……(大八、勅四九九)……七六五
農會法……(大一一、法四〇)……七六五
◎農會法施行期日ノ件……(大一一、勅三五七)……七七四
◎農會法施行規則……(大一一、農令一六)……七七四
◎農會法第三十條ノ規定ニ依ル異議ノ中立、訴願及行政訴訟ニ關スル件……(大一一、勅三五八)……七八三

◎農會補助金交付規則……（大一一、農令一七）……七八五
◎農山漁村經濟更正計畫助成規則……（昭七、農令三〇）……七八六
◎自作農創設維持補助規則……（大一五、農令一〇）……七八六ノ二

農村負債整理組合法……（昭八、法二一）……七九〇ノ二
第一章　總則……七九〇ノ二
第二章　負債整理組合……七九〇ノ四
第三章　負債整理事業資金特別融通及損失補償……七九〇ノ八
附則……七九〇ノ一〇

◎農村負債整理組合法施行規則……（昭八、農、藏、內令）……七九〇ノ一〇
◎農村負債整理組合法施行事務取扱方……（昭八、農訓三）……七九〇ノ一七
◎農村負債整理ニ關スル件……（昭八、農訓二）……七九〇ノ二五
◎負債整理事業資金特別融通及損失補償ニ關スル規程……（昭八、農、藏、內令）……七九〇ノ二六
◎市町村負債整理委員會令……（昭八、勅二〇五）……七九〇ノ三五
◎負債整理事業計畫書ノ樣式ニ關スル件通牒……（昭八、八更七五四〇）……七九〇ノ三八
◎負債整理組合ノ財産目錄、貸借對照表、事業報告書及剰餘金處分書ノ樣式ニ關スル件通牒……（昭八、八更七四三八）……七九〇ノ四三

◎**蠶絲業組合法**……（昭六、法二四）……七九二
◎蠶絲業組合法施行令……（昭六、勅一七五）……七九二ノ九
◎蠶絲業組合法施行規則……（昭六、農令一七）……七九二ノ一一

產業組合法……（明三三、法三四）……七九二ノ一八
第一章　總則……七九二ノ一八

(改六)

◎郵便年金積立金貸付ニ關スル件……（昭三、遞令六〇）……八七一
◎簡易生命保險積立金貸付規則……（大八、遞令七四）……八七二
◎簡易生命保險積立金貸付方針……（昭八、遞告一五八八）……八七三

水難救護法……（明三二、法九五）……八八二

◎水難救護法施行細則……（明三二、遞令三五）……八八九

救護法……（昭四、法三九）……八九〇

◎救護法施行令……（昭六、勅二一一）……八九六
◎救護法施行規則……（昭六、内令二〇）……九〇一
◎救護法施行令第六條ノ規定ニ依ル市指定……（昭六、内令三五）……九〇五

市制

（明治四十四年四月七日法律第六十八號）改正（大正十年四月十一日法律第五十八號 大正十一年四月二十日同第五十六號 大正十五年六月二十四日同第七十四號 昭和四年四月十五日同第五十六號）

第一章 總則

第一款 市及其ノ區域

第一條 市ハ從來ノ區域ニ依ル

第二條 市ハ法人トス官ノ監督ヲ承ケ法令ノ範圍內ニ於テ其ノ公共事務竝從來法令又ハ慣例ニ依リ及將來法律勅令ニ依リ市ニ屬スル事務ヲ處理ス

第三條 市ノ廢置分合ヲ爲サムトスルトキハ關係アル市町村會及府縣參事會ノ意見ヲ徵シテ內務大臣之ヲ定ム

2 前項ノ場合ニ於テ財産アルトキハ其ノ處分ハ關係アル市町村會ノ意見ヲ徵シ府縣參事會ノ議決ヲ經テ府縣知事之ヲ定ム

---

2 前項ノ場合ニ於テ財産アルトキハ其ノ處分ハ關係アル市町村會ノ意見ヲ徵シ府縣參事會ノ議決ヲ經內務大臣ノ許可ヲ得テ府縣知事之ヲ定ム

第四條 市ノ境界變更ヲ爲サムトスルトキハ府縣知事ハ關係アル市町村會ノ意見ヲ徵シ府縣參事會ノ議決ヲ經內務大臣ノ許可ヲ得テ之ヲ定ム所屬未定地ヲ市ノ區域ニ編入セムトスルトキ亦同シ

2 前項ノ場合ニ於テ財産アルトキ其ノ處分ニ關シテハ前條第二項ノ例ニ依ル

---

2 前項ノ場合ニ於テ財産アルトキ其ノ處分ニ關シテハ前項ノ例ニ依ル

第五條 市ノ境界ニ關スル爭論ハ府縣參事會之ヲ裁定ス其ノ裁定ニ不服アル市町村ハ

行政裁判所ニ出訴スルコトヲ得

2 市ノ境界判明ナラサル場合ニ於テ前項ノ爭論ナキトキハ府縣知事ハ府縣參事會ノ決定ニ付スヘシ其ノ決定ニ不服アル市町村ハ行政裁判所ニ出訴スルコトヲ得

3 第一項ノ裁定及前項ノ決定ハ文書ヲ以テ之ヲ爲シ其ノ理由ヲ附シ之ヲ關係市町村ニ交付スヘシ

4 第一項ノ裁定及第二項ノ決定ニ付テハ府縣知事ヨリモ訴訟ヲ提起スルコトヲ得

第六條　勅令ヲ以テ指定スル市ノ區ハ之ヲ法人トス其ノ財產及營造物ニ關スル事務其ノ他法令ニ依リ區ニ屬スル事務ヲ處理ス

2 區ノ廢置分合又ハ境界變更其ノ他區ノ境界ニ關シテハ前二條ノ規定ヲ準用ス但シ第四條ノ規定ヲ準用スル場合ニ於テハ關係アル市會ノ意見ヲモ徵スヘシ

第七條　市ハ其ノ名稱ヲ變更セムトスルトキハ內務大臣ノ許可ヲ受クヘシ

2 市役所ノ位置ヲ定メ又ハ之ヲ變更セムトスルトキハ市ハ府縣知事ノ許可ヲ受クヘシ

3 前條ノ市カ其ノ區ノ名稱ヲ變更シ又ハ區役所ノ位置ヲ定メ若ハ之ヲ變更セムトスルトキハ前項ノ例ニ依ル

第二款　市住民及其ノ權利義務

第八條　市內ニ住所ヲ有スル者ハ其ノ市住民トス

2市住民ハ本法ニ從ヒ市ノ財産及營造物ヲ共用スル權利ヲ有シ市ノ負擔ヲ分任スル義務ヲ負フ

第九條　帝國臣民タル年齡二十五年以上ノ男子ニシテ二年以來市住民タル者ハ其ノ市公民トス但シ左ノ各號ノ一ニ該當スル者ハ此ノ限ニ在ラス

一　禁治產者及準禁治產者

二　破產者ニシテ復權ヲ得サル者

三　貧困ニ因リ生活ノ爲公私ノ救助ヲ受ケ又ハ扶助ヲ受クル者

四　一定ノ住居ヲ有セサル者

五　六年ノ懲役又ハ禁錮以上ノ刑ニ處セラレタル者

六　刑法第二編第一章、第三章、第九章、第十六章乃至第二十一章、第二十

第九條　市住民ニシテ左ノ要件ヲ具備スル者ハ市公民トス但シ貧困ノ爲公費ノ救助ヲ受ケタル後二年ヲ經サル者、禁治產者、準禁治產者及六年ノ懲役又ハ禁錮以上ノ刑ニ處セラレタル者ハ此ノ限ニ在ラス（十年法律第五十八號改正）

一　帝國臣民タル男子ニシテ年齡二十五年以上ノ者

二　獨立ノ生計ヲ營ム者

三　二年以來其ノ市住民タル者

四　二年以來其ノ市ノ直接市稅ヲ納ムル者

五章又ハ第三十六章乃至第三十九章ニ掲クル罪ヲ犯シ六年未滿ノ懲役ノ刑ニ處セラレ其ノ執行ヲ終リ又ハ執行ヲ受クルコトナキニ至リタル後其ノ刑期ノ二倍ニ相當スル期間ヲ經過スルニ至ル迄ノ者但シ其ノ期間五年ヨリ短キトキハ五年トス

七　六年未滿ノ禁錮ノ刑ニ處セラレ又ハ前號ニ掲クル罪以外ノ罪ヲ犯シ六年未滿ノ懲役ノ刑ニ處セラレ其ノ執行ヲ終リ又ハ執行ヲ受クルコトナキニ至ル迄ノ者

2 市ハ前項二年ノ制限ヲ特免スルコトヲ得

3 第一項二年ノ期間ハ市町村ノ廢置分合又ハ境界變更ノ爲中斷セラルルコトナ

---

3 家督相續ニ依リ財産ヲ取得シタル者ニ付テハ其ノ財産ニ付被相續人ノ爲シタル納税ヲ以テ其ノ者ノ爲シタル納税ト看做ス

4 市公民ノ要件中其ノ年限ニ關スルモノハ市町村ノ廢置分合又ハ境界變更ノ爲

シ

第十條 市公民ハ市ノ選擧ニ參與シ市ノ名譽職ニ選擧セラルル權利ヲ有シ市ノ名譽職ヲ擔任スル義務ヲ負フ

2 左ノ各號ノ一ニ該當セサル者ニシテ名譽職ノ當選ヲ辭シ又ハ其ノ職ヲ辭シ若ハ其ノ職務ヲ實際ニ執行セサルトキハ市ハ一年以上四年以下其ノ市公民權ヲ停止スルコトヲ得

一 疾病ニ罹リ公務ニ堪ヘサル者
二 業務ノ爲常ニ市內ニ居ルコトヲ得サル者
三 年齡六十年以上ノ者
四 官公職ノ爲市ノ公務ヲ執ルコトヲ得サル者
五 四年以上名譽職市吏員、名譽職參事會員、市會議員又ハ區會議員ノ職ニ任シ爾後同一ノ期間ヲ經過セサル者
六 其ノ他市會ノ議決ニ依リ正當ノ理由アリト認ムル者

3 前項ノ處分ヲ受ケタル者其ノ處分ニ不服アルトキハ府縣參事會ニ訴願シ其ノ裁決ニ不服アルトキハ行政裁判所ニ出訴スルコトヲ得

中斷セラルルコトナシ

2 左ノ各號ノ一ニ該當セサル者ニシテ名譽職ノ當選ヲ辭シ又ハ其ノ職ヲ辭シ若ハ其ノ職務ヲ實際ニ執行セサルトキハ市ハ一年以上四年以下其ノ市公民權ヲ停止シ場合ニ依リ其ノ停止期間以內其ノ者ノ負擔スヘキ市稅ノ十分ノ一以上四分ノ一以下ヲ增課スルコトヲ得

4 第二項ノ處分ハ其ノ確定ニ至ル迄執行ヲ停止ス
5 第三項ノ裁決ニ付テハ府縣知事又ハ市長ヨリモ訴訟ヲ提起スルコトヲ得

第十一條　陸海軍軍人ニシテ現役中ノ者（未タ入營セサル者及歸休下士官兵ヲ除ク）及戰時若ハ事變ニ際シ召集中ノ者ハ市ノ公務ニ參與スルコトヲ得ス兵籍ニ編入セラレタル學生生徒（勅令ヲ以テ定ムル者ヲ除ク）及志願ニ依リ國

第十一條　市公民第九條第一項ニ掲ケタル要件ノ一ヲ闕キ又ハ同項但書ニ當ルニ至リタルトキハ其ノ公民權ヲ失フ
2 市公民租稅滯納處分中ハ其ノ公民權ヲ停止ス家資分散若ハ破產ノ宣告ヲ受ケ其ノ確定シタルトキヨリ復權ノ決定確定スルニ至ル迄又ハ六年未滿ノ懲役又ハ禁錮ノ刑ニ處セラレタルトキヨリ其ノ執行ヲ終リ若ハ其ノ執行ヲ受クルコトナキニ至ル迄亦同シ（大正十年四月法律第五十八號改正）
3 陸海軍ノ現役ニ服スル者ハ市ノ公務ニ參與スルコトヲ得ス其ノ他ノ兵役ニ在ル者ニシテ戰時又ハ事變ニ際シ召集セラレタルトキ亦同シ

民軍ニ編入セラレタル者亦同シ

第三款　市條例及市規則

第十二條　市ハ市住民ノ權利義務又ハ市ノ事務ニ關シ市條例ヲ設クルコトヲ得

2 市ハ市ノ營造物ニ關シ市條例ヲ以テ規定スルモノノ外市規則ヲ設クルコトヲ得

3 市條例及市規則ハ一定ノ公告式ニ依リ之ヲ告示スヘシ

第二章　市會

第一款　組織及選擧

第十三條　市會議員ハ其ノ被選擧權アル者ニ就キ選擧人之ヲ選擧ス

2 議員ノ定數左ノ如シ（大正十年四月法律第五十八號改正）

一　人口五萬未滿ノ市　三十人

二　人口五萬以上十五萬未滿ノ市　三十六人

三　人口十五萬以上二十萬未滿ノ市　四十人

四　人口二十萬以上三十萬未滿ノ市　四十四人

五　人口三十萬以上ノ市　四十八人

3 人口三十萬ヲ超ユル市ニ於テハ人口十萬、人口五十萬ヲ超ユル市ニ於テハ人口二十萬ヲ加フル毎ニ議員四人ヲ增加ス（大正十年四月法律第五十八號改正）

4 議員ノ定數ハ市條例ヲ以テ特ニ之ヲ增減スルコトヲ得

5 議員ノ定數ハ總選擧ヲ行フ場合ニ非サレハ之ヲ增減セス但シ著シク人口ノ增減アリタル場合ニ於テ內務大臣ノ許可ヲ得タルトキハ此ノ限ニ在ラス

第十四條　市公民ハ總テ選擧權ヲ有ス但シ公民權停止中ノ者又ハ第十一條ノ規定ニ該當スル者ハ此ノ限ニ在ラス

第十五條　削除

第十四條　市公民ハ總テ選擧權ヲ有ス但シ公民權停止中ノ者又ハ第十一條第三項ノ場合ニ當ル者ハ此ノ限ニ在ラス

第十五條　選擧人ハ分チテ二級トス（大正十年法律第五十八號本條改正）

2　選擧人中選擧人ノ總數ヲ以テ選擧人ノ納ムル直接市稅總額ヲ除シ其ノ平均額以上ヲ納ムル者ヲ一級トシ其ノ他ノ選擧人ヲ二級トス但シ一級選擧人ノ數議員定數ノ二分ノ一ヨリ少キトキハ納稅額最多キ者議員定數ノ二分ノ一ト同數ヲ以テ一級トス兩級ノ間ニ同額ノ納稅者二人以上アルトキハ其ノ市內ニ住所ヲ有スル年數ノ多キ者ヲ以テ上級ニ入ル住所ヲ有スル年數同シキトキハ年長者ヲ以テシ年齡ニ依リ難キトキハ市長抽籤シテ之ヲ定ムヘシ

3　選擧人ハ每級各別ニ議員定數ノ二分ノ一ヲ選擧ス但シ選擧區アル場合ニ於テ議

第十六條　市ハ市條例ヲ以テ選擧區ヲ設クルコトヲ得

2 選擧區ノ數及其ノ區域竝各選擧區ヨリ選出スル議員數ハ市條例ヲ以テ之ヲ規定スヘシ

3 第六條ノ市ニ於テハ區ヲ以テ選擧區トス其ノ各選擧區ヨリ選出スル議員數ハ市條例ヲ以テ之ヲ定ムヘシ

4 選擧人ハ住所ニ依リ所屬ノ選擧區ヲ定ム第七十六條又ハ第七十九條第二項ノ規定ニ依リ市公民タル者ニシテ市內ニ住所ヲ有セサル者ニ付テハ市長ハ本人ノ申出ニ依リ其ノ申出ナキトキハ職權ニ依リ其ノ選擧區ヲ定ムヘシ

員ノ數二分シ難キトキハ其ノ配當方法ハ第十六條ノ市條例中ニ之ヲ規定スヘシ

4 被選擧人ハ各級ニ通シテ選擧セラルルコトヲ得

5 第二項ノ直接市稅ノ納額ハ選擧人名簿調製期日ノ屬スル會計年度ノ前年度ノ賦課額ニ依ルヘシ

第十六條　市ハ市條例ヲ以テ選擧區ヲ設クルコトヲ得二級選擧ノ爲ノミニ付亦同シ（十年法律第五十八號本條改正）

5 選擧區ニ於テハ前條ノ規定ニ準シ選擧人ノ等級ヲ分ツヘシ但シ一級選擧人ノ

5被選擧人ハ各選擧區ニ通シテ選擧セラルルコトヲ得

第十七條　特別ノ事情アルトキハ市ハ區劃ヲ定メテ投票分會ヲ設クルコトヲ得

第十八條　選擧權ヲ有スル市公民ハ被選擧權ヲ有ス

2在職ノ檢事、警察官吏及收稅官吏ハ被

數其ノ選出スヘキ議員配當數ヨリ少キトキハ納額最多キ者議員配當數ト同數ヲ以テ一級トス

6被選擧人ハ各選擧區ニ通シテ選擧セラルルコトヲ得

第十七條　特別ノ事情アルトキハ市ハ府縣知事ノ許可ヲ得區劃ヲ定メテ選擧分會ヲ設クルコトヲ得二級選擧ノ爲ノミニ付亦同シ

2左ニ揭クル者ハ被選擧權ヲ有セス其ノ之ヲ罷メタル後一月ヲ經過セサル者亦同シ（大正十年法律第五十八號改正）

一　所屬府縣ノ官吏及有給吏員
二　其ノ市ノ有給吏員
三　檢事警察官吏及收稅官吏
四　神官神職僧侶其ノ他諸宗敎師
五　小學校敎員

選擧權ヲ有セス
3 選擧事務ニ關係アル官吏及市ノ有給吏員ハ其ノ關係區域內ニ於テ被選擧權ヲ有セス
4 市ノ有給ノ吏員敎員其ノ他ノ職員ニシテ在職中ノ者ハ其ノ市ノ市會議員ト相兼ヌルコトヲ得ス

3（第三十二條參照）
4（同上參照）
5 父子兄弟タル緣故アル者ハ同時ニ市會議員ノ職ニ在ルコトヲ得ス其ノ同時ニ選擧セラレタルトキハ同級ニ在リテハ得票ノ數ニ依リ其ノ多キ者一人ヲ當選者トシ同數ナルトキ又ハ等級若ハ選擧區ヲ異ニシテ選擧セラレタルトキハ年

第十九條　市會議員ハ名譽職トス
2 議員ノ任期ハ四年トシ總選擧ノ日ヨリ之ヲ起算ス
3 議員ノ定數ニ異動ヲ生シタル爲解任ヲ要スル者アルトキハ市長抽籤シテ之ヲ定ム但シ闕員アルトキハ其ノ闕員ヲ以テ之ニ充ツヘシ
4 前項但書ノ場合ニ於テ闕員ノ數解任ヲ

長者ヲ當選者トシ年齡同シキトキハ市長抽籤シテ當選者ヲ定ム其ノ時ヲ異ニシテ選擧セラレタルトキハ後ニ選擧セラレタル者議員タルコトヲ得ス（同上）
6 議員ト爲リタル後前項ノ緣故ヲ生シタル場合ニ於テハ年少者其ノ職ヲ失フ年齡同シキトキハ市長抽籤シテ失職者ヲ定ム（同上）
7 市長市參與又ハ助役ト父子兄弟タル緣故アル者ハ市會議員ノ職ニ在ルコトヲ得ス（同上）
2 議員ノ任期ハ四年トシ總選擧ノ第一日ヨリ之ヲ起算ス
3 議員ノ定數ニ異動ヲ生シタル爲解任ヲ要スル者アルトキハ毎級各別ニ市長抽籤シテ之ヲ定ム選擧區アル場合ニ於テハ第十六條ノ市條例中ニ其ノ解任ヲ要スル者ノ選擧區及等級ヲ規定シ市長抽

要スル者ノ數ニ滿チサルトキハ其ノ不足ノ員數ニ付市長抽籤シテ解任スヘキ者ヲ定メ闕員ノ數解任ヲ要スル者ノ數ヲ超ユルトキハ解任ヲ要スル者ニ充ツヘキ闕員ハ最モ先ニ闕員ト爲リタル者ヨリ順次之ニ充テ闕員ト爲リタル時同シキトキハ市長抽籤シテ之ヲ定ム

5 議員ノ定數ニ異動ヲ生シタル爲解任ヲ要スル者アル場合ニ於テ選擧區アルトキハ第十六條ノ市條例中ニ其ノ解任ヲ要スル者ノ選擧區ヲ規定シ市長抽籤シテ之ヲ定ム但シ解任ヲ要スル者ノ選擧區ニ闕員アリタルトキハ其ノ闕員ヲ以テ之ニ充ツヘシ此ノ場合ニ於テハ前項ノ例ニ依ル

6 議員ノ定數ニ異動ヲ生シタル爲新ニ選擧セラレタル議員ハ總選擧ニ依リ選擧セラレタル議員ノ任期滿了ノ日迄在任ス

7 選擧區又ハ其ノ配當議員數ノ變更アリ

籤シテ之ヲ定ムヘシ但シ解任ヲ要スル選擧區及等級ニ闕員アルトキハ其ノ闕員ヲ以テ之ニ充ツヘシ

4 議員ノ定數ニ異動ヲ生シタル爲新ニ選擧セラレタル議員ハ總選擧ニ依リ選擧セラレタル議員ノ任期滿了ノ日迄在任ス

5 選擧區又ハ其ノ配當議員數ノ變更アリ

タル場合ニ於テ之ニ關シ必要ナル事項ハ第十六條ノ市條例中ニ之ヲ規定スヘシ

第二十條　市會議員中闕員ヲ生ジタル場合ニ於テ第三十條第二項ノ規定ノ適用ヲ受ケタル得票者ニシテ當選者ト爲ラザリシ者アルトキハ直ニ選擧會ヲ開キ其ノ者ノ中ニ就キ當選者ヲ定ムベシ此ノ場合ニ於テハ第三十三條第三項及第四項ノ規定ヲ準用ス（昭和四年四月法律第五十六號改正）

2 前項ノ規定ノ適用ヲ受クル者ナク若ハ前項ノ規定ノ適用ニ依リ當選者ヲ定ムルモ仍其ノ闕員ガ議員定數ノ六分ノ一ヲ超ユルニ至リタルトキ又ハ市長若ハ市會ニ於テ必要ト認ムルトキハ補闕選擧ヲ行フベシ（同上追加）

3 第三十三條第五項及第六項ノ規定ハ補闕選擧ニ之ヲ準用ス（大正十五年法律第七十四號

タル場合ニ於テ之ニ關シ必要ナル事項ハ第十六條ノ市條例中ニ之ヲ規定スヘシ

第二十條　市會議員中闕員ヲ生シタルトキハ三月以内ニ補闕選擧ヲ行フヘシ但シ第三十條第二項ノ規定ノ適用ヲ受ケタル得票者ニシテ當選者ト爲ラサリシ者アルトキハ直ニ選擧會ヲ開キ其ノ者ノ中ニ就キ當選者ヲ定ムヘシ此ノ場合ニ於テハ第三十三條第三項及第四項ノ規定ヲ準用ス（大正十五年六月法律第七十四號改正）

改正、昭和四年四月同第五十六號以下項順位繰下ゲ）
4 補闕議員ハ其ノ前任者ノ殘任期間在任ス
5 選擧區アル場合ニ於テハ補闕議員ハ前任者ノ選擧セラレタル選擧區ニ於テ之ヲ選擧スヘシ

第二十一條 市長ハ毎年九月十五日ノ現在ニ依リ選擧人名簿ヲ調製スヘシ但シ選擧區アルトキハ選擧區毎ニ之ヲ調製スヘシ
2 第六條ノ市ニ於テハ市長ハ區長ヲシテ前項ノ例ニ依リ選擧人名簿ヲ調製セシムヘシ
3 選擧人名簿ニハ選擧人ノ氏名、住所及生年月日等ヲ記載スヘシ

第二十一條ノ二 市長ハ十一月五日ヨリ十五日間市役所（第六條ノ市ニ於テハ區役所）又ハ其ノ指定シタル場所ニ於テ選擧人名簿ヲ關係者ノ縱覽ニ供スヘシ

第二十一條 市長ハ選擧期日前六十日ヲ期トシ其ノ日ノ現在ニ依リ選擧人ノ資格ヲ記載セル選擧人名簿ヲ調製スヘシ但シ選擧區アルトキハ選擧區毎ニ名簿ヲ調製スヘシ
2 第六條ノ市ニ於テハ市長ハ區長ヲシテ前項ノ名簿ヲ調製セシムヘシ
3 市長ハ選擧期日前四十日ヲ期トシ其ノ日ヨリ七日間毎日午前八時ヨリ午後四時迄市役所（第六條ノ市ニ於テハ區役所）又ハ告示シタル場所ニ於テ選擧人名簿ヲ關係者ノ縱覽ニ供スヘシ（前段）

2 市長ハ縦覧開始ノ日前三日目迄ニ縦覧ノ場所ヲ告示スヘシ

第二十一條ノ三　選擧人名簿ニ關シ關係者ニ於テ異議アルトキハ縦覧期間内ニ之ヲ市長(第六條ノ市ニ於テハ區長ヲ經テ)ニ申立ツルコトヲ得此ノ場合ニ於テハ市長ハ其ノ申立ヲ受ケタル日ヨリ十四日以内ニ之ヲ決定シ名簿ノ修正ヲ要スルトキハ直ニ之ヲ修正シ第六條ノ市ニ於テハ區長ヲシテ之ヲ修正セシムベシ(昭和四年四月法律第五十六號改正)

2 前項ノ決定ニ不服アル者ハ府縣參事會ニ訴願シ其ノ裁決ニ不服アル者ハ行政裁判所ニ出訴スルコトヲ得(同上)

3 前項ノ裁決ニ付テハ府縣知事又ハ市長ヨリモ訴訟ヲ提起スルコトヲ得(同上)

第二十一條ノ三　選擧人名簿ニ關シ關係者ニ於テ異議アルトキハ縦覧期間内ニ之ヲ市長(第六條ノ市ニ於テハ區長ヲ經テ)ニ申立ツルコトヲ得此ノ場合ニ於テハ市長ハ縦覧期間滿了後三日以内ニ之ヲ市會ノ決定ニ付スヘシ市會ハ其ノ送付ヲ受ケタル日ヨリ十日以内ニ之ヲ決定スヘシ(大正十五年法律第七十四號追加)

2 前項ノ決定ニ不服アル者ハ府縣參事會ニ訴願シ其ノ裁決又ハ第三項ノ裁決ニ不服アル者ハ行政裁判所ニ出訴スルコトヲ得(同上)

3 第一項ノ決定及前項ノ裁決ニ付テハ市長ヨリモ訴願又ハ訴訟ヲ提起スルコトヲ得(同上)

4 前二項ノ裁決ニ付テハ府縣知事ヨリモ

4第一項ノ規定ニ依リ決定ヲ爲シタルトキハ市長ハ直ニ其ノ要領ヲ告示シ第六條ノ市ニ於テハ區長ヲシテ之ヲ告示セシムベシ同項ノ規定ニ依リ名簿ヲ修正シタルトキ亦同ジ（同上）

第二十一條ノ四　選擧人名簿ハ十二月二十五日ヲ以テ確定ス（大正十五年法律第七十四號改正）

2選擧人名簿ハ次年ノ十二月二十四日迄之ヲ据置クヘシ（同上）

3前條第二項又ハ第三項ノ場合ニ於テ裁決確定シ又ハ判決アリタルニ依リ名簿ノ修正ヲ要スルトキハ市長ハ直ニ之ヲ修正シ第六條ノ市ニ於テハ區長ヲシテ

訴訟ヲ提起スルコトヲ得（同上）

第二十一條第七項　前四項ノ場合ニ於テ決定若ハ裁決確定シ又ハ判決アリタルニ依リ名簿ノ修正ヲ要スルトキハ市長ハ其ノ確定期日前ニ修正ヲ加ヘ第六條ノ市ニ於テハ區長ヲシテ修正セシムヘシ

3前條ノ場合ニ於テ決定若ハ裁決確定シ又ハ判決アリタルニ依リ名簿ノ修正ヲ要スルトキハ市長ハ直ニ之ヲ修正シ第六條ノ市ニ於テハ區長ヲシテ之ヲ修正

之ヲ修正セシムベシ（昭和四年四月法律第五十六號改正）

4 前項ノ規定ニ依リ名簿ヲ修正シタルトキハ市長ハ直ニ其ノ要領ヲ告示シ第六條ノ市ニ於テハ區長ヲシテ之ヲ告示セシムベシ（同上）

5 投票分會ヲ設クル場合ニ於テ必要アルトキハ市長ハ確定名簿ニ依リ分會ノ區劃毎ニ名簿ノ抄本ヲ調製シ第六條ノ市ニ於テハ區長ヲシテ之ヲ調製セシムベシ（同上）

セシムヘシ（同上）

4 選擧人名簿ヲ修正シタルトキハ市長ハ直ニ其ノ要領ヲ告示シ第六條ノ市ニ於テハ區長ヲシテ之ヲ告示セシムヘシ

5 投票分會ヲ設クルトキハ市長ハ確定名簿ニ依リ分會ノ區劃毎ニ名簿ノ抄本ヲ調製スヘシ第六條ノ市ニ於テハ區長ヲシテ之ヲ調製セシムヘシ（同上）

第二十一條第十三項　前項但書ノ選擧人ハ等級ノ標準タル直接市稅ニ依リ其ノ者ノ納額ニシテ名簿ニ登錄セラレタル一級選擧人中ノ最少額ヨリ多キトキハ一級ニ於テ其ノ他ハ二級ニ於テ選擧ヲ行フヘシ（大正十年四月法律第五十八號改正）

第二十一條ノ五　第二十一條ノ三ノ場合ニ於テ決定若ハ裁決確定シ又ハ判決アリタルニ依リ選擧人名簿無效ト爲リタルトキハ更ニ名簿ヲ調製スヘシ（大正十五年六月法律第七十四號追加）

2天災事變等ノ爲必要アルトキハ更ニ名簿ヲ調製スヘシ（同上）

3前二項ノ規定ニ依ル名簿ノ調製、縦覽、確定及異議ノ決定ニ關スル期日及期間ハ府縣知事ノ定ムル所ニ依ル（昭和四年四月法律第五十六號改正）

3前二項ノ規定ニ依ル名簿ノ調製、縦覽、確定及異議申立ニ對スル市會ノ決定ニ關スル期日及期間ハ府縣知事ノ定ムル所ニ依ル（同上）

第二十一條第十六項　選擧人名簿調製後ニ於テ選擧期日ヲ變更スルコトアルモ其ノ名簿ヲ用ヰ縦覽、修正、確定及異議ノ決定ニ關スル期日、期限及期間ハ前選擧期日ニ依リ之ヲ算定ス

4市ノ廢置分合又ハ境界變更アリタル場合ニ於テ名簿ニ關シ其ノ分合其ノ他必要ナル事項ハ命令ヲ以テ之ヲ定ム（大正十五年六月法律第七十四號追加）

第二十二條　市長ハ選擧ノ期日前七日目（第三十九條ノ二ノ市ニ於テハ二十日目）迄ニ選擧會場（投票分會場ヲ含ム以下之ニ同シ）、投票ノ日時及選擧スヘキ議員數（選擧區アル場合ニ於テハ各選擧區ニ於テ選擧スヘキ議員數）ヲ告示スヘシ投票分會ヲ設クル場合ニ於テハ併セテ其ノ區劃ヲ告示スヘシ

2總選擧ニ於ケル各選擧區ノ投票ハ同日時ニ之ヲ行フ

3投票分會ノ投票ハ選擧會ト同日時ニ之ヲ行フ

4天災事變等ノ爲投票ヲ行フコト能ハサルトキ又ハ更ニ投票ヲ行フノ必要アルトキハ市長ハ其ノ投票ヲ行フヘキ選擧會又ハ投票分會ノミニ付更ニ期日ヲ定

第二十二條　市長ハ選擧期日前少クトモ七日間選擧會場、投票ノ日時及各級ヨリ選擧スヘキ議員數ヲ告示スヘシ選擧區アル場合ニ於テハ各級ヨリ選擧スヘキ議員數ヲ選擧區每ニ分別シ選擧分會ヲ設クル場合ニ於テハ併セテ其ノ等級及區劃ヲ告示スヘシ

2各選擧區ノ選擧ハ同日時ニ之ヲ行ヒ選擧分會ノ選擧ハ本會ト同日時ニ之ヲ行フヘシ天災事變等ニ依リ同日時ニ選擧ヲ行フコト能ハサルトキハ市長ハ其ノ選擧ヲ終ラサル選擧會又ハ選擧分會ノミニ關シ更ニ選擧會場及投票ノ日時ヲ告示シ選擧ヲ行フヘシ

メ投票ヲ行ハシムヘシ此ノ場合ニ於テ選擧會場及投票ノ日時ハ選擧ノ期日前五日目迄ニ之ヲ告示スヘシ

3選擧ヲ行フ順序ハ先ツ二級ノ選擧ヲ行ヒ次ニ一級ノ選擧ヲ行フヘシ天災事變等ニ依リ選擧ヲ行フコト能ハサルニ至リタルトキハ市長ハ其ノ選擧ヲ終ラサル等級ノミニ關シ更ニ選擧會場及投票ノ日時ヲ告示シ選擧ヲ行フヘシ(同上)

第二十二條　市長ハ選擧長ト爲リ選擧會ヲ開閉シ其ノ取締ニ任ス

2各選擧區ノ選擧會ハ市長又ハ其ノ指名シタル吏員(第六條ノ市ニ於テハ區長)選擧長ト爲リ之ヲ開閉シ其ノ取締ニ任ス

3市長(第六條ノ市ニ於テハ區長)ハ選擧人名簿ニ登錄セラレタル者ノ中ヨリ二人乃至四人ノ選擧立會人ヲ選任スヘシ但シ選擧區アルトキハ各別ニ選擧立會人ヲ設クヘシ

3選擧分會ハ市長ノ指名シタル吏員選擧分會長ト爲リ之ヲ開閉シ其ノ取締ニ任ス

4市長(第六條ノ市ニ於テハ區長)ハ選擧人中ヨリ二人乃至四人ノ選擧立會人ヲ選任スヘシ但シ選擧區アルトキ又ハ選擧分會ヲ設ケタルトキハ各別ニ選擧立會人ヲ設クヘシ

4投票分會ハ市長ノ指名シタル吏員投票分會長ト爲リ之ヲ開閉シ其ノ取締ニ任ス

5市長(第六條ノ市ニ於テハ區長)ハ分會ノ區劃内ニ於ケル選擧人名簿ニ登錄セラレタル者ノ中ヨリ二人乃至四人ノ投票立會人ヲ選任スヘシ

6選擧立會人及投票立會人ハ名譽職トス

第二十四條　選擧人ニ非サル者ハ選擧會場ニ入ルコトヲ得ス但シ選擧會場ノ事務ニ從事スル者、選擧會場ヲ監視スル職權ヲ有スル者又ハ警察官吏ハ此ノ限ニ在ラス

2選擧會場ニ於テ演說討論ヲ爲シ若ハ喧擾ニ渉リ又ハ投票ニ關シ協議若ハ勸誘ヲ爲シ其ノ他選擧會場ノ秩序ヲ紊ス者アルトキハ選擧長又ハ投票分會長ハ之ヲ制止シ命ニ從ハサルトキハ之ヲ選擧會場外ニ退出セシムヘシ

3前項ノ規定ニ依リ退出セシメラレタル者ハ最後ニ至リ投票ヲ爲スコトヲ得但シ選擧長又ハ投票分會長會場ノ秩序ヲ

5選擧立會人ハ名譽職トス

2選擧會場ニ於テ演說討論ヲ爲シ若ハ喧擾ニ渉リ又ハ投票ニ關シ協議若ハ勸誘ヲ爲シ其ノ他選擧會場ノ秩序ヲ紊ス者アルトキハ選擧長又ハ分會長ハ之ヲ制止シ命ニ從ハサルトキハ之ヲ選擧會場外ニ退出セシムヘシ

3前項ノ規定ニ依リ退出セシメラレタル者ハ最後ニ至リ投票ヲ爲スコトヲ得但シ選擧長又ハ分會長會場ノ秩序ヲ紊ス

案スノ虞ナシト認ムル場合ニ於テ投票ヲ爲サシムルヲ妨ケス

ノ虞ナシト認ムル場合ニ於テ投票ヲ爲サシムルヲ妨ケス

第二十五條　選擧ハ無記名投票ヲ以テ之ヲ行フ

2投票ハ一人一票ニ限ル

3選擧人ハ選擧ノ當日投票時間内ニ自ラ選擧會場ニ到リ選擧人名簿又ハ其ノ抄本ノ對照ヲ經テ投票ヲ爲スヘシ

4投票時間内ニ選擧會場ニ入リタル選擧人ハ其ノ時間ヲ過クルモ投票ヲ爲スコトヲ得

5選擧人ハ選擧會場ニ於テ投票用紙ニ自ラ被選擧人一人ノ氏名ヲ記載シテ投函スヘシ

6投票ニ關スル記載ニ付テハ勅令ヲ以テ定ムル點字ハ之ヲ文字ト看做ス

7自ラ被選擧人ノ氏名ヲ書スルコト能ハサル者ハ投票ヲ爲スコトヲ得ス

8投票用紙ハ市長ノ定ムル所ニ依リ一定ノ式ヲ用ウヘシ

5選擧人ハ選擧會場ニ於テ投票用紙ニ自ラ被選擧人一人ノ氏名ヲ記載シテ投函スヘシ但シ確定名簿ニ登錄セラレタル毎級選擧人ノ數其ノ選擧スヘキ議員數ノ三倍ヨリ少キ場合ニ於テハ連名投票ノ法ヲ用ウヘシ

6自ラ被選擧人ノ氏名ヲ書スルコト能ハサル者ハ投票ヲ爲スコトヲ得ス

7投票用紙ハ市長ノ定ムル所ニ依リ一定ノ式ヲ用ウヘシ

9選擧區アル場合ニ於テ選擧人名簿ノ調製後選擧人ノ所屬ニ異動ヲ生スルコトアルモ其ノ選擧人ハ前所屬ノ選擧區ニ於テ投票ヲ爲スヘシ

10投票分會ニ於テ爲シタル投票ハ投票分會長少クトモ一人ノ投票立會人ト共ニ投票函ノ儘之ヲ選擧長ニ送致スヘシ

第二十五條ノ二　確定名簿ニ登錄セラレサル者ハ投票ヲ爲スコトヲ得ス但シ選擧人名簿ニ登錄セラルヘキ確定裁決書又ハ判決書ヲ所持シ選擧ノ當日選擧會場ニ到ル者ハ此ノ限ニ在ラス

2確定名簿ニ登錄セラレタル者選擧人名簿ニ登錄セラルルコトヲ得サル者ナルトキハ投票ヲ爲スコトヲ得ス選擧ノ當日選擧權ヲ有セサル者ナルトキ亦同シ

第二十五條ノ三　投票ノ拒否ハ選擧立會人又ハ投票立會人之ヲ決定ス可否同數ナルトキハ選擧長又ハ投票分會長之ヲ

8選擧區アル場合ニ於テ選擧人名簿ノ調製後選擧人ノ所屬ニ異動ヲ生スルコトアルモ其ノ選擧人ハ前所屬ノ選擧區ニ於テ投票ヲ爲スヘシ

9選擧分會ニ於テ爲シタル投票ハ分會長少クトモ一人ノ選擧立會人ト共ニ投票函ノ儘之ヲ本會ニ送致スヘシ

第二十一條第十二項　確定名簿ニ登錄セラレサル者ハ選擧ニ參與スルコトヲ得ス但シ選擧人名簿ニ登錄セラルヘキ確定裁決書又ハ判決書ヲ所持シ選擧ノ當日選擧會場ニ到ル者ハ此ノ限ニ在ラス

14確定名簿ニ登錄セラレタル者選擧權ヲ有セサルトキハ選擧ニ參與スルコトヲ得ス但シ名簿ハ之ヲ修正スル限ニ在ラス

決スヘシ
2 投票分會ニ於テ投票拒否ノ決定ヲ受ケタル選擧人不服アルトキハ投票分會長ハ假ニ投票ヲ爲サシムヘシ
3 前項ノ投票ハ選擧人ヲシテ之ヲ封筒ニ入レ封緘シ表面ニ自ラ其ノ氏名ヲ記載シ投函セシムヘシ
4 投票分會長又ハ投票立會人ニ於テ異議アル選擧人ニ對シテモ亦前二項ニ同シ

第二十六條 第三十三條若ハ第三十七條ノ選擧、增員選擧又ハ補闕選擧ヲ同時ニ行フ場合ニ於テハ一ノ選擧ヲ以テ合併シテ之ヲ行フ（大正十年法律第五十八號改正）

第二十七條 削除（同上）

第二十七條 市長ハ豫メ開票ノ日時ヲ告示スヘシ

第二十七條ノ二 選擧長ハ投票ノ日又ハ其ノ翌日（投票分會ヲ設ケタルトキハ總テノ投票函ノ送致ヲ受ケタル日又ハ其ノ翌日）選擧立會人立會ノ上投票函ヲ開キ投票ノ總數ト投票人ノ總數トヲ計算スヘシ

2前項ノ計算終リタルトキハ選擧長ハ先ツ第二十五條ノ三第二項及第四項ノ投票ヲ調査スヘシ其ノ投票ノ受理如何ハ選擧立會人之ヲ決定ス可否同數ナルトキハ選擧長之ヲ決スヘシ

3選擧長ハ選擧立會人ト共ニ投票ヲ點檢スヘシ

4天災事變等ノ爲開票ヲ行フコト能ハサルトキハ市長ハ更ニ開票ノ期日ヲ定ムヘシ此ノ場合ニ於テ選擧會場ノ變更ヲ要スルトキハ豫メ更ニ其ノ場所ヲ告示スヘシ

第二十七條ノ三　選擧人ハ其ノ選擧會ノ參觀ヲ求ムルコトヲ得但シ開票開始前ハ此ノ限ニ在ラス

第二十七條ノ四　特別ノ事情アルトキハ市ハ府縣知事ノ許可ヲ得區劃ヲ定メテ開票分會ヲ設クルコトヲ得

2前項ノ規定ニ依リ開票分會ヲ設クル場

合ニ於テ必要ナル事項ハ命令ヲ以テ之ヲ定ム

第二十八條　左ノ投票ハ之ヲ無效トス

一　成規ノ用紙ヲ用ヰサルモノ

二　現ニ市會議員ノ職ニ在ル者ノ氏名ヲ記載シタルモノ

三　一投票中二人以上ノ被選擧人ノ氏名ヲ記載シタルモノ

四　被選擧人ノ何人タルカヲ確認シ難キモノ

五　被選擧權ナキ者ノ氏名ヲ記載シタルモノ

六　被選擧人ノ氏名ノ外他事ヲ記入シタルモノ但シ爵位職業身分住所又ハ敬稱ノ類ヲ記入シタルモノハ此ノ限ニ在ラス

七　被選擧人ノ氏名ヲ自書セサルモノ（大正十年法律第五十八號追加）

第二十九條　投票ノ效力ハ選擧立會人之ヲ決定ス可否同數ナルトキハ選擧長之

---

2 連名投票ノ法ヲ用ヰタル場合ニ於テハ前項第一號第六號及第七號ニ該當スルモノ竝其ノ記載ノ人員選擧スヘキ定數ニ過キタルモノハ之ヲ無效トシ前項第二號第四號及第五號ニ該當スルモノハ其ノ部分ノミヲ無效トス（同上改正）

第二十九條　投票ノ拒否及效力ハ選擧立會人之ヲ決定ス可否同數ナルトキハ選

ヲ決スヘシ

第三十條　市會議員ノ選擧ハ有效投票ノ最多數ヲ得タル者ヲ以テ當選者トス但シ議員ノ定數（選擧區アル場合ニ於テハ其ノ選擧區ノ配當議員數）ヲ以テ有效投票ノ總數ヲ除シテ得タル數ノ六分ノ一以上ノ得票アルコトヲ要ス

2前項ノ規定ニ依リ當選者ヲ定ムルニ當リ得票ノ數同シキトキハ年長者ヲ取リ年齡同シキトキハ選擧長抽籤シテ之ヲ定ムヘシ

第三十條ノ二　當選者選擧ノ期日後ニ於テ被選擧權ヲ有セサルニ至リタルトキハ當選ヲ失フ

第三十一條　選擧長ハ選擧錄ヲ作リ選擧會ニ關スル顚末ヲ記載シ之ヲ朗讀シ二人以上ノ選擧立會人ト共ニ之ニ署名スヘシ

擧長之ヲ決スヘシ

2選擧分會ニ於ケル投票ノ拒否ハ其ノ選擧立會人之ヲ決定ス可否同數ナルトキハ分會長之ヲ決スヘシ

第三十條　市會議員ノ選擧ハ有效投票ノ最多數ヲ得タル者ヲ以テ當選者トス但シ各級ニ於テ選擧スヘキ議員數ヲ以テ選擧人名簿ニ登錄セラレタル各級ノ人員數ヲ除シテ得タル數ノ七分ノ一以上ノ得票アルコトヲ要ス

第三十一條　選擧長又ハ分會長ハ選擧錄ヲ調製シテ選擧又ハ投票ノ顚末ヲ記載シ選擧又ハ投票ヲ終リタル後之ヲ朗讀シ選擧立會人二人以上ト共ニ之ニ署名

2各選舉區ノ選舉長ハ選舉錄（第六條ノ市ニ於テハ其ノ寫）ヲ添ヘ當選者ノ住所氏名ヲ市長ニ報告スヘシ

3投票分會長ハ投票錄ヲ作リ投票ニ關スル顚末ヲ記載シ之ヲ朗讀シ二人以上ノ投票立會人ト共ニ之ニ署名スヘシ

4投票分會長ハ投票函ト同時ニ投票錄ヲ選舉長ニ送致スヘシ

5選舉錄及投票錄ハ投票、選舉人名簿其ノ他ノ關係書類ト共ニ議員ノ任期間市長（第六條ノ市ニ於テハ區長）ニ於テ之ヲ保存スヘシ

第三十二條 當選者定マリタルトキハ市長ハ直ニ當選者ニ當選ノ旨ヲ告知シ（第六條ノ市ニ於テハ區長ヲシテ之ヲ告知セシメ）同時ニ當選者ノ住所氏名ヲ告示シ且選舉錄ノ寫（投票錄アルトキハ併セテ投票錄ノ寫）ヲ添ヘ之ヲ府

スヘシ

2各選舉區ノ選舉長ハ選舉錄（第六條ノ市ニ於テハ其ノ謄本）ヲ添ヘ當選者ノ住所氏名ヲ市長ニ報告スヘシ

3選舉分會長ハ投票函ト同時ニ選舉錄ヲ本會ニ送致スヘシ

4選舉錄ハ投票、選舉人名簿其ノ他ノ關係書類ト共ニ選舉及當選ノ效力確定スルニ至ル迄之ヲ保存スヘシ

第三十二條 當選者定マリタルトキハ市長ハ直ニ當選者ニ當選ノ旨ヲ告知シ第六條ノ市ニ於テハ區長ヲシテ之ヲ告知セシムヘシ

縣知事ニ報告スヘシ當選者ナキトキハ直ニ其ノ旨ヲ告示シ且選擧錄ノ寫（投票錄アルトキハ併セテ投票錄ノ寫）ヲ添ヘ之ヲ府縣知事ニ報告スヘシ

2 當選者當選ヲ辭セムトスルトキハ當選ノ告知ヲ受ケタル日ヨリ五日以內ニ之ヲ市長ニ申立ツヘシ

3 一人ニシテ數選擧區ニ於テ當選シタルトキハ最終ニ當選ノ告知ヲ受ケタル日ヨリ五日以內ニ何レノ當選ニ應スヘキカヲ市長ニ申立ツヘシ其ノ期間內ニ之ヲ申立テサルトキハ市長抽籤シテ之ヲ定ム

4 官吏ニシテ當選シタル者ハ所屬長官ノ許可ヲ受クルニ非サレハ之ニ應スルコトヲ得ス

3 一人ニシテ數級又ハ數選擧區ニ於テ當選シタルトキハ最終ニ當選ノ告知ヲ受ケタル日ヨリ五日以內ニ何レノ當選ニ應スヘキカヲ市長ニ申立ツヘシ其ノ期間內ニ之ヲ申立テサルトキハ市長抽籤シテ之ヲ定ム

4 第十八條第二項ニ揭ケサル官吏ニシテ當選シタル者ハ所屬長官ノ許可ヲ受クルニ非サレハ之ニ應スルコトヲ得ス

5 前項ノ官吏ハ當選ノ告知ヲ受ケタル日ヨリ二十日以內ニ之ニ應スヘキ旨ヲ市長ニ申立テサルトキハ其ノ當選ヲ辭シタルモノト看做ス第三項ノ場合ニ於テ何レノ當選ニ應スヘキカヲ申立テサルトキハ總テ之ヲ辭シタルモノト看做ス

6 市ニ對シ請負ヲ爲シ又ハ市ニ於テ費用

第十八條第三項　市ニ對シ請負ヲ爲ス者

ヲ負擔スル事業ニ付市長若ハ其ノ委任ヲ受ケタル者ニ對シ請負ヲ爲ス者若ハ其ノ支配人又ハ主トシテ同一ノ行爲ヲ爲ス法人ノ無限責任社員、役員若ハ支配人ニシテ當選シタル者ハ其ノ請負ヲ罷メ又ハ請負ヲ爲ス者ノ支配人若ハ主トシテ同一ノ行爲ヲ爲ス法人ノ無限責任社員、役員若ハ支配人タルコトナキニ至ルニ非サレハ當選ニ應スルコトヲ得ス第二項又ハ第三項ノ期限前ニ其ノ旨ヲ市長ニ申立テサルトキハ其ノ當選ヲ辭シタルモノト看做ス

7 前項ノ役員トハ取締役、監査役及之ニ準スキ者竝淸算人ヲ謂フ

第三十三條　當選者左ニ揭クル事由ノ一ニ該當スルトキハ三月以內ニ更ニ選擧ヲ行フヘシ但シ第二項ノ規定ニ依リ更ニ選擧ヲ行フコトナクシテ當選者ヲ定メ得ル場合ハ此ノ限ニ在ラス

及其ノ支配人又ハ主トシテ同一ノ行爲ヲ爲ス法人ノ無限責任社員、役員及支配人ハ被選擧權ヲ有セス（大正十年法律第五十八號改正）

4 前項ノ役員トハ取締役、監査役及之ニ準スヘキ者竝淸算人ヲ謂フ（同上）

第三十三條　當選者當選ヲ辭シタルトキ、數級若ハ數選擧區ニ於テ當選シタル場合ニ於テ前條第三項ノ規定ニ依リ一ノ級若ハ選擧區ノ當選ニ應シ若ハ抽籤ニ依リ一ノ級若ハ選擧區ノ當選者ト

一　當選ヲ辭シタルトキ
二　數選擧區ニ於テ當選シタル場合ニ於テ前條第三項ノ規定ニ依リ一ノ選擧區ノ當選ニ應シ又ハ抽籤ニ依リ一ノ選擧區ノ當選者ト定マリタル爲他ノ選擧區ニ於テ當選者タラサルニ至リタルトキ
三　第三十條ノ二ノ規定ニ依リ當選ヲ失ヒタルトキ
四　死亡者ナルトキ
五　選擧ニ關スル犯罪ニ依リ刑ニ處セラレ其ノ當選無效ト爲リタルトキ但シ同一人ニ關シ前各號ノ事由ニ依ル選擧又ハ補闕選擧ノ告示ヲ爲シタル場合ハ此ノ限ニ在ラス

定マリタル爲他ノ級若ハ選擧區ニ於テ當選者タラサルニ至リタルトキ、死亡者ナルトキ又ハ選擧ニ關スル犯罪ニ依リ刑ニ處セラレ其ノ當選無效ト爲リタルトキハ更ニ選擧ヲ行フヘシ但シ其ノ當選者第三十條第二項ノ規定ノ適用又ハ準用ニ依リ當選者ト爲リタル者ナル場合ニ於テハ第二十條第二項ノ例ニ依ル（大正十年法律第五十八號改正）

2　當選者選擧ニ關スル犯罪ニ依リ刑ニ處セラレ其ノ當選無效ト爲リタルトキ其ノ前ニ其ノ者ニ關スル補闕選擧若ハ前項ノ選擧ノ告示ヲ爲シタル場合又ハ更

2 前項ノ事由前條第二項、第三項若ハ第五項ノ規定ニ依ル期限前ニ生シタル場合ニ於テ第三十條第一項但書ノ得票者ニシテ當選者ト爲ラサリシ者アルトキ又ハ其ノ期限經過後ニ生シタル場合ニ於テ第三十條第二項ノ規定ノ適用ヲ受ケタル得票者ニシテ當選者ト爲ラサリシ者アルトキハ直ニ選擧會ヲ開キ其ノ者ノ中ニ就キ當選者ヲ定ムヘシ

3 前項ノ場合ニ於テ第三十條第一項但書ノ得票者ニシテ當選者ト爲ラサリシ者選擧ノ期日後ニ於テ被選擧權ヲ有セサルニ至リタルトキハ之ヲ當選者ト定ムルコトヲ得ス

4 第二項ノ場合ニ於テハ市長ハ豫メ選擧會ノ場所及日時ヲ告示スヘシ

ニ選擧ヲ行フコトナクシテ當選者ヲ定メタル場合ニ於テハ前項ノ規定ヲ適用セス（同上追加）

5第一項ノ期間ハ第三十六條第八項ノ規定ノ適用アル場合ニ於テハ選擧ヲ行フコトヲ得サル事由已ミタル日ノ翌日ヨリ之ヲ起算ス

6第一項ノ事由議員ノ任期滿了前六月以內ニ生シタルトキハ第一項ノ選擧ハ之ヲ行ハス但シ議員ノ數其ノ定數ノ三分ノ二ニ滿チサルニ至リタルトキハ此ノ限ニ在ラス

第三十四條　第三十二條第二項ノ期間ヲ經過シタルトキ、同條第三項若ハ第五項ノ申立アリタルトキ又ハ同條第三項ノ規定ニ依リ抽籤ヲ爲シタルトキハ市長ハ直ニ當選者ノ住所氏名ヲ告示シ併セテ之ヲ府縣知事ニ報告スヘシ

2當選者ナキニ至リタルトキ又ハ當選

第三十四條　選擧ヲ終リタルトキハ市長ハ直ニ選擧錄ノ謄本ヲ添ヘ之ヲ府縣知事ニ報告スヘシ

2第三十二條第二項ノ期間ヲ經過シタルトキ、同條第三項若ハ第五項ノ申立アリタルトキ又ハ同條第三項ノ規定ニ依リ抽籤ヲ爲シタルトキハ市長ハ直ニ當選者ノ住所氏名ヲ告示シ併セテ之ヲ府縣知事ニ報告スヘシ

若其ノ選擧ニ於ケル議員ノ定數ニ違セサルニ至リタルトキハ市長ハ直ニ其ノ旨ヲ告示シ併セテ之ヲ府縣知事ニ報告スヘシ

第三十五條　選擧ノ規定ニ違反スルコトアルトキハ選擧ノ結果ニ異動ヲ生スルノ虞アル場合ニ限リ其ノ選擧ノ全部又ハ一部ヲ無效トス但シ當選ニ異動ヲ生スルノ虞ナキ者ヲ區分シ得ルトキハ其ノ者ニ限リ當選ヲ失フコトナシ

第三十六條　選擧人選擧又ハ當選ノ效力ニ關シ異議アルトキハ選擧ニ關シテハ選擧ノ日ヨリ當選ニ關シテハ第三十二條第一項又ハ第三十四條第二項ノ告示ノ日ヨリ七日以內ニ之ヲ市長ニ申立ツルコトヲ得此ノ場合ニ於テハ市長ハ七日以內ニ市會ノ決定ニ付スヘシ市會ハ其ノ送付ヲ受ケタル日ヨリ十四日以內ニ之ヲ決定スヘシ

第三十五條　選擧ノ規定ニ違反スルコトアルトキハ選擧ノ結果ニ異動ヲ生スルノ虞アル場合ニ限リ其ノ選擧ノ全部又ハ一部ヲ無效トス

第三十六條　選擧人選擧又ハ當選ノ效力ニ關シ異議アルトキハ選擧ニ關シテハ選擧ノ日ヨリ當選ニ關シテハ第三十四條第二項ノ告示ノ日ヨリ七日以內ニ之ヲ市長ニ申立ツルコトヲ得此ノ場合ニ於テハ市長ハ七日以內ニ市會ノ決定ニ付スヘシ市會ハ其ノ送付ヲ受ケタル日ヨリ十四日以內ニ之ヲ決定スヘシ

2 前項ノ決定ニ不服アル者ハ府縣參事會ニ訴願スルコトヲ得

3 府縣知事ハ選擧又ハ當選ノ效力ニ關シ異議アルトキハ選擧ニ關シテハ第三十二條第一項ノ報告ヲ受ケタル日ヨリ當選ニ關シテハ第三十二條第一項又ハ第三十四條第二項ノ報告ヲ受ケタル日ヨリ二十日以內ニ之ヲ府縣參事會ノ決定ニ付スルコトヲ得

3 府縣知事ハ選擧又ハ當選ノ效力ニ關シ異議アルトキハ選擧ニ關シテハ第三十四條第一項ノ報告ヲ受ケタル日ヨリ當選ニ關シテハ同條第二項ノ報告ヲ受ケタル日ヨリ二十日以內ニ之ヲ府縣參事會ノ決定ニ付スルコトヲ得

4 前項ノ決定アリタルトキハ同一事件ニ付爲シタル異議ノ申立及市會ノ決定ハ無效トス

5 第二項若ハ第六項ノ裁決又ハ第三項ノ決定ニ不服アル者ハ行政裁判所ニ出訴スルコトヲ得

6 第一項ノ決定ニ付テハ市長ヨリモ訴願ヲ提起スルコトヲ得

7 第二項若ハ前項ノ裁決又ハ第三項ノ決定ニ付テハ府縣知事又ハ市長ヨリモ訴訟ヲ提起スルコトヲ得

8 第二十條、第三十三條又ハ第三十七條第一項若ハ第三項ノ選擧ハ之ニ關係アル選擧又ハ當選ニ關スル異議申立期間、異議ノ決定若ハ訴願ノ裁決確定セ

8 第二十條、第三十三條又ハ第三十七條第三項ノ選擧ハ之ニ關係アル選擧又ハ當選ニ關スル異議申立期間、異議ノ決定若ハ訴願ノ裁決確定セサル間又ハ訴

サル間又ハ訴訟ノ繫屬スル間之ヲ行フコトヲ得ス
9 市會議員ハ選擧又ハ當選ニ關スル決定若ハ裁決確定シ又ハ判決アル迄ハ會議ニ列席シ議事ニ參與スルノ權ヲ失ハス

第三十七條　選擧無效ト確定シタルトキハ三月以內ニ更ニ選擧ヲ行フヘシ
2 當選無效ト確定シタルトキハ直ニ選擧會ヲ開キ更ニ當選者ヲ定ムヘシ此ノ場合ニ於テハ第三十三條第三項及第四項ノ規定ヲ準用ス
3 當選者ナキトキ、當選者ナキニ至リタルトキ又ハ當選者其ノ選擧ニ於ケル議員ノ定數ニ達セサルトキ若ハ定數ニ達セサルニ至リタルトキハ三月以內ニ更ニ選擧ヲ行フヘシ
4 第三十三條第五項及第六項ノ規定ハ第一項及前項ノ選擧ニ之ヲ準用ス

訟ノ繫屬スル間之ヲ行フコトヲ得ス
（大正十年法律五十八號追加）

第三十七條　當選無效ト確定シタルトキハ市長ハ直ニ第三十條ノ例ニ依リ更ニ當選者ヲ定ムヘシ
2 選擧無效ト確定シタルトキハ更ニ選擧ヲ行フヘシ
3 議員ノ定數ニ足ル當選者ヲ得ルコト能ハサルトキハ其ノ不足ノ員數ニ付更ニ選擧ヲ行フヘシ此ノ場合ニ於テハ第三十條第一項但書ノ規定ヲ適用セス

第三十八條　市會議員被選擧權ヲ有セサル者ナルトキ又ハ第三十二條第六項ニ揭クル者ナルトキハ其ノ職ヲ失フ其ノ被選擧權ノ有無又ハ第三十二條第六項ニ揭クル者ニ該當スルヤ否ハ市會議員カ左ノ各號ノ一ニ該當スルニ因リ被選擧權ヲ有セサル場合ヲ除クノ外市會之ヲ決定ス

一　禁治產者又ハ準禁治產者ト爲リタルトキ

二　破產者ト爲リタルトキ

三　禁錮以上ノ刑ニ處セラレタルトキ

四　選擧ニ關スル犯罪ニ依リ罰金ノ刑ニ處セラレタルトキ

2 市長ハ市會議員中被選擧權ヲ有セサル者又ハ第三十二條第六項ニ揭クル者アリト認ムルトキハ之ヲ市會ノ決定ニ付スヘシ市會ハ其ノ送付ヲ受ケタル日ヨリ十四日以內ニ之ヲ決定スヘシ

第三十八條　市會議員ニシテ被選擧權ヲ有セサル者ハ其ノ職ヲ失フ其ノ被選擧權ノ有無ハ市會議員カ左ノ各號ノ一ニ該當スルニ因リ被選擧權ヲ有セサル場合ヲ除クノ外市會之ヲ決定ス（大正十年法律第五十八號改正）

二　家資分散又ハ破產ノ宣告ヲ受ケ其ノ宣告確定シタルトキ

2 市長ハ市會議員中被選擧權ヲ有セサル者アリト認ムルトキハ之ヲ市會ノ決定ニ付スヘシ市會ハ其ノ送付ヲ受ケタル日ヨリ十四日以內ニ之ヲ決定スヘシ（同上）

---

3 第一項ノ決定ヲ受ケタル者其ノ決定ニ不服アルトキハ府縣參事會ニ訴願シ其ノ裁決

又ハ第四項ノ裁決ニ不服アルトキハ行政裁判所ニ出訴スルコトヲ得（大正十年法律第五十八號改正）

4第一項ノ決定及前項ノ裁決ニ付テハ市長ヨリモ訴願又ハ訴訟ヲ提起スルコトヲ得（同上）

5前二項ノ裁決ニ付テハ府縣知事ヨリモ訴訟ヲ提起スルコトヲ得（同上）

6第三十六條第九項ノ規定ハ第一項及前三項ノ場合ニ之ヲ準用ス（同上）

7第一項ノ決定ハ文書ヲ以テ之ヲ爲シ其ノ理由ヲ附シ之ヲ本人ニ交付スヘシ（同上）

第三十九條 第二十一條ノ三及第三十六條ノ場合ニ於テ府縣參事會ノ決定及裁決ハ府縣知事、市會ノ決定ハ市長直ニ之ヲ告示スヘシ

第三十九條ノ二 勅令ヲ以テ指定スル市（第六條ノ市ノ區ヲ含ム）ノ市會議員（又ハ區會議員）ノ選擧ニ付テハ府縣制第十三條ノ二、第十三條ノ三、第二十九條ノ三及第三十四條ノ二ノ規定ヲ準用ス此ノ場合ニ於テハ第二十三條第三項及第五項、第二十五條第五項及第七項、第二十五條ノ三、第二十七條ノ二

第三十九條 第二十一條及第三十六條ノ場合ニ於テ府縣參事會ノ決定及裁決ハ府縣知事、市會ノ決定ハ市長直ニ之ヲ告示スヘシ

第三十九條ノ二 勅令ヲ以テ指定スル市（第六條ノ市ノ區ヲ含ム）ノ市會議員（又ハ區會議員）ノ選擧ニ付テハ府縣制第十三條ノ二、第十三條ノ三、第二十九條ノ三及第三十四條ノ二ノ規定ヲ準用ス此ノ場合ニ於テハ第二十三條第三項及第五項、第二十五條第五項及第七項、第二十五條ノ三、第二十八條、

第二項、第二十八條、第二十九條、第三十三條第一項竝第三十六條第一項ノ規定ニ拘ラス勅令ヲ以テ特別ノ規定ヲ設クルコトヲ得（昭和四年四月法律第五十六號改正）

第三十九條ノ三　前條ノ規定ニ依ル選擧ニ付テハ衆議院議員選擧法第十章及第十一章竝第百四十條第二項及第百四十二條ノ規定ヲ準用ス但シ議員候補者一人ニ付定ムヘキ選擧事務所ノ數、選擧委員及選擧事務員ノ數竝選擧運動ノ費用ノ額ニ關シテハ勅令ノ定ムル所ニ依ル

2　前條ノ規定ニ依ル選擧ヲ除クノ外市會議員（又ハ第六條ノ市ノ區ノ區會議員）ノ選擧ニ付テハ衆議院議員選擧法第九十一條、第九十二條、第九十八條、第九十九條第二項、第百條及第百四十二條ノ規定ヲ準用ス

第四十條　本法又ハ本法ニ基キテ發スル勅令ニ依リ設置スル議會ノ議員ノ選擧ニ付テ

第二十九條、第三十三條第一項竝第三十六條第一項ノ規定ニ拘ラス勅令ヲ以テ特別ノ規定ヲ設クルコトヲ得（大正十五年法律第七十四號追加）

ハ衆議院議員選擧ニ關スル罰則ヲ準用ス

第二款　職務權限

第四十一條　市會ハ市ニ關スル事件及法律勅令ニ依リ其ノ權限ニ屬スル事件ヲ議決ス

第四十二條　市會ノ議決スヘキ事件ノ概目左ノ如シ

一　市條例及市規則ヲ設ケ又ハ改廢スル事

二　市費ヲ以テ支辨スヘキ事業ニ關スル事但シ第九十三條ノ事務及法律勅令ニ規定アルモノハ此ノ限ニ在ラス

三　歲入出豫算ヲ定ムル事

四　決算報告ヲ認定スル事

五　法令ニ定ムルモノヲ除クノ外使用料、手數料、加入金、市稅又ハ夫役現品ノ賦課徵收ニ關スル事

六　不動產ノ管理處分及取得ニ關スル事

七　基本財產及積立金穀等ノ設置管理及處分ニ關スル事

八　歲入出豫算ヲ以テ定ムルモノヲ除クノ外新ニ義務ノ負擔ヲ爲シ及權利ノ拋棄ヲ爲ス事

九　財產及營造物ノ管理方法ヲ定ムル事但シ法律勅令ニ規定アルモノハ此ノ限ニ在ラス

十　市吏員ノ身元保證ニ關スル事

十一　市ニ係ル訴願訴訟及和解ニ關スル事

第四十三條　市會ハ其ノ權限ニ屬スル事項ノ一部ヲ市參事會ニ委任スルコトヲ得

第四十四條　市會ハ法律勅令ニ依リ其ノ權限ニ屬スル選擧ヲ行フヘシ

第四十五條　市會ハ市ノ事務ニ關スル書類及計算書ヲ檢閲シ市長ノ報告ヲ請求シテ事務ノ管理、議決ノ執行及出納ヲ檢査スルコトヲ得

2市會ハ議員中ヨリ委員ヲ選擧シ市長又ハ其ノ指名シタル吏員立會ノ上實地ニ就キ前項市會ノ權限ニ屬スル事件ヲ行ハシムルコトヲ得

第四十六條　市會ハ市ノ公益ニ關スル事件ニ付意見書ヲ關係行政廳ニ提出スルコトヲ得（昭和四年四月法律第五十六號改正）

第四十七條　市會ハ行政廳ノ諮問アルトキハ意見ヲ答申スヘシ

2市會ノ意見ヲ徵シテ處分ヲ爲スヘキ場合ニ於テ市會成立セス、招集ニ應セス若ハ意見ヲ提出セス又ハ市會ヲ招集スルコト能ハサルトキハ當該行政廳ハ其ノ意見ヲ俟タスシテ直ニ處分ヲ爲スコトヲ得

第四十八條　市會ハ議員中ヨリ議長及副議長一人ヲ選擧スヘシ

2議長及副議長ノ任期ハ議員ノ任期ニ依ル

第四十九條　議長故障アルトキハ副議長之ニ代ハリ議長及副議長共ニ故障アルトキハ臨時ニ議員中ヨリ假議長ヲ選擧スヘシ

2前項假議長ノ選擧ニ付テハ年長ノ議員

第四十九條　議長故障アルトキハ副議長之ニ代ハリ議長及副議長共ニ故障アルトキハ年長ノ議員議長ノ職務ヲ代理ス年齡同シキトキハ抽籤ヲ以テ之ヲ定ム

議長ノ職務ヲ代理ス年齢同シキトキハ
抽籤ヲ以テ之ヲ定ム

第五十條　市長及其ノ委任又ハ囑託ヲ受ケタル者ハ會議ニ列席シテ議事ニ參與スルコトヲ得但シ議決ニ加ハルコトヲ得ス

2前項ノ列席者發言ヲ求ムルトキハ議長ハ直ニ之ヲ許スヘシ但シ之カ爲議員ノ演說ヲ中止セシムルコトヲ得ス

第五十一條　市會ハ市長之ヲ招集ス議員定數ノ三分ノ一以上ヨリ會議ニ付スベキ事件ヲ示シテ市會招集ノ請求アルトキハ市長ハ之ヲ招集スヘシ（昭和四年四月法律第五十六號改正）

2市長ハ會期ヲ定メテ市會ヲ招集スルコトヲ得此ノ場合ニ於テ必要アリト認ムルトキハ市長ハ更ニ期限ヲ定メ市會ノ會期ヲ延長スルコトヲ得（同上）

第五十一條　市會ハ市長之ヲ招集ス議員定數三分ノ一以上ノ請求アルトキハ市長ハ之ヲ招集スヘシ

2市長ハ必要アル場合ニ於テハ會期ヲ定メテ市會ヲ招集スルコトヲ得

3招集及會議ノ事件ハ開會ノ日前三日目迄ニ之ヲ告知スヘシ但シ急施ヲ要スル場合ハ此ノ限ニ在ラス（大正十五年法律第七十四號改正）

4市會開會中急施ヲ要スル事件アルトキハ市長ハ直ニ之ヲ其ノ會議ニ付スルコトヲ得會議ニ付スル日前三日目迄ニ告知ヲ爲シタル事件ニ付亦同シ（同上）

5市會ハ市長之ヲ開閉ス

第五十二條　市會ハ議員定數ノ半數以上出席スルニ非サレハ會議ヲ開クコトヲ得ス但シ第五十四條ノ除斥ノ爲半數ニ滿タサルトキ、同一ノ事件ニ付招集再回ニ至ルモ仍半數ニ滿タサルトキ又ハ招集ニ應スルモ出席議員定數ヲ闕キ議長ニ於テ出席ヲ催告シ仍半數ニ滿タサルトキハ此ノ限ニ在ラス

第五十三條　市會ノ議事ハ過半數ヲ以テ決ス可否同數ナルトキハ議長ノ決スル所ニ依ル

2議長ハ其ノ職務ヲ行フ場合ニ於テモ之カ爲議員トシテ議決ニ加ハルノ權ヲ失ハス

第五十四條　議長及議員ハ自己又ハ父母、祖父母、妻、子孫、兄弟姉妹ノ一身上ニ關スル事件ニ付テハ其ノ議事ニ參與スルコトヲ得ス但シ市會ノ同意ヲ得タルトキハ會議ニ出席シ發言スルコトヲ得

第五十五條　法律勅令ニ依リ市會ニ於テ行フ選擧ニ付テハ第二十五條、第二十八條及第三十條ノ規定ヲ準用ス其ノ投票ノ效力ニ關シ異議アルトキハ市會之ヲ決定ス（昭和四年四月法律第五十六號改正）

第五十五條　法律勅令ニ依リ市會ニ於テ選擧ヲ行フトキハ本法中別段ノ規定アル場合ヲ除クノ外一人毎ニ無記名投票ヲ爲シ有效投票ノ過半數ヲ得タル者ヲ以テ當選者トス過半數ヲ得タル者ナキトキハ最多數ヲ得タル者二人ヲ取リ之ニ就キ決選投票ヲ爲サシム其ノ二人ヲ

2 市會ハ議員中異議ナキトキハ前項ノ選擧ニ付指名推選ノ法ヲ用フルコトヲ得（同上）

3 指名推選ノ法ヲ用フル場合ニ於テハ被指名者ヲ以テ當選者ト定ムベキヤ否ヲ會議ニ付シ議員全員ノ同意ヲ得タル者ヲ以テ當選者トス（同上）

取ルニ當リ同數者アルトキハ年長者ヲ取リ年齢同シキトキハ議長抽籤シテ之ヲ定ム此ノ決選投票ニ於テハ多數ヲ得タル者ヲ以テ當選者トス同數ナルトキハ年長者ヲ取リ年齢同シキトキハ議長抽籤シテ之ヲ定ム

2 前項ノ場合ニ於テハ第二十五條及第二十八條ノ規定ヲ準用シ投票ノ效力ニ關シ異議アルトキハ市會之ヲ決定ス

3 第一項ノ選擧ニ付テハ市會ハ其ノ議決ヲ以テ指名推選又ハ連名投票ノ法ヲ用ウルコトヲ得其ノ連名投票ノ法ヲ用ウル場合ニ於テハ前二項ノ例ニ依ル

4 連名投票ノ法ヲ用ウル場合ニ於テ其ノ投票ニシテ第二十八條第一號、第六號及第七號ニ該當スルモノ並其ノ記載ノ人員選擧スヘキ定數ニ過キタルモノハ之ヲ無效トシ同條第二號、第四號及第五號ニ該當スルモノハ其ノ部分ノミヲ

4 一ノ選擧ヲ以テ二人以上ヲ選擧スル場合ニ於テハ被指名者ヲ區分シテ前項ノ規定ヲ適用スルコトヲ得ズ（同上）

無效トス（大正十五年法律第七十四號追加）

5 連名投票ノ法ヲ用ウル場合ニ於テ過半數ノ投票ヲ得タル者選擧スヘキ定數ヲ超ユルトキハ最多數ヲ得タル者ヨリ順次選擧スヘキ定數ニ至ル迄ノ者ヲ以テ當選者トシ同數者アルトキハ年長者ヲ取リ年齡同シキトキハ議長抽籤シテ之ヲ定ム（同上）

第五十六條　市會ノ會議ハ公開ス但シ左ノ場合ハ此ノ限ニ在ラス

一　市長ヨリ傍聽禁止ノ要求ヲ受ケタルトキ

二　議長又ハ議員三人以上ノ發議ニ依リ傍聽禁止ヲ可決シタルトキ

2 前項議長又ハ議員ノ發議ハ討論ヲ須ヰス其ノ可否ヲ決スヘシ

第五十七條　議長ハ會議ヲ總理シ會議ノ順序ヲ定メ其ノ日ノ會議ヲ開閉シ議場ノ秩序ヲ保持ス

2 議員定數ノ半數以上ヨリ請求アルトキハ議長ハ其ノ日ノ會議ヲ開クコトヲ要ス此ノ場合ニ於テ議長仍會議ヲ開カサルトキハ第四十九條ノ例ニ依ル

3 前項議員ノ請求ニ依リ會議ヲ開キタルトキ又ハ議員中異議アルトキハ議長ハ會議ノ議決ニ依ルニ非サレハ其ノ日ノ會議ヲ閉チ又ハ中止スルコトヲ得ス

第五十七條ノ二　市會議員ハ市會ノ議決

スベキ事件ニ付市會ニ議案ヲ發スルコトヲ得但シ歳入出豫算ニ付テハ此ノ限ニ在ラズ(昭和四年法律第五十六號本條追加)
2前項ノ規定ニ依ル發案ハ議員三人以上ヨリ文書ヲ以テ之ヲ爲スコトヲ要ス

第五十八條 議員ハ選擧人ノ指示又ハ委囑ヲ受クヘカラス
2議員ハ會議中無禮ノ語ヲ用ヰ又ハ他人ノ身上ニ渉リ言論スルコトヲ得ス

第五十九條 會議中本法又ハ會議規則ニ違ヒ其ノ他議場ノ秩序ヲ紊ス議員アルトキハ議長ハ之ヲ制止シ又ハ發言ヲ取消サシメ命ニ從ハサルトキハ當日ノ會議ヲ終ル迄發言ヲ禁止シ又ハ議場外ニ退去セシメ必要アル場合ニ於テハ警察官吏ノ處分ヲ求ムルコトヲ得
2議場騷擾ニシテ整理シ難キトキハ議長ハ當日ノ會議ヲ中止シ又ハ之ヲ閉ツルコトヲ得

第六十條 傍聽人公然可否ヲ表シ又ハ喧騷ニ渉リ其ノ他會議ノ妨害ヲ爲ストキハ議長ハ之ヲ制止シ命ニ從ハサルトキハ之ヲ退場セシメ必要アル場合ニ於テハ警察官吏ノ處分ヲ求ムルコトヲ得
2傍聽席騷擾ナルトキハ議長ハ總テノ傍聽人ヲ退場セシメ必要アル場合ニ於テハ警察官吏ノ處分ヲ求ムルコトヲ得

第六十一條 市會ニ書記ヲ置キ議長ニ隷屬シテ庶務ヲ處理セシム
2書記ハ議長之ヲ任免ス

第六十二條　議長ハ書記ヲシテ會議錄ヲ調製シ會議ノ顚末及出席議員ノ氏名ヲ記載セシムヘシ

2會議錄ハ議長及議員二人以上之ニ署名スルコトヲ要ス其ノ議員ハ市會ニ於テ之ヲ定ムヘシ

3議長ハ會議錄ヲ添ヘ會議ノ結果ヲ市長ニ報告スヘシ

第六十三條　市會ハ會議規則及傍聽人取締規則ヲ設クヘシ

2會議規則ニハ本法及會議規則ニ違反シタル議員ニ對シ市會ノ議決ニ依リ五日以内出席ヲ停止スル規定ヲ設クルコトヲ得

第三章　市參事會

第一款　組織及選擧

第六十四條　市ニ市參事會ヲ置キ議長及名譽職參事會員ヲ以テ之ヲ組織ス（昭和四年四月法律第五十六號改正）

2會議規則ニハ本法及會議規則ニ違反シタル議員ニ對シ市會ノ議決ニ依リ三日以内出席ヲ停止シ又ハ二圓以下ノ過怠金ヲ科スル規定ヲ設クルコトヲ得

第六十四條　市ニ市參事會ヲ置キ左ノ職員ヲ以テ之ヲ組織ス

一　市長

二　助役

三　名譽職參事會員

2前項ノ外市參與ヲ置ク市ニ於テハ市參與ハ參事會員トシテ其ノ擔任事業ニ關

第六十五條　名譽職參事會員ノ定數ハ十人トス但シ勅令ヲ以テ指定スル市ニ於テハ市條例ヲ以テ十五人迄之ヲ增加スルコトヲ得（昭和四年法律第五十六號改正）

2 名譽職參事會員ハ市會ニ於テ其ノ議員中ヨリ之ヲ選擧スベシ（同上）

3 名譽職參事會員中闕員アルトキハ直ニ補闕選擧ヲ行フヘシ

4 名譽職參事會員ハ隔年之ヲ選擧スヘシ（大正十五年法律第七十四號改正）

5 名譽職參事會員ハ後任者ノ就任スルニ至ル迄在任ス市會議員ノ任期滿了シタルトキ亦同シ（同上）

6 名譽職參事會員ハ其ノ選擧ニ關シ第九十條ノ處分確定シ又ハ判決アル迄ハ會議ニ列席シ議事ニ參與スルノ權ヲ失ハス（同上追加）

第六十六條　市參事會ハ市長ヲ以テ議長トス市長故障アルトキハ市長代理者之ヲ代理ス

第二款　職務權限

スル場合ニ限リ會議ニ列席シ議事ニ參與ス

第六十五條　名譽職參事會員ノ定數ハ六人トス但シ第六條ノ市ニ在リテハ市條例ヲ以テ十二人迄之ヲ增加スルコトヲ得

2 名譽職參事會員ハ市會ニ於テ其ノ議員中ヨリ之ヲ選擧スヘシ其ノ選擧ニ關シテハ第二十五條第二十八條及第三十條ノ規定ヲ準用シ投票ノ效力ニ關シ異議アルトキハ市會之ヲ決定ス

第六十七條　市參事會ノ職務權限左ノ如シ

一　市會ノ權限ニ屬スル事件ニシテ其ノ委任ヲ受ケタルモノヲ議決スル事

二　市會成立セザルトキ、第五十二條但書ノ場合ニ於テ仍會議ヲ開クコト能ハザルトキ又ハ市長ニ於テ市會ヲ招集スルノ暇ナシト認ムルトキ市會ノ權限ニ屬スル事件ヲ市會ニ代ハリテ議決スルコト（昭和四年四月法律第五十六號改正）

三　其ノ他法令ニ依リ市參事會ノ權限ニ屬スル事件

二　削除（大正十五年法律第七十四號）

第六十八條　市參事會ハ市長之ヲ招集ス名譽職參事會員定數ノ半數以上ヨリ會議ニ付スベキ事件ヲ示シテ市參事會招集ノ請求アルトキハ市長ハ之ヲ招集スヘシ（昭和四年四月法律第五十六號改正）

第六十八條　市參事會ハ市長之ヲ招集ス名譽職參事會員定數ノ半數以上ノ請求アルトキハ市長ハ之ヲ招集スヘシ

第六十九條　市參事會ノ會議ハ傍聽ヲ許サス

第七十條　市參事會ハ議長又ハ其ノ代理者及名譽職參事會員定數ノ半數以上出席スルニ非サレハ會議ヲ開クコトヲ得ス但シ第二項ノ除斥ノ爲名譽職參事會員其ノ半數ニ滿タサルトキ、同一ノ事件ニ付招集再回ニ至ルモ仍名譽職參事會員其ノ半數ニ滿タ

サルトキ又ハ招集ニ應スルモ出席名譽職參事會員定數ヲ闕キ議長ニ於テ出席ヲ催告シ仍半數ニ滿タサルトキハ此ノ限ニ在ラス

2 議長及參事會員ハ自己又ハ父母、祖父母、妻、子孫、兄弟姉妹ノ一身上ニ關スル事件ニ付テハ其ノ議事ニ參與スルコトヲ得ス但シ市參事會ノ同意ヲ得タルトキハ會議ニ出席シ發言スルコトヲ得

3 議長及其ノ代理者共ニ前項ノ場合ニ當ルトキハ年長ノ名譽職參事會員議長ノ職務ヲ代理ス

第七十一條 第四十六條第四十七條第五十條第五十一條第二項及第五項第五十三條第五十五條第五十七條乃至第五十九條第六十一條竝第六十二條第一項及第二項ノ規定ハ市參事會ニ之ヲ準用ス

第四章 市吏員

第一款 組織選擧及任免

第七十二條 市ニ市長及助役一人ヲ置ク

（昭和四年四月法律第五十六號改正）

第七十二條 市ニ市長及助役一人ヲ置ク但シ第六條ノ市ノ助役ノ定數ハ内務大臣之ヲ定ム

2 助役ノ定數ハ市條例ヲ以テ之ヲ增加スルコトヲ得

3 特別ノ必要アル市ニ於テハ市條例ヲ以テ市參與ヲ置クコトヲ得其ノ定數ハ其ノ市條例中ニ之ヲ規定スヘシ

第七十三條 市長ハ有給吏員トス但シ市

一

第七十三條 市長ハ有給吏員トシ其ノ任

條例ヲ以テ名譽職ト爲スコトヲ得（昭和四年四月法律第五十六號本條改正）

2市長ノ任期ハ四年トス

3市長ハ市會ニ於テ之ヲ選擧ス

4市長ノ在職中ニ於テ行フ後任市長ノ選擧ハ現任市長ノ任期滿了ノ日前二十日以内又ハ現任市長ノ退職ノ申立アリタル場合ニ於テ其ノ退職スベキ日前二十日以内ニ非ザレバ之ヲ行フコトヲ得ズ

5第三項ノ選擧ニ於テ當選者定マリタルトキハ直ニ當選者ニ當選ノ旨ヲ告知スベシ

6市長ニ當選シタル者當選ノ告知ヲ受ケタルトキハ其ノ告知ヲ受ケタル日ヨリ二十日以内ニ其ノ當選ニ應ズルヤ否ヲ申立ツベシ其ノ期間内ニ當選ニ應ズル旨ノ申立ヲ爲サザルトキハ當選ヲ辭シタルモノト看做ス

7第三十二條第四項ノ規定ハ市長ニ當選

期ハ四年トス

2市長ハ市會ニ於テ之ヲ選擧ス（大正十五年法律第七十四號改正）

シタル者ニ之ヲ準用ス
8名譽職市長ハ市公民中選擧權ヲ有スル者ニ限ル
9有給市長ハ其ノ退職セントスル日前三十日目迄ニ申立ツルニ非ザレバ任期中退職スルコトヲ得ズ但シ市會ノ承認ヲ得タルトキハ此ノ限ニ在ラズ

3市長ハ其ノ退職セムトスル日前三十日目迄ニ申立ツルニ非サレハ任期中退職スルコトヲ得ス但シ市會ノ承認ヲ得タルトキハ此ノ限ニ在ラス（同上）

第七十四條　市參與ハ名譽職トス但シ定數ノ全部又ハ一部ヲ有給吏員ト爲スコトヲ得此ノ場合ニ於テハ第七十二條第三項ノ市條例中ニ之ヲ規定スヘシ
2市參與ハ市長ノ推薦ニ依リ市會之ヲ定ム（大正十五年六月法律第七十四號改正）
3前條第四項乃至第七項ノ規定ハ市參與ニ之ヲ準用ス（昭和四年法律第五十六號追加）
4名譽職市參與ハ市公民中選擧權ヲ有スル者ニ限ル（同上項順位繰下ゲ）

第七十五條　助役ハ有給吏員トシ其ノ任期ハ四年トス
2助役ハ市長ノ推薦ニ依リ市會之ヲ定メ市長職ニ在ラサルトキハ市會ニ於テ之ヲ選擧ス（大正十五年六月法律第七十四號改正）
3第七十三條第四項乃至第七項及第九項ノ規定ハ助役ニ之ヲ準用ス（昭和四年四月法律第五十六號改正）

3第七十三條第三項ノ規定ハ助役ニ之ヲ準用ス（大正十五年法律第七十四號改正）

第七十六條　有給市長有給市參與及助役ハ第九條第一項ノ規定ニ拘ラス在職ノ間其ノ市ノ公民トス（昭和四年四月法律第五十六號改正）

第七十七條　市長市參與及助役ハ第十八條第二項又ハ第四項ニ揭ケタル職ト兼ヌルコトヲ得ス又其ノ市ニ對シ請負ヲ爲シ又ハ其ノ市ニ於テ費用ヲ負擔スル事業ニ付市長若ハ其ノ委任ヲ受ケタル者ニ對シ請負ヲ爲ス者及其ノ支配人又ハ主トシテ同一ノ行爲ヲ爲ス法人ノ無限責任社員、取締役監査役若ハ之ニ準スヘキ者、淸算人及支配人タルコトヲ得ス

第七十七條　市長市參與及助役ハ第十八條第二項ニ揭ケタル職ト兼ヌルコトヲ得ス又其ノ市ニ對シ請負ヲ爲シ及同一ノ行爲ヲ爲ス者ノ支配人又ハ主トシテ同一ノ行爲ヲ爲ス法人ノ無限責任社員タルコトヲ得ス

2 市長ト父子兄弟タル緣故アル者ハ市參與又ハ助役ノ職ニ在ルコトヲ得ス

3 市參與ト父子兄弟タル緣故アル者ハ助役ノ職ニ在ルコトヲ得ス

4 父子兄弟タル緣故アル者ハ同時ニ市參與又ハ助役ノ職ニ在ルコトヲ得ス第十八條第六項ノ規定ハ此ノ場合ニ之ヲ準

第七十八條　有給市長ハ府縣知事ノ許可ヲ受クルニ非サレハ他ノ報償アル業務ニ從事スルコトヲ得ス（昭和四年四月法律第五十六號改正）

2　有給市長有給市參與及助役ハ會社ノ取締役監査役若ハ之ニ準スヘキ者、清算人又ハ支配人其ノ他ノ事務員タルコトヲ得ス（同上）

用ス（大正十年四月法律第五十八號改正）

第七十八條　市長ハ府縣知事ノ許可ヲ受クルニ非サレハ他ノ報償アル業務ニ從事スルコトヲ得ス（大正十五年法律第七十四號改正）

2　市長有給市參與及助役ハ會社ノ取締役監査役若ハ之ニ準スヘキ者、清算人又ハ支配人其ノ他ノ事務員タルコトヲ得ス（大正十年四月法律第五十八號改正）

第七十九條　市ニ收入役一人ヲ置ク但シ市條例ヲ以テ副收入役ヲ置クコトヲ得

2　第七十三條第四項乃至第七項、第七十五條第一項及第二項、第七十六條、第七十七條並前條第二項ノ規定ハ收入役及副收入役ニ之ヲ準用ス（同上改正）

2　第七十五條第一項及第二項、第七十六條、第七十七條並前條第二項ノ規定ハ收入役及副收入役ニ之ヲ準用ス（大正十五年法律第七十四號改正）

3　市長市參與又ハ助役ト父子兄弟タル緣故アル者ハ收入役又ハ副收入役ノ職ニ在ルコトヲ得ス收入役ト父子兄弟タル緣故アル者ハ副收入役ノ職ニ在ルコトヲ得ス

第八十條　第六條ノ市ノ區ニ區長一人ヲ置キ市有給吏員トシ市長之ヲ任免ス

2　第七十七條第一項及第七十八條第二項ノ規定ハ區長ニ之ヲ準用ス

2　第七十七條第一項及第七十八條ノ規定ハ區長ニ之ヲ準用ス

第八十一條　第六條ノ市ノ區ニ區收入役一人又ハ區收入役及區副收入役各一人ヲ置ク

2 區收入役及區副收入役ハ第八十六條ノ吏員中市長、助役、市收入役、市副收入役又ハ區長トノ間及其ノ相互ノ間ニ父子兄弟タル緣故アラサル者ニ就キ市長之ヲ命ス

3 區收入役又ハ區副收入役ト爲リタル後市長、助役、市收入役、市副收入役又ハ區長トノ間ニ父子兄弟タル緣故生シタルトキハ區收入役又ハ區副收入役ハ其ノ職ヲ失フ

4 前項ノ規定ハ區收入役及區副收入役相互ノ間ニ於テ區副收入役ニ之ヲ準用ス

第八十二條　第六條ノ市ヲ除キ其ノ他ノ市ハ處務便宜ノ爲區ヲ劃シ區長及其ノ代理者一人ヲ置クコトヲ得

2 前項ノ區長及其ノ代理者ハ名譽職トス市公民中選舉權ヲ有スル者ヨリ市長ノ推薦ニ依リ市會之ヲ定ム此ノ場合ニ於テハ第七十三條第四項乃至第七項ノ規定ヲ準用ス（昭和四年法律第五十六號改正）――

2 前項ノ區長及其ノ代理者ハ名譽職トス市公民中選舉權ヲ有スル者ヨリ市長ノ推薦ニ依リ市會之ヲ定ム（大正十五年法律第七十四號改正）

3 内務大臣ハ前項ノ規定ニ拘ラス區長ヲ有給吏員ト爲スヘキ市ヲ指定スルコトヲ得

4 前項ノ區ニ付テハ第八十條第八十一條第九十條第二項第九十七條第四項第九十八條及第九十九條ノ規定ヲ準用スルノ外必要ナル事項ハ勅令ヲ以テ之ヲ定ム

第八十三條　市ハ臨時又ハ常設ノ委員ヲ置クコトヲ得

2 委員ハ名譽職トス市會議員、名譽職參事會員又ハ市公民中選舉權ヲ有スル者――

2 委員ハ名譽職トス市會ニ於テ市會議員、名譽職參事會員又ハ市公民中選舉

ヨリ市長ノ推薦ニ依リ市會之ヲ定ム但シ委員長ハ市長又ハ其ノ委任ヲ受ケタル市參與若ハ助役ヲ以テ之ニ充ツ

3第七十三條第四項乃至第七項ノ規定ハ委員ニ之ヲ準用ス（昭和四年四月法律第五十六號追加）

4委員ノ組織ニ關シテハ市條例ヲ以テ別段ノ規定ヲ設クルコトヲ得（同上項順位繰下ゲ）

第八十四條　市公民ニ限リテ擔任スヘキ職務ニ在ル吏員又ハ職ニ就キタルカ爲市公民タル者選擧權ヲ有セサルニ至リタルトキハ其ノ職ヲ失フ

權ヲ有スル者ヨリ之ヲ選擧ス但シ委員長ハ市長又ハ其ノ委任ヲ受ケタル市參與若ハ助役ヲ以テ之ニ充ツ

3常設委員ノ組織ニ關シテハ市條例ヲ以テ別段ノ規定ヲ設クルコトヲ得

第八十四條　市公民ニ限リテ擔任スヘキ職務ニ在ル吏員ニシテ市公民權ヲ喪失シ若ハ停止セラレタルトキ又ハ第十一條第三項ノ場合ニ當ルトキハ其ノ職ヲ失フ職ニ就キタルカ爲市公民タル者ニシテ禁治產若ハ準禁治產ノ宣告ヲ受ケタルトキ又ハ第十一條第二項若ハ第三項ノ場合ニ當ルトキ亦同シ

2前項ノ職務ニ在ル者ニシテ禁錮以上ノ刑ニ當ルヘキ罪ノ爲豫審又ハ公判ニ付セラレタルトキハ監督官廳ハ其ノ職務ノ執行ヲ停止スルコトヲ得此ノ場合ニ於テハ其ノ停止期間報酬又ハ給料ヲ支給スルコトヲ得ス

第八十五條　前數條ニ定ムル者ノ外市ニ必要ノ有給吏員ヲ置キ市長之ヲ任免ス
2前項吏員ノ定數ハ市會ノ議決ヲ經テ之ヲ定ム
第八十六條　前數條ニ定ムル者ノ外第六條及第八十二條第三項ノ市ノ區ニ必要ノ市有給吏員ヲ置キ區長ノ申請ニ依リ市長之ヲ任免ス
2前項吏員ノ定數ハ市會ノ議決ヲ經テ之ヲ定ム

第二款　職務權限

第八十七條　市長ハ市ヲ統轄シ市ヲ代表ス
2市長ノ擔任スル事務ノ概目左ノ如シ
一　市會及市參事會ノ議決ヲ經ヘキ事件ニ付其ノ議案ヲ發シ及其ノ議決ヲ執行スル事
二　財産及營造物ヲ管理スル事但シ特ニ之カ管理者ヲ置キタルトキハ其ノ事務ヲ監督スル事
三　收入支出ヲ命令シ及會計ヲ監督スル事
四　證書及公文書類ヲ保管スル事
五　法令又ハ市會ノ議決ニ依リ使用料、手數料、加入金、市稅又ハ夫役現品ヲ賦課徵收スル事
六　其ノ他法令ニ依リ市長ノ職權ニ屬スル事項
第八十八條　削除

第八十八條　市長ハ議案ヲ市會ニ提出スル前之ヲ市參事會ノ審査ニ付シ其ノ意見ヲ議案ニ添ヘ市會ニ提出スヘシ

2 前項ノ規定ニ依リ市參事會ノ審査ニ付シタル場合ニ於テ市參事會意見ヲ述ヘサルトキハ市長ハ其ノ意見ヲ俟タスシテ議案ヲ市會ニ提出スルコトヲ得（大正十年法律第五十八號追加）

第八十九條　市長ハ市吏員ヲ指揮監督シ之ニ對シ懲戒ヲ行フコトヲ得其ノ懲戒處分ハ譴責及十圓以下ノ過怠金トス

第九十條　市會又ハ市參事會ノ議決又ハ選擧其ノ權限ヲ越エ又ハ法令若ハ會議規則ニ背クト認ムルトキハ市長ハ其ノ意見ニ依リ又ハ監督官廳ノ指揮ニ依リ理由ヲ示シテ之ヲ再議ニ付シ又ハ再選擧ヲ行ハシムベシ但シ特別ノ事由アリト認ムルトキハ市長ハ議決ニ付テハ之ヲ再議ニ付セズシテ直ニ府縣參事會ノ裁決ヲ請フコトヲ得（昭和四年四月法律第五十六號本條改正）

2 前項ノ規定ニ依リ爲シタル市會又ハ市參事會ノ議決仍其ノ權限ヲ越エ又ハ法

第九十條　市會又ハ市參事會ノ議決又ハ選擧其ノ權限ヲ越エ又ハ法令若ハ會議規則ニ背クト認ムルトキハ市長ハ其ノ意見ニ依リ又ハ監督官廳ノ指揮ニ依リ理由ヲ示シテ之ヲ再議ニ付シ又ハ再選擧ヲ行ハシムヘシ其ノ執行ヲ要スルモノニ在リテハ之ヲ停止スヘシ

2 前項ノ場合ニ於テ市會又ハ市參事會其ノ議決ヲ改メサルトキハ市長ハ府縣參

令若ハ會議規則ニ背クト認ムルトキハ市長ハ府縣參事會ノ裁決ヲ請フベシ

3 監督官廳ハ前二項ノ議決又ハ選擧ヲ取消スコトヲ得

4 第一項若ハ第二項ノ裁決又ハ前項ノ處分ニ不服アル市長、市會又ハ市參事會ハ行政裁判所ニ出訴スルコトヲ得

5 第一項又ハ第二項ノ裁決ニ付テハ府縣知事ヨリモ訴訟ヲ提起スルコトヲ得

第九十條ノ二　市會又ハ市參事會ノ議決明ニ公益ヲ害スト認ムルトキハ市長ハ其ノ意見ニ依リ又ハ監督官廳ノ指揮ニ依リ理由ヲ示シテ之ヲ再議ニ付スベシ但シ特別ノ事由アリト認ムルトキハ市長ハ之ヲ再議ニ付セズシテ直ニ府縣知事ノ指揮ヲ請フコトヲ得（昭和四年四月

事會ノ裁決ヲ請フヘシ但シ特別ノ事由アルトキハ再議ニ付セスシテ直ニ裁決ヲ請フコトヲ得

3 監督官廳ハ第一項ノ議決又ハ選擧ヲ取消スコトヲ得但シ裁決ノ申請アリタルトキハ此ノ限ニ在ラス

4 第二項ノ裁決又ハ前項ノ處分ニ不服アル市長市會又ハ市參事會ハ行政裁判所ニ出訴スルコトヲ得

9 第二項ノ裁決ニ付テハ府縣知事ヨリモ訴訟ヲ提起スルコトヲ得

5 市會又ハ市參事會ノ議決公益ヲ害シ又ハ市ノ收支ニ關シ不適當ナリト認ムルトキハ市長ハ其ノ意見ニ依リ又ハ監督官廳ノ指揮ニ依リ理由ヲ示シテ之ヲ再議ニ付スヘシ其ノ執行ヲ要スルモノニ在リテハ之ヲ停止スヘシ

（法律第五十六號本條追加）

2前項ノ規定ニ依リ爲シタル市會又ハ市參事會ノ議決仍明ニ公益ヲ害スト認ムルトキハ市長ハ府縣知事ノ指揮ヲ請フベシ

3市會又ハ市參事會ノ議決收支ニ關シ執行スルコト能ハザルモノアリト認ムルトキハ前二項ノ例ニ依ル左ニ揭グル費用ヲ削除シ又ハ減額シタル場合ニ於テ其ノ費用及之ニ伴フ收入ニ付亦同ジ

一　法令ニ依リ負擔スル費用、當該官廳ノ職權ニ依リ命ズル費用其ノ他ノ市ノ義務ニ屬スル費用

二　非常ノ災害ニ因ル應急又ハ復舊ノ施設ノ爲ニ要スル費用、傳染病豫防ノ爲ニ要スル費用其ノ他ノ緊急避クベカラザル費用

4前三項ノ規定ニ依ル府縣知事ノ處分ニ不服アル市長、市會又ハ市參事會ハ內

6前項ノ場合ニ於テ市會又ハ市參事會其ノ議決ヲ改メサルトキハ市長ハ府縣參事會ノ裁決ヲ請フヘシ

7前項ノ裁決ニ不服アル市長市會又ハ市參事會ハ內務大臣ニ訴願スルコトヲ得

務大臣ニ訴願スルコトヲ得

8第六項ノ裁決ニ付テハ府縣知事ヨリモ訴願ヲ提起スルコトヲ得

第九十一條　市會成立セサルトキ、第五十二條但書ノ場合ニ於テ仍會議ヲ開クコト能ハサルトキ又ハ市長ニ於テ市會ヲ招集スルノ暇ナシト認ムルトキハ市長ハ市會ノ權限ニ屬スル事件ヲ市參事會ノ議決ニ付スルコトヲ得

2市參事會成立セサルトキ又ハ第七十條第一項但書ノ場合ニ於テ仍會議ヲ開クコト能ハサルトキハ市長ハ府縣知事ノ指揮ヲ請ヒ其ノ議決スヘキ事件ヲ處分スルコトヲ得（昭和四年法律第五十六號改正）

3市會又ハ市參事會ニ於テ其ノ議決スヘキ事件ヲ議決セサルトキハ前項ノ例ニ依ル（同上）

4市會又ハ市參事會ノ決定スヘキ事件ニ關シテハ前三項ノ例ニ依ル此ノ場合ニ

2前項ノ規定ニ依リ市參事會ニ於テ議決ヲ爲ストキハ市長市參與及助役ハ其ノ議決ニ加ハルコトヲ得ス

3市參事會成立セサルトキ又ハ第七十條第一項但書ノ場合ニ於テ仍會議ヲ開クコト能ハサルトキハ市長ハ其ノ議決スヘキ事件ニ付府縣參事會ノ議決ヲ請フコトヲ得

4市會又ハ市參事會ニ於テ其ノ議決スヘキ事件ヲ議決セサルトキハ前項ノ例ニ依ル

5市會又ハ市參事會ノ決定スヘキ事件ニ關シテハ前四項ノ例ニ依ル此ノ場合ニ

於ケル市參事會ノ決定又ハ市長ノ處分ニ關シテハ各本條ノ規定ニ準シ訴願又ハ訴訟ヲ提起スルコトヲ得（同上）

5前四項ノ規定ニ依ル處置ニ付テハ次回ノ會議ニ於テ之ヲ市會又ハ市參事會ニ報告スヘシ（同上）

於ケル市參事會又ハ府縣參事會ノ決定ニ關シテハ各本條ノ規定ニ準シ訴願又ハ訴訟ヲ提起スルコトヲ得

6第一項及前三項ノ規定ニ依ル處置ニ付テハ次回ノ會議ニ於テ之ヲ市會又ハ市參事會ニ報告スヘシ

第九十二條 市參事會ニ於テ議決又ハ決定スヘキ事件ニ關シ臨時急施ヲ要スル場合ニ於テ市參事會成立セサルトキ又ハ市長ニ於テ之ヲ招集スルノ暇ナシト認ムルトキハ市長ハ之ヲ專決シ次回ノ會議ニ於テ之ヲ市參事會ニ報告スヘシ

2前項ノ規定ニ依リ市長ノ爲シタル處分ニ關シテハ各本條ノ規定ニ準シ訴願又ハ訴訟ヲ提起スルコトヲ得

第九十二條ノ二 市會及市參事會ノ權限ニ屬スル事項ノ一部ハ其ノ議決ニ依リ市長ニ於テ專決處分スルコトヲ得（昭和四年四月法律第五十六號改正）

第九十二條ノ二 市參事會ノ權限ニ屬スル事項ノ一部ハ其ノ議決ニ依リ市長ニ於テ專決處分スルコトヲ得（大正十五年法律第七十四號追加）

第九十三條 市長其ノ他市吏員ハ從來法令又ハ將來法律勅令ノ定ムル所ニ依リ國府縣其ノ他公共團體ノ事務ヲ掌ル（昭和四年四月法律第五十六號改正）

2前項ノ事務ヲ執行スル爲要スル費用ハ市ノ負擔トス但シ法令中別段ノ規定アルモノハ此ノ限ニ在ラス

第九十四條　市長ハ其ノ事務ノ一部ヲ助役ニ分掌セシムルコトヲ得但シ市ノ事務ニ付テハ豫メ市會ノ同意ヲ得ルコトヲ要ス

第九十四條　市長ハ府縣知事ノ許可ヲ得テ其ノ事務ノ一部ヲ助役ニ分掌セシムルコトヲ得但シ市ノ事務ニ付テハ豫メ市會ノ同意ヲ得ルコトヲ要ス

2第六條ノ市ノ市長ハ前項ノ例ニ依リ其ノ事務ノ一部ヲ區長ニ分掌セシムルコトヲ得

3市長ハ市吏員ヲシテ其ノ事務ノ一部ヲ臨時代理セシムルコトヲ得

第九十五條　市參與ハ市長ノ指揮監督ヲ承ケ市ノ經營ニ屬スル特別ノ事業ヲ擔任ス

第九十六條　助役ハ市長ノ事務ヲ補助ス

2助役ハ市長故障アルトキ之ヲ代理ス助役數人アルトキハ豫メ市長ノ定メタル順序ニ依リ之ヲ代理ス

第九十七條　收入役ハ市ノ出納其ノ他ノ會計事務及第九十三條ノ事務ニ關スル國府縣其ノ他公共團體ノ出納其ノ他ノ會計事務ヲ掌ル但シ法令中別段ノ規定アルモノハ此ノ限ニ在ラス

2副收入役ハ收入役ノ事務ヲ補助シ收入役故障アルトキ之ヲ代理ス副收入役數人アルトキハ豫メ市長ノ定メタル順序ニ依リ之ヲ代理ス

3市長ハ收入役ノ事務ノ一部ヲ副收入役ニ分掌セシムルコトヲ得但シ市ノ出納其ノ他ノ會計事務ニ付テハ豫メ市會ノ同意ヲ得ルコトヲ要ス

3市長ハ府縣知事ノ許可ヲ得テ收入役ノ事務ノ一部ヲ副收入役ニ分掌セシムルコトヲ得但シ市ノ出納其ノ他ノ會計事務ニ付テハ豫メ市會ノ同意ヲ得ルコト

4第六條ノ市ノ市長ハ前項ノ例ニ依リ收入役ノ事務ノ一部ヲ區收入役ニ分掌セシムルコトヲ得

5副收入役ヲ置カサル場合ニ於テハ市會ハ市長ノ推薦ニ依リ收入役故障アルトキ之ヲ代理スヘキ吏員ヲ定ムヘシ

ヲ要ス

5副收入役ヲ置カサル場合ニ於テハ市ハ收入役故障アルトキ之ヲ代理スヘキ吏員ヲ定メ府縣知事ノ認可ヲ受クヘシ

第九十八條　第六條ノ市ノ區長ハ市長ノ命ヲ承ケ又ハ法令ノ定ムル所ニ依リ區內ニ關スル市ノ事務及區ノ事務ヲ掌ル

2區長其ノ他區所屬ノ吏員ハ市長ノ命ヲ承ケ又ハ從來法令若ハ將來法律勅令ノ定ムル所ニ依リ國府縣其ノ他公共團體ノ事務ヲ掌ル（昭和四年四月法律第五十六號改正）

3區長故障アルトキハ區收入役及區副收入役ニ非サル區所屬ノ吏員中上席者ヨリ順次之ヲ代理ス

4第一項及第二項ノ事務ヲ執行スル爲要スル費用ハ市ノ負擔トス但シ法令中別段ノ規定アルモノハ此ノ限ニ在ラス

第九十九條　第六條ノ市ノ區收入役ハ市收入役ノ命ヲ承ケ又ハ法令ノ定ムル所ニ依リ市及區ノ出納其ノ他ノ會計事務ヲ掌リ市收入役ノ命ヲ承ケ又ハ從來法令若ハ將來法律勅令ノ定ムル所ニ依リ

第九十九條　第六條ノ市ノ區收入役ハ市收入役ノ命ヲ承ケ又ハ法令ノ定ムル所ニ依リ市及區ノ出納其ノ他ノ會計事務竝國府縣其ノ他公共團體ノ出納其ノ他ノ會計事務ヲ掌ル

國府縣其ノ他公共團體ノ出納其ノ他ノ會計事務ヲ掌ル（昭和四年四月法律第五十六號改正）
2 區長ハ市長ノ許可ヲ得テ區收入役ノ事務ノ一部ヲ區副收入役ニ分掌セシムルコトヲ得但シ區ノ出納其ノ他ノ會計事務ニ付テハ豫メ區會ノ同意ヲ得ルコトヲ要ス
3 市長ハ市ノ出納其ノ他ノ會計事務ニ付前項ノ許可ヲ爲ス場合ニ於テハ豫メ市會ノ同意ヲ得ルコトヲ要ス
4 區副收入役ヲ置カサル場合ニ於テハ市長ハ區收入役故障アルトキ之ヲ代理スヘキ吏員ヲ定ムヘシ
5 區收入役及區副收入役ノ職務權限ニ關シテハ前四項ニ規定スルモノノ外市收入役及市副收入役ニ關スル規定ヲ準用ス
第百條　名譽職區長ハ市長ノ命ヲ承ケ市長ノ事務ニシテ區內ニ關スルモノヲ補助ス
2 名譽職區長代理者ハ區長ノ事務ヲ補助シ區長故障アルトキ之ヲ代理ス
第百一條　委員ハ市長ノ指揮監督ヲ承ケ財產又ハ營造物ヲ管理シ其ノ他委託ヲ受ケタル市ノ事務ヲ調査シ又ハ之ヲ處辨ス
第百二條　第八十五條ノ吏員ハ市長ノ命ヲ承ケ事務ニ從事ス
第百三條　第八十六條ノ吏員ハ區長ノ命ヲ承ケ事務ニ從事ス
2 區長ハ前項ノ吏員ヲシテ其ノ事務ノ一部ヲ臨時代理セシムルコトヲ得

第五章　給料及給與

第百四條　名譽職市長、名譽職市參與、市會議員、名譽職參事會員其ノ他ノ名譽職員ハ職務ノ爲要スル費用ノ辨償ヲ受クルコトヲ得（昭和四年四月法律第五十六號改正）

2 名譽職市長、名譽職市參與、名譽職區長、名譽職區長代理者及委員ニハ費用辨償ノ外勤務ニ相當スル報酬ヲ給スルコトヲ得（同上）

3 費用辨償額、報酬額及其ノ支給方法ハ市條例ヲ以テ之ヲ規定スヘシ（同上）

第百五條　有給市長、有給市參與、助役其ノ他ノ有給吏員ノ給料額、旅費額及其ノ支給方法ハ市條例ヲ以テ之ヲ規定スヘシ（同上改正）

第百六條　有給吏員ニハ市條例ノ定ムル所ニ依リ退隱料、退職給與金、死亡給與金又ハ遺族扶助料ヲ給スルコトヲ得

第百七條　費用辨償、報酬、給料、旅費、退隱料、退職給與金、死亡給與金又ハ遺族扶助料ノ給與ニ付關係者ニ於テ異議アルトキハ之ヲ市長ニ申立ツルコトヲ得

2 前項ノ異議ノ申立アリタルトキハ市長ハ七日以內ニ之ヲ市參事會ノ決定ニ付スヘシ關係者其ノ決定ニ不服アルトキハ府縣參事會ニ訴願シ其ノ裁決又ハ第三項ノ裁決ニ不服アルトキハ行政裁判所ニ出訴スルコトヲ得

2 前項ノ異議ハ之ヲ市參事會ノ決定ニ付スヘシ關係者其ノ決定ニ不服アルトキハ府縣參事會ニ訴願シ其ノ裁決又ハ第三項ノ裁決ニ不服アルトキハ行政裁判所ニ出訴スルコトヲ得

3 前項ノ決定及裁決ニ付テハ市長ヨリモ訴願又ハ訴訟ヲ提起スルコトヲ得

4 前二項ノ裁決ニ付テハ府縣知事ヨリモ訴訟ヲ提起スルコトヲ得

第百八條　費用辨償、報酬、給料、旅費、退隱料、退職給與金、死亡給與金、遺族扶助料其ノ他ノ給與ハ市ノ負擔トス

第六章　市ノ財務

第一款　財産營造物及市税

第百九條　收益ノ爲ニスル市ノ財産ハ基本財産トシ之ヲ維持スヘシ

2 市ハ特定ノ目的ノ爲特別ノ基本財産ヲ設ケ又ハ金穀等ヲ積立ツルコトヲ得

第百十條　舊來ノ慣行ニ依リ市住民中特ニ財産又ハ營造物ヲ使用スル權利ヲ有スル者アルトキハ其ノ舊慣ニ依ル舊慣ヲ變更又ハ廢止セムトスルトキハ市會ノ議決ヲ經ヘシ

2 前項ノ財産又ハ營造物ヲ新ニ使用セムトスル者アルトキハ市ハ之ヲ許可スルコトヲ得

第百十一條　市ハ前條ニ規定スル財産ノ使用方法ニ關シ市規則ヲ設クルコトヲ得

第百十二條　市ハ第百十條第一項ノ使用者ヨリ使用料ヲ徴收シ同條第二項ノ使用ニ關シテハ使用料若ハ一時ノ加入金ヲ徴收シ又ハ使用料及加入金ヲ共ニ徴收スルコトヲ得

第百十三條　市ハ營造物ノ使用ニ付使用料ヲ徴收スルコトヲ得

2 市ハ特ニ一個人ノ爲ニスル事務ニ付手數料ヲ徴收スルコトヲ得

第百十四條　財産ノ賣却貸與、工事ノ請負及物件勞力其ノ他ノ供給ハ競爭入札ニ付ス

ヘシ但シ臨時急施ヲ要スルトキ、入札ノ價額其ノ費用ニ比シテ得失相償ハサルトキ又ハ市會ノ同意ヲ得タルトキハ此ノ限ニ在ラス

第百十五條 市ハ其ノ公益上必要アル場合ニ於テハ寄附又ハ補助ヲ爲スコトヲ得

第百十六條 市ハ其ノ必要ナル費用及從來法令ニ依リ又ハ將來法律勅令ニ依リ市ノ負擔ニ屬スル費用ヲ支辨スル義務ヲ負フ

2 市ハ其ノ財産ヨリ生スル收入、使用料、手數料、過料、過怠金其ノ他法令ニ依リ市ニ屬スル收入ヲ以テ前項ノ支出ニ充テ仍不足アルトキハ市税及夫役現品ヲ賦課徴收スルコトヲ得

第百十七條 市税トシテ賦課スルコトヲ得ヘキモノ左ノ如シ

一 直接國税及府縣税ノ附加税(昭和四年四月法律第五十六號改正)

二 特別税

2 直接國税又ハ府縣税ノ附加税ハ均一ノ税率ヲ以テ之ヲ徴收スヘシ但シ第百六十七條ノ規定ニ依リ許可ヲ受ケタル場合ハ此ノ限ニ在ラス(同上改正)

3 國税ノ附加税タル府縣税ニ對シテハ附加税ヲ賦課スルコトヲ得ス

4 特別税ハ別ニ税目ヲ起シテ課税スルノ必要アルトキ賦課徴收スルモノトス

第百十八條 三月以上市内ニ滯在スル者ハ其ノ滯在ノ初ニ遡リ市税ヲ納ムル義務ヲ負フ

第百十九條 市内ニ住所ヲ有セス又ハ三月以上滯在スルコトナシト雖市内ニ於テ土地

家屋物件ヲ所有シ使用シ若ハ占有シ、市內ニ營業所ヲ設ケテ營業ヲ爲シ又ハ市內ニ於テ特定ノ行爲ヲ爲ス者ハ其ノ土地家屋物件營業若ハ其ノ收入ニ對シ又ハ其ノ行爲ニ對シテ賦課スル市税ヲ納ムル義務ヲ負フ

第百十九條ノ二　合併後存續スル法人又ハ合併ニ因リ設立シタル法人ハ合併ニ因リ消滅シタル法人ニ對シ其ノ合併前ノ事實ニ付賦課セラルベキ市税ヲ納ムル義務ヲ負フ（昭和四年四月法律第五十六號追加）

2　相續人又ハ相續財團ハ勅令ノ定ムル所ニ依リ被相續人ニ對シ其ノ相續開始前ノ事實ニ付賦課セラルベキ市税ヲ納ムル義務ヲ負フ（同上）

第百二十條　納税者ノ市外ニ於テ所有シ使用シ占有スル土地家屋物件若ハ其ノ收入又ハ市外ニ於テ營業所ヲ設ケタル營業若ハ其ノ收入ニ對シテハ市税ヲ賦課スルコトヲ得ス

2　市ノ內外ニ於テ營業所ヲ設ケ營業ヲ爲ス者ニシテ其ノ營業又ハ收入ニ對スル本税ヲ分別シテ納メサルモノニ對シ附加税ヲ賦課スル場合及住所滯在市ノ內外ニ涉ル者ノ收入ニシテ土地家屋物件又ハ營業所ヲ設ケタル營業ヨリ生スル收入ニ非サルモノニ

對シ市稅ヲ賦課スル場合ニ付テハ勅令ヲ以テ之ヲ定ム

第百二十一條 所得稅法第十八條ニ揭クル所得ニ對シテハ市稅ヲ賦課スルコトヲ得ス
（大正十年四月法律第五十八號改正）

2 神社寺院祠宇佛堂ノ用ニ供スル建物及其ノ境內地竝敎會所說敎所ノ用ニ供スル建物及其ノ構內地ニ對シテハ市稅ヲ賦課スルコトヲ得ス但シ有料ニテ之ヲ使用セシムル者及住宅ヲ以テ敎會所說敎所ノ用ニ充ツル者ニ對シテハ此ノ限ニ在ラス

3 國府縣市町村其ノ他公共團體ニ於テ公用ニ供スル家屋物件及營造物ニ對シテハ市稅ヲ賦課スルコトヲ得ス但シ有料ニテ之ヲ使用セシムル者及使用收益者ニ對シテハ此ノ限ニ在ラス

4 國ノ事業又ハ行爲及國有ノ土地家屋物件ニ對シテハ國ニ市稅ヲ賦課スルコトヲ得ス

5 前四項ノ外市稅ヲ賦課スルコトヲ得サルモノハ別ニ法律勅令ノ定ムル所ニ依ル

第百二十一條ノ二 市ハ公益上其ノ他ノ事由ニ因リ課稅ヲ不適當トスル場合ニ於テハ命令ノ定ムル所ニ依リ市稅ヲ課セサルコトヲ得

第百二十二條 數人ヲ利スル營造物ノ設置維持其ノ他ノ必要ナル費用ハ其ノ關係者ニ負擔セシムルコトヲ得

2 市ノ一部ヲ利スル營造物ノ設置維持其ノ他ノ必要ナル費用ハ其ノ部內ニ於テ市稅ヲ納ムル義務アル者ニ負擔セシムルコトヲ得

3 前二項ノ場合ニ於テ營造物ヨリ生スル收入アルトキハ先ツ其ノ收入ヲ以テ其ノ費用ニ充ツヘシ前項ノ場合ニ於テ其ノ一部ノ收入アルトキ亦同シ
4 數人又ハ市ノ一部ヲ利スル財產ニ付テハ前三項ノ例ニ依ル

第百二十三條　市稅及其ノ賦課徵收ニ關シテハ本法其ノ他ノ法律ニ規定アルモノノ外勅令ヲ以テ之ヲ定ムルコトヲ得

第百二十四條　數人又ハ市ノ一部ニ對シ特ニ利益アル事件ニ關シテハ市ハ不均一ノ賦課ヲ爲シ又ハ數人若ハ市ノ一部ニ對シ賦課ヲ爲スコトヲ得

第百二十五條　夫役又ハ現品ハ直接市稅ヲ準率ト爲シ且之ヲ金額ニ算出シテ賦課スヘシ但シ第百六十七條ノ規定ニ依リ許可ヲ受ケタル場合ハ此ノ限ニ在ラス（大正十年法律第五十八號改正）
2 學藝美術及手工ニ關スル勞務ニ付テハ夫役ヲ賦課スルコトヲ得ス
3 夫役ヲ賦課セラレタル者ハ本人自ラ之ニ當リ又ハ適當ノ代人ヲ出スコトヲ得
4 夫役又ハ現品ハ金錢ヲ以テ之ニ代フルコトヲ得
5 第一項及前項ノ規定ハ急迫ノ場合ニ賦課スル夫役ニ付テハ之ヲ適用セス

第百二十六條　非常災害ノ爲必要アルトキハ市ハ他人ノ土地ヲ一時使用シ又ハ其ノ土石竹木其ノ他ノ物品ヲ使用シ若ハ收用スルコトヲ得但シ其ノ損失ヲ補償スヘシ
2 前項ノ場合ニ於テ危險防止ノ爲必要アルトキハ市長、警察官吏又ハ監督官廳ハ市內ノ居住者ヲシテ防禦ニ從事セシムルコトヲ得
3 第一項但書ノ規定ニ依リ補償スヘキ金額ハ協議ニ依リ之ヲ定ム協議調ハサルトキハ

鑑定人ノ意見ヲ徴シ府縣知事之ヲ決定ス決定ヲ受ケタル者其ノ決定ニ不服アルトキハ内務大臣ニ訴願スルコトヲ得

4 前項ノ決定ハ文書ヲ以テ之ヲ爲シ其ノ理由ヲ附シ之ヲ本人ニ交付スヘシ

5 第一項ノ規定ニ依リ土地ノ一時使用ノ處分ヲ受ケタル者其ノ處分ニ不服アルトキハ府縣知事ニ訴願シ其ノ裁決ニ不服アルトキハ内務大臣ニ訴願スルコトヲ得

第百二十七條 市税ノ賦課ニ關シ必要アル場合ニ於テハ當該吏員ハ日出ヨリ日沒迄ノ間營業者ニ關シテハ仍其ノ營業時間内家宅若ハ營業所ニ臨檢シ又ハ帳簿物件ノ檢査ヲ爲スコトヲ得

2 前項ノ場合ニ於テハ當該吏員ハ其ノ身分ヲ證明スヘキ證票ヲ携帶スヘシ

第百二十八條 市長ハ納税者中特別ノ事情アル者ニ對シ納税延期ヲ許スコトヲ得其ノ年度ヲ越ユル場合ハ市參事會ノ議決ヲ經ヘシ

2 市ハ特別ノ事情アル者ニ限リ市税ヲ減免スルコトヲ得

第百二十九條 使用料手數料及特別税ニ關スル事項ニ付テハ市條例ヲ以テ之ヲ規定スヘシ

2 詐僞其ノ他ノ不正ノ行爲ニ依リ使用料ノ徴收ヲ免レ又ハ市税ヲ逋脱シタル者ニ付テハ市條例ヲ以テ其ノ徴收ヲ免レ

第百二十九條 使用料手數料及特別税ニ關スル事項ニ付テハ市條例ヲ以テ之ヲ規定スヘシ其ノ條例中ニハ五圓以下ノ過料ヲ科スル規定ヲ設クルコトヲ得

2 財産又ハ營造物ノ使用ニ關シテハ市條例ヲ以テ五圓以下ノ過料ヲ科スル規定ヲ設クルコトヲ得

又ハ逋脱シタル金額ノ三倍ニ相當スル金額（其ノ金額五圓未滿ナルトキハ五圓）以下ノ過料ヲ科スル規定ヲ設クルコトヲ得

3 前項ニ定ムルモノヲ除クノ外使用料、手數料及市税ノ賦課徴收ニ關シテハ市條例ヲ以テ五圓以下ノ過料ヲ科スル規定ヲ設クルコトヲ得財産又ハ營造物ノ使用ニ關シ亦同シ

4 過料ノ處分ヲ受ケタル者其ノ處分ニ不服アルトキハ府縣參事會ニ訴願シ其ノ裁決ニ不服アルトキハ行政裁判所ニ出訴スルコトヲ得

5 前項ノ裁決ニ付テハ府縣知事又ハ市長ヨリモ訴訟ヲ提起スルコトヲ得

---

3 過料ノ處分ヲ受ケタル者其ノ處分ニ不服アルトキハ府縣參事會ニ訴願シ其ノ裁決ニ不服アルトキハ行政裁判所ニ出訴スルコトヲ得

4 前項ノ裁決ニ付テハ府縣知事又ハ市長ヨリモ訴訟ヲ提起スルコトヲ得

第百三十條　市税ノ賦課ヲ受ケタル者其ノ賦課ニ付違法又ハ錯誤アリト認ムルトキハ徴税令書ノ交付ヲ受ケタル日ヨリ三月以内ニ市長ニ異議ノ申立ヲ爲スコトヲ得

2 財産又ハ營造物ヲ使用スル權利ニ關シ異議アル者ハ之ヲ市長ニ申立ツルコトヲ得

3 前二項ノ異議ノ申立アリタルトキハ市　一

3 前二項ノ異議ハ之ヲ市參事會ノ決定ニ

長ハ七日以內ニ之ヲ市參事會ノ決定ニ付スヘシ決定ヲ受ケタル者其ノ決定ニ不服アルトキハ府縣參事會ニ訴願シ其ノ裁決又ハ第五項ノ裁決ニ不服アルトキハ行政裁判所ニ出訴スルコトヲ得

付スヘシ決定ヲ受ケタル者其ノ決定ニ不服アルトキハ府縣參事會ニ訴願シ其ノ裁決又ハ第五項ノ裁決ニ不服アルトキハ行政裁判所ニ出訴スルコトヲ得

4 第一項及前項ノ規定ハ使用料手數料及加入金ノ徵收竝夫役現品ノ賦課ニ關シ之ヲ準用ス

5 前二項ノ規定ニ依ル決定及裁決ニ付テハ市長ヨリモ訴願又ハ訴訟ヲ提起スルコトヲ得

6 前三項ノ規定ニ依ル裁決ニ付テハ府縣知事ヨリモ訴訟ヲ提起スルコトヲ得

第百三十一條 市稅、使用料、手數料、加入金、過料、過怠金其ノ他ノ市ノ收入ヲ定期內ニ納メサル者アルトキハ市長ハ期限ヲ指定シテ之ヲ督促スヘシ

2 夫役現品ノ賦課ヲ受ケタル者定期內ニ其ノ履行ヲ爲サス又ハ夫役現品ニ代フル金錢ヲ納メサルトキハ市長ハ期限ヲ指定シテ之ヲ督促スヘシ急迫ノ場合ニ賦課シタル夫役ニ付テハ更ニ之ヲ金額ニ算出シ期限ヲ指定シテ其ノ納付ヲ命スヘシ

3 前二項ノ場合ニ於テハ市條例ノ定ムル所ニ依リ手數料ヲ徵收スルコトヲ得

4 滯納者第一項又ハ第二項ノ督促又ハ命令ヲ受ケ其ノ指定ノ期限內ニ之ヲ完納セサルトキハ國稅滯納處分ノ例ニ依リ之ヲ處分スヘシ

5 第一項乃至第三項ノ徵收金ハ府縣ノ徵收金ニ次テ先取特權ヲ有シ其ノ追徵還付及時

效ニ付テハ國稅ノ例ニ依ル

6 前三項ノ處分ニ不服アル者ハ府縣參事會ニ訴願シ其ノ裁決ニ不服アルトキハ行政裁判所ニ出訴スルコトヲ得

---

6 前三項ノ處分ヲ受ケタル者其ノ處分ニ不服アルトキハ府縣參事會ニ訴願シ其ノ裁決ニ不服アルトキハ行政裁判所ニ出訴スルコトヲ得

7 前項ノ裁決ニ付テハ府縣知事又ハ市長ヨリモ訴訟ヲ提起スルコトヲ得

8 第四項ノ處分中差押物件ノ公賣ハ處分ノ確定ニ至ル迄執行ヲ停止ス

第百三十二條　市ハ其ノ負債ヲ償還スル爲、市ノ永久ノ利益ト爲ルヘキ支出ヲ爲ス爲又ハ天災事變等ノ爲必要アル場合ニ限リ市債ヲ起スコトヲ得

2 市債ヲ起スニ付市會ノ議決ヲ經ルトキハ併セテ起債ノ方法、利息ノ定率及償還ノ方法ニ付議決ヲ經ヘシ

3 市長ハ豫算內ノ支出ヲ爲ス爲市參事會ノ議決ヲ經テ一時ノ借入金ヲ爲スコトヲ得

4 前項ノ借入金ハ其ノ會計年度內ノ收入ヲ以テ償還スヘシ

第二款　歲入出豫算及決算

第百三十三條　市長ハ每會計年度歲入出豫算ヲ調製シ遲クトモ年度開始ノ一月前ニ市會ノ議決ヲ經ヘシ

2 市ノ會計年度ハ政府ノ會計年度ニ依ル

3 豫算ヲ市會ニ提出スルトキハ市長ハ併セテ事務報告書及財產表ヲ提出スヘシ

第百三十四條　市長ハ市會ノ議決ヲ經テ既定豫算ノ追加又ハ更正ヲ爲スコトヲ得

第百三十五條　市費ヲ以テ支辨スル事件ニシテ數年ヲ期シテ其ノ費用ヲ支出スヘキモノハ市會ノ議決ヲ經テ其ノ年期間各年度ノ支出額ヲ定メ繼續費ト爲スコトヲ得

第百三十六條　市ハ豫算外ノ支出又ハ豫算超過ノ支出ニ充ツル爲豫備費ヲ設クヘシ

2特別會計ニハ豫備費ヲ設ケサルコトヲ得

3豫備費ハ市會ノ否決シタル費途ニ充ツルコトヲ得ス

第百三十七條　豫算ハ議決ヲ經タル後直ニ之ヲ府縣知事ニ報告シ且其ノ要領ヲ告示スヘシ

第百三十八條　市ハ特別會計ヲ設クルコトヲ得

第百三十九條　市會ニ於テ豫算ヲ議決シタルトキハ市長ヨリ其ノ謄本ヲ收入役ニ交付スヘシ

2收入役ハ市長又ハ監督官廳ノ命令アルニ非サレハ支拂ヲ爲スコトヲ得ス命令ヲ受クルモ支出ノ豫算ナク且豫備費支出、費目流用其ノ他財務ニ關スル規定ニ依リ支出ヲ爲スコトヲ得サルトキ亦同シ

第百四十條　市ノ支拂金ニ關スル時效ニ付テハ政府ノ支拂金ノ例ニ依ル

第百四十一條　市ノ出納ハ毎月例日ヲ定メテ之ヲ檢査シ且毎會計年度少クトモ二回臨時檢査ヲ爲スヘシ

2檢査ハ市長之ヲ爲シ臨時檢査ニハ名譽職參事會員ニ於テ互選シタル參事會員二人以上ノ立會ヲ要ス

第百四十二條　市ノ出納ハ翌年度五月三　一　第百四十二條　市ノ出納ハ翌年度六月三

十一日ヲ以テ閉鎖ス

一　十日ヲ以テ閉鎖ス

2 決算ハ出納閉鎖後一月以内ニ證書類ヲ併セテ收入役ヨリ之ヲ市長ニ提出スヘシ市長ハ之ヲ審査シ意見ヲ附シテ次ノ通常豫算ヲ議スル會議迄ニ之ヲ市會ノ認定ニ付スヘシ

3 決算ハ其ノ認定ニ關スル市會ノ議決ト共ニ之ヲ府縣知事ニ報告シ且其ノ要領ヲ告示スヘシ

4 決算ヲ市參事會ノ會議ニ付スル場合ニ於テハ市長市參與及助役ハ其ノ議決ニ加ハルコトヲ得ス

第百四十三條　豫算調製ノ式、費目流用其ノ他財務ニ關シ必要ナル規定ハ内務大臣之ヲ定ム

第七章　市ノ一部ノ事務

第百四十四條　市ノ一部ニシテ財産ヲ有シ又ハ營造物ヲ設ケタルモノアルトキハ其ノ財産又ハ營造物ノ管理及處分ニ付テハ本法中市ノ財産又ハ營造物ニ關スル規定ニ依ル但シ法律勅令中別段ノ規定アル場合ハ此ノ限ニ在ラス

2 前項ノ財産又ハ營造物ニ關シ特ニ要スル費用ハ其ノ財産又ハ營造物ノ屬スル市ノ一部ノ負擔トス

3 前二項ノ場合ニ於テハ市ノ一部ハ其ノ會計ヲ分別スヘシ

第百四十五條　前條ノ財産又ハ營造物ニ關シ必要アリト認ムルトキハ府縣知事ハ市會

ノ意見ヲ徴シ府縣參事會ノ議決ヲ經テ市條例ヲ設定シ區會ヲ設ケテ市會ノ議決スヘキ事項ヲ議決セシムルコトヲ得

第百四十六條　區會議員ハ市ノ名譽職トス其ノ定數、任期、選擧權及被選擧權ニ關スル事項ハ前條ノ市條例中ニ之ヲ規定スヘシ

2 區會議員ノ選擧ニ付テハ市會議員ニ關スル規定ヲ準用ス但シ選擧若ハ當選ノ效力ニ關スル異議ノ決定及被選擧權ノ有無ノ決定ハ市會ニ於テ之ヲ爲スヘシ（昭和四年四月法律第五十六號改正）

3 區會ニ關シテハ市會ニ關スル規定ヲ準用ス

---

3 區會議員ノ選擧ニ付テハ前條ノ市條例ヲ以テ選擧人ノ等級ヲ設ケサルコトヲ得

4 區會ニ關シテハ市會ニ關スル規定ヲ準用ス

第百四十七條　第百四十四條ノ場合ニ於テ市ノ一部府縣知事ノ處分ニ不服アルトキハ內務大臣ニ訴願スルコトヲ得

第百四十八條　第百四十四條ノ市ノ一部ノ事務ニ關シテハ本法ニ規定スルモノノ外勅令ヲ以テ之ヲ定ム

第八章　市町村組合

第百四十九條　市町村ハ其ノ事務ノ一部ヲ共同處理スル爲其ノ協議ニ依リ府縣知事ノ許可ヲ得テ市町村組合ヲ設クルコトヲ得

2 公益上必要アル場合ニ於テハ府縣知事　一　2 公益上必要アル場合ニ於テハ府縣知事

ハ關係アル市町村會ノ意見ヲ徴シ府縣參事會ノ議決ヲ經テ前項ノ市町村組合ヲ設クルコトヲ得

ハ關係アル市町村會ノ意見ヲ徴シ府縣參事會ノ議決ヲ經內務大臣ノ許可ヲ得テ前項ノ市町村組合ヲ設クルコトヲ得

3市町村組合ハ法人トス

第百五十條　市町村組合ニシテ其ノ組合市町村ノ數ヲ增減シ又ハ共同事務ノ變更ヲ爲サムトスルトキハ關係市町村ノ協議ニ依リ府縣知事ノ許可ヲ受クヘシ

2公益上必要アル場合ニ於テハ府縣知事ハ關係アル市町村會ノ意見ヲ徴シ府縣參事會ノ議決ヲ經テ組合市町村ノ數ヲ增減シ又ハ共同事務ノ變更ヲ爲スコトヲ得

2公益上必要アル場合ニ於テハ府縣知事ハ關係アル市町村會ノ意見ヲ徴シ府縣參事會ノ議決ヲ經內務大臣ノ許可ヲ得テ組合市町村ノ數ヲ增減シ又ハ共同事務ノ變更ヲ爲スコトヲ得

第百五十一條　市町村組合ヲ設クルトキハ關係市町村ノ協議ニ依リ組合規約ヲ定メ府縣知事ノ許可ヲ受クヘシ組合規約ヲ變更セムトスルトキ亦同シ

2公益上必要アル場合ニ於テハ府縣知事ハ關係アル市町村會ノ意見ヲ徴シ府縣參事會ノ議決ヲ經テ組合規約ヲ定メ又ハ變更スルコトヲ得

2公益上必要アル場合ニ於テハ府縣知事ハ關係アル市町村會ノ意見ヲ徴シ府縣參事會ノ議決ヲ經內務大臣ノ許可ヲ得テ組合規約ヲ定メ又ハ變更スルコトヲ得

第百五十二條　組合規約ニハ組合ノ名稱、組合ヲ組織スル市町村、組合ノ共同事務、

組合役場ノ位置、組合會ノ組織及組合會議員ノ選擧、組合吏員ノ組織及選任並組合費用ノ支辨方法ニ付規定ヲ設クヘシ

第百五十三條　市町村組合ヲ解カムトスルトキハ關係市町村ノ協議ニ依リ府縣知事ノ許可ヲ受クヘシ

2公益上必要アル場合ニ於テハ府縣知事ハ關係アル市町村會ノ意見ヲ徴シ府縣參事會ノ議決ヲ經テ市町村組合ヲ解クコトヲ得

第百五十四條　第百五十條第一項及前條第一項ノ場合ニ於テ財産ノ處分ニ關スル事項ハ關係市町村ノ協議ニ依リ之ヲ定ム

2第百五十條第二項及前條第二項ノ場合ニ於テ財産ノ處分ニ關スル事項ハ關係アル市町村會ノ意見ヲ徴シ府縣參事會ノ議決ヲ經テ府縣知事之ヲ定ム

第百五十五條　第百四十九條第一項第百五十條第一項第百五十一條第一項第百

2公益上必要アル場合ニ於テハ府縣知事ハ關係アル市町村會ノ意見ヲ徴シ府縣參事會ノ議決ヲ經內務大臣ノ許可ヲ得テ市町村組合ヲ解クコトヲ得

第百五十四條　第百五十條第一項及前條第一項ノ場合ニ於テ財産ノ處分ニ關スル事項ハ關係市町村ノ協議ニ依リ府縣知事ノ許可ヲ受クヘシ

2第百五十條第二項及前條第二項ノ場合ニ於テ財産ノ處分ニ關スル事項ハ關係アル市町村會ノ意見ヲ徴シ府縣參事會ノ議決ヲ經內務大臣ノ許可ヲ得テ府縣知事之ヲ定ム

第百五十五條　第百四十九條第一項第百五十條第一項第百五十一條第一項第百

五十三條第一項及前條第二項ノ規定ニ依ル府縣知事ノ處分ニ不服アル市町村又ハ市町村組合ハ内務大臣ニ訴願スルコトヲ得

2組合費ノ分賦ニ關シ違法又ハ錯誤アリト認ムル市町村ハ其ノ告知アリタル日ヨリ三月以内ニ組合ノ管理者ニ異議ノ申立ヲ爲スコトヲ得

3前項ノ異議ノ申立アリタルトキハ組合ノ管理者ハ七日以内ニ之ヲ組合會ノ決定ニ付スヘシ其ノ決定ニ不服アル市町村ハ府縣參事會ニ訴願シ其ノ裁決又ハ第四項ノ裁決ニ不服アルトキハ行政裁判所ニ出訴スルコトヲ得

4前項ノ決定及裁決ニ付テハ組合ノ管理者ヨリモ訴願又ハ訴訟ヲ提起スルコトヲ得

5前二項ノ裁決ニ付テハ府縣知事ヨリモ訴訟ヲ提起スルコトヲ得

第百五十六條　市町村組合ニ關シテハ法律勅令中別段ノ規定アル場合ヲ除クノ外市ニ關スル規定ヲ準用ス

第九章　市ノ監督

第百五十七條　市ハ第一次ニ於テ府縣知事之ヲ監督シ第二次ニ於テ内務大臣之ヲ監督ス

五十三條第一項及前條第一項ノ規定ニ依ル府縣知事ノ處分ニ不服アル市町村又ハ市町村組合ハ内務大臣ニ訴願スルコトヲ得

3前項ノ異議ハ之ヲ組合會ノ決定ニ付スヘシ其ノ決定ニ不服アル市町村ハ府縣參事會ニ訴願シ其ノ裁決又ハ第四項ノ裁決ニ不服アルトキハ行政裁判所ニ出訴スルコトヲ得

第百五十八條　本法中別段ノ規定アル場合ヲ除クノ外市ノ監督ニ關スル府縣知事ノ處分ニ不服アル市ハ内務大臣ニ訴願スルコトヲ得

第百五十九條　本法中行政裁判所ニ出訴スルコトヲ得ヘキ場合ニ於テハ内務大臣ニ訴願スルコトヲ得ス

第百六十條　異議ノ申立又ハ訴願ノ提起ハ處分決定又ハ裁決アリタル日ヨリ二十一日以内ニ之ヲ爲スヘシ但シ本法中別ニ期間ヲ定メタルモノハ此ノ限ニ在ラス

2 行政訴訟ノ提起ハ處分決定裁定又ハ裁決アリタル日ヨリ三十日以内ニ之ヲ爲スヘシ

3 決定書又ハ裁決書ノ交付ヲ受ケサル者ニ關シテハ前二項ノ期間ハ告示ノ日ヨリ之ヲ起算ス

4 異議ノ申立ニ關スル期間ノ計算ニ付テハ訴願法ノ規定ニ依ル

5 異議ノ申立ハ期限經過後ニ於テモ宥恕スヘキ事由アリト認ムルトキハ仍之ヲ受理スルコトヲ得

6 異議ノ決定ハ文書ヲ以テ之ヲ爲シ其ノ理由ヲ附シ之ヲ申立人ニ交付スヘシ

7 異議ノ申立アルモ處分ノ執行ハ之ヲ停止セス但シ行政廳ハ其ノ職權ニ依リ又

---

3 異議ノ申立ニ關スル期間ノ計算ニ付テハ訴願法ノ規定ニ依ル

4 異議ノ申立ハ期限經過後ニ於テモ宥恕スヘキ事由アリト認ムルトキハ仍之ヲ受理スルコトヲ得

5 異議ノ決定ハ文書ヲ以テ之ヲ爲シ其ノ理由ヲ附シ之ヲ申立人ニ交付スヘシ

6 異議ノ申立アルモ處分ノ執行ハ之ヲ停止セス但シ行政廳ハ其ノ職權ニ依リ又

ハ關係者ノ請求ニ依リ必要ト認ムルトキハ之ヲ停止スルコトヲ得

第百六十條ノ二　異議ノ決定ハ本法中別ニ期間ヲ定メタルモノヲ除クノ外其ノ決定ニ付セラレタル日ヨリ三月以内ニ之ヲ爲スヘシ

2 府縣參事會訴願ヲ受理シタルトキハ其ノ日ヨリ三月以内ニ之ヲ裁決スヘシ

ハ關係者ノ請求ニ依リ必要ト認ムルトキハ之ヲ停止スルコトヲ得

第百六十一條　監督官廳ハ市ノ監督上必要アル場合ニ於テハ事務ノ報告ヲ爲サシメ、書類帳簿ヲ徵シ及實地ニ就キ事務ヲ視察シ又ハ出納ヲ檢閲スルコトヲ得

2 監督官廳ハ市ノ監督上必要ナル命令ヲ發シ又ハ處分ヲ爲スコトヲ得

3 上級監督官廳ハ下級監督官廳ノ市ノ監督ニ關シテ爲シタル命令又ハ處分ヲ停止シ又ハ取消スコトヲ得

第百六十二條　内務大臣ハ市會ノ解散ヲ命スルコトヲ得

2 市會解散ノ場合ニ於テハ三月以内ニ議員ヲ選擧スヘシ

第百六十三條　市ニ於テ法令ニ依リ負擔シ又ハ當該官廳ノ職權ニ依リ命スル費用ヲ豫算ニ載セサルトキハ府縣知事ハ理由ヲ示シテ其ノ費用ヲ豫算ニ加フルコトヲ得

2 市長其ノ他ノ吏員其ノ執行スヘキ事件ヲ執行セサルトキハ府縣知事又ハ其ノ委任ヲ受ケタル官吏吏員之ヲ執行スルコトヲ得但シ其ノ費用ハ市ノ負擔トス

3前二項ノ處分ニ不服アル市又ハ市長其ノ他ノ吏員ハ行政裁判所ニ出訴スルコトヲ得

第百六十四條 市長、助役、收入役又ハ副收入役ニ故障アルトキハ監督官廳ハ臨時代理者ヲ選任シ又ハ官吏ヲ派遣シ其ノ職務ヲ管掌セシムルコトヲ得但シ官吏ヲ派遣シタル場合ニ於テハ其ノ旅費ハ市費ヲ以テ辨償セシムヘシ

2臨時代理者ハ有給ノ市吏員トシ其ノ給料額旅費額等ハ監督官廳之ヲ定ム

第百六十五條 削除（昭和四年法律第五十六號）

第百六十六條 削除（昭和四年法律第五十六號）

第百六十五條 市條例ヲ設ケ又ハ改正セムトスルトキハ内務大臣ノ許可ヲ受クヘシ（大正十五年法律第七十四號改正）

第百六十六條 左ニ揭クル事件ハ内務大臣及大藏大臣ノ許可ヲ受クヘシ

一 市債ヲ起シ竝起債ノ方法、利息ノ定率及償還ノ方法ヲ定メ又ハ之ヲ變更スル事但シ第百三十二條第三項ノ借入金ハ此ノ限ニ在ラス

二 特別稅ヲ新設シ增額シ又ハ變更スル事

三 間接國稅ノ附加稅ヲ賦課スル事

四 使用料ヲ新設シ增額シ又ハ變更スル事（大正十五年法律第七十四號改正）

第百六十七條　左ニ掲グル事件ハ府縣知事ノ許可ヲ受クベシ但シ第一號、第四號、第六號及第十一號ニ掲グル事件ニシテ勅令ヲ以テ指定スルモノハ其ノ定ムル所ニ依リ主務大臣ノ許可ヲ受クベシ（昭和四年四月法律第五十六號本條改正）

一　市條例ヲ設ケ又ハ改廢スルコト

二　基本財産及特別基本財産ノ處分ニ關スルコト

三　第百十條ノ規定ニ依リ舊慣ヲ變更シ又ハ廢止スルコト

四　使用料ヲ新設シ又ハ變更スルコト

五　均一ノ稅率ニ依ラズシテ國稅又ハ府縣稅ノ附加稅ヲ賦課スルコト

六　特別稅ヲ新設シ又ハ變更スルコト

七　第百二十二條第一項、第二項及第四項ノ規定ニ依リ數人又ハ市ノ一部

第百六十七條　左ニ掲クル事件ハ府縣知事ノ許可ヲ受クヘシ

一　市條例ヲ廢止スル事（同上）

二　基本財産及特別基本財産ノ處分ニ關スル事（同上）

三　第百十條ノ規定ニ依リ舊慣ヲ變更又ハ廢止スル事

四　寄附又ハ補助ヲ爲ス事

五　手數料及加入金ヲ新設シ增額シ又ハ變更スル事（同上）

六　均一ノ稅率ニ依ラスシテ國稅又ハ府縣稅ノ附加稅ヲ賦課スル事

七　第百二十二條第一項第二項及第四項ノ規定ニ依リ數人又ハ市ノ一部ニ

ニ費用ヲ負擔セシムルコト
八　第百二十四條ノ規定ニ依リ不均一ノ賦課ヲ爲シ又ハ數人若ハ市ノ一部ニ對シ賦課ヲ爲スコト
九　第百二十五條ノ準率ニ依ラズシテ夫役現品ヲ賦課スルコト但シ急迫ノ場合ニ賦課スル夫役ニ付テハ此ノ限ニ在ラズ
十　繼續費ヲ定メ又ハ變更スルコト
十一　市債ヲ起シ竝ニ起債ノ方法、利息ノ定率及償還ノ方法ヲ定メ又ハ之ヲ變更スルコト但シ第百三十二條第三項ノ借入金ハ此ノ限ニ在ラズ（同上追加）

第百六十八條　監督官廳ノ許可ヲ要スル事件ニ付テハ監督官廳ハ許可申請ノ趣旨ニ反セスト認ムル範圍內ニ於テ更正シテ許可ヲ與フルコトヲ得

第百六十九條　監督官廳ノ許可ヲ要スル事件ニ付テハ勅令ノ定ムル所ニ依リ其ノ許可ノ職權ヲ下級監督官廳ニ委任シ又ハ輕易ナル事件ニ限リ許可ヲ受ケシメサルコトヲ得

第百七十條　府縣知事ハ市長、市參與、助役、收入役、副收入役、區長、區長

費用ヲ負擔セシムル事
八　第百二十四條ノ規定ニ依リ不均一ノ賦課ヲ爲シ又ハ數人若ハ市ノ一部ニ對シ賦課ヲ爲ス事
九　第百二十五條ノ準率ニ依ラスシテ夫役現品ヲ賦課スル事但シ急迫ノ場合ニ賦課スル夫役ニ付テハ此ノ限ニ在ラス
十　繼續費ヲ定メ又ハ變更スル事

第百七十條　府縣知事ハ市長、市參與、助役、收入役、副收入役、區長、區長

代理者、委員其ノ他ノ市吏員ニ對シ懲戒ヲ行フコトヲ得其ノ懲戒處分ハ譴責、二十五圓以下ノ過怠金及解職トス但シ市長、市參與、助役、收入役、副收入役及第六條又ハ第八十二條第三項ノ市ノ區長ニ對スル解職ハ懲戒審査會ノ議決ヲ經ルコトヲ要ス（昭和四年四月法律第五十六號改正）

代理者、委員其ノ他ノ市吏員ニ對シ懲戒ヲ行フコトヲ得其ノ懲戒處分ハ譴責、二十五圓以下ノ過怠金及解職トス但シ市長、市參與、助役、收入役、副收入役及第六條又ハ第八十二條第三項ノ市ノ區長ニ對スル解職ハ懲戒審査會ノ議決ヲ經市長ニ付テハ勅裁ヲ經ルコトヲ要ス

2 懲戒審査會ハ内務大臣ノ命シタル府縣高等官三人及府縣名譽職參事會員ニ於テ互選シタル者三人ヲ以テ其ノ會員トシ府縣知事ヲ以テ會長トス知事故障アルトキハ其ノ代理者會長ノ職務ヲ行フ

3 府縣名譽職參事會員ノ互選スヘキ會員ノ選擧補闕及任期竝懲戒審査會ノ招集及會議ニ付テハ府縣制中名譽職參事會員及府縣參事會ニ關スル規定ヲ準用ス但シ補充員ハ之ヲ設クルノ限ニ在ラス

4 解職ノ處分ヲ受ケタル者其ノ處分ニ不服アルトキハ内務大臣ニ訴願スルコトヲ得（昭和四年四月法律第五十六號改正）

---

4 解職ノ處分ヲ受ケタル者其ノ處分ニ不服アルトキハ内務大臣ニ訴願スルコトヲ得但シ市長ニ付テハ此ノ限ニ在ラス

5 府縣知事ハ市長、市參與、助役、收入役、副收入役及第六條又ハ第八十二條第三項ノ市ノ區長ノ解職ヲ行ハムトスル前其ノ停職ヲ命スルコトヲ得此ノ場合ニ於テハ其

ノ停職期間報酬又ハ給料ヲ支給スルコトヲ得ス

6懲戒ニ依リ解職セラレタル者ハ二年間北海道府縣、市町村其ノ他之ニ準ズベキモノノ公職ニ就クコトヲ得ズ（昭和四年四月法律第五十六號改正）

6懲戒ニ依リ解職セラレタル者ハ二年間市町村ノ公職ニ選擧セラレ又ハ任命セラルルコトヲ得ス

第百七十一條　市吏員ノ服務紀律、賠償責任、身元保證及事務引繼ニ關スル規定ハ命令ヲ以テ之ヲ定ム

2前項ノ命令ニハ事務引繼ヲ拒ミタル者ニ對シ二十五圓以下ノ過料ヲ科スル規定ヲ設クルコトヲ得

第十章　雜則

第百七十二條　府縣知事又ハ府縣參事會ノ職權ニ屬スル事件ニシテ數府縣ニ渉ルモノアルトキハ內務大臣ハ關係府縣知事ノ具狀ニ依リ其ノ事件ヲ管理スヘキ府縣知事又ハ府縣參事會ヲ指定スヘシ

第百七十三條　本法ニ規定スルモノノ外第六條ノ市ノ有給吏員ノ組織任用分限及其ノ區ニ關シ必要ナル事項ハ勅令ヲ以テ之ヲ定ム

第百七十四條　第十三條ノ人口ハ內務大臣ノ定ムル所ニ依ル

第百七十五條　本法ニ於ケル直接稅及間接稅ノ種類ハ內務大臣及大藏大臣之ヲ定ム

第百七十六條　市又ハ市町村組合ノ廢置分合又ハ境界變更アリタル場合ニ於テ市ノ事務ニ付必要ナル事項ハ本法ニ規定スルモノノ外勅令ヲ以テ之ヲ定ム

第百七十七條　本法中府縣、府縣制、府縣知事、府縣參事會、府縣名譽職參事會員、府縣高等官、所屬府縣ノ官吏若ハ有給吏員、府縣稅又ハ直接府縣稅ニ關スル規定ハ北海道ニ付テハ各地方費、道會法、道廳長官、道參事會、道名譽職參事會員、道廳高等官、道廳ノ官吏若ハ地方費ノ有給吏員、北海道地方稅又ハ直接北海道地方稅ニ、町村又ハ町村會ニ關スル規定ハ北海道ニ付テハ各町村又ハ町村會ニ該當スルモノニ關シ之ヲ適用ス（大正十一年四月法律第五十六號改正）

第百七十七條ノ二　本法中官吏ニ關スル規定ハ待遇官吏ニ之ヲ適用ス

附　則

第百七十八條　本法施行ノ期日ハ勅令ヲ以テ之ヲ定ム（明治四十四年勅令第二百三十八號ヲ以テ同年十月一日ヨリ施行）

第百七十九條　本法施行ノ際現ニ市會議員又ハ區會議員ノ職ニ在ル者ハ從前ノ規定ニ依ル最近ノ定期改選期ニ於テ總テ其ノ職ヲ失フ

2　本法施行ノ際現ニ市長助役又ハ收入役ノ職ニ在ル者ハ從前ノ規定ニ依ル任期滿了ノ日ニ於テ其ノ職ヲ失フ

第百八十條　舊刑法ノ重罪ノ刑ニ處セラレタル者ハ本法ノ適用ニ付テハ六年ノ懲役又ハ禁錮以上ノ刑ニ處セラレタル者ト看做ス但シ復權ヲ得タル者ハ此ノ限ニ在ラス

2　舊刑法ノ禁錮以上ノ刑ハ本法ノ適用ニ付テハ禁錮以上ノ刑ト看做ス

第百八十一條　本法施行ノ際必要ナル規定ハ命令ヲ以テ之ヲ定ム

附　則（大正十年四月法律第五十八號）

1　本法中公民權及選擧ニ關スル規定ハ次ノ總選擧ヨリ之ヲ施行シ其ノ他ノ規定ノ施行ノ期日ハ勅令ヲ以テ之ヲ定ム（大正十年勅令第百八十九號ヲ以テ同年五月二十日ヨリ施行）

2　沖繩縣ノ區ヲ廢シテ市ヲ置カムトスルトキハ第三條ノ例ニ依ル

附　則（大正十一年四月法律第五十六號）

1　本法施行ノ期日ハ勅令ヲ以テ之ヲ定ム（大正十一年勅令第二百五十五號ヲ以テ同年五月十五日ヨリ施行）

2　北海道ノ區ヲ廢シテ市ヲ置カムトスルトキハ第三條ノ例ニ依ル

附　則（大正十五年六月法律第七十四號）

1　本法中公民權及議員選擧ニ關スル規定ハ次ノ總選擧ヨリ之ヲ施行シ其ノ他ノ規定ノ施行ノ期日ハ勅令ヲ以テ之ヲ定ム（大正十五年六月勅令第二百七號ヲ以テ同年七月一日ヨリ施行）

2　本法ニ依リ初テ議員ヲ選擧スル場合ニ於テ必要ナル選擧人名簿ニ關シ第二十一條乃至第二十一條ノ五ニ規定スル期日又ハ期間ニ依リ難キトキハ命令ヲ以テ別ニ其ノ期日又ハ期間ヲ定ム但シ其ノ選擧人名簿ハ次ノ選擧人名簿確定迄其ノ效力ヲ有ス

3　本法施行ノ際大正十四年法律第四十七號衆議院議員選擧法又ハ大正十五年府縣制中改正法律未タ施行セラレサル場合ニ於テハ本法ノ適用ニ付テハ同法ハ既ニ施行セラレタルモノト看做ス

4本法施行ノ際必要ナル規定ハ命令ヲ以テ之ヲ定ム

附　則（昭和四年四月法律第五十六號）

1本法施行ノ期日ハ勅令ヲ以テ之ヲ定ム（昭和四年六月勅令第百八十四號ヲ以テ同年七月一日ヨリ施行）

2本法施行ノ際必要ナル規定ハ命令ヲ以テ之ヲ定ム

◉市制中改正法律施行期日ノ件（大正十五年六月二十四日 勅令第二百七號）

大正十五年市制中改正法律ハ公民權及議員選擧ニ關スル規定ヲ除クノ外大正十五年七月一日ヨリ之ヲ施行ス

町村制（明治四十四年四月七日法律第六十九號）

改正（大正十年四月十一日法律第五十九號／十五年六月二十四日同第七十五號／昭和四年四月十五日同第五十七號）

第一章　總則

第一款　町村及其ノ區域

第一條　町村ハ從來ノ區域ニ依ル

第二條　町村ハ法人トス官ノ監督ヲ承ケ法令ノ範圍內ニ於テ其ノ公共事務竝從來法令又ハ慣例ニ依リ及將來法律勅令ニ依リ町村ニ屬スル事務ヲ處理ス

第三條　町村ノ廢置分合又ハ境界變更ヲ爲サムトスルトキハ府縣知事ハ關係アル市町村會ノ意見ヲ徵シ府縣參事會ノ議決ヲ經內務大臣ノ許可ヲ得テ之ヲ定ム所屬未定地ヲ町村ノ區域ニ編入セムトスルトキ亦同シ

2 前項ノ場合ニ於テ財產アルトキハ其ノ處分ハ關係アル市町村會ノ意見ヲ徵シ府縣參事會ノ議決ヲ經テ府縣知事之ヲ定ム

3 第一項ノ場合ニ於テ市ノ廢置分合ヲ伴フトキハ市制第三條ノ規定ニ依ル

---

2 前項ノ場合ニ於テ財產アルトキハ其ノ處分ニ關シテハ前項ノ例ニ依ル

第四條　町村ノ境界ニ關スル爭論ハ府縣參事會之ヲ裁定ス其ノ裁定ニ不服アル町村ハ行政裁判所ニ出訴スルコトヲ得

2町村ノ境界判明ナラサル場合ニ於テ前項ノ爭論ナキトキハ府縣知事ハ府縣參事會ノ決定ニ付スヘシ其ノ決定ニ不服アル町村ハ行政裁判所ニ出訴スルコトヲ得

3第一項ノ裁定及前項ノ決定ハ文書ヲ以テ之ヲ爲シ其ノ理由ヲ附シ之ヲ關係町村ニ交付スヘシ

4第一項ノ裁定及第二項ノ決定ニ付テハ府縣知事ヨリモ訴訟ヲ提起スルコトヲ得

第五條　町村ノ名稱ヲ變更セムトスルトキ、村ヲ町ト爲シ若ハ町ヲ村ト爲サムトスルトキ又ハ町村役場ノ位置ヲ定メ若ハ之ヲ變更セムトスルトキハ町村ハ府縣知事ノ許可ヲ受クヘシ

第五條　町村ノ名稱ヲ變更シ又ハ村ヲ町ト爲シ若ハ町ヲ村ト爲サムトスルトキハ町村ハ內務大臣ノ許可ヲ受クヘシ

2町村役場ノ位置ヲ定メ又ハ之ヲ變更セムトスルトキハ町村ハ府縣知事ノ許可ヲ受クヘシ

第二款　町村住民及其ノ權利義務

第六條　町村內ニ住所ヲ有スル者ハ其ノ町村住民トス

2町村住民ハ本法ニ從ヒ町村ノ財産及營造物ヲ共用スル權利ヲ有シ町村ノ負擔ヲ分任スル義務ヲ負フ

第七條　帝國臣民タル年齡二十五年以上ノ男子ニシテ二年以來町村住民タル者

第七條　町村住民ニシテ左ノ要件ヲ具備スル者ハ町村公民トス但シ貧困ノ爲公

ハ其ノ町村公民トス但シ左ノ各號ノ一ニ該當スル者ハ此ノ限ニ在ラス

一　禁治産者及準禁治産者

二　破産者ニシテ復權ヲ得サル者

三　貧困ニ因リ生活ノ爲公私ノ救助ヲ受ケ又ハ扶助ヲ受クル者

四　一定ノ住居ヲ有セサル者

五　六年ノ懲役又ハ禁錮以上ノ刑ニ處セラレタル者

六　刑法第二編第一章、第三章、第九章、第十六章乃至第二十一章、第二十五章又ハ第三十六章乃至第三十九章ニ掲クル罪ヲ犯シ六年未滿ノ懲役ノ刑ニ處セラレ其ノ執行ヲ終リ又ハ

費ノ救助ヲ受ケタル後二年ヲ經サル者、禁治産者、準禁治産者及六年ノ懲役又ハ禁錮以上ノ刑ニ處セラレタル者ハ此ノ限ニ在ラス（大正十年法律第五十九號改正）

一　帝國臣民タル男子ニシテ年齢二十五年以上ノ者

二　獨立ノ生計ヲ營ム者

三　二年以來其ノ町村住民タル者

四　二年以來其ノ町村ノ直接町村税ヲ納ムル者

執行ヲ受クルコトナキニ至リタル後其ノ刑期ノ二倍ニ相當スル期間ヲ經過スルニ至ル迄ノ者但シ其ノ期間五年ヨリ短キトキハ五年トス

七　六年未滿ノ禁錮ノ刑ニ處セラレ又ハ前號ニ掲タル罪以外ノ罪ヲ犯シ六年未滿ノ懲役ノ刑ニ處セラレ其ノ執行ヲ終リ又ハ執行ヲ受クルコトナキニ至ル迄ノ者

2 町村ハ前項二年ノ制限ヲ特免スルコトヲ得

3 第一項二年ノ期間ハ市町村ノ廢置分合又ハ境界變更ノ爲中斷セラルルコトナシ

---

3 家督相續ニ依リ財産ヲ取得シタル者ニ付テハ其ノ財産ニ付被相續人ノ爲シタル納税ヲ以テ其ノ者ノ爲シタル納税ト看做ス（大正十年法律第五十九號改正）

4 町村公民ノ要件中其ノ年限ニ關スルモノハ市町村ノ廢置分合又ハ境界變更ノ爲中斷セラルルコトナシ

5 直接町村税ヲ賦課セサル町村ニ於テハ町村公民ノ要件中納税ニ關スル規定ヲ

適用セス（大正十年法律第五十九號改正）
（第六項削除）（大正十年法律第五十九號）

第八條 町村公民ハ町村ノ選擧ニ參與シ町村ノ名譽職ニ選擧セラルル權利ヲ有シ町村ノ名譽職ヲ擔任スル義務ヲ負フ

2 左ノ各號ノ一ニ該當セサル者ニシテ名譽職ノ當選ヲ辭シ又ハ其ノ職ヲ辭シ若ハ其ノ職務ヲ實際ニ執行セサルトキハ町村ハ一年以上四年以下其ノ町村公民權ヲ停止スルコトヲ得

---

2 左ノ各號ノ一ニ該當セサル者ニシテ名譽職ノ當選ヲ辭シ又ハ其ノ職ヲ辭シ若ハ其ノ職務ヲ實際ニ執行セサルトキハ町村ハ一年以上四年以下其ノ町村公民權ヲ停止シ場合ニ依リ其ノ停止期間以內其ノ者ノ負擔スヘキ町村税ノ十分ノ一以上四分ノ一以下ヲ增課スルコトヲ得

一 疾病ニ罹リ公務ニ堪ヘサル者
二 業務ノ爲常ニ町村內ニ居ルコトヲ得サル者
三 年齡六十年以上ノ者
四 官公職ノ爲町村ノ公務ヲ執ルコトヲ得サル者
五 四年以上名譽職町村吏員、町村會議員又ハ區會議員ノ職ニ任シ爾後同一ノ期間

ヲ經過セサル者

六　其ノ他町村會ノ議決ニ依リ正當ノ理由アリト認ムル者

3 前項ノ處分ヲ受ケタル者其ノ處分ニ不服アルトキハ府縣參事會ニ訴願シ其ノ裁決ニ不服アルトキハ行政裁判所ニ出訴スルコトヲ得

4 第二項ノ處分ハ其ノ確定ニ至ル迄執行ヲ停止ス

5 第三項ノ裁決ニ付テハ府縣知事又ハ町村長ヨリモ訴訟ヲ提起スルコトヲ得

第九條　町村公民第七條第一項ニ掲ケタル要件ノ一ヲ闕キ又ハ同項但書ニ當ルニ至リタルトキハ其ノ公民權ヲ失フ

2 町村公民租税滯納處分中ハ其ノ公民權ヲ停止ス家資分散若ハ破産ノ宣告ヲ受ケ其ノ確定シタルトキヨリ復權ノ決定確定スルニ至ル迄又ハ六年未滿ノ懲役又ハ禁錮ノ刑ニ處セラレタルトキヨリ其ノ執行ヲ終リ若ハ其ノ執行ヲ受クルコトナキニ至ル迄亦同シ（大正十年四月法律第五十九號改正）

3 陸海軍ノ現役ニ服スル者ハ町村ノ公務ニ參與スルコトヲ得ス其ノ他ノ兵役ニ

第九條　陸海軍軍人ニシテ現役中ノ者（未タ入營セサル者及歸休下士官兵ヲ

除ク）及戰時若ハ事變ニ際シ召集中ノ者ハ町村ノ公務ニ參與スルコトヲ得ス兵籍ニ編入セラレタル學生生徒（勅令ヲ以テ定ムル者ヲ除ク）及志願ニ依リ國民軍ニ編入セラレタル者亦同シ

在ル者ニシテ戰時又ハ事變ニ際シ召集セジレタルトキ亦同シ

第三款 町村條例及町村規則

第十條 町村ハ町村住民ノ權利義務又ハ町村ノ事務ニ關シ町村條例ヲ設クルコトヲ得

2 町村ハ町村ノ營造物ニ關シ町村條例ヲ以テ規定スルモノノ外町村規則ヲ設クルコトヲ得

3 町村條例及町村規則ハ一定ノ公告式ニ依リ之ヲ告示スヘシ

第二章 町村會

第一款 組織及選擧

第十一條 町村會議員ハ其ノ被選擧權アル者ニ就キ選擧人之ヲ選擧ス

2 議員ノ定數左ノ如シ

一 削除

二 人口五千未滿ノ町村 十二人

三 人口五千以上一萬未滿ノ町村 十八人

四 人口一萬以上二萬未滿ノ町村 二十四人

一 人口千五百未滿ノ町村 八人

二 人口千五百以上五千未滿ノ町村 十二人

五　人口二萬以上ノ町村　三十人

3議員ノ定數ハ町村條例ヲ以テ特ニ之ヲ增減スルコトヲ得

4議員ノ定數ハ總選擧ヲ行フ場合ニ非サレハ之ヲ增減セス但シ著シク人口ノ增減アリタル場合ニ於テ府縣知事ノ許可ヲ得タルトキハ此ノ限ニ在ラス

第十二條　町村公民ハ總テ選擧權ヲ有ス但シ公民權停止中ノ者又ハ第九條ノ規定ニ該當スル者ハ此ノ限ニ在ラス

第十三條　削除

第十四條　特別ノ事情アルトキハ町村ハ區劃ヲ定メテ投票分會ヲ設クルコトヲ得

4議員ノ定數ハ總選擧ヲ行フ場合ニ非サレハ之ヲ增減セス但シ著シク人口ノ增減アリタル場合ニ於テ內務大臣ノ許可ヲ得タルトキハ此ノ限ニ在ラス

第十二條　町村公民ハ總テ選擧權ヲ有ス但シ公民權停止中ノ者又ハ第九條第三項ノ場合ニ當ル者ハ此ノ限ニ在ラス

（第二項乃至第五項削除）（大正十年法律第五十九號）

第十三條　町村ハ町村條例ヲ以テ選擧人ヲ分チテ二級ト爲スコトヲ得此ノ場合ニ於テハ市制ノ例ニ依ル　（同上改正）

第十四條　特別ノ事情アルトキハ町村ハ郡長ノ許可ヲ得區劃ヲ定メテ選擧分會ヲ設クルコトヲ得　（同上）

第十五條　選擧權ヲ有スル町村公民ハ被選擧權ヲ有ス

2左ニ掲クル者ハ被選擧權ヲ有セス共ノ

2 在職ノ檢事、警察官吏及收税官吏ハ被選舉權ヲ有セス

3 選舉事務ニ關係アル官吏及町村ノ有給吏員ハ其ノ關係區域內ニ於テ被選舉權ヲ有セス

之ヲ罷メタル後一月ヲ經過セル者亦同シ

一　所屬府縣郡ノ官吏及有給吏員
二　其ノ町村ノ有給吏員
三　檢事警察官吏及收税官吏
四　神官神職僧侶其ノ他諸宗敎師
五　小學校敎員

3（第二十九條第五項參照）

4（同上第六項參照）

4町村ノ有給ノ吏員教員其ノ他ノ職員ニシテ在職中ノ者ハ其ノ町村ノ町村會議員ト相兼ヌルコトヲ得ス

5父子兄弟タル縁故アル者ハ同時ニ町村會議員ノ職ニ在ルコトヲ得ス其ノ同時ニ選擧セラレタルトキハ得票ノ數ニ依リ其ノ多キ者一人ヲ當選者トシ同數ナルトキハ年長者ヲ當選者トシ年齡同シキトキハ町村長抽籤シテ當選者ヲ定ム其ノ時ヲ異ニシテ選擧セラレタルトキハ後ニ選擧セラレタル者議員タルコトヲ得ス（同上改正）

6議員ト爲リタル後前項ノ縁故ヲ生シタル場合ニ於テハ年少者其ノ職ヲ失フ年齡同シキトキハ町村長抽籤シテ失職者ヲ定ム（同上）

7町村長又ハ助役ト父子兄弟タル縁故アル者ハ町村會議員ノ職ニ在ルコトヲ得

第十六條　町村會議員ハ名譽職トス

2議員ノ任期ハ四年トシ總選擧ノ日ヨリ之ヲ起算ス（大正十年法律第五十九號改正）

3議員ノ定數ニ異動ヲ生シタル爲解任ヲ要スル者アルトキハ町村長抽籤シテ之ヲ定ム但シ闕員アルトキハ其ノ闕員ヲ以テ之ニ充ツヘシ（同上）

4前項但書ノ場合ニ於テ闕員ノ數解任ヲ要スル者ノ數ニ滿チサルトキハ其ノ不足ノ員數ニ付町村長抽籤シテ解任スヘキ者ヲ定メ闕員ノ數解任ヲ要スル者ノ數ヲ超ユルトキハ解任ヲ要スル者ニ充ツヘキ闕員ハ最モ先ニ闕員ト爲リタル者ヨリ順次之ニ充テ闕員ト爲リタル時同シキトキハ町村長抽籤シテ之ヲ定ム

5議員ノ定數ニ異動ヲ生シタル爲新ニ選擧セラレタル議員ハ總選擧ニ依リ選擧セラレタル議員ノ任期滿了ノ日迄在任ス

第十七條　町村會議員中闕員ヲ生ジタル場合ニ於テ第二十七條第二項ノ規定ノ

ス（同上）

4議員ノ定數ニ異動ヲ生シタル爲新ニ選擧セラレタル議員ハ總選擧ニ依リ選擧セラレタル議員ノ任期滿了ノ日迄在任ス

第十七條　町村會議員中闕員ヲ生シタルトキハ三月以内ニ補闕選擧ヲ行フヘシ

適用ヲ受ケタル得票者ニシテ當選者ト爲ラザリシ者アルトキハ直ニ選擧會ヲ開キ其ノ者ノ中ニ就キ當選者ヲ定ムベシ此ノ場合ニ於テハ第三十條第三項及第四項ノ規定ヲ準用ス（昭和四年四月法律第五十七號改正）

2 前項ノ規定ノ適用ヲ受クル者ナク若ハ前項ノ規定ノ適用ニ依リ當選者ヲ定ムルモ仍其ノ闕員ガ議員定數ノ六分ノ一ヲ超ユルニ至リタルトキ又ハ町村長若ハ町村會ニ於テ必要ト認ムルトキハ補闕選擧ヲ行フベシ（同上追加）

3 第三十條第五項及第六項ノ規定ハ補闕選擧ニ之ヲ準用ス（大正十五年法律第七十五號改正）（同上項順位繰下ゲ）

但シ第二十七條第二項ノ規定ノ適用ヲ受ケタル得票者ニシテ當選者ト爲ラサリシ者アルトキハ直ニ選擧會ヲ開キ其ノ者ノ中ニ就キ當選者ヲ定ムヘシ此ノ場合ニ於テハ第三十條第三項及第四項ノ規定ヲ準用ス（大正十五年法律第七十五號改正）

2 議員闕員ト爲リタルトキ其ノ議員カ第二十七條第二項ノ規定ノ適用ニ依リ當選者ト爲リタル者ナル場合又ハ本條本項若ハ第三十條ノ規定ニ依ル第二十七條第二項ノ規定ノ準用ニ依リ當選者ト爲リタル者ナル場合ニ於テハ町村長ハ

直ニ第二十七條第二項ノ規定ノ適用又ハ準用ヲ受ケタル他ノ得票者ニ就キ當選者ヲ定ムヘシ此ノ場合ニ於テハ第二十七條第二項ノ規定ヲ準用ス（大正十年四月法律第五十九號追加）

4 補闕議員ハ其ノ前任者ノ殘任期間在任ス（昭和四年四月法律第五十七號項順位繰下ゲ）

第十八條 町村長ハ毎年九月十五日ノ現在ニ依リ選擧人名簿ヲ調製スヘシ

2 選擧人名簿ニハ選擧人ノ氏名、住所及生年月日等ヲ記載スヘシ

第十八條ノ二 町村長ハ十一月五日ヨリ十五日間町村役場又ハ其ノ指定シタル場所ニ於テ選擧人名簿ヲ關係者ノ縦覧ニ供スヘシ

2 町村長ハ縦覧開始ノ日前三日目迄ニ縦覧ノ場所ヲ告示スヘシ

第十八條ノ三 選擧人名簿ニ關シ關係者

第十八條 町村長ハ選擧期日前六十日ヲ期トシ其ノ日ノ現在ニ依リ選擧人ノ資格ヲ記載セル選擧人名簿ヲ調製スヘシ

2 町村長ハ選擧期日前四十日ヲ期トシ其ノ日ヨリ七日間毎日午前八時ヨリ午後四時迄町村役場又ハ告示シタル場所ニ於テ選擧人名簿ヲ關係者ノ縦覧ニ供スヘシ（前段）

第十八條ノ三 選擧人名簿ニ關シ關係者

ニ於テ異議アルトキハ縦覧期間内ニ之ヲ町村長ニ申立ツルコトヲ得此ノ場合ニ於テハ町村長ハ其ノ申立ヲ受ケタル日ヨリ十四日以内ニ之ヲ決定シ名簿ノ修正ヲ要スルトキハ直ニ之ヲ修正スベシ（昭和四年四月法律第五十七號改正）

2 前項ノ決定ニ不服アル者ハ府縣參事會ニ訴願シ其ノ裁決ニ不服アル者ハ行政裁判所ニ出訴スルコトヲ得（同上）

3 前項ノ裁決ニ付テハ府縣知事又ハ町村長ヨリモ訴訟ヲ提起スルコトヲ得（同上）

4 第一項ノ規定ニ依リ決定ヲ爲シタルトキハ町村長ハ直ニ其ノ要領ヲ告示スベシ同項ノ規定ニ依リ名簿ヲ修正シタル

ニ於テ異議アルトキハ縦覧期間内ニ之ヲ町村長ニ申立ツルコトヲ得此ノ場合ニ於テハ町村長ハ縦覧期間滿了後三日以内ニ之ヲ町村會ノ決定ニ付スヘシ町村會ハ其ノ送付ヲ受ケタル日ヨリ十日以内ニ之ヲ決定スヘシ（大正十五年法律第七十五號追加）

2 前項ノ決定ニ不服アル者ハ府縣參事會ニ訴願シ其ノ裁決又ハ第三項ノ裁決ニ不服アル者ハ行政裁判所ニ出訴スルコトヲ得（同上）

3 第一項ノ決定及前項ノ裁決ニ付テハ町村長ヨリモ訴願又ハ訴訟ヲ提起スルコトヲ得（同上）

4 前二項ノ裁決ニ付テハ府縣知事ヨリモ訴訟ヲ提起スルコトヲ得（同上）

第十八條第六項　前四項ノ場合ニ於テ決定若ハ裁決確定シ又ハ判決アリタルニ依リ名簿ノ修正ヲ要スルトキハ町村長

トキ亦同ジ（同上）

ハ其ノ確定期日前ニ修正ヲ加フヘシ

第十八條ノ四　選擧人名簿ハ十二月二十五日ヲ以テ確定ス（大正十五年六月法律第七十五號追加）

2 選擧人名簿ハ次年ノ十二月二十四日迄之ヲ据置クヘシ（同上）

3 前條第二項又ハ第三項ノ場合ニ於テ裁決確定シ又ハ判決アリタルニ依リ名簿ノ修正ヲ要スルトキハ町村長ハ直ニ之ヲ修正スベシ（昭和四年四月法律第五十七號改正）

4 前項ノ規定ニ依リ名簿ヲ修正シタルトキハ町村長ハ直ニ其ノ要領ヲ告示スベシ（同上）

5 投票分會ヲ設クル場合ニ於テ必要アルトキハ町村長ハ確定名簿ニ依リ分會ノ區劃毎ニ名簿ノ抄本ヲ調製スベシ（同上）

---

3 前條ノ場合ニ於テ決定若ハ裁決確定シ又ハ判決アリタルニ依リ名簿ノ修正ヲ要スルトキハ町村長ハ直ニ之ヲ修正スヘシ（大正十五年法律第七十五號追加）

4 選擧人名簿ヲ修正シタルトキハ町村長ハ直ニ其ノ要領ヲ告示スヘシ（同上）

5 投票分會ヲ設クルトキハ町村長ハ確定名簿ニ依リ分會ノ區劃毎ニ名簿ノ抄本ヲ調製スヘシ（同上）

第十八條ノ五　第十八條ノ三ノ場合ニ於テ決定若ハ裁決確定シ又ハ判決アリタルニ依リ選擧人名簿無效ト爲リタルトキハ更ニ名簿ヲ調製スヘシ（大正十五年六月法律第七十五號追加）

2 天災事變等ノ爲必要アルトキハ更ニ名簿ヲ調製スヘシ（同上）

3 前二項ノ規定ニ依ル名簿ノ調製、縱覽、確定及異議ノ決定ニ關スル期日及期間ハ府縣知事ノ定ムル所ニ依ル（昭和四年四月法律第五十七號改正）

4 町村ノ廢置分合又ハ境界變更アリタル場合ニ於テ名簿ニ關シ其ノ分合其ノ他必要ナル事項ハ命令ヲ以テ之ヲ定ム

第十九條　町村長ハ選擧ノ期日前七日目迄ニ選擧會場（投票分會場ヲ含ム以下

---

3 前二項ノ規定ニ依ル名簿ノ調製、縱覽、確定及異議申立ニ對スル町村會ノ決定ニ關スル期日及期間ハ府縣知事ノ定ムル所ニ依ル（大正十五年六月法律第七十五號追加）

第十八條第十四項　選擧人名簿調製後ニ於テ選擧期日ヲ變更スルコトアルモ其ノ名簿ヲ用ヰ縱覽、修正、確定及異議ノ決定ニ關スル期日、期限及期間ハ前選擧期日ニ依リ之ヲ算定ス

第十九條　町村長ハ選擧期日前少クトモ七日間選擧會場、投票ノ日時及選擧ス

之ニ同シ）、投票ノ日時及選擧スヘキ議員數ヲ告示スヘシ投票分會ヲ設クル場合ニ於テハ併セテ其ノ區劃ヲ告示スヘシ

2 投票分會ノ投票ハ選擧會ト同日時ニ之ヲ行フ

3 天災事變等ノ爲投票ヲ行フコト能ハサルトキ又ハ更ニ投票ヲ行フノ必要アルトキハ町村長ハ其ノ投票ヲ行フヘキ選擧會又ハ投票分會ノミニ付更ニ期日ヲ定メ投票ヲ行ハシムヘシ此ノ場合ニ於テ選擧會場及投票ノ日時ハ選擧ノ期日前五日目迄ニ之ヲ告示スヘシ

第二十條　町村長ハ選擧長ト爲リ選擧會ヲ開閉シ其ノ取締ニ任ス

2 町村長ハ選擧人名簿ニ登錄セラレタル者ノ中ヨリ二人乃至四人ノ選擧立會人ヲ選任スヘシ

3 投票分會ハ町村長ノ指名シタル吏員投票分會長ト爲リ之ヲ開閉シ其ノ取締ニ

ヘキ議員數ヲ告示スヘシ選擧分會ヲ設クル場合ニ於テハ併セテ其ノ區劃ヲ告示スヘシ（大正十年法律第五十九號改正）

2 選擧分會ノ選擧ハ本會ト同日時ニ之ヲ行フヘシ（同上）

3 天災事變等ニ依リ選擧ヲ行フコト能ハサルニ至リタルトキハ町村長ハ其ノ選擧ヲ終ラサル選擧會又ハ選擧分會ノミニ關シ更ニ選擧會場及投票ノ日時ヲ告示シ選擧ヲ行フヘシ（同上）

2 選擧分會ハ町村長ノ指名シタル吏員選擧分會長ト爲リ之ヲ開閉シ其ノ取締ニ

任ス

4 町村長ハ分會ノ區劃内ニ於ケル選擧人名簿ニ登錄セラレタル者ノ中ヨリ二人乃至四人ノ投票立會人ヲ選任スヘシ

5 選擧立會人及投票立會人ハ名譽職トス

第二十一條　選擧人ニ非サル者ハ選擧會場ニ入ルコトヲ得ス但シ選擧會場ノ事務ニ従事スル者、選擧會場ヲ監視スル職權ヲ有スル者又ハ警察官吏ハ此ノ限ニ在ラス

2 選擧會場ニ於テ演說討論ヲ爲シ若ハ喧擾ニ渉リ又ハ投票ニ關シ協議若ハ勸誘ヲ爲シ其ノ他選擧會場ノ秩序ヲ紊ス者アルトキハ選擧長又ハ投票分會長ハ之ヲ制止シ命ニ従ハサルトキハ之ヲ選擧會場外ニ退出セシムヘシ

3 前項ノ規定ニ依リ退出セシメラレタル者ハ最後ニ至リ投票ヲ爲スコトヲ得但シ選擧長又ハ投票分會長會場ノ秩序ヲ紊スノ虞ナシト認ムル場合ニ於テ投票ヲ爲サシムルヲ妨ケス

任ス

3 町村長ハ選擧人中ヨリ二人乃至四人ノ選擧立會人ヲ選任スヘシ但シ選擧分會ヲ設ケタルトキハ各別ニ選擧立會人ヲ設クヘシ

4 選擧立會人ハ名譽職トス

2 選擧會場ニ於テ演說討論ヲ爲シ若ハ喧擾ニ渉リ又ハ投票ニ關シ協議若ハ勸誘ヲ爲シ其ノ他選擧會場ノ秩序ヲ紊ス者アルトキハ選擧長又ハ分會長ハ之ヲ制止シ命ニ従ハサルトキハ之ヲ選擧會場外ニ退出セシムヘシ

3 前項ノ規定ニ依リ退出セシメラレタル者ハ最後ニ至リ投票ヲ爲スコトヲ得但シ選擧長又ハ分會長會場ノ秩序ヲ紊スノ虞ナシト認ムル場合ニ於テ投票ヲ爲サシムルヲ妨ケス

第二十二條　選擧ハ無記名投票ヲ以テ之ヲ行フ
2投票ハ一人一票ニ限ル
3選擧人ハ選擧ノ當日投票時間内ニ自ラ選擧會場ニ到リ選擧人名簿又ハ其ノ抄本ノ對照ヲ經テ投票ヲ爲スヘシ
4投票時間内ニ選擧會場ニ入リタル選擧人ハ其ノ時間ヲ過クルモ投票ヲ爲スコトヲ得
5選擧人ハ選擧會場ニ於テ投票用紙ニ自ラ被選擧人一人ノ氏名ヲ記載シテ投函スヘシ
（大正十年法律第五十九號改正）
6投票ニ關スル記載ニ付テハ勅令ヲ以テ定ムル點字ハ之ヲ文字ト看做ス
7自ラ被選擧人ノ氏名ヲ書スルコト能ハサル者ハ投票ヲ爲スコトヲ得ス
8投票用紙ハ町村長ノ定ムル所ニ依リ一定ノ式ヲ用ウヘシ
9投票分會ニ於テ爲シタル投票ハ投票分會長少クトモ一人ノ投票立會人ト共ニ投票函ノ儘之ヲ選擧長ニ送致スヘシ
第二十二條ノ二　確定名簿ニ登錄セラレサル者ハ投票ヲ爲スコトヲ得ス但シ選擧人名簿ニ登錄セラルヘキ確定裁決書

6自ラ被選擧人ノ氏名ヲ書スルコト能ハサル者ハ投票ヲ爲スコトヲ得ス
7投票用紙ハ町村長ノ定ムル所ニ依リ一定ノ式ヲ用ウヘシ
8選擧分會ニ於テ爲シタル投票ハ分會長少クトモ一人ノ選擧立會人ト共ニ投票函ノ儘之ヲ本會ニ送致スヘシ
第十八條第十一項　確定名簿ニ登錄セラレサル者ハ選擧ニ參與スルコトヲ得ス但シ選擧人名簿ニ登錄セラルヘキ確定

又ハ判決書ヲ所持シ選擧ノ當日選擧會場ニ到ル者ハ此ノ限ニ在ラス

2 確定名簿ニ登録セラレタル者選擧人名簿ニ登録セラルルコトヲ得サル者ナルトキハ投票ヲ爲スコトヲ得ス選擧ノ當日選擧權ヲ有セサル者ナルトキ亦同シ

第二十二條ノ三 投票ノ拒否ハ選擧立會人又ハ投票立會人之ヲ決定ス可否同數ナルトキハ選擧長又ハ投票分會長之ヲ決スヘシ

2 投票分會ニ於テ投票拒否ノ決定ヲ受ケタル選擧人不服アルトキハ投票分會長ハ假ニ投票ヲ爲サシムヘシ

3 前項ノ投票ハ選擧人ヲシテ之ヲ封筒ニ入レ封緘シ表面ニ自ラ其ノ氏名ヲ記載シ投函セシムヘシ

4 投票分會長又ハ投票立會人ニ於テ異議アル選擧人ニ對シテモ亦前二項ニ同シ

第二十三條 第三十條若ハ第三十四條ノ選擧、增員選擧又ハ補闕選擧ヲ同時ニ行フ場

裁決書又ハ判決書ヲ所持シ選擧ノ當日選擧會場ニ到ル者ハ此ノ限ニ在ラス

12 確定名簿ニ登録セラレタル者選擧權ヲ有セサルトキハ選擧ニ參與スルコトヲ得ス但シ名簿ハ之ヲ修正スル限ニ在ラス

合ニ於テハ一ノ選擧ヲ以テ合併シテ之ヲ行フ（大正十年法律第五十九號改正）

第二十四條　町村長ハ豫メ開票ノ日時ヲ告示スヘシ

第二十四條ノ二　選擧長ハ投票ノ日又ハ其ノ翌日（投票分會ヲ設ケタルトキハ總テノ投票函ノ送致ヲ受ケタル日又ハ其ノ翌日）選擧立會人立會ノ上投票函ヲ開キ投票ノ總數ト投票人ノ總數トヲ計算スヘシ

2 前項ノ計算終リタルトキハ選擧長ハ先ツ第二十二條ノ三第二項及第四項ノ投票ヲ調査スヘシ其ノ投票ノ受理如何ハ選擧立會人之ヲ決定ス可否同數ナルトキハ選擧長之ヲ決スヘシ

3 選擧長ハ選擧立會人ト共ニ投票ヲ點檢スヘシ

4 天災事變等ノ爲開票ヲ行フコト能ハサルトキハ町村長ハ更ニ開票ノ期日ヲ定ムヘシ此ノ場合ニ於テ選擧會場ノ變更

第二十四條　削除（大正十年法律第五十九號）

ヲ要スルトキハ豫メ更ニ其ノ場所ヲ告示スヘシ

第二十四條ノ三　選擧人ハ其ノ選擧會ノ參觀ヲ求ムルコトヲ得但シ開票開始前ハ此ノ限ニ在ラス

第二十四條ノ四　特別ノ事情アルトキハ町村ハ府縣知事ノ許可ヲ得區劃ヲ定メテ開票分會ヲ設クルコトヲ得

2前項ノ規定ニ依リ開票分會ヲ設クル場合ニ於テ必要ナル事項ハ命令ヲ以テ之ヲ定ム

第二十五條　左ノ投票ハ之ヲ無效トス

一　成規ノ用紙ヲ用ヰサルモノ

二　現ニ町村會議員ノ職ニ在ル者ノ氏名ヲ記載シタルモノ

三　一投票中二人以上ノ被選擧人ノ氏名ヲ記載シタルモノ

四　被選擧人ノ何人タルカヲ確認シ難キモノ

五　被選擧權ナキ者ノ氏名ヲ記載シタルモノ

六　被選擧人ノ氏名ノ外他事ヲ記入シタルモノ但シ爵位職業身分住所又ハ敬稱ノ類ヲ記入シタルモノハ此ノ限ニ在ラス

七　被選擧人ノ氏名ヲ自書セサルモノ
（第二項削除）（大正十年法律五十九號）

第二十六條　投票ノ效力ハ選擧立會人之ヲ決定ス可否同數ナルトキハ選擧長之ヲ決スヘシ

第二十七條　町村會議員ノ選擧ハ有效投票ノ最多數ヲ得タル者ヲ以テ當選者トス但シ議員ノ定數ヲ以テ有效投票ノ總數ヲ除シテ得タル數ノ六分ノ一以上ノ得票アルコトヲ要ス

第二十六條　投票ノ拒否及效力ハ選擧立會人之ヲ決定ス可否同數ナルトキハ選擧長之ヲ決スヘシ

2選擧分會ニ於ケル投票ノ拒否ハ其ノ選擧立會人之ヲ決定ス可否同數ナルトキハ分會長之ヲ決スヘシ

第二十七條　町村會議員ノ選擧ハ有效投票ノ最多數ヲ得タル者ヲ以テ當選者トス但シ選擧スヘキ議員數ヲ以テ選擧人名簿ニ登錄セラレタル人員數ヲ除シテ得タル數ノ七分ノ一以上ノ得票アルコトヲ要ス（大正十年四月法律第五十九號改正）

2前項ノ規定ニ依リ當選者ヲ定ムルニ當リ得票ノ數同シキトキハ年長者ヲ取リ年齡同シキトキハ選擧長抽籤シテ之ヲ定ムヘシ

第二十七條ノ二　當選者選擧ノ期日後ニ於テ被選擧權ヲ有セサルニ至リタルト

キハ當選ヲ失フ

第二十八條　選擧長ハ選擧錄ヲ作リ選擧會ニ關スル顚末ヲ記載シ之ヲ朗讀シ二人以上ノ選擧立會人ト共ニ之ニ署名スヘシ

2　投票分會長ハ投票錄ヲ作リ投票ニ關スル顚末ヲ記載シ之ヲ朗讀シ二人以上ノ投票立會人ト共ニ之ニ署名スヘシ

3　投票分會長ハ投票函ト同時ニ投票錄ヲ選擧長ニ送致スヘシ

4　選擧錄及投票錄ハ投票、選擧人名簿其ノ他ノ關係書類ト共ニ議員ノ任期間町村長ニ於テ之ヲ保存スヘシ

第二十九條　當選者定マリタルトキハ町村長ハ直ニ當選者ニ當選ノ旨ヲ告知シ同時ニ當選者ノ住所氏名ヲ告示シ且選擧錄ノ寫（投票錄アルトキハ併セテ投票錄ノ寫）ヲ添ヘ之ヲ府縣知事ニ報告

第二十八條　選擧長又ハ分會長ハ選擧錄ヲ調製シテ選擧又ハ投票ノ顚末ヲ記載シ選擧又ハ投票ヲ終リタル後之ヲ朗讀シ選擧立會人二人以上ト共ニ之ニ署名スヘシ

2　選擧分會長ハ投票函ト同時ニ選擧錄ヲ本會ニ送致スヘシ

3　選擧錄ハ投票、選擧人名簿其ノ他ノ關係書類ト共ニ選擧及當選ノ效力確定スルニ至ル迄之ヲ保存スヘシ

第二十九條　當選者定マリタルトキハ町村長ハ直ニ當選者ニ當選ノ旨ヲ告知スヘシ

スヘシ當選者ナキトキハ直ニ其ノ旨ヲ告示シ且選擧錄ノ寫（投票錄アルトキハ併セテ投票錄ノ寫）ヲ添ヘ之ヲ府縣知事ニ報告スヘシ

2當選者當選ヲ辭セムトスルトキハ當選ノ告知ヲ受ケタル日ヨリ五日以內ニ之ヲ町村長ニ申立ツヘシ

3官吏ニシテ當選シタル者ハ所屬長官ノ許可ヲ受クルニ非サレハ之ニ應スルコトヲ得ス

4前項ノ官吏ハ當選ノ告知ヲ受ケタル日ヨリ二十日以內ニ之ニ應スヘキ旨ヲ町村長ニ申立テサルトキハ其ノ當選ヲ辭シタルモノト看做ス（大正十年法律第五十九號改正）

5町村ニ對シ請負ヲ爲シ又ハ町村ニ於テ費用ヲ負擔スル事業ニ付町村長若ハ其ノ委任ヲ受ケタル者ニ對シ請負ヲ爲ス者若ハ其ノ支配人又ハ主トシテ同一ノ行爲ヲ爲ス法人ノ無限責任社員、役員若ハ支配人ニシテ當選シタル者ハ其ノ請負ヲ罷メ又ハ請負ヲ爲ス者ノ支配人

3第十五條第二項ニ揭ケサル官吏ニシテ當選シタル者ハ所屬長官ノ許可ヲ受クルニ非サレハ之ニ應スルコトヲ得ス

第十五條第三項　町村ニ對シ請負ヲ爲ス者及其ノ支配人又ハ主トシテ同一ノ行爲ヲ爲ス法人ノ無限責任社員、役員及支配人ハ被選擧權ヲ有セス（大正十年法律第五十九號改正）

若ハ主トシテ同一ノ行爲ヲ爲ス法人ノ無限責任社員、役員若ハ支配人タルコトナキニ至ルニ非サレハ當選ニ應スルコトヲ得ス第二項ノ期限前ニ其ノ旨ヲ町村長ニ申立テサルトキハ其ノ當選ヲ辭シタルモノト看做ス

6 前項ノ役員トハ取締役、監査役及之ニ準スヘキ者並清算人ヲ謂フ

第三十條　當選者左ニ掲クル事由ノ一ニ該當スルトキハ三月以内ニ更ニ選擧ヲ行フヘシ但シ第二項ノ規定ニ依リ更ニ選擧ヲ行フコトナクシテ當選者ヲ定メ得ル場合ハ此ノ限ニ在ラス

一　當選ヲ辭シタルトキ

二　第二十七條ノ二ノ規定ニ依リ當選ヲ失ヒタルトキ

三　死亡者ナルトキ

四　選擧ニ關スル犯罪ニ依リ刑ニ處セラレ其ノ當選無效ト爲リタルトキ但

---

4 前項ノ役員トハ取締役、監査役及之ニ準スヘキ者並清算人ヲ謂フ（同上追加）

第三十條　當選者當選ヲ辭シタルトキ、死亡者ナルトキ又ハ選擧ニ關スル犯罪ニ依リ刑ニ處セラレ其ノ當選無效ト爲リタルトキハ更ニ選擧ヲ行フヘシ但シ其ノ當選者第二十七條第二項ノ規定ノ適用又ハ準用ニ依リ當選者ト爲リタル者ナル場合ニ於テハ第十七條第二項ノ例ニ依ル（大正十年法律第五十九號改正）

シ同一人ニ關シ前各號ノ事由ニ依ル選擧又ハ補闕選擧ノ告示ヲ爲シタル場合ハ此ノ限ニ在ラス

2前項ノ事由前條第二項若ハ第四項ノ規定ニ依ル期限前ニ生シタル場合ニ於テ第二十七條第一項但書ノ得票者ニシテ當選者ト爲ラサリシ者アルトキ又ハ其ノ期限經過後ニ生シタル場合ニ於テ第二十七條第二項ノ規定ノ適用ヲ受ケタル得票者ニシテ當選者ト爲ラサリシ者アルトキハ直ニ選擧會ヲ開キ其ノ者ノ中ニ就キ當選者ヲ定ムヘシ

2當選者選擧ニ關スル犯罪ニ依リ刑ニ處セラレ其ノ當選無效ト爲リタルトキ其ノ前ニ其ノ者ニ關スル補闕選擧若ハ前項ノ選擧ノ告示ヲ爲シタル場合又ハ更ニ選擧ヲ行フコトナクシテ當選者ヲ定メタル場合ニ於テハ前項ノ規定ヲ適用セス（同上追加）

3 前項ノ場合ニ於テ第二十七條第一項但書ノ得票者ニシテ當選者ト爲ラサリシ者選擧ノ期日後ニ於テ被選擧權ヲ有セサルニ至リタルトキハ之ヲ當選者ト定ムルコトヲ得ス

4 第二項ノ場合ニ於テハ町村長ハ豫メ選擧會ノ場所及日時ヲ告示スヘシ

5 第一項ノ期間ハ第三十三條第八項ノ規定ノ適用アル場合ニ於テハ選擧ヲ行フコトヲ得サル事由已ミタル日ノ翌日ヨリ之ヲ起算ス

6 第一項ノ事由議員ノ任期滿了前六月以內ニ生シタルトキハ第一項ノ選擧ハ之ヲ行ハス但シ議員ノ數其ノ定數ノ三分ノ二ニ滿チサルニ至リタルトキハ此ノ限ニ在ラス

第三十一條　選擧ヲ終リタルトキハ町村長ハ直ニ選擧錄ノ謄本ヲ添ヘ之ヲ郡長ニ報告スヘシ

第三十一條　第二十九條第二項ノ期間ヲ經過シタルトキ又ハ同條第四項ノ申立アリタルトキハ町村長ハ直ニ當選者ノ住所氏名ヲ告示シ併セテ之ヲ府縣知事ニ報告スヘシ

2當選者ナキニ至リタルトキ又ハ當選者其ノ選擧ニ於ケル議員ノ定數ニ達セサルニ至リタルトキハ町村長ハ直ニ其ノ旨ヲ告示シ併セテ之ヲ府縣知事ニ報告スヘシ

第三十二條　選擧ノ規定ニ違反スルコトアルトキハ選擧ノ結果ニ異動ヲ生スルノ虞アル場合ニ限リ其ノ選擧ノ全部又ハ一部ヲ無效トス但シ當選ニ異動ヲ生スルノ虞ナキ者ヲ區分シ得ルトキハ其ノ者ニ限リ當選ヲ失フコトナシ

第三十三條　選擧人選擧又ハ當選ノ效力ニ關シ異議アルトキハ選擧ニ關シテハ選擧ノ日ヨリ當選ニ關シテハ第二十九

2第二十九條第二項ノ期間ヲ經過シタルトキ又ハ同條第四項ノ申立アリタルトキハ町村長ハ直ニ當選者ノ住所氏名ヲ告示シ併セテ之ヲ郡長ニ報告スヘシ
（大正十年法律第五十九號改正）

第三十二條　選擧ノ規定ニ違反スルコトアルトキハ選擧ノ結果ニ異動ヲ生スルノ虞アル場合ニ限リ其ノ選擧ノ全部又ハ一部ヲ無效トス

第三十三條　選擧人選擧又ハ當選ノ效力ニ關シ異議アルトキハ選擧ニ關シテハ選擧ノ日ヨリ當選ニ關シテハ第三十一

條第一項又ハ第三十一條第二項ノ告示ノ日ヨリ七日以内ニ之ヲ町村長ニ申立ツルコトヲ得此ノ場合ニ於テハ町村長ハ七日以内ニ町村會ノ決定ニ付スヘシ町村會ハ其ノ送付ヲ受ケタル日ヨリ十四日以内ニ之ヲ決定スヘシ

2 前項ノ決定ニ不服アル者ハ府縣參事會ニ訴願スルコトヲ得

3 府縣知事ハ選擧又ハ當選ノ效力ニ關シ異議アルトキハ選擧ニ關シテハ第二十九條第一項ノ報告ヲ受ケタル日ヨリ、當選ニ關シテハ第二十九條第一項又ハ第三十一條第二項ノ報告ヲ受ケタル日ヨリ二十日以内ニ之ヲ府縣參事會ノ決定ニ付スルコトヲ得

4 前項ノ決定アリタルトキハ同一事件ニ付爲シタル異議ノ申立及町村會ノ決定ハ無效トス

5 第二項若ハ第六項ノ裁決又ハ第三項ノ決定ニ不服アル者ハ行政裁判所ニ出訴

條第二項ノ告示ノ日ヨリ七日以内ニ之ヲ町村長ニ申立ツルコトヲ得此ノ場合ニ於テハ町村長ハ七日以内ニ町村會ノ決定ニ付スヘシ町村會ハ其ノ送付ヲ受ケタル日ヨリ十四日以内ニ之ヲ決定スヘシ

3 郡長ハ選擧又ハ當選ノ效力ニ關シ異議アルトキハ府縣知事ノ指揮ヲ受ケ選擧ニ關シテハ第三十一條第一項ノ報告ヲ受ケタル日ヨリ當選ニ關シテハ同條第二項ノ報告ヲ受ケタル日ヨリ二十日以内ニ之ヲ處分スルコトヲ得

4 前項ノ處分アリタルトキハ同一事件ニ付爲シタル異議ノ申立及町村會ノ決定ハ無效トス

5 第三項ノ處分ニ不服アル者ハ府縣參事會ニ訴願シ其ノ裁決又ハ第二項若ハ第

スルコトヲ得

6 第一項ノ決定ニ付テハ町村長ヨリモ訴願ヲ提起スルコトヲ得

7 第二項若ハ前項ノ裁決又ハ第三項ノ決定ニ付テハ府縣知事又ハ町村長ヨリモ訴訟ヲ提起スルコトヲ得

8 第十七條、第三十條又ハ第三十四條第一項若ハ第三項ノ選擧ハ之ニ關係アル選擧又ハ當選ニ關スル異議申立期間、異議ノ決定若ハ訴願ノ裁決確定セサル間又ハ訴訟ノ繫屬スル間之ヲ行フコトヲ得ス

9 町村會議員ハ選擧又ハ當選ニ關スル決定若ハ裁決確定シ又ハ判決アル迄ハ會議ニ列席シ議事ニ參與スルノ權ヲ失ハス

六項ノ裁決ニ不服アル者ハ行政裁判所ニ出訴スルコトヲ得

6 第一項ノ決定及第二項又ハ前項ノ裁決ニ付テハ町村長ヨリモ訴願又ハ訴訟ヲ提起スルコトヲ得

7 第二項第五項又ハ前項ノ裁決ニ付テハ府縣知事ヨリモ訴訟ヲ提起スルコトヲ得

8 第十七條、第三十條又ハ第三十四條第三項ノ選擧ハ之ニ關係アル選擧又ハ當選ニ關スル異議申立期間、異議ノ決定若ハ訴願ノ裁決確定セサル間又ハ訴訟ノ繫屬スル間之ヲ行フコトヲ得ス
（大正十年四月法律第五十九號ヲ以テ追加）

9 町村會議員ハ選擧又ハ當選ニ關スル處分、決定若ハ裁決確定シ又ハ判決アル迄ハ會議ニ列席シ議事ニ參與スルノ權ヲ失ハス

第三十四條　選擧無效ト確定シタルトキハ三月以內ニ更ニ選擧ヲ行フヘシ

2 當選無效ト確定シタルトキハ直ニ選擧會ヲ開キ更ニ當選者ヲ定ムヘシ此ノ場合ニ於テハ第三十條第三項及第四項ノ規定ヲ準用ス

3 當選者ナキトキ、當選者ナキニ至リタルトキ又ハ當選者其ノ選擧ニ於ケル議員ノ定數ニ達セサルトキ若ハ定數ニ達セサルニ至リタルトキハ三月以內ニ更ニ選擧ヲ行フヘシ

4 第三十條第五項及第六項ノ規定ハ第一項及前項ノ選擧ニ之ヲ準用ス

第三十五條　町村會議員被選擧權ヲ有セサル者ナルトキ又ハ第二十九條第五項ニ揭クル者ナルトキハ其ノ職ヲ失フ其ノ被選擧權ノ有無又ハ第二十九條第五

第三十四條　當選無效ト確定シタルトキハ町村長ハ直ニ第二十七條ノ例ニ依リ更ニ當選者ヲ定ムヘシ

2 選擧無效ト確定シタルトキハ更ニ選擧ヲ行フヘシ

3 議員ノ定數ニ足ル當選者ヲ得ルコト能ハサルトキハ其ノ不足ノ員數ニ付更ニ選擧ヲ行フヘシ此ノ場合ニ於テハ第二十七條第一項但書ノ規定ヲ適用セス

第三十五條　町村會議員ニシテ被選擧權ヲ有セサル者ハ其ノ職ヲ失フ其ノ被選擧權ノ有無ハ町村會議員カ左ノ各號ノ一ニ該當スルニ因リ被選擧權ヲ有セサ

項ニ掲クル者ニ該當スルヤ否ハ町村會議員カ左ノ各號ノ一ニ該當スルニ因リ被選擧權ヲ有セサル場合ヲ除クノ外町村會之ヲ決定ス

一 禁治産者又ハ準禁治産者ト爲リタルトキ

二 破産者ト爲リタルトキ

三 禁錮以上ノ刑ニ處セラレタルトキ

四 選擧ニ關スル犯罪ニ依リ罰金ノ刑ニ處セラレタルトキ

2 町村長ハ町村會議員中被選擧權ヲ有セサル者又ハ第二十九條第五項ニ掲クル者アリト認ムルトキハ之ヲ町村會ノ決定ニ付スヘシ町村會ハ其ノ送付ヲ受ケタル日ヨリ十四日以内ニ之ヲ決定スヘシ

ル場合ヲ除クノ外町村會之ヲ決定ス

(大正十年法律第五十九號改正)

二 家資分散又ハ破産ノ宣告ヲ受ケ其ノ宣告確定シタルトキ

2 町村長ハ町村會議員中被選擧權ヲ有セサル者アリト認ムルトキハ之ヲ町村會ノ決定ニ付スヘシ町村會ハ其ノ送付ヲ受ケタル日ヨリ十四日以内ニ之ヲ決定スヘシ(大正十年法律第五十九號改正)

---

3 第一項ノ決定ヲ受ケタル者其ノ決定ニ不服アルトキハ府縣參事會ニ訴願シ其ノ裁決又ハ第四項ノ裁決ニ不服アルトキハ行政裁判所ニ出訴スルコトヲ得

4 第一項ノ決定及前項ノ裁決ニ付テハ町村長ヨリモ訴願又ハ訴訟ヲ提起スルコトヲ得

5 前二項ノ裁決ニ付テハ府縣知事ヨリモ訴訟ヲ提起スルコトヲ得

6 第三十三條第九項ノ規定ハ第一項及前三項ノ場合ニ之ヲ準用ス(同上)

7第一項ノ決定ハ文書ヲ以テ之ヲ爲シ其ノ理由ヲ附シ之ヲ本人ニ交付スヘシ

第三十六條　第十八條ノ三及第三十三條ノ場合ニ於テ府縣參事會ノ決定及裁決ハ府縣知事、町村會ノ決定ハ町村長直ニ之ヲ告示スヘシ

第三十六條ノ二　町村會議員ノ選擧ニ付テハ衆議院議員選擧法第九十一條、第九十二條、第九十八條、第九十九條第二項、第百條及第百四十二條ノ規定ヲ準用ス

第三十七條　本法又ハ本法ニ基キテ發スル勅令ニ依リ設置スル議會ノ議員ノ選擧ニ付テハ衆議院議員選擧法ニ關スル罰則ヲ準用ス

第三十八條　特別ノ事情アル町村ニ於テハ府縣知事ハ其ノ町村ヲシテ町村會ヲ設ケス選擧權ヲ有スル町村公民ノ總會ヲ以テ之ニ充テシムルコトヲ得

2町村總會ニ關シテハ町村會ニ關スル規定ヲ準用ス

第三十六條　第十八條及第三十三條ノ場合ニ於テ府縣參事會ノ決定及裁決ハ府縣知事、郡長ノ處分ハ郡長、町村會ノ決定ハ町村長直ニ之ヲ告示スヘシ

第三十八條　特別ノ事情アル町村ニ於テハ郡長ハ府縣知事ノ許可ヲ得テ其ノ町村ヲシテ町村會ヲ設ケス選擧權ヲ有スル町村公民ノ總會ヲ以テ之ニ充テシムルコトヲ得

第二款　職務權限

第三十九條　町村會ハ町村ニ關スル事件及法律勅令ニ依リ其ノ權限ニ屬スル事件ヲ議決ス

第四十條　町村會ノ議決スヘキ事件ノ槪目左ノ如シ

一　町村條例及町村規則ヲ設ケ又ハ改廢スル事

二　町村費ヲ以テ支辨スヘキ事業ニ關スル事但シ第七十七條ノ事務及法律勅令ニ規定アルモノハ此ノ限ニ在ラス

三　歲入出豫算ヲ定ムル事

四　決算報告ヲ認定スル事

五　法令ニ定ムルモノヲ除クノ外使用料、手數料、加入金、町村稅又ハ夫役現品ノ賦課徵收ニ關スル事

六　不動產ノ管理處分及取得ニ關スル事

七　基本財產及積立金穀等ノ設置管理及處分ニ關スル事

八　歲入出豫算ヲ以テ定ムルモノヲ除クノ外新ニ義務ノ負擔ヲ爲シ及權利ノ拋棄ヲ爲ス事

九　財產及營造物ノ管理方法ヲ定ムル事但シ法律勅令ニ規定アルモノハ此ノ限ニ在ラス

十　町村吏員ノ身元保證ニ關スル事

十一　町村ニ係ル訴願訴訟及和解ニ關スル事

第四十一條　町村會ハ法律勅令ニ依リ其ノ權限ニ屬スル選擧ヲ行フヘシ

第四十二條　町村會ハ町村ノ事務ニ關スル書類及計算書ヲ檢閲シ町村長ノ報告ヲ請求シテ事務ノ管理、議決ノ執行及出納ヲ檢査スルコトヲ得

2　町村會ハ議員中ヨリ委員ヲ選擧シ町村長又ハ其ノ指名シタル吏員立會ノ上實地ニ就キ前項町村會ノ權限ニ屬スル事件ヲ行ハシムルコトヲ得

第四十三條　町村會ハ町村ノ公益ニ關スル事件ニ付意見書ヲ關係行政廳ニ提出スルコトヲ得（昭和四年四月法律第五十七號改正）

第四十四條　町村會ハ行政廳ノ諮問アルトキハ意見ヲ答申スヘシ

2　町村會ノ意見ヲ徴シテ處分ヲ爲スヘキ場合ニ於テ町村會成立セス、招集ニ應セス若ハ意見ヲ提出セス又ハ町村會ヲ招集スルコト能ハサルトキハ當該行政廳ハ其ノ意見ヲ俟タスシテ直ニ處分ヲ爲スコトヲ得

第四十五條　町村會ハ町村長ヲ以テ議長トス町村長故障アルトキハ其ノ代理者議長ノ職務ヲ代理ス町村長及其ノ代理者共ニ故障アルトキハ臨時ニ議員中ヨリ假議長ヲ選擧スヘシ

2　前項假議長ノ選擧ニ付テハ年長ノ議員議長ノ職務ヲ代理ス年齡同シキトキハ

第四十五條　町村會ハ町村長ヲ以テ議長トス町村長故障アルトキハ其ノ代理者議長ノ職務ヲ代理ス町村長及其ノ代理者共ニ故障アルトキハ年長ノ議員議長ノ職務ヲ代理ス年齡同シキトキハ抽籤ヲ以テ之ヲ定ム

抽籤ヲ以テ之ヲ定ム

3 特別ノ事情アル町村ニ於テハ第一項ノ規定ニ拘ラス町村條例ヲ以テ町村會ノ選擧ニ依ル議長及其ノ代理者一人ヲ置クコトヲ得此ノ場合ニ於テハ市制第四十八條及第四十九條ノ規定ヲ準用ス

第四十六條 町村長及其ノ委任又ハ囑託ヲ受ケタル者ハ會議ニ列席シテ議事ニ參與スルコトヲ得但シ議決ニ加ハルコトヲ得ス

2 前項ノ列席者發言ヲ求ムルトキハ議長ハ直ニ之ヲ許スヘシ但シ之カ爲議員ノ演説ヲ中止セシムルコトヲ得ス

第四十七條 町村會ハ町村長之ヲ招集ス議員定數ノ三分ノ一以上ヨリ會議ニ付スベキ事件ヲ示シテ町村會招集ノ請求アルトキハ町村長ハ之ヲ招集スヘシ

（昭和四年四月法律第五十七號改正）

2 町村長ハ會期ヲ定メテ町村會ヲ招集スルコトヲ得此ノ場合ニ於テ必要アリト認ムルトキハ町村長ハ更ニ期限ヲ定メ町村會ノ會期ヲ延長スルコトヲ得（同上）

第四十七條 町村會ハ町村長之ヲ招集ス議員定數三分ノ一以上ノ請求アルトキハ町村長ハ之ヲ招集スヘシ

2 町村長ハ必要アル場合ニ於テハ會期ヲ定メテ町村會ヲ招集スルコトヲ得

3 招集及會議ノ事件ハ開會ノ日前三日目迄ニ之ヲ告知スヘシ但シ急施ヲ要スル場合ハ此ノ限ニ在ラス（大正十五年法律第七十五號改正）

4 町村會開會中急施ヲ要スル事件アルトキハ町村長ハ直ニ之ヲ其ノ會議ニ付スルコトヲ得會議ニ付スル日前三日目迄ニ告知ヲ爲シタル事件ニ付亦同シ（同上）

5 町村會ハ町村長之ヲ開閉ス

第四十八條　町村會ハ議員定數ノ半數以上出席スルニ非サレハ會議ヲ開クコトヲ得ス但シ第五十條ノ除斥ノ爲半數ニ滿タサルトキ、同一ノ事件ニ付招集再回ニ至ルモ仍半數ニ滿タサルトキ又ハ招集ニ應スルモ出席議員定數ヲ闕キ議長ニ於テ出席ヲ催告シ仍半數ニ滿タサルトキハ此ノ限ニ在ラス

第四十九條　町村會ノ議事ハ過半數ヲ以テ決ス可否同數ナルトキハ議長ノ決スル所ニ依ル

2 議長ハ其ノ職務ヲ行フ場合ニ於テモ之カ爲議員トシテ議決ニ加ハルノ權ヲ失ハス

第五十條　議長及議員ハ自己又ハ父母、祖父母、妻、子孫、兄弟姉妹ノ一身上ニ關スル事件ニ付テハ其ノ議事ニ參與スルコトヲ得ス但シ町村會ノ同意ヲ得タルトキハ會議ニ出席シ發言スルコトヲ得

第五十一條　法律勅令ニ依リ町村會ニ於テ行フ選擧ニ付テハ第二十二條、第二十五條及第二十七條ノ規定ヲ準用ス其

第五十一條　法律勅令ニ依リ町村會ニ於テ選擧ヲ行フトキハ一人毎ニ無記名投票ヲ爲シ有效投票ノ過半數ヲ得タル者

ノ投票ノ效力ニ關シ異議アルトキハ町村會之ヲ決定ス（昭和四年四月法律第五十七號改正）

2 町村會ハ議員中異議ナキトキハ前項ノ選擧ニ付指名推選ノ法ヲ用フルコトヲ得（同上）

3 指名推選ノ法ヲ用フル場合ニ於テハ被指名者ヲ以テ當選者ト定ムベキヤ否ヲ會議ニ付シ議員全員ノ同意ヲ得タル者ヲ以テ當選者トス過半數ヲ得タル者ナキトキハ最多數ヲ得タル者二人ヲ取リ之ニ就キ決選投票ヲ爲サシム其ノ二人ヲ取ルニ當リ同數者アルトキハ年長者ヲ取リ年齡同シキトキハ議長抽籤シテ之ヲ定ム此ノ決選投票ニ於テハ多數ヲ得タル者ヲ以テ當選者トス同數ナルトキハ年長者ヲ取リ年齡同シキトキハ議長抽籤シテ之ヲ定ム

2 前項ノ場合ニ於テハ第二十二條及第二十五條ノ規定ヲ準用シ投票ノ效力ニ關シ異議アルトキハ町村會之ヲ決定ス

3 第一項ノ選擧ニ付テハ町村會ハ其ノ議決ヲ以テ指名推選又ハ連名投票ノ法ヲ用ウルコトヲ得其ノ連名投票ノ法ヲ用ウル場合ニ於テハ前二項ノ例ニ依ル

4 連名投票ノ法ヲ用ウル場合ニ於テ其ノ投票ニシテ第二十五條第一號、第六號及第七號ニ該當スルモノ竝其ノ記載ノ

ヲ以テ當選者トス(同上)

4 一ノ選擧ヲ以テ二人以上ヲ選擧スル場合ニ於テハ被指名者ヲ區分シテ前項ノ規定ヲ適用スルコトヲ得ズ(同上)

人員選擧スヘキ定數ニ過キタルモノハ之ヲ無效トシ同條第二號、第四號及第五號ニ該當スルモノハ其ノ部分ノミヲ無效トス

5 連名投票ノ法ヲ用ウル場合ニ於テ過半數ノ投票ヲ得タル者選擧スヘキ定數ヲ超ユルトキハ最多數ヲ得タル者ヨリ順次選擧スヘキ定數ニ至ル迄ノ者ヲ以テ當選者トシ同數者アルトキハ年長者ヲ取リ年齢同シキトキハ議長抽籤シテ之ヲ定ム(大正十五年法律第七十五號追加)

第五十二條 町村會ノ會議ハ公開ス但シ左ノ場合ハ此ノ限ニ在ラス

一 議長ノ意見ヲ以テ傍聽ヲ禁止シタルトキ

二 議員二人以上ノ發議ニ依リ傍聽禁止ヲ可決シタルトキ

2 前項議員ノ發議ハ討論ヲ須ヰス其ノ可否ヲ決スヘシ

3 第四十五條第三項ノ町村ニ於ケル町村會ノ會議ニ付テハ前二項ノ規定ニ拘ラス市制第五十六條ノ規定ヲ準用ス

第五十三條 議長ハ會議ヲ總理シ會議ノ順序ヲ定メ其ノ日ノ會議ヲ開閉シ議場ノ秩序

ヲ保持ス
2 議員定數ノ半數以上ヨリ請求アルトキハ議長ハ其ノ日ノ會議ヲ開クコトヲ要ス此ノ場合ニ於テ議長仍會議ヲ開カサルトキハ第四十五條ノ例ニ依ル（大正十年法律第五十九號追加）
3 前項議員ノ請求ニ依リ會議ヲ開キタルトキ又ハ議員中異議アルトキハ議長ハ會議ノ議決ニ依ルニ非サレハ其ノ日ノ會議ヲ閉チ又ハ中止スルコトヲ得ス（同上）
第五十三條ノ二　町村會議員ハ町村會ノ議決スベキ事件ニ付町村會ニ議案ヲ發スルコトヲ得但シ歳入出豫算ニ付テハ此ノ限ニ在ラズ（昭和四年法律第五十七號追加）
2 前項ノ規定ニ依ル發案ハ議員三人以上ヨリ文書ヲ以テ之ヲ爲スコトヲ要ス（同上）
第五十四條　議員ハ選擧人ノ指示又ハ委囑ヲ受クヘカラス
2 議員ハ會議中無禮ノ語ヲ用ヰ又ハ他人ノ身上ニ渉リ言論スルコトヲ得ス
第五十五條　會議中本法又ハ會議規則ニ違ヒ其ノ他議場ノ秩序ヲ紊ス議員アルトキハ議長ハ之ヲ制止シ又ハ發言ヲ取消サシメ命ニ從ハサルトキハ當日ノ會議ヲ終ル迄發言ヲ禁止シ又ハ議場外ニ退去セシメ必要アル場合ニ於テハ警察官吏ノ處分ヲ求ムルコトヲ得
2 議場騒擾ニシテ整理シ難キトキハ議長ハ當日ノ會議ヲ中止シ又ハ之ヲ閉ツルコトヲ得

第五十六條　傍聽人公然可否ヲ表シ又ハ喧騷ニ渉リ其ノ他會議ノ妨害ヲ爲ストキハ議長ハ之ヲ制止シ命ニ從ハサルトキハ之ヲ退場セシメ必要アル場合ニ於テハ警察官吏ノ處分ヲ求ムルコトヲ得

2傍聽席騷擾ナルトキハ議長ハ總テノ傍聽人ヲ退場セシメ必要アル場合ニ於テハ警察官吏ノ處分ヲ求ムルコトヲ得

第五十七條　町村會ニ書記ヲ置キ議長ニ隸屬シテ庶務ヲ處理セシム

2書記ハ議長之ヲ任免ス

第五十八條　議長ハ書記ヲシテ會議錄ヲ調製シ會議ノ顚末及出席議員ノ氏名ヲ記載セシムヘシ

2會議錄ハ議長及議員二人以上之ニ署名スルコトヲ要ス其ノ議員ハ町村會ニ於テ之ヲ定ムヘシ

3第四十五條第三項ノ町村ニ於ケル町村會ノ會議ニ付テハ市制第六十二條第三項ノ規定ヲ準用ス

第五十九條　町村會ハ會議規則及傍聽人取締規則ヲ設クヘシ

2會議規則ニハ本法及會議規則ニ違反シタル議員ニ對シ町村會ノ議決ニ依リ五日以內出席ヲ停止スル規定ヲ設クルコトヲ得

2會議規則ニハ本法及會議規則ニ違反シタル議員ニ對シ町村會ノ議決ニ依リ三日以內出席ヲ停止シ又ハ二圓以下ノ過怠金ヲ科スル規定ヲ設クルコトヲ得

第三章　町村吏員

第一款　組織選擧及任免

第六十條　町村ニ町村長及助役一人ヲ置ク但シ町村條例ヲ以テ助役ノ定數ヲ增加スルコトヲ得

第六十一條　町村長及助役ハ名譽職トス

2 町村ハ町村條例ヲ以テ町村長又ハ助役ヲ有給ト爲スコトヲ得

第六十二條　町村長及助役ノ任期ハ四年トス

第六十三條　町村長ハ町村會ニ於テ之ヲ選擧ス

2 町村長ノ在職中ニ於テ行フ後任町村長ノ選擧ハ現任町村長ノ任期滿了ノ日前二十日以內又ハ現任町村長ノ退職ノ申立アリタル場合ニ於テ其ノ退職スベキ日前二十日以內ニ非ザレバ之ヲ行フコトヲ得ズ（昭和四年法律第五十七號改正）

3 第一項ノ選擧ニ於テ當選者定マリタルトキハ直ニ當選者ニ當選ノ旨ヲ告知スベシ（同上追加）

4 町村長ニ當選シタル者當選ノ告知ヲ受ケタルトキハ其ノ告知ヲ受ケタル日ヨ

リ二十日以内ニ其ノ當選ニ應ズルヤ否ヲ申立ツベシ其ノ期間内ニ當選ニ應ズル旨ノ申立ヲ爲サザルトキハ當選ヲ辭シタルモノト看做ス（同上）

5第二十九條第三項ノ規定ハ町村長ニ當選シタル者ニ之ヲ準用ス（同上）

6助役ハ町村長ノ推薦ニ依リ町村會之ヲ定ム町村長職ニ在ラザルトキハ第一項ノ例ニ依ル（同上改正）

7第二項乃至第五項ノ規定ハ助役ニ之ヲ準用ス（同上追加）

8名譽職町村長及名譽職助役ハ其ノ町村公民中選擧權ヲ有スル者ニ限ル（同上項順位繰下ゲ）

9有給町村長及有給助役ハ第七條第一項ノ規定ニ拘ラス在職ノ間其ノ町村ノ公民トス

2助役ハ町村長ノ推薦ニ依リ町村會之ヲ定ム町村長職ニ在ラサルトキハ前項ノ例ニ依ル

第六十四條　町村長ヲ選擧シ又ハ助役ヲ定メ若ハ選擧シタルトキハ府縣知事ノ認可ヲ受クヘシ

2前項ノ場合ニ於テ府縣知事ノ不認可ニ對シ町村長又ハ町村會ニ於テ不服アルトキハ内務大臣ニ具狀シテ認可ヲ請フ

第六十四條　有給町村長及有給助役ハ其ノ退職セムトスル日前三十日目迄ニ申立ツルニ非サレハ任期中退職スルコトヲ得ス但シ町村會ノ承認ヲ得タルトキハ此ノ限ニ在ラス

第六十五條　町村長及助役ハ第十五條第二項又ハ第四項ニ掲ケタル職ト兼ヌルコトヲ得ス又其ノ町村ニ對シ請負ヲ爲シ又ハ其ノ町村ニ於テ費用ヲ負擔スル事業ニ付町村長若ハ其ノ委任ヲ受ケタル者ニ對シ請負ヲ爲ス者及其ノ支配人又ハ主トシテ同一ノ行爲ヲ爲ス法人ノ無限責任社員、取締役監査役若ハ之ニ準スヘキ者、清算人及支配人タルコトヲ得ス

コトヲ得

3 有給町村長及有給助役ハ三月前ニ申立ツルトキハ任意退職スルコトヲ得

第六十五條　町村長及助役ハ第十五條第二項ニ掲ケタル職ト兼ヌルコトヲ得ス又其ノ町村ニ對シ請負ヲ爲シ及同一ノ行爲ヲ爲ス者ノ支配人又ハ主トシテ同一ノ行爲ヲ爲ス法人ノ無限責任社員、取締役監査役若ハ之ニ準スヘキ者、清算人若ハ支配人タルコトヲ得ス（大正十年四月法律第五十九號改正）

2 町村長ト父子兄弟タル緣故アル者ハ助役ノ職ニ在ルコトヲ得ス

3 父子兄弟タル緣故アル者ハ同時ニ助役

第六十六條　有給町村長ハ府縣知事ノ許可ヲ受クルニ非サレハ他ノ報償アル業務ニ從事スルコトヲ得ス

2有給町村長及有給助役ハ會社ノ取締役監査役若ハ之ニ準スヘキ者、淸算人又ハ支配人其ノ他ノ事務員タルコトヲ得ス

第六十七條　町村ニ收入役一人ヲ置ク但シ特別ノ事情アル町村ニ於テハ町村條例ヲ以テ副收入役一人ヲ置クコトヲ得

2收入役及副收入役ハ有給吏員トシ其ノ任期ハ四年トス

3第六十三條第二項乃至第六項及第九項、第六十五條竝前條第二項ノ規定ハ收入役及副收入役ニ之ヲ準用ス（昭和四

ノ職ニ在ルコトヲ得ス第十五條第六項ノ規定ハ此ノ場合ニ之ヲ準用ス（大正十年四月法律第五十九號改正）

第六十六條　有給町村長及有給助役ハ郡長ノ許可ヲ受クルニ非サレハ他ノ報償アル業務ニ從事スルコトヲ得ス

3收入役及副收入役ハ町村長ノ推薦ニ依リ町村會之ヲ定メ郡長ノ認可ヲ受クヘシ

4前項ノ場合ニ於テ郡長ノ不認可ニ對シ町村長又ハ町村會ニ於テ不服アルトキハ府縣知事ニ具狀シテ認可ヲ請フコトヲ得

5第六十三條第二項及第四項、第六十五條竝前條第二項ノ規定ハ收入役及副收入役ニ之ヲ準用ス（大正十五年六月法律

年四月法律第五十七號改正）

4 町村長又ハ助役ト父子兄弟タル緣故アル者ハ收入役又ハ副收入役ノ職ニ在ルコトヲ得ス收入役ト父子兄弟タル緣故アル者ハ副收入役ノ職ニ在ルコトヲ得ス

5 特別ノ事情アル町村ニ於テハ府縣知事ノ許可ヲ得テ町村長又ハ助役ヲシテ收入役ノ事務ヲ兼掌セシムルコトヲ得

第七十五號改正）

6 町村長又ハ助役ト父子兄弟タル緣故アル者ハ收入役又ハ副收入役ノ職ニ在ルコトヲ得ス收入役ト父子兄弟タル緣故アル者ハ副收入役ノ職ニ在ルコトヲ得ス

7 特別ノ事情アル町村ニ於テハ郡長ノ許可ヲ得テ町村長又ハ助役ヲシテ收入役ノ事務ヲ兼掌セシムルコトヲ得

第六十八條　町村ハ處務便宜ノ爲區ヲ劃シ區長及其ノ代理者一人ヲ置クコトヲ得

2 區長及其ノ代理者ハ名譽職トス町村公民中選擧權ヲ有スル者ヨリ町村長ノ推薦ニ依リ町村會之ヲ定ム此ノ場合ニ於テハ第六十三條第二項乃至第五項ノ規定ヲ準用ス（昭和四年法律第五十七號改正）

---

2 區長及其ノ代理者ハ名譽職トス町村公民中選擧權ヲ有スル者ヨリ町村長ノ推薦ニ依リ町村會之ヲ定ム（大正十五年六月法律第七十五號改正）

第六十九條　町村ハ臨時又ハ常設ノ委員ヲ置クコトヲ得

2 委員ハ名譽職トス町村會議員又ハ町村公民中選擧權ヲ有スル者ヨリ町村長ノ推薦ニ依リ町村會之ヲ定ム但シ委員長ハ町村長又ハ其ノ委任ヲ受ケタル助役

---

2 委員ハ名譽職トス町村會ニ於テ町村會議員又ハ町村公民中選擧權ヲ有スル者ヨリ之ヲ選擧ス但シ委員長ハ町村長又ハ其ノ委任ヲ受ケタル助役ヲ以テ之ニ

ヲ以テ之ニ充ツ

3 第六十三條第二項乃至第五項ノ規定ハ委員ニ之ヲ準用ス（昭和四年四月法律第五十七號追加）

4 委員ノ組織ニ關シテハ町村條例ヲ以テ別段ノ規定ヲ設クルコトヲ得（同上項順位繰下ゲ）

第七十條　町村公民ニ限リテ擔任スヘキ職務ニ在ル吏員又ハ職ニ就キタルカ爲町村公民タル者選擧權ヲ有セサルニ至リタルトキハ其ノ職ヲ失フ

充ツ

3 常設委員ノ組織ニ關シテハ町村條例ヲ以テ別段ノ規定ヲ設クルコトヲ得

第七十條　名譽職町村長及名譽職助役其ノ他町村公民ニ限リテ擔任スヘキ職務ニ在ル吏員ニシテ町村公民權ヲ喪失シ若ハ停止セラレタルトキ又ハ第九條第三項ノ場合ニ當ルトキハ其ノ職ヲ失フ職ニ就キタルカ爲町村公民タル者ニシテ禁治産若ハ準禁治産ノ宣告ヲ受ケタルトキ又ハ第九條第二項若ハ第三項ノ場合ニ當ルトキ亦同シ

2 前項ノ職務ニ在ル者ニシテ禁錮以上ノ刑ニ當ルヘキ罪ノ爲豫審又ハ公判ニ付セラレタルトキハ監督官廳ハ其ノ職務ノ執行ヲ停止スルコトヲ得此ノ場合ニ於テハ其ノ停止期間報酬又ハ給料ヲ支給スルコトヲ得ス

第七十一條　前數條ニ定ムル者ノ外町村ニ必要ノ有給吏員ヲ置キ町村長之ヲ任免ス

2前項吏員ノ定數ハ町村會ノ議決ヲ經テ之ヲ定ム

第二款　職務權限

第七十二條　町村長ハ町村ヲ統轄シ町村ヲ代表ス

2町村長ノ擔任スル事務ノ概目左ノ如シ

一　町村會ノ議決ヲ經ヘキ事件ニ付其ノ議案ヲ發シ及其ノ議決ヲ執行スル事

二　財産及營造物ヲ管理スル事但シ特ニ之カ管理者ヲ置キタルトキハ其ノ事務ヲ監督スル事

三　收入支出ヲ命令シ及會計ヲ監督スル事

四　證書及公文書類ヲ保管スル事

五　法令又ハ町村會ノ議決ニ依リ使用料、手數料、加入金、町村税又ハ夫役現品ヲ賦課徴收スル事

六　其ノ他法令ニ依リ町村長ノ職權ニ屬スル事項

第七十三條　町村長ハ町村吏員ヲ指揮監督シ之ニ對シ懲戒ヲ行フコトヲ得其ノ懲戒處分ハ譴責及五圓以下ノ過怠金トス

第七十四條　町村會ノ議決又ハ選擧其ノ權限ヲ越エ又ハ法令若ハ會議規則ニ背クト認ムルトキハ町村長ハ其ノ意見ニ依リ又ハ監督官廳ノ指揮ニ依リ理由ヲ示シテ之ヲ再議ニ付シ又ハ再選擧ヲ行

第七十四條　町村會ノ議決又ハ選擧其ノ權限ヲ越エ又ハ法令若ハ會議規則ニ背クト認ムルトキハ町村長ハ其ノ意見ニ依リ又ハ監督官廳ノ指揮ニ依リ理由ヲ示シテ之ヲ再議ニ付シ又ハ再選擧ヲ行

ハシムベシ但シ特別ノ事由アリト認ムルトキハ町村長ハ議決ニ付テハ之ヲ再議ニ付セズシテ直ニ府縣參事會ノ裁決ヲ請フコトヲ得（昭和四年四月法律第五十七號改正）

2 前項ノ規定ニ依リ爲シタル町村會ノ議決仍其ノ權限ヲ越エ又ハ法令若ハ會議規則ニ背クト認ムルトキハ町村長ハ府縣參事會ノ裁決ヲ請フベシ（同上）

3 監督官廳ハ前二項ノ議決又ハ選擧ヲ取消スコトヲ得（同上）

4 第一項若ハ第二項ノ裁決又ハ前項ノ處分ニ不服アル町村長又ハ町村會ハ行政裁判所ニ出訴スルコトヲ得（同上）

5 第一項又ハ第二項ノ裁決ニ付テハ府縣知事ヨリモ訴訟ヲ提起スルコトヲ得

ハシムヘシ其ノ執行ヲ要スルモノニ在リテハ之ヲ停止スヘシ

2 前項ノ場合ニ於テ町村會其ノ議決ヲ改メサルトキハ町村長ハ府縣參事會ノ裁決ヲ請フヘシ但シ特別ノ事由アルトキハ再議ニ付セスシテ直ニ裁決ヲ請フコトヲ得

3 監督官廳ハ第一項ノ議決又ハ選擧ヲ取消スコトヲ得但シ裁決ノ申請アリタルトキハ此ノ限ニ在ラス

4 第二項ノ裁決又ハ前項ノ處分ニ不服アル町村長又ハ町村會ハ行政裁判所ニ出訴スルコトヲ得（大正十五年法律第七十五號改正）

8 第二項ノ裁決ニ付テハ府縣知事ヨリモ訴訟ヲ提起スルコトヲ得（同上）

（同上）

第七十四條ノ二　町村會ノ議決明ニ公益ヲ害スト認ムルトキハ町村長ハ其ノ意見ニ依リ又ハ監督官廳ノ指揮ニ依リ理由ヲ示シテ之ヲ再議ニ付スベシ但シ特別ノ事由アリト認ムルトキハ町村長ハ之ヲ再議ニ付セズシテ直ニ府縣知事ノ指揮ヲ請フコトヲ得（同上追加）

2 前項ノ規定ニ依リ爲シタル町村會ノ議決仍明ニ公益ヲ害スト認ムルトキハ町村長ハ府縣知事ノ指揮ヲ請フベシ（同上）

3 町村會ノ議決收支ニ關シ執行スルコト能ハザルモノアリト認ムルトキハ前二項ノ例ニ依ル左ニ掲グル費用ヲ削除シ又ハ減額シタル場合ニ於テ其ノ費用及之ニ伴フ收入ニ付亦同ジ（同上）

一　法令ニ依リ負擔スル費用、當該官廳ノ職權ニ依リ命ズル費用其ノ他ノ町村ノ義務ニ屬スル費用

5 町村會ノ議決公益ヲ害シ又ハ町村ノ收支ニ關シ不適當ナリト認ムルトキハ町村長ハ其ノ意見ニ依リ又ハ監督官廳ノ指揮ニ依リ理由ヲ示シテ之ヲ再議ニ付スヘシ其ノ執行ヲ要スルモノニ在リテハ之ヲ停止スヘシ

6 前項ノ場合ニ於テ町村會其ノ議決ヲ改メサルトキハ町村長ハ府縣知事ノ處分ヲ請フヘシ（大正十五年法律第七十五號改正）

二　非常ノ災害ニ因ル應急又ハ復舊ノ施設ノ爲ニ要スル費用、傳染病豫防ノ爲ニ要スル費用其ノ他ノ緊急避クベカラザル費用

4前三項ノ規定ニ依ル府縣知事ノ處分ニ不服アル町村長又ハ町村會ハ内務大臣ニ訴願スルコトヲ得(同上)

第七十五條　町村會成立セサルトキ又ハ第四十八條但書ノ場合ニ於テ仍會議ヲ開クコト能ハサルトキハ町村長ハ府縣知事ニ具狀シテ指揮ヲ請ヒ町村會ノ議決スヘキ事件ヲ處置スルコトヲ得

7前項ノ處分ニ不服アル町村長又ハ町村會ハ内務大臣ニ訴願スルコトヲ得（同上）

第七十五條　町村會成立セサルトキ又ハ第四十八條但書ノ場合ニ於テ仍會議ヲ開クコト能ハサルトキハ町村長ハ郡長ニ具狀シテ指揮ヲ請ヒ町村會ノ議決スヘキ事件ヲ處置スルコトヲ得

2町村會ニ於テ其ノ議決スヘキ事件ヲ議決セサルトキハ前項ノ例ニ依ル

3町村會ノ決定スヘキ事件ニ關シテハ前二項ノ例ニ依ル此ノ場合ニ於ケル町村長ノ處置ニ關シテハ各本條ノ規定ニ準シ訴願又ハ訴訟ヲ提起スルコトヲ得

4前三項ノ規定ニ依ル處置ニ付テハ次回ノ會議ニ於テ之ヲ町村會ニ報告スヘシ

第七十六條　町村會ニ於テ議決又ハ決定スヘキ事件ニ關シ臨時急施ヲ要スル場合ニ於テ町村會成立セサルトキ又ハ町村長ニ於テ之ヲ招集スルノ暇ナシト認ムルトキハ町村長ハ之ヲ專決シ次回ノ會議ニ於テ之ヲ町村會ニ報告スヘシ

2前項ノ規定ニ依リ町村長ノ爲シタル處分ニ關シテハ各本條ノ規定ニ準シ訴願又ハ訴訟ヲ提起スルコトヲ得

第七十六條ノ二　町村會ノ權限ニ屬スル事項ノ一部ハ其ノ議決ニ依リ町村長ニ於テ專決處分スルコトヲ得（昭和四年四月法律第五十七號追加）

第七十七條　町村長其ノ他町村吏員ハ從來法令又ハ將來法律勅令ノ定ムル所ニ依リ國府縣其ノ他公共團體ノ事務ヲ掌ル（昭和四年四月法律第五十七號改正）

2前項ノ事務ヲ執行スル爲要スル費用ハ町村ノ負擔トス但シ法令中別段ノ規定アルモノハ此ノ限ニ在ラス

第七十八條　町村長ハ其ノ事務ノ一部ヲ助役又ハ區長ニ分掌セシムルコトヲ得但シ町村ノ事務ニ付テハ豫メ町村會ノ同意ヲ得ルコトヲ要ス

第七十八條　町村長ハ郡長ノ許可ヲ得テ其ノ事務ノ一部ヲ助役又ハ區長ニ分掌セシムルコトヲ得但シ町村ノ事務ニ付テハ豫メ町村會ノ同意ヲ得ルコトヲ要ス

2町村長ハ町村吏員ヲシテ其ノ事務ノ一部ヲ臨時代理セシムルコトヲ得

第七十九條　助役ハ町村長ノ事務ヲ補助ス

2助役ハ町村長故障アルトキ之ヲ代理ス助役數人アルトキハ豫メ町村長ノ定メタル順序ニ依リ之ヲ代理ス

第八十條　收入役ハ町村ノ出納其ノ他ノ會計事務及第七十七條ノ事務ニ關スル國府縣

其ノ他公共團體ノ出納其ノ他ノ會計事務ヲ掌ル但シ法令中別段ノ規定アルモノハ此ノ限ニ在ラス

2町村會ハ町村長ノ推薦ニ依リ收入役故障アルトキ之ヲ代理スヘキ吏員ヲ定ムヘシ但シ副收入役ヲ置キタル町村ハ此ノ限ニ在ラス

3副收入役ハ收入役ノ事務ヲ補助シ收入役故障アルトキ之ヲ代理ス

4町村長ハ收入役ノ事務ノ一部ヲ副收入役ニ分掌セシムルコトヲ得但シ町村ノ出納其ノ他ノ會計事務ニ付テハ豫メ町村會ノ同意ヲ得ルコトヲ要ス

2町村ハ收入役故障アルトキ之ヲ代理スヘキ吏員ヲ定メ郡長ノ認可ヲ受クヘシ但シ副收入役ヲ置キタル町村ハ此ノ限ニ在ラス

4町村長ハ郡長ノ許可ヲ得テ收入役ノ事務ノ一部ヲ副收入役ニ分掌セシムルコトヲ得但シ町村ノ出納其ノ他ノ會計事務ニ付デハ豫メ町村會ノ同意ヲ得ルコトヲ要ス

第八十一條　區長ハ町村長ノ命ヲ承ケ町村長ノ事務ニシテ區內ニ關スルモノヲ補助ス

2區長代理者ハ區長ノ事務ヲ補助シ區長故障アルトキ之ヲ代理ス

第八十二條　委員ハ町村長ノ指揮監督ヲ承ケ財産又ハ營造物ヲ管理シ其ノ他委託ヲ受ケタル町村ノ事務ヲ調査シ又ハ之ヲ處辨ス

第八十三條　第七十一條ノ吏員ハ町村長ノ命ヲ承ケ事務ニ從事ス

第四章　給料及給與

第八十四條　名譽職町村長、名譽職助役、町村會議員其ノ他ノ名譽職員ハ職務ノ爲要

スル費用ノ辨償ヲ受クルコトヲ得

2名譽職町村長、名譽職助役、區長、區長代理者及委員ニハ費用辨償ノ外勤務ニ相當スル報酬ヲ給スルコトヲ得

3費用辨償額、報酬額及其ノ支給方法ハ町村條例ヲ以テ之ヲ規定スベシ（昭和四年四月法律第五十七號改正）

3費用辨償額、報酬額及其ノ支給方法ハ町村會ノ議決ヲ經テ之ヲ定ム

第八十五條 有給町村長、有給助役其ノ他ノ有給吏員ノ給料額、旅費額及其ノ支給方法ハ町村條例ヲ以テ之ヲ規定スベシ（昭和四年四月法律第五十七號改正）

第八十五條 有給町村長、有給助役其ノ他ノ有給吏員ノ給料額、旅費額及其ノ支給方法ハ町村會ノ議決ヲ經テ之ヲ定ム

第八十六條 有給吏員ニハ町村條例ノ定ムル所ニ依リ退隱料、退職給與金、死亡給與金又ハ遺族扶助料ヲ給スルコトヲ得

第八十七條 費用辨償、報酬、給料、旅費、退隱料、退職給與金、死亡給與金又ハ遺族扶助料ノ給與ニ付關係者ニ於テ異議アルトキハ之ヲ町村長ニ申立ツルコトヲ得

2前項ノ異議ノ申立アリタルトキハ町村長ハ七日以内ニ之ヲ町村會ノ決定ニ付スヘシ關係者其ノ決定ニ不服アルトキハ府縣參事會ニ訴願シ其ノ裁決又ハ第三項ノ裁決ニ不服アルトキハ行政裁判

2前項ノ異議ハ之ヲ町村會ノ決定ニ付スヘシ關係者其ノ決定ニ不服アルトキハ府縣參事會ニ訴願シ其ノ裁決又ハ第三項ノ裁決ニ不服アルトキハ行政裁判所ニ出訴スルコトヲ得

所ニ出訴スルコトヲ得

3前項ノ決定及裁決ニ付テハ町村長ヨリモ訴願又ハ訴訟ヲ提起スルコトヲ得

4前二項ノ裁決ニ付テハ府縣知事ヨリモ訴訟ヲ提起スルコトヲ得

第八十八條　費用辨償、報酬、給料、旅費、退隱料、退職給與金、死亡給與金、遺族扶助料其ノ他ノ給與ハ町村ノ負擔トス

第五章　町村ノ財務

第一款　財産營造物及町村税

第八十九條　收益ノ爲ニスル町村ノ財産ハ基本財産トシ之ヲ維持スヘシ

2町村ハ特定ノ目的ノ爲特別ノ基本財産ヲ設ケ又ハ金穀等ヲ積立ツルコトヲ得

第九十條　舊來ノ慣行ニ依リ町村住民中特ニ財産又ハ營造物ヲ使用スル權利ヲ有スル者アルトキハ其ノ舊慣ニ依ル舊慣ヲ變更又ハ廢止セムトスルトキハ町村會ノ議決ヲ經ヘシ

2前項ノ財産又ハ營造物ヲ新ニ使用セムトスル者アルトキハ町村ハ之ヲ許可スルコトヲ得

第九十一條　町村ハ前條ニ規定スル財産ノ使用方法ニ關シ町村規則ヲ設クルコトヲ得

第九十二條　町村ハ第九十條第一項ノ使用者ヨリ使用料ヲ徴收シ同條第二項ノ使用ニ關シテハ使用料若ハ一時ノ加入金ヲ徴收シ又ハ使用料及加入金ヲ共ニ徴收スルコトヲ得

第九十三條　町村ハ營造物ノ使用ニ付使用料ヲ徴收スルコトヲ得

2町村ハ特ニ一個人ノ爲ニスル事務ニ付手數料ヲ徴收スルコトヲ得

第九十四條　財産ノ賣却貸與、工事ノ請負及物件勞力其ノ他ノ供給ハ競爭入札ニ付スヘシ但シ臨時急施ヲ要スルトキ、入札ノ價額其ノ費用ニ比シテ得失相償ハサルトキ

又ハ町村會ノ同意ヲ得タルトキハ此ノ限ニ在ラス

第九十五條ノ町村ハ其ノ公益上必要アル場合ニ於テハ寄附又ハ補助ヲ爲スコトヲ得

第九十六條 町村ハ其ノ必要ナル費用及從來法令ニ依リ又ハ將來法律勅令ニ依リ町村ノ負擔ニ屬スル費用ヲ支辨スル義務ヲ負フ

2 町村ハ其ノ財產ヨリ生スル收入、使用料、手數料、過料、過怠金其ノ他法令ニ依リ町村ニ屬スル收入ヲ以テ前項ノ支出ニ充テ仍不足アルトキハ町村稅及夫役現品ヲ賦課徵收スルコトヲ得

第九十七條 町村稅トシテ賦課スルコトヲ得ヘキモノ左ノ如シ

一 直接國稅及府縣稅ノ附加稅（昭和四年四月法律第五十七號改正）

二 特別稅

2 直接國稅又ハ府縣稅ノ附加稅ハ均一ノ稅率ヲ以テ之ヲ徵收スヘシ但シ第百四十七條ノ規定ニ依リ許可ヲ受ケタル場合ハ此ノ限ニ在ラス（同上）

3 國稅ノ附加稅タル府縣稅ニ對シテハ附加稅ヲ賦課スルコトヲ得ス

4 特別稅ハ別ニ稅目ヲ起シテ課稅スルノ必要アルトキ賦課徵收スルモノトス

第九十八條 三月以上町村內ニ滯在スル者ハ其ノ滯在ノ初ニ遡リ町村稅ヲ納ムル義務ヲ負フ

第九十九條 町村內ニ住所ヲ有セス又ハ三月以上滯在スルコトナシト雖町村內ニ於テ土地家屋物件ヲ所有シ使用シ若ハ占有シ、町村內ニ營業所ヲ設ケテ營業ヲ爲シ又ハ町村內ニ於テ特定ノ行爲ヲ爲ス者ハ其ノ土地家屋物件營業若ハ其ノ收入ニ對シ又ハ

其ノ行爲ニ對シテ賦課スル町村稅ヲ納ムル義務ヲ負フ

第九十九條ノ二　合併後存續スル法人又ハ合併ニ因リ設立シタル法人ハ合併ニ因リ消滅シタル法人ニ對シ其ノ合併前ノ事實ニ付賦課セラルベキ町村稅ヲ納ムル義務ヲ負フ（昭和四年第五十七號追加）

2相續人又ハ相續財團ハ勅令ノ定ムル所ニ依リ被相續人ニ對シ其ノ相續開始前ノ事實ニ付賦課セラルベキ町村稅ヲ納ムル義務ヲ負フ（同上）

第百條　納稅者ノ町村外ニ於テ所有シ使用シ占有スル土地家屋物件若ハ其ノ收入又ハ町村外ニ於テ營業所ヲ設ケタル營業若ハ其ノ收入ニ對シテハ町村稅ヲ賦課スルコトヲ得ス

2町村ノ內外ニ於テ營業所ヲ設ケ營業ヲ爲ス者ニシテ其ノ營業又ハ收入ニ對スル本稅ヲ分別シテ納メサルモノニ對シ附加稅ヲ賦課スル場合及住所滯在町村ノ內外ニ涉ル者ノ收入ニシテ土地家屋物件又ハ營業所ヲ設ケタル營業ヨリ生スル收入ニ非サルモノニ對シ町村稅ヲ賦課スル場合ニ付テハ勅令ヲ以テ之ヲ定ム

第百一條　所得稅法第十八條ニ揭クル所得ニ對シテハ町村稅ヲ賦課スルコトヲ得ス
（大正十年四月法律第五十九號改正）

2神社寺院祠宇佛堂ノ用ニ供スル建物及其ノ境內地竝教會所說教所ノ用ニ供スル建物及其ノ構內地ニ對シテハ町村稅ヲ賦課スルコトヲ得ス但シ有料ニテ之ヲ使用セシムル者及住宅ヲ以テ教會所說教所ノ用ニ充ツル者ニ對シテハ此ノ限ニ在ラス
3國府縣市町村其ノ他公共團體ニ於テ公用ニ供スル家屋物件及營造物ニ對シテハ町村稅ヲ賦課スルコトヲ得ス但シ有料ニテ之ヲ使用セシムル者及使用收益者ニ對シテハ此ノ限ニ在ラス
4國ノ事業又ハ行爲及國有ノ土地家屋物件ニ對シテハ國ニ町村稅ヲ賦課スルコトヲ得ス
5前四項ノ外町村稅ヲ賦課スルコトヲ得サルモノハ別ニ法律勅令ノ定ムル所ニ依ル

第百一條ノ二 町村ハ公益上其ノ他ノ事由ニ因リ課稅ヲ不適當トスル場合ニ於テハ命令ノ定ムル所ニ依リ町村稅ヲ課セサルコトヲ得

第百二條 數人ヲ利スル營造物ノ設置維持其ノ他ノ必要ナル費用ハ其ノ關係者ニ負擔セシムルコトヲ得
2町村ノ一部ヲ利スル營造物ノ設置維持其ノ他ノ必要ナル費用ハ其ノ部內ニ於テ町村稅ヲ納ムル義務アル者ニ負擔セシムルコトヲ得
3前二項ノ場合ニ於テ營造物ヨリ生スル收入アルトキハ先ツ其ノ收入ヲ以テ其ノ費用ニ充ツヘシ前項ノ場合ニ於テ其ノ一部ノ收入アルトキ亦同シ

4 數人又ハ町村ノ一部ヲ利スル財產ニ付テハ前三項ノ例ニ依ル

第百三條　町村税及其ノ賦課徴收ニ關シテハ本法其ノ他ノ法律ニ規定アルモノノ外勅令ヲ以テ之ヲ定ムルコトヲ得

第百四條　數人又ハ町村ノ一部ニ對シ特ニ利益アル事件ニ關シテハ町村ハ不均一ノ賦課ヲ爲シ又ハ數人若ハ町村ノ一部ニ對シ賦課ヲ爲スコトヲ得

第百五條　夫役又ハ現品ハ直接町村税ヲ準率ト爲シ直接町村税ヲ賦課セサル町村ニ於テハ直接國税ヲ準率ト爲シ且之ヲ金額ニ算出シテ賦課スヘシ但シ第百四十七條ノ規定ニ依リ許可ヲ受ケタル場合ハ此ノ限ニ在ラス

2 學藝美術及手工ニ關スル勞務ニ付テハ夫役ヲ賦課スルコトヲ得ス

3 夫役ヲ賦課セラレタル者ハ本人自ラ之ニ當リ又ハ適當ノ代人ヲ出スコトヲ得

4 夫役又ハ現品ハ金錢ヲ以テ之ニ代フルコトヲ得

5 第一項及前項ノ規定ハ急迫ノ場合ニ賦課スル夫役ニ付テハ之ヲ適用セス

第百六條　非常災害ノ爲必要アルトキハ町村ハ他人ノ土地ヲ一時使用シ又ハ其ノ土石竹木其ノ他ノ物品ヲ使用シ若ハ收用スルコトヲ得但シ其ノ損失ヲ補償スヘシ

2 前項ノ場合ニ於テ危險防止ノ爲必要アルトキハ町村長、警察官吏又ハ監督官廳ハ町村內ノ居住者ヲシテ防禦ニ從事セシムルコトヲ得

3 第一項但書ノ規定ニ依リ補償スヘキ金額ハ協議ニ依リ之ヲ定ム協議調ハサルトキハ鑑定人ノ意見ヲ徴シ府縣知事之ヲ決定ス決定ヲ受ケタル者其ノ決定ニ不服アルトキハ內務大臣ニ訴願スルコトヲ得

4前項ノ決定ハ文書ヲ以テ之ヲ爲シ其ノ理由ヲ附シ之ヲ本人ニ交付スヘシ

5第一項ノ規定ニ依リ土地ノ一時使用ノ處分ヲ受ケタル者其ノ處分ニ不服アルトキハ府縣知事ニ訴願シ其ノ裁決ニ不服アルトキハ内務大臣ニ訴願スルコトヲ得

5第一項ノ規定ニ依リ土地ノ一時使用ノ處分ヲ受ケタル者其ノ處分ニ不服アルトキハ郡長ニ訴願シ其ノ裁決ニ不服アルトキハ府縣知事ニ訴願シ其ノ裁決ニ不服アルトキハ内務大臣ニ訴願スルコトヲ得

第百七條 町村税ノ賦課ニ關シ必要アル場合ニ於テハ當該吏員ハ日出ヨリ日沒迄ノ間營業者ニ關シテハ仍其ノ營業時間内家宅若ハ營業所ニ臨檢シ又ハ帳簿物件ノ檢査ヲ爲スコトヲ得

2前項ノ場合ニ於テハ當該吏員ハ其ノ身分ヲ證明スヘキ證票ヲ携帶スヘシ

第百八條 町村長ハ納税者中特別ノ事情アル者ニ對シ納税延期ヲ許スコトヲ得其ノ年度ヲ越ユル場合ハ町村會ノ議決ヲ經ヘシ

2町村ハ特別ノ事情アル者ニ限リ町村税ヲ減免スルコトヲ得

第百九條 使用料手數料及特別税ニ關スル事項ニ付テハ町村條例ヲ以テ之ヲ規定スヘシ

2詐僞其ノ他ノ不正ノ行爲ニ依リ使用料

第百九條 使用料手數料及特別税ニ關スル事項ニ付テハ町村條例ヲ以テ之ヲ規定スヘシ其ノ條例中ニハ五圓以下ノ過料ヲ科スル規定ヲ設クルコトヲ得

ノ徴收ヲ免レ又ハ町村税ヲ逋脱シタル者ニ付テハ町村條例ヲ以テ其ノ徴收ヲ免レ又ハ逋脱シタル金額ノ三倍ニ相當スル金額（其ノ金額五圓未滿ナルトキハ五圓）以下ノ過料ヲ科スル規定ヲ設クルコトヲ得

3 前項ニ定ムルモノヲ除クノ外使用料、手數料及町村税ノ賦課徴收ニ關シテハ町村條例ヲ以テ五圓以下ノ過料ヲ科スル規定ヲ設クルコトヲ得財産又ハ營造物ノ使用ニ關シ亦同シ

4 過料ノ處分ヲ受ケタル者其ノ處分ニ不服アルトキハ府縣參事會ニ訴願シ其ノ裁決ニ不服アルトキハ行政裁判所ニ出訴スルコトヲ得

5 前項ノ裁決ニ付テハ府縣知事又ハ町村長ヨリモ訴訟ヲ提起スルコトヲ得

---

2 財産又ハ營造物ノ使用ニ關シテハ町村條例ヲ以テ五圓以下ノ過料ヲ科スル規定ヲ設クルコトヲ得

3 過料ノ處分ヲ受ケタル者其ノ處分ニ不服アルトキハ府縣參事會ニ訴願シ其ノ裁決ニ不服アルトキハ行政裁判所ニ出訴スルコトヲ得

4 前項ノ裁決ニ付テハ府縣知事又ハ町村長ヨリモ訴訟ヲ提起スルコトヲ得

第百十條　町村税ノ賦課ヲ受ケタル者其ノ賦課ニ付違法又ハ錯誤アリト認ムルトキハ徴税令書ノ交付ヲ受ケタル日ヨリ三月以内ニ町村長ニ異議ノ申立ヲ爲スコトヲ得

2財産又ハ營造物ヲ使用スル權利ニ關シ異議アル者ハ之ヲ町村長ニ申立ツルコトヲ得

3前二項ノ異議ノ申立アリタルトキハ町村長ハ七日以内ニ之ヲ町村會ノ決定ニ付スヘシ決定ヲ受ケタル者其ノ決定ニ不服アルトキハ府縣參事會ニ訴願シ其ノ裁決又ハ第五項ノ裁決ニ不服アルトキハ行政裁判所ニ出訴スルコトヲ得

3前二項ノ異議ハ之ヲ町村會ノ決定ニ付スヘシ決定ヲ受ケタル者其ノ決定ニ不服アルトキハ府縣參事會ニ訴願シ其ノ裁決又ハ第五項ノ裁決ニ不服アルトキハ行政裁判所ニ出訴スルコトヲ得

4第一項及前項ノ規定ハ使用料手數料及加入金ノ徴收並夫役現品ノ賦課ニ關シ之ヲ準用ス

5前二項ノ規定ニ依ル決定及裁決ニ付テハ町村長ヨリモ訴願又ハ訴訟ヲ提起スルコトヲ得

6前三項ノ規定ニ依ル裁決ニ付テハ府縣知事ヨリモ訴訟ヲ提起スルコトヲ得

第百十一條　町村稅、使用料、手數料、加入金、過料、過怠金其ノ他ノ町村ノ收入ヲ定期内ニ納メサル者アルトキハ町村長ハ期限ヲ指定シテ之ヲ督促スヘシ

2夫役現品ノ賦課ヲ受ケタル者定期内ニ其ノ履行ヲ爲サス又ハ夫役現品ニ代フル金錢ヲ納メサルトキハ町村長ハ期限ヲ指定シテ之ヲ督促スヘシ急迫ノ場合ニ賦課シタル夫役ニ付テハ更ニ之ヲ金額ニ算出シ期限ヲ指定シテ其ノ納付ヲ命スヘシ

3前二項ノ場合ニ於テハ町村條例ノ定ムル所ニ依リ手數料ヲ徴收スルコトヲ得

4滯納者第一項又ハ第二項ノ督促又ハ命令ヲ受ケ其ノ指定ノ期限内ニ之ヲ完納セサル

トキハ國稅滯納處分ノ例ニ依リ之ヲ處分スヘシ

5 第一項乃至第三項ノ徵收金ハ府縣ノ徵收金ニ次テ先取特權ヲ有シ其ノ追徵還付及時效ニ付テハ國稅ノ例ニ依ル

6 前三項ノ處分ニ不服アル者ハ府縣參事會ニ訴願シ其ノ裁決ニ不服アルトキハ行政裁判所ニ出訴スルコトヲ得

---

6 前三項ノ處分ヲ受ケタル者其ノ處分ニ不服アルトキハ府縣參事會ニ訴願シ其ノ裁決ニ不服アルトキハ行政裁判所ニ出訴スルコトヲ得

7 前項ノ裁決ニ付テハ府縣知事又ハ町村長ヨリモ訴訟ヲ提起スルコトヲ得

8 第四項ノ處分中差押物件ノ公賣ハ處分ノ確定ニ至ル迄執行ヲ停止ス

第百十二條　町村ハ其ノ負債ヲ償還スル爲、町村ノ永久ノ利益ト爲ルヘキ支出ヲ爲ス爲又ハ天災事變等ノ爲必要アル場合ニ限リ町村債ヲ起スコトヲ得

2 町村債ヲ起スニ付町村會ノ議決ヲ經ルトキハ併セテ起債ノ方法、利息ノ定率及償還ノ方法ニ付議決ヲ經ヘシ

3 町村ハ豫算內ノ支出ヲ爲ス爲一時ノ借入金ヲ爲スコトヲ得

4 前項ノ借入金ハ其ノ會計年度內ノ收入ヲ以テ償還スヘシ

第二款　歳入出豫算及決算

第百十三條　町村長ハ每會計年度歳入出豫算ヲ調製シ遲クトモ年度開始ノ一月前ニ町村會ノ議決ヲ經ヘシ

2 町村ノ會計年度ハ政府ノ會計年度ニ依ル

3 豫算ヲ町村會ニ提出スルトキハ町村長ハ併セテ事務報告書及財産表ヲ提出スヘシ

第百十四條 町村長ハ町村會ノ議決ヲ經テ既定豫算ノ追加又ハ更正ヲ爲スコトヲ得

第百十五條 町村費ヲ以テ支辦スル事件ニシテ數年ヲ期シテ其ノ費用ヲ支出スヘキモノハ町村會ノ議決ヲ經テ其ノ年期間各年度ノ支出額ヲ定メ繼續費ト爲スコトヲ得

第百十六條 町村ハ豫算外ノ支出又ハ豫算超過ノ支出ニ充ツル爲豫備費ヲ設クヘシ

2 特別會計ニハ豫備費ヲ設ケサルコトヲ得（大正十年法律第五十九號追加）

3 豫備費ハ町村會ノ否決シタル費途ニ充ツルコトヲ得ス

第百十七條 豫算ハ議決ヲ經タル後直ニ之ヲ府縣知事ニ報告シ且其ノ要領ヲ告示スヘシ

第百十七條 豫算ハ議決ヲ經タル後直ニ之ヲ郡長ニ報告シ且其ノ要領ヲ告示スヘシ

第百十八條 町村ハ特別會計ヲ設クルコトヲ得

第百十九條 町村會ニ於テ豫算ヲ議決シタルトキハ町村長ヨリ其ノ謄本ヲ收入役ニ交付スヘシ

2 收入役ハ町村長又ハ監督官廳ノ命令アルニ非サレハ支拂ヲ爲スコトヲ得ス命令ヲ受クルモ支出ノ豫算ナク且豫備費支出、費目流用其ノ他財務ニ關スル規定ニ依リ支出ヲ爲スコトヲ得サルトキ亦同シ

3 前二項ノ規定ハ收入役ノ事務ヲ兼掌シタル町村長又ハ助役ニ之ヲ準用ス

第百二十條 町村ノ支拂金ニ關スル時效ニ付テハ政府ノ支拂金ノ例ニ依ル

第百二十一條 町村ノ出納ハ毎月例日ヲ定メテ之ヲ檢査シ且毎會計年度少クトモ二回

臨時檢査ヲ爲スヘシ

2檢査ハ町村長之ヲ爲シ臨時檢査ニハ町村會ニ於テ選擧シタル議員二人以上ノ立會ヲ要ス

第百二十二條　町村ノ出納ハ翌年度五月三十一日ヲ以テ閉鎖ス

第百二十二條　町村ノ出納ハ翌年度六月三十日ヲ以テ閉鎖ス

2決算ハ出納閉鎖後一月以内ニ證書類ヲ併セテ收入役ヨリ之ヲ町村長ニ提出スヘシ町村長ハ之ヲ審査シ意見ヲ付シテ次ノ通常豫算ヲ議スル會議迄ニ之ヲ町村會ノ認定ニ付スヘシ

3第六十七條第五項ノ場合ニ於テハ前項ノ例ニ依ル但シ町村長ニ於テ兼掌シタルトキハ直ニ町村會ノ認定ニ付スヘシ

4決算ハ其ノ認定ニ關スル町村會ノ議決ト共ニ之ヲ府縣知事ニ報告シ且其ノ要領ヲ告示スヘシ

3第六十七條第八項ノ場合ニ於テハ前項ノ例ニ依ル但シ町村長ニ於テ兼掌シタルトキハ直ニ町村會ノ認定ニ付スヘシ

4決算ハ其ノ認定ニ關スル町村會ノ議決ト共ニ之ヲ郡長ニ報告シ且其ノ要領ヲ告示スヘシ

5決算ノ認定ニ關スル會議ニ於テハ町村長及助役共ニ議長ノ職務ヲ行フコトヲ得ス

第百二十三條　豫算調製ノ式、費目流用其ノ他財務ニ關シ必要ナル規定ハ内務大臣之ヲ定ム

第六章　町村ノ一部ノ事務

第百二十四條　町村ノ一部ニシテ財産ヲ有シ又ハ營造物ヲ設ケタルモノアルトキハ其

ノ財產又ハ營造物ノ管理及處分ニ付テハ本法中町村ノ財產又ハ營造物ニ關スル規定ニ依ル但シ法律勅令中別段ノ規定アル場合ハ此ノ限ニ在ラス

2 前項ノ財產又ハ營造物ニ關シ特ニ要スル費用ハ其ノ財產又ハ營造物ノ屬スル町村ノ一部ノ負擔トス

3 前二項ノ場合ニ於テハ町村ノ一部ハ其ノ會計ヲ分別スヘシ

第百二十五條 前條ノ財產又ハ營造物ニ關シ必要アリト認ムルトキハ府縣知事ハ町村會ノ意見ヲ徵シテ町村條例ヲ設定シ區會又ハ區總會ヲ設ケテ町村會ノ議決スヘキ事項ヲ議決セシムルコトヲ得

第百二十五條 前條ノ財產又ハ營造物ニ關シ必要アリト認ムルトキハ郡長ハ町村會ノ意見ヲ徵シテ町村條例ヲ設定シ區會又ハ區總會ヲ設ケテ町村會ノ議決スヘキ事項ヲ議決セシムルコトヲ得

第百二十六條 區會議員ハ町村ノ名譽職トス其ノ定數、任期、選擧權及被選擧權ニ關スル事項ハ前條ノ町村條例中ニ之ヲ規定スヘシ區總會ノ組織ニ關スル事項ニ付亦同シ

2 區會議員ノ選擧ニ付テハ町村會議員ニ關スル規定ヲ準用ス但シ選擧若ハ當選ノ效力ニ關スル異議ノ決定及被選擧權ノ有無ノ決定ハ町村會ニ於テ之ヲ爲スヘシ（昭和四年四月法律第五十七號改正）

3 區會又ハ區總會ニ關シテハ町村會ニ關スル規定ヲ準用ス

第百二十七條 第百二十四條ノ場合ニ於テ町村ノ一部府縣知事ノ處分ニ不服ア

第百二十七條 第百二十四條ノ場合ニ於テ町村ノ一部郡長ノ處分ニ不服アルト

ルトキハ内務大臣ニ訴願スルコトヲ得

一　キハ府縣知事ニ訴願スルコトヲ得

第百二十八條　第百二十四條ノ町村ノ一部ノ事務ニ關シテハ本法ニ規定スルモノノ外勅令ヲ以テ之ヲ定ム

第七章　町村組合

第百二十九條　町村ハ其ノ事務ノ一部ヲ共同處理スル爲其ノ協議ニ依リ府縣知事ノ許可ヲ得テ町村組合ヲ設クルコトヲ得此ノ場合ニ於テ組合内各町村ノ町村會又ハ町村吏員ノ職務ニ屬スル事項ナキニ至リタルトキハ其ノ町村會又ハ町村吏員ハ組合成立ト同時ニ消滅ス

2町村ハ特別ノ必要アル場合ニ於テハ其ノ協議ニ依リ府縣知事ノ許可ヲ得テ其ノ事務ノ全部ヲ共同處理スル爲町村組合ヲ設クルコトヲ得此ノ場合ニ於テハ組合内各町村ノ町村會及町村吏員ハ組合成立ト同時ニ消滅ス

3公益上必要アル場合ニ於テハ府縣知事ハ關係アル町村會ノ意見ヲ徴シ府縣參事會ノ議決ヲ經テ前二項ノ町村組合ヲ設クルコトヲ得

3公益上必要アル場合ニ於テハ府縣知事ハ關係アル町村會ノ意見ヲ徴シ府縣參事會ノ議決ヲ經内務大臣ノ許可ヲ得テ前二項ノ町村組合ヲ設クルコトヲ得

4町村組合ハ法人トス

第百三十條　前條第一項ノ町村組合ニシテ其ノ組合町村ノ數ヲ增減シ又ハ共同事務ノ變更ヲ爲サムトスルトキハ關係町村ノ協議ニ依リ府縣知事ノ許可ヲ受クヘシ

2前條第二項ノ町村組合ニシテ其ノ組合町村ノ數ヲ減少セムトスルトキハ組合會ノ議

決ニ依リ其ノ組合町村ノ數ヲ增加セムトスルトキハ其ノ町村組合ト新ニ加ハラムトスル町村トノ協議ニ依リ府縣知事ノ許可ヲ受クヘシ

3公益上必要アル場合ニ於テハ府縣知事ハ關係アル町村會又ハ組合會ノ意見ヲ徵シ府縣參事會ノ議決ヲ經テ組合町村ノ數ヲ增減シ又ハ一部事務ノ爲設クル組合ノ共同事務ノ變更ヲ爲スコトヲ得	3公益上必要アル場合ニ於テハ府縣知事ハ關係アル町村會又ハ組合會ノ意見ヲ徵シ府縣參事會ノ議決ヲ經内務大臣ノ許可ヲ得テ組合町村ノ數ヲ增減シ又ハ一部事務ノ爲設クル組合ノ共同事務ノ變更ヲ爲スコトヲ得

第百三十一條 町村組合ヲ設クルトキハ關係町村ノ協議ニ依リ組合規約ヲ定メ府縣知事ノ許可ヲ受クヘシ

2組合規約ヲ變更セムトスルトキハ一部事務ノ爲ニ設クル組合ニ在リテハ關係町村ノ協議ニ依リ全部事務ノ爲ニ設クル組合ニ在リテハ組合會ノ議決ヲ經府縣知事ノ許可ヲ受クヘシ

3公益上必要アル場合ニ於テハ府縣知事ハ關係アル町村會又ハ組合會ノ意見ヲ徵シ府縣參事會ノ議決ヲ經テ組合規約ヲ定メ又ハ變更スルコトヲ得	3公益上必要アル場合ニ於テハ府縣知事ハ關係アル町村會又ハ組合會ノ意見ヲ徵シ府縣參事會ノ議決ヲ經内務大臣ノ許可ヲ得テ組合規約ヲ定メ又ハ變更スルコトヲ得

第百三十二條 組合規約ニハ組合ノ名稱、組合ヲ組織スル町村、組合ノ共同事務及組

合役場ノ位置ヲ定ムヘシ

2一部事務ノ爲ニ設クル組合ノ組合規約ニハ前項ノ外組合會ノ組織及組合會議員ノ選擧、組合吏員ノ組織及選任竝組合費用ノ支辨方法ニ付規定ヲ設クヘシ

第百三十三條　町村組合ヲ解カムトスルトキハ一部事務ノ爲ニ設クル組合ニ於テハ關係町村ノ協議ニ依リ全部事務ノ爲ニ設クル組合ニ於テハ組合會ノ議決ニ依リ府縣知事ノ許可ヲ受クヘシ

2公益上必要アル場合ニ於テハ府縣知事ハ關係アル町村會又ハ組合會ノ意見ヲ徵シ府縣參事會ノ議決ヲ經テ町村組合ヲ解クコトヲ得

第百三十四條　第百三十條第一項第二項及前條第一項ノ場合ニ於テ財産ノ處分ニ關スル事項ハ關係町村ノ協議、關係町村ト組合トノ協議又ハ組合會ノ議決ニ依リ之ヲ定ム

2第百三十條第三項及前條第二項ノ場合ニ於テ財産ノ處分ニ關スル事項ハ關係アル町村會又ハ組合會ノ意見ヲ徵シ府縣參事會ノ議決ヲ經テ府縣知事之ヲ定

2公益上必要アル場合ニ於テハ府縣知事ハ關係アル町村會又ハ組合會ノ意見ヲ徵シ府縣參事會ノ議決ヲ經內務大臣ノ許可ヲ得テ町村組合ヲ解クコトヲ得

第百三十四條　第百三十條第一項第二項及前條第一項ノ場合ニ於テ財産ノ處分ニ關スル事項ハ關係町村ノ協議、關係町村ト組合トノ協議又ハ組合會ノ議決ニ依リ府縣知事ノ許可ヲ受クヘシ

2第百三十條第三項及前條第二項ノ場合ニ於テ財産ノ處分ニ關スル事項ハ關係アル町村會又ハ組合會ノ意見ヲ徵シ府縣參事會ノ議決ヲ經內務大臣ノ許可ヲ

ム

第百三十五條　第百二十九條第一項及第二項第百三十條第一項及第二項第百三十一條第一項及第二項第百三十三條第一項竝前條第二項ノ規定ニ依ル府縣知事ノ處分ニ不服アル町村又ハ町村組合ハ内務大臣ニ訴願スルコトヲ得

2 組合費ノ分賦ニ關シ違法又ハ錯誤アリト認ムル町村ハ其ノ告知アリタル日ヨリ三月以内ニ組合ノ管理者ニ異議ノ申立ヲ爲スコトヲ得

3 前項ノ異議ノ申立アリタルトキハ組合ノ管理者ハ七日以内ニ之ヲ組合會ノ決定ニ付スヘシ其ノ決定ニ不服アル町村ハ府縣參事會ニ訴願シ其ノ裁決又ハ第四項ノ裁決ニ不服アルトキハ行政裁判所ニ出訴スルコトヲ得

4 前項ノ決定及裁決ニ付テハ組合ノ管理者ヨリモ訴願又ハ訴訟ヲ提起スルコトヲ得

5 前二項ノ裁決ニ付テハ府縣知事ヨリモ訴訟ヲ提起スルコトヲ得

第百三十六條　町村組合ニ關シテハ法律勅令中別段ノ規定アル場合ヲ除クノ外町村ニ關スル規定ヲ準用ス

（改三）

得テ府縣知事之ヲ定ム

第百三十五條　第百二十九條第一項及第二項第百三十條第一項及第二項第百三十一條第一項及第二項第百三十三條第一項竝前條第一項ノ規定ニ依ル府縣知事ノ處分ニ不服アル町村又ハ町村組合ハ内務大臣ニ訴願スルコトヲ得

3 前項ノ異議ハ之ヲ組合會ノ決定ニ付スヘシ其ノ決定ニ不服アル町村ハ府縣參事會ニ訴願シ其ノ裁決又ハ第四項ノ裁決ニ不服アルトキハ行政裁判所ニ出訴スルコトヲ得

第八章　町村ノ監督

第百三十七條　町村ハ第一次ニ於テ府縣知事之ヲ監督シ第二次ニ於テ内務大臣之ヲ監督ス

第百三十八條　本法中別段ノ規定アル場合ヲ除クノ外町村ノ監督ニ關スル府縣知事ノ處分ニ不服アル町村ハ内務大臣ニ訴願スルコトヲ得

第百三十七條　町村ハ第一次ニ於テ郡長之ヲ監督シ第二次ニ於テ府縣知事之ヲ監督シ第三次ニ於テ内務大臣之ヲ監督ス

第百三十八條　本法中別段ノ規定アル場合ヲ除クノ外町村ノ監督ニ關スル郡長ノ處分ニ不服アル町村ハ府縣知事ニ訴願シ其ノ裁決ニ不服アルトキハ内務大臣ニ訴願スルコトヲ得

第百三十九條　本法中行政裁判所ニ出訴スルコトヲ得ヘキ場合ニ於テハ内務大臣ニ訴願スルコトヲ得ス

第百四十條　異議ノ申立又ハ訴願ノ提起ハ處分決定又ハ裁決アリタル日ヨリ二十一日以内ニ之ヲ爲スヘシ但シ本法中別ニ期間ヲ定メタルモノハ此ノ限ニ在ラス

2 行政訴訟ノ提起ハ處分決定裁定又ハ裁決アリタル日ヨリ三十日以内ニ之ヲ爲スヘシ

3 決定書又ハ裁決書ノ交付ヲ受ケサル者ニ關シテハ前二項ノ期間ハ告示ノ日ヨリ之ヲ起算ス

4 異議ノ申立ニ關スル期間ノ計算ニ付テ

---

3 異議ノ申立ニ關スル期間ノ計算ニ付テ

ハ訴願法ノ規定ニ依ル
5異議ノ申立ハ期限經過後ニ於テモ宥恕スヘキ事由アリト認ムルトキハ仍之ヲ受理スルコトヲ得
6異議ノ決定ハ文書ヲ以テ之ヲ爲シ其ノ理由ヲ附シ之ヲ申立人ニ交付スヘシ
7異議ノ申立アルモ處分ノ執行ハ之ヲ停止セス但シ行政廳ハ其ノ職權ニ依リ又ハ關係者ノ請求ニ依リ必要ト認ムルトキハ之ヲ停止スルコトヲ得

第百四十條ノ二　異議ノ決定ハ本法中別ニ期間ヲ定メタルモノヲ除クノ外其ノ決定ニ付セラレタル日ヨリ三月以内ニ之ヲ爲スヘシ
2府縣參事會訴願ヲ受理シタルトキハ其ノ日ヨリ三月以内ニ之ヲ裁決スヘシ

ハ訴願法ノ規定ニ依ル
4異議ノ申立ハ期限經過後ニ於テモ宥恕スヘキ事由アリト認ムルトキハ仍之ヲ受理スルコトヲ得
5異議ノ決定ハ文書ヲ以テ之ヲ爲シ其ノ理由ヲ附シ之ヲ申立人ニ交付スヘシ
6異議ノ申立アルモ處分ノ執行ハ之ヲ停止セス但シ行政廳ハ其ノ職權ニ依リ又ハ關係者ノ請求ニ依リ必要ト認ムルトキハ之ヲ停止スルコトヲ得

第百四十一條　監督官廳ハ町村ノ監督上必要アル場合ニ於テハ事務ノ報告ヲ爲サシメ、書類帳簿ヲ徴シ及實地ニ就キ事務ヲ視察シ又ハ出納ヲ檢閲スルコトヲ得
2監督官廳ハ町村ノ監督上必要ナル命令ヲ發シ又ハ處分ヲ爲スコトヲ得

3上級監督官廳ハ下級監督官廳ノ町村ノ監督ニ關シテ爲シタル命令又ハ處分ヲ停止シ又ハ取消スコトヲ得

第百四十二條　内務大臣ハ町村會ノ解散ヲ命スルコトヲ得

2町村會解散ノ場合ニ於テハ三月以内ニ議員ヲ選擧スヘシ

第百四十三條　町村ニ於テ法令ニ依リ負擔シ又ハ當該官廳ノ職權ニ依リ命スル費用ヲ豫算ニ載セサルトキハ府縣知事ハ理由ヲ示シテ其ノ費用ヲ豫算ニ加フルコトヲ得

2町村長其ノ他ノ吏員其ノ執行スヘキ事件ヲ執行セサルトキハ府縣知事又ハ其ノ委任ヲ受ケタル官吏吏員之ヲ執行スルコトヲ得但シ其ノ費用ハ町村ノ負擔トス

3前二項ノ處分ニ不服アル町村又ハ町村長其ノ他ノ吏員ハ行政裁判所ニ出訴スルコトヲ得

第百四十三條　町村ニ於テ法令ニ依リ負擔シ又ハ當該官廳ノ職權ニ依リ命スル費用ヲ豫算ニ載セサルトキハ郡長ハ理由ヲ示シテ其ノ費用ヲ豫算ニ加フルコトヲ得

2町村長其ノ他ノ吏員其ノ執行スヘキ事件ヲ執行セサルトキハ郡長又ハ其ノ委任ヲ受ケタル官吏吏員之ヲ執行スルコトヲ得但シ其ノ費用ハ町村ノ負擔トス

3前二項ノ處分ニ不服アル町村又ハ町村長其ノ他ノ吏員ハ府縣知事ニ訴願シ其ノ裁決ニ不服アルトキハ行政裁判所ニ出訴スルコトヲ得

第百四十四條　町村長、助役、收入役又ハ副收入役ニ故障アルトキハ監督官廳ハ臨時代理者ヲ選任シ又ハ官吏ヲ派遣シ其ノ職務ヲ管掌セシムルコトヲ得但シ官吏ヲ派遣シタル場合ニ於テハ其ノ旅費ハ町村費ヲ以テ辨償セシムヘシ

2臨時代理者ハ有給ノ町村吏員トシ其ノ給料額旅費額等ハ監督官廳之ヲ定ム

第百四十五條　削除（昭和四年法律第五十七號）

第百四十六條　削除（昭和四年法律第五十七號）

第百四十七條　左ニ掲グル事件ハ府縣知事ノ許可ヲ受クベシ但シ第一號、第四

第百四十五條　町村條例ヲ設ケ又ハ改正セムトスルトキハ内務大臣ノ許可ヲ受クヘシ（大正十五年法律第七十五號改正）

第百四十六條　左ニ掲クル事件ハ内務大臣及大藏大臣ノ許可ヲ受クヘシ

一　町村債ヲ起シ竝起債ノ方法、利息ノ定率及償還ノ方法ヲ定メ又ハ之ヲ變更スル事但シ第百十二條第三項ノ借入金ハ此ノ限ニ在ラス

二　特別税ヲ新設シ増額シ又ハ變更スル事

三　間接國税ノ附加税ヲ賦課スル事

四　使用料ヲ新設シ増額シ又ハ變更スル事（大正十五年法律第七十五號改正）

第百四十七條　左ニ掲クル事件ハ府縣知事ノ許可ヲ受クヘシ（同上）

號、第六號及第十一號ニ揭グル事件ニシテ勅令ヲ以テ指定スルモノハ其ノ定ムル所ニ依リ主務大臣ノ許可ヲ受クベシ（昭和四年四月法律第五十七號本條改正）

一　町村條例ヲ設ケ又ハ改廢スルコト

二　基本財産及特別基本財産竝ニ林野ノ處分ニ關スルコト

三　第九十條ノ規定ニ依リ舊慣ヲ變更シ又ハ廢止スルコト

四　使用料ヲ新設シ又ハ變更スルコト

五　均一ノ税率ニ依ラズシテ國税又ハ府縣税ノ附加税ヲ賦課スルコト

六　特別税ヲ新設シ又ハ變更スルコト

七　第百二條第一項、第二項及第四項ノ規定ニ依リ數人又ハ町村ノ一部ニ費用ヲ負擔セシムルコト

八　第百四條ノ規定ニ依リ不均一ノ賦

一　町村條例ヲ廢止スル事（同上）

二　基本財産及特別基本財産竝林野ノ處分ニ關スル事（同上）

三　第九十條ノ規定ニ依リ舊慣ヲ變更又ハ廢止スル事

四　寄附又ハ補助ヲ爲ス事

五　手數料及加入金ヲ新設シ增額シ又ハ變更スル事（同上）

六　均一ノ税率ニ依ラスシテ國税又ハ府縣税ノ附加税ヲ賦課スル事

七　第百二條第一項第二項及第四項ノ規定ニ依リ數人又ハ町村ノ一部ニ費用ヲ負擔セシムル事

八　第百四條ノ規定ニ依リ不均一ノ賦

課ヲ爲シ又ハ數人若ハ町村ノ一部ニ對シ賦課ヲ爲スコト

九　第百五條ノ準率ニ依ラズシテ夫役現品ヲ賦課スルコト但シ急迫ノ場合ニ賦課スル夫役ニ付テハ此ノ限ニ在ラズ

十　繼續費ヲ定メ又ハ變更スルコト

十一　町村債ヲ起シ並ニ起債ノ方法、利息ノ定率及償還ノ方法ヲ定メ又ハ之ヲ變更スルコト但シ第百十二條第三項ノ借入金ハ此ノ限ニ在ラズ（同上追加）

第百四十八條　監督官廳ノ許可ヲ要スル事件ニ付テハ監督官廳ハ許可申請ノ趣旨ニ反セスト認ムル範圍內ニ於テ更正シテ許可ヲ與フルコトヲ得

第百四十九條　監督官廳ノ許可ヲ要スル事件ニ付テハ勅令ノ定ムル所ニ依リ其ノ許可ノ職權ヲ下級監督官廳ニ委任シ又ハ輕易ナル事件ニ限リ許可ヲ受ケシメサルコトヲ得

第百五十條　府縣知事ハ町村長、助役、收入役、副收入役、區長、區長代理者、委員其ノ他ノ町村吏員ニ對シ懲戒ヲ行フコトヲ得其ノ懲戒處分ハ譴責、

課ヲ爲シ又ハ數人若ハ町村ノ一部ニ對シ賦課ヲ爲ス事

九　第百五條ノ準率ニ依ラスシテ夫役現品ヲ賦課スル事但シ急迫ノ場合ニ賦課スル夫役ニ付テハ此ノ限ニ在ラス

十　繼續費ヲ定メ又ハ變更スル事

第百五十條　府縣知事又ハ郡長ハ町村長、助役、收入役、副收入役、區長、區長代理者、委員其ノ他ノ町村吏員ニ對シ懲戒ヲ行フコトヲ得其ノ懲戒處分

ハ譴責、二十五圓以下ノ過怠金及解職トス但シ町村長、助役、收入役及副收入役ニ對スル解職ハ懲戒審査會ノ議決ヲ經テ府縣知事之ヲ行フ

二十五圓以下ノ過怠金及解職トス但シ町村長、助役、收入役及副收入役ニ對スル解職ハ懲戒審査會ノ議決ヲ經テ府縣知事之ヲ行フ

2 懲戒審査會ハ内務大臣ノ命シタル府縣高等官三人及府縣名譽職參事會員ニ於テ互選シタル者三人ヲ以テ其ノ會員トシ府縣知事ヲ以テ會長トス知事故障アルトキハ其ノ代理者會長ノ職務ヲ行フ

3 府縣名譽職參事會員ノ互選スヘキ會員ノ選擧補闕及任期竝懲戒審査會ノ招集及會議ニ付テハ府縣制中名譽職參事會員及府縣參事會ニ關スル規定ヲ準用ス但シ補充員ハ之ヲ設クルノ限ニ在ラス

4 解職ノ處分ヲ受ケタル者其ノ處分ニ不服アルトキハ内務大臣ニ訴願スルコトヲ得

4 解職ノ處分ヲ受ケタル者其ノ處分ニ不服アルトキハ郡長ノ處分ニ付テハ府縣知事ニ訴願シ其ノ裁決ニ不服アルトキ又ハ府縣知事ノ處分ニ付テハ内務大臣ニ訴願スルコトヲ得

5 府縣知事ハ町村長、助役、收入役及副收入役ノ解職ヲ行ハムトスル前其ノ停職ヲ命スルコトヲ得此ノ場合ニ於テハ其ノ停職期間報酬又ハ給料ヲ支給スルコトヲ得ス

6 懲戒ニ依リ解職セラレタル者ハ二年間北海道府縣、市町村其ノ他之ニ準ズベ

6 懲戒ニ依リ解職セラレタル者ハ二年間市町村ノ公職ニ選擧セラレ又ハ任命セ

キモノノ公職ニ就クコトヲ得ズ（昭和四年四月法律第五十七號改正）

第百五十一條 町村吏員ノ服務紀律、賠償責任、身元保證及事務引繼ニ關スル規定ハ命令ヲ以テ之ヲ定ム

2 前項ノ命令ニハ事務引繼ヲ拒ミタル者ニ對シ二十五圓以下ノ過料ヲ科スル規定ヲ設クルコトヲ得

第九章 雜則

第百五十二條 削除

ラルルコトヲ得ス

第百五十二條 郡長ノ職權ニ屬スル事件ニシテ數郡ニ涉ルモノアルトキハ府縣知事ハ關係郡長ノ具狀ニ依リ其ノ事件ヲ管理スヘキ郡長ヲ指定スヘシ其ノ數府縣ニ涉ルモノアルトキハ內務大臣ハ關係府縣知事ノ具狀ニ依リ其ノ事件ヲ管理スヘキ郡長ヲ指定スヘシ

第百五十三條 府縣知事又ハ府縣參事會ノ職權ニ屬スル事件ニシテ數府縣ニ涉ルモノアルトキハ內務大臣ハ關係府縣知事ノ具狀ニ依リ其ノ事件ヲ管理スヘキ府縣知事又ハ府縣參事會ヲ指定スヘシ

第百五十三條ノ二 島司ヲ置ク地ニ於テハ本法中郡長ニ關スル規定ハ島司ニ、

郡ノ官吏ニ關スル規定ハ島廳ノ官吏ニ、郡ニ關スル規定ハ島廳管轄區域ニ關シ之ヲ適用ス（大正十年法律第五十九號追加）

第百五十四條　第十一條ノ人口ハ内務大臣ノ定ムル所ニ依ル

第百五十五條　本法ニ於ケル直接税及間接税ノ種類ハ内務大臣及大藏大臣之ヲ定ム

第百五十六條　町村又ハ町村組合ノ廢置分合又ハ境界變更アリタル場合ニ於テ町村ノ事務ニ付必要ナル事項ハ本法ニ規定スルモノノ外勅令ヲ以テ之ヲ定ム

第百五十六條ノ二　本法中官吏ニ關スル規定ハ待遇官吏ニ之ヲ適用ス

第百五十七條　本法ハ北海道其ノ他勅令ヲ以テ指定スル島嶼ニ之ヲ施行セス（大正十年四月法律第五十九號改正）

2　前項ノ地域ニ付テハ勅令ヲ以テ別ニ本法ニ代ハルヘキ制ヲ定ムルコトヲ得

附　則

第百五十八條　本法施行ノ期日ハ勅令ヲ以テ之ヲ定ム（明治四十四年十月一日施行）

第百五十九條　本法施行ノ際現ニ町村會議員、區會議員又ハ全部事務ノ爲ニ設クル町村組合會議員ノ職ニ在ル者ハ從前ノ規定ニ依ル最近ノ定期改選期ニ於テ總テ其ノ職ヲ失フ

第百六十條　舊刑法ノ重罪ノ刑ニ處セラレタル者ハ本法ノ適用ニ付テハ六年ノ懲役又

ハ禁錮以上ノ刑ニ處セラレタル者ト看做ス但シ復權ヲ得タル者ハ此ノ限ニ在ラス
2 舊刑法ノ禁錮以上ノ刑ハ本法ノ適用ニ付テハ禁錮以上ノ刑ト看做ス
第百六十一條 本法施行ノ際必要ナル規定ハ命令ヲ以テ之ヲ定ム

附　則　（大正十年四月法律第五十九號）

本法中公民權及選擧ニ關スル規定ハ次ノ總選擧ヨリ之ヲ施行シ其ノ他ノ規定ノ施行ノ期日ハ勅令ヲ以テ之ヲ定ム　（大正十年勅令第百八十九號同年五月二十日ヨリ施行）

附　則　（大正十五年六月法律第七十五號）

1 本法中公民權及議員選擧ニ關スル規定ハ次ノ總選擧ヨリ之ヲ施行シ其ノ他ノ規定ノ施行ノ期日ハ勅令ヲ以テ之ヲ定ム（大正十五年勅令第二百八號同年七月一日施行）
2 第三十八條ノ規定ニ依リ町村會ヲ設ケサル町村ニ付テハ本法ノ施行ノ期日ハ勅令ヲ以テ之ヲ定ム（同上）
3 次ノ總選擧ニ至ル迄ノ間從前ノ第十四條、第十七條、第十八條、第三十一條、第三十三條及第三十六條ノ規定ニ依リ難キ事項ニ付テハ勅令ヲ以テ特別ノ規定ヲ設クルコトヲ得
4 本法ニ依リ初テ議員ヲ選擧スル場合ニ於テ必要ナル選擧人名簿ニ關シ第十八條乃至第十八條ノ五ニ規定スル期日又ハ期間ニ依リ難キトキハ命令ヲ以テ別ニ其ノ期日又ハ期間ヲ定ム但シ其ノ選擧人名簿ハ次ノ選擧人名簿確定迄其ノ效力ヲ有ス
5 本法施行ノ際大正十四年法律第四十七號衆議院議員選擧法未タ施行セラレサル場合ニ於テハ本法ノ適用ニ付テハ同法ハ既ニ施行セラレタルモノト看做ス

6本法施行ノ際必要ナル規定ハ命令ヲ以テ之ヲ定ム

附　則（昭和四年四月法律第五十七號）

1本法施行ノ期日ハ勅令ヲ以テ之ヲ定ム（昭和四年六月勅令第百八十五號ヲ以テ同年七月一日ヨリ施行）

2本法施行ノ際必要ナル規定ハ命令ヲ以テ之ヲ定ム

◎町村制中改正法律施行期日ノ件（大正十五年六月二十四日勅令第二百八號）

1大正十五年町村制中改正法律ハ公民權及議員選擧ニ關スル規定ヲ除クノ外大正十五年七月一日ヨリ之ヲ施行ス

2町村制第三十八條ノ規定ニ依リ町村會ヲ設ケザル町村ニ付テハ大正十五年町村制中改正法律ハ大正十五年七月一日ヨリ之ヲ施行ス

◉市制町村制施行令（大正十五年六月二十四日勅令第二百一號）

（昭和二年三月勅令第三十八號、三年十一月同第二百六十號、四年六月同第百八十六號、六年八月同第二百十二號、八年十月二十四日同第二百八十六號）

第一章　總則

第一條　市町村ノ設置アリタル場合ニ於テハ市町村長ノ臨時代理者又ハ職務管掌ノ官吏ハ歳入歳出豫算ガ市町村會ノ議決ヲ經テ成立スルニ至ル迄ノ間必要ナル收支ニ付豫算ヲ設ケ府縣知事ノ許可ヲ受クベシ

第二條　市町村ノ設置アリタル場合ニ於テハ府縣知事ハ必要ナル事項ニ付市町村條例ノ設定施行セラルルニ至ル迄ノ間從來其ノ地域ニ施行セラレタル市町村條例ヲ市町村ノ條例トシテ當該地域ニ引續キ施行スルコトヲ得

第三條　市町村ノ廢置分合アリタル場合ニ於テハ其ノ地域ノ新ニ屬シタル市町村其ノ事務ヲ承繼ス、其ノ地域ニ依リ難キトキハ府縣知事ハ事務ノ分界ヲ定メ又ハ承繼スベキ市町村ヲ指定ス

2前項ノ場合ニ於テ消滅シタル市町村ノ收支ハ消滅ノ日ヲ以テ打切リ其ノ市町村長（又ハ市町村長ノ職務ヲ行フ者）タリシ者之ヲ決算ス

3前項ノ決算ハ事務ヲ承繼シタル各市町村ノ市町村長之ヲ市町村會ノ認定ニ付スベシ

4市制第百四十二條第三項又ハ町村制第百二十二條第四項ノ規定ハ前項ノ場合ニ之ヲ準用ス

第四條　市町村ノ境界變更アリタル爲事務ノ分割ヲ要スルトキハ其ノ事務ノ承繼ニ付テハ府縣知事之ヲ定ム

第五條　市制第八十二條第三項ノ市ニ於テ新ニ區ヲ劃シ又ハ其ノ區域ヲ變更セントスルトキハ市ハ內務大臣ノ許可ヲ受クベシ但シ耕地整理若ハ區劃整理ノ爲區ノ區域ヲ變更セントスルトキ又ハ第六十條第一號若ハ第二號ノ場合ニ於テ區ノ區域ヲ變更セントスルトキハ此ノ限ニ在ラズ（昭和四年六月勅令第百八十六號但書追加）

第六條　市制第十一條及町村制第九條ノ規定ニ依リ除外スベキ學生生徒左ノ如シ

一　陸軍各部依託學生生徒

二　海軍軍醫學生藥劑學生主計學生造船學生造機學生造兵學生竝ニ海軍豫備生徒及海軍豫備練習生

第二章　市町村會議員ノ選擧

第七條　市制第二十一條ノ五第三項又ハ町村制第十八條ノ五第三項ノ規定ニ依リ選擧人名簿ノ調製、縱覽、確定及異議ノ決定ニ關スル期日及期間ヲ定メタルトキハ府縣知事ハ直ニ之ヲ告示スベシ（昭和四年六月勅令第百八十六號改正）

第八條　市町村ノ境界變更アリタル場合ニ於テハ市町村長ハ選擧人名簿ヲ分割シ其ノ部分ヲ其ノ地域ノ新ニ屬シタル市町村ノ市町村長ニ送付スベシ

2　市町村ノ廢置分合アリタル場合ニ於テ名簿ノ分割ヲ以テ足ルトキハ前項ノ例ニ依リ、其ノ他ノ場合ニ於テハ從前ノ市町村ノ市町村長（又ハ市町村長ノ職務ヲ行フ者）タ

リシ者ハ直ニ其ノ地域ノ新ニ屬シタル市町村ノ市町村長ニ選擧人名簿ヲ送付スベシ

3 市町村長選擧人名簿ノ送付ヲ受ケタルトキハ直ニ其ノ旨ヲ告示シ併セテ之ヲ府縣知事ニ報告スベシ

第九條 前條ノ規定ニ依リ送付ヲ受ケタル選擧人名簿ハ市町村ノ廢置分合又ハ境界變更ニ係ル地域ノ新ニ屬シタル市町村ノ選擧人名簿ト看做ス

第十條 第八條ノ規定ニ依リ送付ヲ受ケタル選擧人名簿確定前ナルトキハ名簿ノ縱覽、確定及異議ノ決定ニ關スル期日及期間ハ府縣知事ノ定ムル所ニ依ル（昭和四年六月勅令第百八十六號改正）

2 前項ノ規定ニ依リ期日及期間ヲ定メタルトキハ府縣知事ハ直ニ之ヲ告示スベシ

第十一條 市制第二十五條第六項又ハ町村制第二十二條第六項ノ規定ニ依リ盲人ガ投票ニ關スル記載ニ使用スルコトヲ得ル點字ハ別表ヲ以テ之ヲ定ム

2 點字ニ依リ投票ヲ爲サントスル選擧人ハ選擧長又ハ投票分會長ニ對シ其ノ旨ヲ申立ツベシ、此ノ場合ニ於テハ選擧長又ハ投票分會長ハ投票用紙ニ點字投票ナル旨ノ印ヲ押捺シテ交付スベシ

3 點字ニ依ル投票ノ拒否ニ付テハ市制第二十五條ノ三又ハ町村制第二十二條ノ三ノ例ニ依ル、此ノ場合ニ於テハ封筒ニ點字投票ナル旨ノ印ヲ押捺シテ交付スベシ

4 前項ノ規定ニ依リ假ニ爲サシメタル投票ハ市制第二十七條ノ二第二項及第三項又ハ町村制第二十四條ノ二第二項及第三項ノ規定ノ適用ニ付テハ市制第二十五條ノ三第二項及第四項又ハ町村制第二十二條ノ三第二項及第四項ノ投票ト看做ス

第十二條　市制第二十七條ノ四又ハ町村制第二十四條ノ四ノ規定ニ依リ開票分會ヲ設ケタルトキハ市町村長ハ直ニ其ノ區劃及開票分會場ヲ告示スベシ

第十三條　開票分會ハ市町村長ノ指名シタル吏員開票分會長ト爲リ之ヲ開閉シ其ノ取締ニ任ズ

第十四條　開票分會ノ區劃內ノ投票分會ニ於テ爲シタル投票ハ投票分會長少クトモ一人ノ投票立會人ト共ニ投票函ノ儘投票錄及選擧人名簿ノ抄本（又ハ選擧人名簿）ト併セテ之ヲ開票分會長ニ送致スベシ（昭和四年六月勅令第百八十六號改正）

第十五條　投票ノ點檢終リタルトキハ開票分會長ハ直ニ其ノ結果ヲ選擧長ニ報告スベシ

第十六條　開票分會長ハ開票錄ヲ作リ開票ニ關スル顚末ヲ記載シ之ヲ朗讀シ二人以上ノ開票立會人ト共ニ之ニ署名シ直ニ投票錄及投票ト併セテ之ヲ選擧長ニ送致スベシ

第十七條　選擧長ハ總テノ開票分會長ヨリ第十五條ノ報告ヲ受ケタル日若ハ其ノ翌日（又ハ總テノ投票函ノ送致ヲ受ケタル日若ハ其ノ翌日）選擧會ニ於テ選擧立會人立會ノ上其ノ報告ヲ調査シ市制第二十七條ノ二第三項又ハ町村制第二十四條ノ二第三項ノ規定ニ依リ爲シタル點檢ノ結果ト併セテ各被選擧人（市制第三十九條ノ二ノ市ニ於テハ各議員候補者）ノ得票總數ヲ計算スベシ

第十八條　選擧ノ一部無效ト爲リ更ニ選擧ヲ行ヒタル場合ニ於テハ選擧長ハ前條ノ規定ニ準ジ其ノ部分ニ付前條ノ手續ヲ爲シ他ノ部分ニ於ケル各被選擧人（市制第三十九條ノ二ノ市ニ於テハ各議員候補者）ノ得票數ト併セテ其ノ得票總數ヲ計算スベシ

第十九條　開票分會ヲ設ケタル場合ニ於テハ市町村長ハ市制第三十二條第一項又ハ町村制第二十九條第一項ノ報告ニ開票錄ノ寫ヲ添附スベシ

第二十條　市制第二十三條第五項及第六項竝ニ町村制第二十條第四項及第五項ノ規定ハ開票立會人ニ、市制第二十四條第一項及第二項竝ニ町村制第二十一條第一項及第二項ノ規定ハ開票分會場ニ、市制第二十七條ノ二、第二十七條ノ三及第二十九條竝ニ町村制第二十四條ノ二、第二十四條ノ三及第二十六條ノ規定ハ開票分會ニ於ケル開票ニ之ヲ準用ス

第二十一條　市制第八十二條第三項ノ市ハ其ノ區ヲ以テ選擧區ト爲シタル場合ニ於テハ市制第二章第一款（第十六條第三項ノ規定ヲ除ク）及本令第二十二條ノ規定ノ適用ニ付テハ之ヲ市制第六條ノ市ト看做ス

第三章　市制第三十九條ノ二ノ市ノ市會議員ノ選擧ニ關スル特例

第二十二條　議員候補者ハ選擧人名簿（選擧區アル場合ニ於テハ當該選擧區ノ選擧人名簿）ニ登錄セラレタル者ノ中ヨリ本人ノ承諾ヲ得テ選擧立會人タルベキ者一人ヲ定メ選擧ノ期日前二日目迄ニ市長（市制第六條ノ市ニ於テハ區長）ニ屆出ヅルコトヲ得（昭和三年十一月勅令第二百六十號改正）

2　前項ノ規定ニ依リ屆出アリタル者（議員候補者死亡シ又ハ議員候補者タルコトヲ辭シタルトキハ其ノ屆出ニ係ル者ヲ除ク）十人ヲ超エザルトキハ直ニ其ノ者ヲ以テ選擧立會人トシ十人ヲ超ユルトキハ市長（市制第六條ノ市ニ於テハ區長）ハ其ノ者ノ中ニ就キ抽籤ニ依リ選擧立會人十人ヲ定ムベシ（昭和三年十一月勅令第二百六十號追加）

3 前項ノ抽籤ハ選擧ノ期日ノ前日之ヲ行フ第一項ノ屆出ヲ爲シタル議員候補者ハ之ニ立會フコトヲ得（同上）
4 前項ノ抽籤ヲ行フベキ場所及日時ハ市長（市制第六條ノ市ニ於テハ區長）ニ於テ豫メ之ヲ告示スベシ（昭和三年勅令第二百六十號追加、昭和四年六月同第百八十六號改正）
5 第二項ノ規定ニ依リ選擧立會人定マリタルトキハ市長（市制第六條ノ市ニ於テハ區長）ハ直ニ之ヲ本人ニ通知スベシ（同上）
6 議員候補者死亡シ又ハ議員候補者タルコトヲ辭シタルトキハ其ノ屆出ニ係ル選擧立會人ハ其ノ職ヲ失フ（昭和三年十一月勅令第二百六十號追加）
7 第二項ノ規定ニ依ル選擧立會人三人ニ達セザルトキ若ハ三人ニ達セザルニ至リタルトキ又ハ選擧立會人ニシテ參會スル者選擧會ヲ開クベキ時刻ニ至リ三人ニ達セザルトキ若ハ其ノ後三人ニ達セザルニ至リタルトキハ市長（市制第六條ノ市ニ於テハ區長）ハ選擧人名簿（選擧區アルトキハ當該選擧區ノ選擧人名簿）ニ登錄セラレタル者ノ中ヨリ三人ニ達スル迄ノ選擧立會人ヲ選任シ直ニ之ヲ本人ニ通知シ選擧ニ立會ハシムベシ（昭和三年十一月勅令第二百六十號改正）
8 前七項ノ規定ハ投票立會人及開票立會人ニ之ヲ準用ス但シ選擧人名簿ニ登錄セラレタル者トアルハ分會ノ區劃內ニ於ケル選擧人名簿ニ登錄セラレタル者トス（同上）

第二十三條　市制第二十五條第五項及第七項ノ規定中被選擧人トアルハ議員候補者トシ同規定ヲ適用ス

第二十四條　投票ノ拒否ハ選擧立會人又ハ投票立會人ノ意見ヲ聽キ選擧長又ハ投票分

會長之ヲ決定スベシ

2 市制第二十五條ノ三第二項乃至第四項ノ規定ハ前項ノ場合ニ之ヲ準用ス但シ投票分會長又ハ投票立會人トアルハ投票立會人トス

3 市制第二十五條ノ三第二項及第四項ノ投票ノ受理如何ハ市制第二十七條ノ二第二項ノ規定ニ拘ラズ選擧立會人又ハ開票立會人ノ意見ヲ聽キ選擧長又ハ開票分會長之ヲ決定スベシ（昭和四年六月勅令第百八十六號追加）

第二十五條 市制第二十八條ノ規定中被選擧人トアルハ議員候補者トシ同規定ヲ適用ス

2 前項ノ規定ニ依ルノ外議員候補者ニ非ザル者ノ氏名ヲ記載シタル投票ハ之ヲ無效トス

第二十六條 投票ノ效力ハ選擧立會人又ハ開票立會人ノ意見ヲ聽キ選擧長又ハ開票分會長之ヲ決定スベシ

第二十七條 市制第三十三條第一項ノ規定ハ同項第六號トシテ左ノ一號ヲ加ヘ之ヲ適用ス

六 府縣制第三十四條ノ二ノ規定ノ準用ニ依ル訴訟ノ結果當選無效ト爲リタルトキ

第二十八條 市制第三十六條第一項ノ規定中選擧人トアルハ選擧人又ハ議員候補者トシ同規定ヲ適用ス

第四章　市制第三十九條ノ二ノ市ノ市會議員ノ選擧運動及其ノ費用竝ニ公立學校等ノ設備ノ使用

第二十九條　選擧事務所ハ議員候補者一人ニ付議員ノ定數（選擧區アル場合ニ於テハ當該選擧區ノ配當議員數）ヲ以テ選擧人名簿（選擧區アル場合ニ於テハ當該選擧區ノ選擧人名簿）確定ノ日ニ於テ之ニ登錄セラレタル者ノ總數ヲ除シテ得タル數一千以上ナルトキハ二箇所ヲ、一千未滿ナルトキハ一箇所ヲ超ユルコトヲ得ズ

2 選擧ノ一部無效ト爲リ更ニ選擧ヲ行フ場合又ハ市制第二十二條第四項ノ規定ニ依リ投票ヲ行フ場合ニ於テハ選擧事務所ハ前項ノ規定ニ依ル數ヲ超エザル範圍內ニ於テ府縣知事（東京府ニ於テハ警視總監）ノ定メタル數ヲ超ユルコトヲ得ズ

3 府縣知事（東京府ニ於テハ警視總監）ハ選擧ノ期日ノ告示アリタル後直ニ前二項ノ規定ニ依ル選擧事務所ノ數ヲ告示スベシ

第三十條　選擧委員及選擧事務員ハ議員候補者一人ニ付議員ノ定數（選擧區アル場合ニ於テハ當該選擧區ノ配當議員數）ヲ以テ選擧人名簿（選擧區アル場合ニ於テハ當該選擧區ノ選擧人名簿）確定ノ日ニ於テ之ニ登錄セラレタル者ノ總數ヲ除シテ得タル數一千以上ナルトキハ通ジテ十五人ヲ、一千未滿ナルトキハ通ジテ十人ヲ超ユルコトヲ得ズ

2 前條第二項及第三項ノ規定ハ選擧委員及選擧事務員ニ之ヲ準用ス

第三十一條　選擧運動ノ費用ハ議員候補者一人ニ付左ノ各號ノ額ヲ超ユルコトヲ得ズ

一　議員ノ定數（選擧區アル場合ニ於テハ當該選擧區ノ配當議員數）ヲ以テ選擧人名簿（選擧區アル場合ニ於テハ當該選擧區ノ選擧人名簿）確定ノ日ニ於テ之ニ登錄セラレタル者ノ總數ヲ除シテ得タル數ヲ四十錢ニ乘ジテ得タル額但シ三百圓未滿ナ

ルモノハ三百圓トス

二　選擧ノ一部無效ト爲リ更ニ選擧ヲ行フ場合ニ於テハ議員ノ定數（選擧區アル場合ニ於テハ當該選擧區ノ配當議員數）ヲ以テ選擧人名簿（選擧區アル場合ニ於テハ當該選擧區ノ選擧人名簿）確定ノ日ニ於テ關係區域ノ選擧人名簿ニ登錄セラレタル者ノ總數ヲ除シテ得タル數ヲ四十錢ニ乘ジテ得タル額

三　市制第二十二條第四項ノ規定ニ依リ投票ヲ行フ場合ニ於テハ前號ノ規定ニ準ジテ算出シタル額但シ府縣知事（東京府ニ於テハ警視總監）必要アリト認ムルトキハ之ヲ減額スルコトヲ得

2 府縣知事（東京府ニ於テハ警視總監）ハ選擧ノ期日ノ告示アリタル後直ニ前項ノ規定ニ依ル額ヲ告示スベシ

第三十二條　衆議院議員選擧法施行令第八章、第九章及第十二章ノ規定ハ市制第三十九條ノ二ノ市ノ市會議員選擧ニ之ヲ準用ス

第五章　市町村吏員ノ賠償責任及身元保證

第三十三條　市町村吏員其ノ管掌ニ屬スル現金、證券其ノ他ノ財產ヲ亡失又ハ毀損シタルトキハ市町村ハ期間ヲ指定シ其ノ損害ヲ賠償セシムベシ但シ避クベカラザル事故ニ原因シタルトキ又ハ他ノ者ノ使用ニ供シタル場合ニ於テ合規ノ監督ヲ怠ラザリシトキハ市町村ハ其ノ賠償ノ責任ヲ免除スベシ

第三十四條　收入役、副收入役若ハ收入役代理者又ハ收入役ノ事務ヲ兼掌スル町村長若ハ助役市制第百三十九條第二項又ハ町村制第百十九條第二項ノ規定ニ違反シテ支

出ヲ爲シタルトキハ市町村ハ期間ヲ指定シ之ニ因リテ生ジタル損害ヲ賠償セシムベシ區收入役、區副收入役又ハ區收入役代理者ニ付亦同ジ

第三十五條　市町村吏員其ノ執務上必要ナル物品ノ交付ヲ受ケ故意又ハ怠慢ニ因リ之ヲ亡失又ハ毀損シタルトキハ市町村ハ期間ヲ指定シ其ノ損害ヲ賠償セシムベシ

第三十六條　前三條ノ處分ヲ受ケタル者其ノ處分ニ不服アルトキハ府縣參事會ニ訴願シ其ノ裁決ニ不服アルトキハ行政裁判所ニ出訴スルコトヲ得

2　前項ノ裁決ニ付テハ府縣知事又ハ市町村ヨリモ訴訟ヲ提起スルコトヲ得

3　府縣參事會訴願ヲ受理シタルトキハ其ノ日ヨリ三月以內ニ之ヲ裁決スベシ

4　市制第百六十條第一項乃至第三項又ハ町村制第百四十條第一項乃至第三項ノ規定ハ第一項及第二項ノ訴願及訴訟ニ之ヲ準用ス

第三十七條　賠償金ノ徵收ニ關シテハ市制第百三十一條又ハ町村制第百十一條ノ例ニ依ル

第三十八條　市町村吏員ニ對シ身元保證ヲ徵スルノ必要アリト認ムルトキハ市町村ハ其ノ種類、價格、程度其ノ他必要ナル事項ヲ定ムベシ

第三十九條　本章中市町村ニ關スル規定ハ市制第六條ノ市ノ區及市制第百四十四條ノ市ノ一部及町村制第百二十四條ノ町村ノ一部ニ之ヲ準用ス

第六章　市町村稅ノ賦課徵收

第三十九條ノ二　地租法第六十五條及第六十六條ノ規定ニ依リ地租ヲ免除セラレタル土地ニ對シテハ其ノ年度分ノ市町村稅ヲ賦課スルコトヲ得ズ（昭和六年八月勅令第二百十二號新設）

第三十九條ノ三　免租年期地ニ對シ市町村稅ヲ賦課スベキ場合ニ於テ市町村ノ全部又ハ一部ニ亙ル災害又ハ天候不順ニ因リ收穫皆無ニ歸シタル田畑ニ付納稅義務者ノ申請アリタルトキハ前條ノ例ニ依ル（同上）

第四十條　市町村ノ內外ニ於テ營業所ヲ設ケ營業ヲ爲ス者ニシテ其ノ營業又ハ收入ニ對スル本稅ヲ分別シテ納メザル者ニ對シ附加稅ヲ賦課セントスルトキハ市町村長ハ關係市長又ハ町村長（町村長ニ準ズベキ者ヲ含ム）ト協議ノ上其ノ本稅額ノ步合ヲ定ムベシ

2　前項ノ協議調ハザルトキハ府縣知事之ヲ定メ其ノ數府縣ニ渉ルモノハ內務大臣及大藏大臣之ヲ定ムベシ

3　第一項ノ場合ニ於テ直接ニ收入ヲ生ズルコトナキ營業所アルトキハ他ノ營業所ト收入ヲ共通スルモノト認メ前二項ノ規定ニ依リ本稅額ノ步合ヲ定ムベシ

4　府縣ニ於テ數府縣ニ渉ル營業又ハ其ノ收入ニ對シ營業稅附加稅、營業收益稅附加稅又ハ所得稅附加稅賦課ノ步合ヲ定メタルモノアルトキハ其ノ步合ニ依ル本稅額ヲ以テ其ノ府縣ニ於ケル本稅額ト看做ス

第四十一條　鑛區（砂鑛區域ヲ含ム以下之ニ同ジ）ガ市町村ノ內外ニ渉ル場合ニ於テ鑛區稅（砂鑛區稅ヲ含ム）ノ附加稅ヲ賦課セントスルトキハ鑛區ノ屬スル地表ノ面積ニ依リ其ノ本稅額ヲ分割シ其ノ一部ニノミ賦課スベシ

2　市町村ノ內外ニ於テ鑛業ニ關スル事務所其ノ他ノ營業所ヲ設ケタル場合ニ於テ鑛產稅ノ附加稅ヲ賦課セントスルトキハ前條ノ例ニ依ル、鑛區ガ營業所所在ノ市町村ノ

內外ニ涉ル場合亦同ジ

第四十二條　住所滯在ガ市町村ノ內外ニ涉ル者ノ收入ニシテ土地家屋物件又ハ營業所ヲ設ケタル營業ヨリ生ズル收入ニ非ザルモノニ對シ市町村稅ヲ賦課セントスルトキハ其ノ收入ヲ平分シ其ノ一部ニノミ賦課スベシ

2 前項ノ住所又ハ滯在ガ其ノ時ヲ異ニシタルトキハ納稅義務ノ發生シタル翌月ノ初メヨリ其ノ消滅シタル月ノ終迄月割ヲ以テ賦課スベシ但シ賦課後納稅義務者ノ住所又ハ滯在ニ異動ヲ生ズルモ賦課額ハ變更セズ其ノ新ニ住所ヲ有シ又ハ滯在スル市町村ニ於テハ賦課ナキ部分ニノミ賦課スベシ

3 住所滯在ガ同一府縣內ノ市町村ノ內外ニ涉ル者其ノ住所又ハ滯在ノ時ヲ異ニシタル場合ニ於テ其ノ者ニ對シ戶數割附加稅ヲ賦課セントスルトキハ前項ノ規定ヲ準用スベシ

第四十三條　市町村稅ヲ徵收セントスルトキハ市町村長ハ徵稅令書ヲ納稅人ニ交付スベシ

第四十四條　徵稅令書ヲ受ケタル納稅人納期內ニ稅金ヲ完納セザルトキハ市町村長ハ直ニ督促狀ヲ發スベシ

第四十五條　督促ヲ爲シタル場合ニ於テハ一日ニ付稅金額ノ萬分ノ四以內ニ於テ市町村ノ定ムル割合ヲ以テ納期限ノ翌日ヨリ稅金完納又ハ財產差押ノ日ノ前日迄ノ日數ニ依リ計算シタル延滯金ヲ徵收スベシ但シ左ノ各號ノ一ニ該當スル場合又ハ滯納ニ付市町村長ニ於テ酌量スベキ情狀アリト認ムルトキハ此ノ限ニ在ラズ

一　令書一通ノ稅金額五圓未滿ナルトキ

二　納期ヲ繰上ゲ徴收ヲ爲ストキ

三　納税者ノ住所及居所ガ帝國内ニ在ラザル爲又ハ共ニ不明ナル爲公示送達ノ方法ニ依リ納税ノ命令又ハ督促ヲ爲シタルトキ

2 督促狀ノ指定期限迄ニ税金及督促手數料ヲ完納シタルトキハ延滯金ハ之ヲ徴收セズ

第四十六條　納税人左ノ場合ニ該當スルトキハ徴税令書ヲ交付シタル市町村税ニ限リ納期前ト雖モ之ヲ徴收スルコトヲ得

一　國税徴收法ニ依ル滯納處分ヲ受クルトキ

二　强制執行ヲ受クルトキ

三　破産ノ宣告ヲ受ケタルトキ

四　競賣ノ開始アリタルトキ

五　法人ガ解散ヲ爲シタルトキ

六　納税人脫税又ハ逋税ヲ謀ルノ所爲アリト認ムルトキ

第四十六條ノ二　相續人又ハ相續財團ハ被相續人ニ對シ相續開始前ノ事實ニ付賦課セラルベキ市町村税ヲ納ムル義務ヲ負フ但シ戸主ノ死亡以外ノ原因ニ依リ家督相續ノ開始アリタルトキハ被相續人モ亦之ヲ納ムル義務ヲ負フ（昭和四年六月勅令第百八十六號新設）

2 國籍喪失ニ因ル相續人又ハ限定承認ヲ爲シタル相續人ハ相續ニ因リテ得タル財産ヲ限度トシテ前項ノ義務ヲ負フ

第四十七條　相續開始ノ場合ニ於テハ市町村税、督促手數料、延滯金及滯納處分費ハ相續財團又ハ相續人ヨリ之ヲ徴收スベシ但シ戸主ノ死亡以外ノ原因ニ依リ家督相續ノ

（改一）

開始アリタルトキハ被相續人ヨリモ之ヲ徴收スルコトヲ得

2 國籍喪失ニ因ル相續人又ハ限定承認ヲ爲シタル相續人ハ相續ニ因リテ得タル財產ヲ限度トシテ市町村税、督促手數料、延滯金及滯納處分費ヲ納付スルノ義務ヲ有ス

3 法人合併ノ場合ニ於テハ合併ニ因リ消滅シタル法人ノ納付スベキ市町村税、督促手數料、延滯金及滯納處分費ハ合併後存續スル法人又ハ合併ニ因リ設立シタル法人ヨリ之ヲ徴收スベシ

第四十八條　共有物、共同事業、共同事業ニ因リ生ジタル物件又ハ共同行爲ニ係ル市町村税、督促手數料、延滯金及滯納處分費ハ納稅者連帶シテ其ノ義務ヲ負擔ス

第四十九條　同一年度ノ市町村税ニシテ既納ノ稅金過納ナルトキハ爾後ノ納期ニ於テ徴收スベキ同一稅目ノ稅金ニ充ツルコトヲ得

2 地租附加稅ト特別地稅又ハ其ノ附加稅ハ之ヲ同一稅目ト看做シ前項ノ規定ヲ適用ス

（昭和六年八月勅令第二百十二號追加）

第五十條　納稅義務者納稅地ニ住所又ハ居所ヲ有セザルトキハ納稅ニ關スル事項ヲ處理セシムル爲納稅管理人ヲ定メ市町村長ニ申告スベシ其ノ納稅管理人ヲ變更シタルトキ亦同ジ

第五十一條　徴稅令書、督促狀及滯納處分ニ關スル書類ハ名宛人ノ住所又ハ居所ニ送達ス名宛人ガ相續財團ニシテ財產管理人アルトキハ財產管理人ノ住所又ハ居所ニ送達ス

2 納稅管理人アルトキハ納稅ノ告知及督促ニ關スル書類ニ限リ其ノ住所又ハ居所ニ送

達ス

第五十二條　書類ノ送達ヲ受クベキ者ガ其ノ住所若ハ居所ニ於テ書類ノ受取ヲ拒ミタルトキ又ハ其ノ者ノ住所及居所ガ帝國內ニ在ラザルトキ若ハ共ニ不明ナルトキハ書類ノ要旨ヲ公告シ公告ノ初日ヨリ七日ヲ經過シタルトキハ書類ノ送達アリタルモノト看做ス

（改一）

第五十三條　市町村ハ內務大臣及大藏大臣ノ指定シタル市町村税ニ付テハ其ノ徵收ノ便宜ヲ有スル者ヲシテ之ヲ徵收セシムルコトヲ得

2　前項ノ市町村税ノ徵收ニ付テハ第四十三條ノ規定ニ依ラザルコトヲ得

第五十四條　前條第一項ノ規定ニ依リ市町村税ヲ徵收セシムル場合ニ於テハ納税人ハ其ノ税金ヲ徵收義務者ニ拂込ムニ依リテ納税ノ義務ヲ了ス

第五十五條　第五十三條第一項ノ規定ニ依ル徵收義務者ハ徵收スベキ市町村税ヲ市町村長ノ指定シタル期日迄ニ市町村ニ拂込ムベシ、其ノ期日迄ニ拂込マザルトキハ市町村長ハ相當ノ期限ヲ指定シ督促狀ヲ發スベシ

第五十六條　市町村ハ前條ノ徵收ノ費用トシテ拂込金額ノ百分ノ四ヲ徵收義務者ニ交付スベシ

第五十七條　第五十三條第一項ノ規定ニ依ル徵收義務者避クベカラザル災害ニ依リ既收ノ税金ヲ失ヒタルトキハ其ノ税金拂込義務ノ免除ヲ市町村長ニ申請スルコトヲ得

2　市町村長前項ノ申請ヲ受ケタルトキハ七日以內ニ市參事會又ハ町村會ノ決定ニ付スベシ市參事會又ハ町村會ハ其ノ送付ヲ受ケタル日ヨリ三月以內ニ之ヲ決定スベシ

3前項ノ決定ニ不服アル者ハ府縣參事會ニ訴願シ其ノ裁決又ハ第四項ノ裁決ニ不服アル者ハ内務大臣ニ訴願スルコトヲ得
4第二項ノ決定ニ付テハ市町村長ヨリモ訴願ヲ提起スルコトヲ得
5前二項ノ裁決ニ付テハ市町村長又ハ府縣知事ヨリモ内務大臣ニ訴願スルコトヲ得
6府縣參事會訴願ヲ受理シタルトキハ其ノ日ヨリ三月以内ニ之ヲ裁決スベシ
7市制第百六十條第一項乃至第三項又ハ町村制第百四十條第一項乃至第三項ノ規定ハ第三項乃至第五項ノ訴願ニ之ヲ準用ス
8第二項ノ決定ハ文書ヲ以テ之ヲ爲シ其ノ理由ヲ附シ之ヲ本人ニ交付スベシ
第五十八條　第四十五條乃至第四十八條ノ規定ハ第五十三條第一項ノ規定ニ依リ市町村税ヲ徵收セシムル場合ノ拂込金ニ之ヲ準用ス

第七章　市町村ノ監督

第五十九條　左ニ掲グル事件ハ内務大臣ノ許可ヲ受クベシ（昭和四年六月勅令第八十六號本條改正）
一　市町村會議員ノ定數增減ニ關スル條例（著シク人口ノ增減アリタルニ因ル町村會議員ノ定數增減ニ關スル條例ヲ除ク）ヲ設ケ又ハ改正スルコト
二　市會議員選擧區ニ關スル條例ヲ設ケ又ハ改正スルコト
三　町村制第四十五條第三項ノ規定ニ依リ議長及其ノ代理者ヲ置クコトニ關スル條例ヲ設クルコト
四　名譽職市長又ハ市參與ヲ置クコトニ關スル條例ヲ設ケ又ハ改正スルコト
第五十九條ノ二　左ニ掲グル事件ハ内務大臣及大藏大臣ノ許可ヲ受クベシ（昭和四年六

月勅令第百八十六號新設、八年十月同第二百八十六號ヲ以テ本項但書及第四號削除）

一　水道（大正十年勅令第三百三十一號第一號ニ該當スルモノヲ除ク）、電氣、瓦斯、鐵道、軌道及自動車竝ニ中央卸賣市場法ニ依ル市場ノ使用料ニ關スルコト（昭和八年十月勅令第二百八十六號改正）

二　特別税段別割ヲ除クノ外特別税ヲ新設シ又ハ變更スルコト

三　据置期間ヲ通ジ償還期限二年度ヲ超ユル市町村債及借入ノ翌年度ニ於テ借入金ヲ以テ償還スル市町村債ニ關スルコト（昭和八年十月勅令第二百八十六號改正）

2前項第三號ニ掲グル事件ト雖モ左ニ掲グルモノニ付テハ前項ノ規定ヲ適用セズ（同上追加）

一　傳染病豫防費又ハ急施ヲ要スル災害復舊工事費ニ充ツル爲借入ルル市町村債

二　小學校舍ノ建築、增築、改築共ノ他小學校設備ノ費用ニ充ツル爲借入ルル市町村債ニシテ据置期間ヲ通ジ償還期限十年度ヲ超エザルモノ

三　前二號ニ掲グル市町村債ノ起債ノ方法、利息ノ定率又ハ償還方法ノ變更

四　市町村債又ハ市町村債ノ起債ノ方法、利息ノ定率若ハ償還方法ノ變更ニシテ内務大臣及大藏大臣ノ指定スルモノ

第六十條　左ニ掲グル事件ハ監督官廳ノ許可ヲ受クルコトヲ要セズ（昭和四年六月勅令第百八十六號改正）

一　耕地整理又ハ區劃整理ノ爲市町村又ハ市制第六條ノ市ノ區ノ境界ヲ變更スルコト但シ關係アル市町村會又ハ區會ニ於テ意見ヲ異ニスルトキハ此ノ限ニ在ラズ（同上）

二　所屬未定地ヲ市町村又ハ市制第六條ノ市ノ區ノ區域ニ編入スルコト但シ關係アル市町村會又ハ區會ニ於テ意見ヲ異ニスルトキハ此ノ限ニ在ラズ（同上）

三　公告式、印鑑、書類送達、諸證明、市町村ノ一部ノ區會又ハ區總會ニ關スル條例ヲ設ケ又ハ改廢スルコト（同上）

四　公會堂、公園、水族館、動物園、植物園、鑛泉、浴場、共同宿泊所、消毒所、産婆、胞衣及産穢物燒却場、幼兒哺育場、商品陳列所、勸業館、農業倉庫、殺蛹乾燥場、種畜、牛馬種付所、斃獸解剖場、獸醫、上屋、荷揚場、貯木場、土砂採取場、石材採取場、農具ノ管理及使用竝ニ使用料ニ關スル條例ヲ設ケ又ハ改廢スルコト（同上）

五　手數料、加入金、延滯金及積立金穀等ニ關スル條例ヲ設ケ又ハ改廢スルコト（同上）

六　府縣費ノ全部ノ分賦ヲ受クル市ニ於テ特別稅特別地稅又ハ大正十五年勅令第三百三十九號第十七條第一項ニ掲グル種類ト同種類ノ特別稅ノ賦課ニ關スル條例ヲ設ケ又ハ改正スルコト但シ特別稅特別地稅ニ付テハ大正十五年勅令第百四十三號ニ依リ府縣知事ニ於テ許可スル課稅ノ限度ヲ超ユルモノ及新ニ漁業ニ對シ特別稅ヲ賦課シ又ハ其ノ賦課率若ハ賦課方法ヲ變更スルモノニ付テハ此ノ限ニ在ラズ（昭和二年三月勅令第三十八號改正）

七　特別稅戶數割ヲ新設シ又ハ變更スルコト及之ニ關スル條例ヲ設ケ又ハ改正スルコト（同上追加、昭和四年六月同第百八十六號改正）

八　使用料、特別稅又ハ委員ニ關スル條例ヲ廢止スルコト（昭和四年六月勅令第百八十六號追加）

九　三年度ヲ超エザル繼續費ヲ定メ又ハ其ノ年期內ニ於テ之ヲ變更スルコト（改六）

十　繼續費ヲ減額スルコト
十一　市町村債ノ借入額ヲ減少シ又ハ利息ノ定率ヲ低減スルコト（同上改正）
十二　市町村債ノ借入先ヲ變更シ又ハ債券發行ノ方法ニ依ル市町村債ヲ其ノ他ノ方法ニ依ル市町村債ニ變更シ若ハ債券發行ノ方法ニ依ラザル市町村債ヲ債券發行ノ方法ニ依ル市町村債ニ變更スルコト（昭和八年十月勅令第二百八十六號改正）
十三　市町村債ノ償還年限ヲ短縮シ又ハ其ノ償還年限ヲ延長セズ且利息ノ定率ヲ高メズシテ借替ヲ爲シ若ハ繰上償還ヲ爲スコト但シ外資ニ依リタル市町村債ノ借替又ハ外資ヲ以テスル借替ニ付テハ此ノ限ニ在ラズ（同上）
十四　市町村債ノ償還年限ヲ延長セズシテ不均等償還ヲ元利均等償還ニ變更シ又ハ年度内ノ償還期若ハ償還期數ヲ變更スルコト
十五　府縣ノ基金若ハ資金又ハ市町村ニ轉貸ノ爲主務大臣ノ許可ヲ得テ借入レタル府縣債ノ收入金ヨリ借入ルル市町村債ヲ起シ及其ノ起債ノ方法、利息ノ定率又ハ償還方法ヲ變更スルコト（昭和八年十月勅令第二百八十六號追加）
十六　市町村債ニ關スル條例ヲ設ケ又ハ改廢スルコト（昭和四年勅令第百八十六號追加、八年十月同第二百八十六號ヲ以テ號順位繰下ゲ）

第八章　市制第六條ノ市ノ區

第六十一條　府縣知事ハ市會ノ意見ヲ徵シ府縣參事會ノ議決ヲ經テ市條例ヲ設定シ新ニ區會ヲ設クルコトヲ得

第六十二條　區內ニ住所ヲ有スル市公民ハ總テ區會議員ノ選擧權ヲ有ス但シ公民權停止中ノ者又ハ市制第十一條ノ規定ニ該當スル者ハ此ノ限ニ在ラズ

第六十三條　區會議員ノ選擧權ヲ有スル市公民ハ區會議員ノ被選擧權ヲ有ス

2在職ノ檢事、警察官吏及收稅官吏ハ被選擧權ヲ有セズ

3選擧事務ニ關係アル官吏及市ノ有給吏員ハ其ノ關係區域內ニ於テ被選擧權ヲ有セズ

4市ノ有給ノ吏員敎員其ノ他ノ職員ニシテ在職中ノ者ハ其ノ所屬區ノ區會議員ト相兼ヌルコトヲ得ズ

第六十四條　區會議員ハ市ノ名譽職トス

2議員ノ任期ハ四年トシ總選擧ノ日ヨリ之ヲ起算ス

3議員ノ定數ニ異動ヲ生ジタル爲解任ヲ要スル者アルトキハ區長抽籤シテ之ヲ定ム但シ闕員アルトキハ其ノ闕員ヲ以テ之ニ充ツベシ

4前項但書ノ場合ニ於テ闕員ノ數解任ヲ要スル者ノ數ニ滿チザルトキハ其ノ不足ノ員數ニ付區長抽籤シテ解任スベキ者ヲ定メ闕員ノ數解任ヲ要スル者ノ數ヲ超ユルトキハ解任ヲ要スル者ニ充ツベキ闕員ハ最モ先ニ闕員ト爲リタル者ヨリ順次之ニ充テ闕員ト爲リタル時同ジキトキハ區長抽籤シテ之ヲ定ム

5議員ノ定數ニ異動ヲ生ジタル爲新ニ選擧セラレタル議員ハ總選擧ニ依リ選擧セラレタル議員ノ任期滿了ノ日迄在任ス

第六十五條　區會ノ組織及區會議員ノ選擧ニ關シテハ前數條ニ定ムルモノノ外市制第十三條、第十七條及第二十條乃至第三十九條竝ニ本令第七條乃至第二十條ノ規定ヲ準用ス但シ市制第十三條第四項ノ規定ノ準用ニ依ル市條例ノ設定ニ付テハ市ハ區會ノ意見ヲ徵スベク、市制第三十二條及第三十四條ノ規定ノ準用ニ依ル報告ハ市長ヲ

經テ之ヲ爲スベシ
第六十六條 第三章及第四章ノ規定ハ市制第三十九條ノ二ノ區ノ區會議員選擧ニ之ヲ準用ス
第六十七條 區會ノ職務權限ニ關シテハ市會ノ職務權限ニ關スル規定ヲ準用ス
2 區長ト區會トノ關係ニ付テハ市長ト市會トノ關係ニ關スル規定及市制第九十二條ノ規定ヲ準用ス
第六十八條 區會ヲ設ケザル區ニ於テハ區會ノ職務ハ市會之ヲ行フ
第六十九條 市ハ區會ノ意見ヲ徵シ區ノ營造物ニ關シ市條例又ハ市規則ヲ設クルコトヲ得
2 市制第百二十九條ノ規定ハ前項ノ場合ニ之ヲ準用ス
3 區ハ前二項ノ市條例ノ定ムル所ニ依リ區ノ營造物ノ使用ニ付使用料ヲ徵收シ又ハ過料ヲ科スルコトヲ得
第七十條 區ハ其ノ財產及營造物ニ關シ必要ナル費用ヲ支辨スル義務ヲ負フ
2 前項ノ支出ハ區ノ財產ヨリ生ズル收入、使用料其ノ他法令ニ依リ區ニ屬スル收入ヲ以テ之ニ充テ仍不足アルトキハ市ハ其ノ區ニ於テ特ニ賦課徵收スル市稅ヲ以テ之ニ充ツベシ
3 前項ノ市稅ニ付市會ノ議決スベキ事項ハ區會之ヲ議決ス但シ市ノ定メタル制限ヲ超ユルコトヲ得ズ
4 市制第九十八條第四項ノ規定ニ依リ市ノ負擔スル費用ニ付テハ前二項ノ規定ヲ準用ス

第七十一條　前數條ニ定ムルモノノ外區ニ關シテハ市制第百十四條、第百十五條、第百三十條第二項乃至第六項、第百三十一條第一項、第二項、第四項乃至第八項及第百三十三條乃至第百四十三條竝ニ本令第一條乃至第四條ノ規定ヲ準用ス但シ第百三十條第三項中市參事會トアルハ區會、第百四十一條第二項中名譽職參事會員トアルハ區會議員トス

2　前項ノ規定ニ依リ市制第百三十一條第一項ノ規定ヲ準用スル場合ニ於テハ市ハ區會ノ意見ヲ徵シ市條例ヲ定メ區ヲシテ手數料ヲ徵收セシムルコトヲ得

第七十二條　區ノ監督ニ付テハ市ノ監督ニ關スル規定ヲ準用ス

第九章　雜　則

第七十三條　市町村組合又ハ町村組合ニ關シテハ第一條乃至第四條ノ規定ニ拘ラズ組合規約ニ於テ別段ノ定ヲ爲スコトヲ得

第七十四條　本令中府縣、府縣知事又ハ府縣參事會ニ關スル規定ハ北海道ニ付テハ各北海道、北海道廳長官又ハ北海道參事會ニ、本令第一章中町村長又ハ町村條例ニ關スル規定ハ北海道ニ付テハ各町村長又ハ町村條例ニ準ズベキモノニ之ヲ適用ス

2　北海道二級町村ノ區域ノ境界ニ涉リ市ノ設置又ハ境界變更アリタル場合ニ於テ新ニ市ノ區域ニ屬シタル地域ニ關シ必要ナル選擧人名簿ハ其ノ地域ノ新ニ屬シタル市ノ市長之ヲ調製スベシ（昭和三年十一月勅令第二百六十號追加）

3　前項ノ選擧人名簿ニ關シ市制第二十一條乃至第二十一條ノ五ニ規定スル期日又ハ期

間ニ依リ難キトキハ北海道廳長官ニ於テ其ノ期日又ハ期間ヲ定ムベシ但シ其ノ選擧人名簿ハ次ノ選擧人名簿確定迄其ノ效力ヲ有ス（同上）

4 前項ノ規定ニ依リ期日又ハ期間ヲ定メタルトキハ北海道廳長官ハ直ニ之ヲ告示スベシ（同上）

5 市ノ區域ノ境界ニ渉リ北海道二級町村ノ設置又ハ境界變更アリタル場合ニ於テハ市長ハ其ノ市ニ於ケル選擧人名簿中新ニ町村ノ區域ニ屬シタル區域ニ係ル部分ヲ抹消スベシ（同上）

附　則

1 本令中公民權及議員選擧ニ關スル規定ハ次ノ總選擧ヨリ、其ノ他ノ規定ハ大正十五年七月一日ヨリ之ヲ施行ス

2 左ノ勅令ハ之ヲ廢止ス

明治四十四年勅令第二百四十號　明治四十四年勅令第二百四十一號
明治四十四年勅令第二百四十四號　明治四十四年勅令第二百四十五號
明治四十四年勅令第二百四十八號　大正九年勅令第百六十八號
大正十年勅令第四百十二號

3 從前ノ規定ニ依ル手續其ノ他ノ行爲ハ本令ニ別段ノ規定アル場合ヲ除クノ外之ヲ本令ニ依リ爲シタルモノト看做ス

4 大正十年勅令第四百十二號第二條ノ規定ニ依リ爲シタル許可ノ申請ニシテ大正十五年六月三十日迄ニ許可ヲ得ザルモノハ之ヲ本令第五十九條ノ規定ニ依リ府縣知事ニ

爲シタル許可ノ申請ト看做ス

5 大正十五年市制中改正法律又ハ同年町村制中改正法律中選擧ニ關スル規定ノ施行セラレタル市町村及未ダ施行セラレザル市町村ノ區域ノ境界ニ涉リ市町村ノ廢置分合又ハ境界變更アリタル場合ニ於テ右選擧ニ關スル規定ノ施行セラレザリシ市町村ノ區域ニ屬シタル地域ニ關シ必要ナル選擧人名簿ハ其ノ地域ノ新ニ屬シタル市町村ノ市町村長之ヲ調製スベシ、此ノ場合ニ於テハ大正十五年市制中改正法律附則第二項又ハ同年町村制中改正法律附則第四項ノ例ニ依ル

6 明治四十四年勅令第二百四十五號第四條又ハ大正九年勅令第百六十八號第四條ノ規定ニ依リ爲シタル決定又ハ裁決ニ對スル訴願又ハ訴訟ノ提起期間ハ決定又ハ裁決アリタル日ノ翌日ヨリ之ヲ起算ス

7 從前市町村長ニ爲シタル申請ニシテ大正十五年六月三十日迄ニ市參事會又ハ町村會ノ決定ニ付セラレザルモノニ付テハ第五十七條第二項ノ期間ハ同年七月一日ヨリ之ヲ起算ス

8 從前市參事會若ハ町村會ノ決定ニ付セラレタル申請又ハ府縣參事會ニ於テ受理シタル訴願ニシテ大正十五年六月三十日迄ニ決定又ハ裁決ナキモノニ付テハ第三十六條第三項竝ニ第五十七條第二項及第六項ノ期間ハ同年七月一日ヨリ之ヲ起算ス

9 本令ニ依リ初メテ區會議員ヲ選擧スル場合ニ於テ必要ナル選擧人名簿ニ關シ市制第二十一條乃至第二十一條ノ五ノ規定ノ準用ニ依ル期日又ハ期間ニ依リ難キトキハ命令ヲ以テ別ニ其ノ期日又ハ期間ヲ定ム但シ其ノ選擧人名簿ハ次ノ選擧人名簿確定迄

其ノ效力ヲ有ス

10 本令中公民權及議員選擧ニ關スル規定施行ノ際大正十五年府縣制中改正法律中議員選擧ニ關スル規定若ハ同年市制中改正法律中公民權及議員選擧ニ關スル規定又ハ同年勅令第三號衆議院議員選擧法施行令未ダ施行セラレザル場合ニ於テハ本令ノ適用ニ付テハ同規定又ハ同令ハ既ニ施行セラレタルモノト看做ス

附　則（昭和二年三月三十一日勅令第三十八號）

本令ハ昭和二年度分ヨリ之ヲ適用ス

附　則（昭和三年十一月一日勅令第二百六十號）

1 本令ハ公布ノ日ヨリ之ヲ施行ス

2 昭和二年勅令第二百六十九號北海道一級町村制中公民權及議員選擧ニ關スル規定ノ未ダ施行セラレザル一級町村ノ區域ノ境界ニ渉リ市ノ設置又ハ境界變更アリタル場合ニ於テ其ノ異動アリタル地域ニ係ル市會議員選擧人名簿ニ付テハ第七十四條第二項乃至第五項ノ例ニ依ル

附　則（昭和四年六月十九日勅令第百八十六號）

本令ハ昭和四年七月一日ヨリ之ヲ施行ス

附　則（昭和六年八月十一日勅令第二百十二號）

本令ハ昭和六年度分ヨリ之ヲ適用ス

附　則（昭和八年十月勅令第二百八十六號）

本令ハ公布ノ日ヨリ之ヲ施行ス

別表

點字

（右側ノ記載ハ各點字ノ發音ヲ示スモノトス）

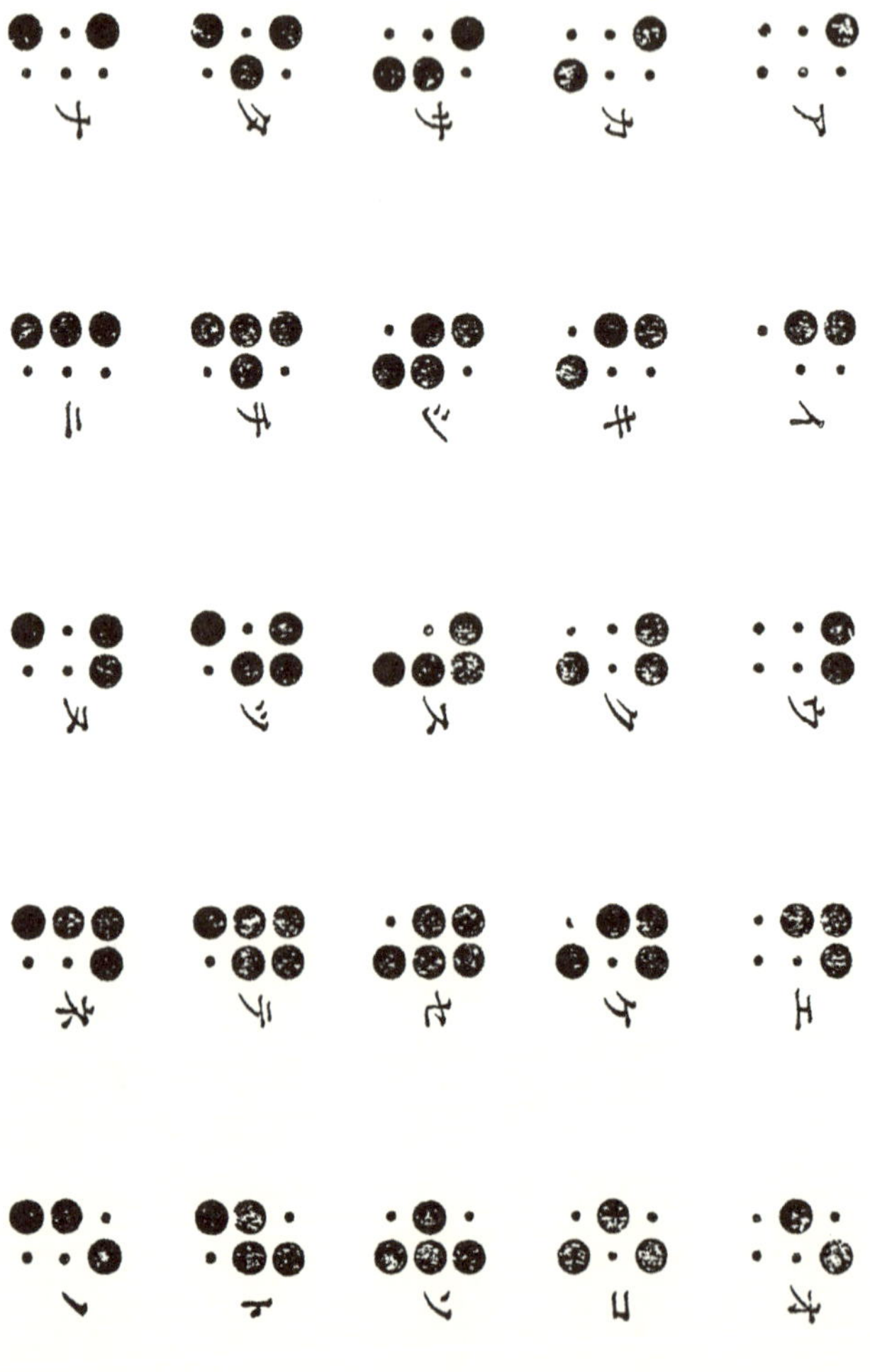

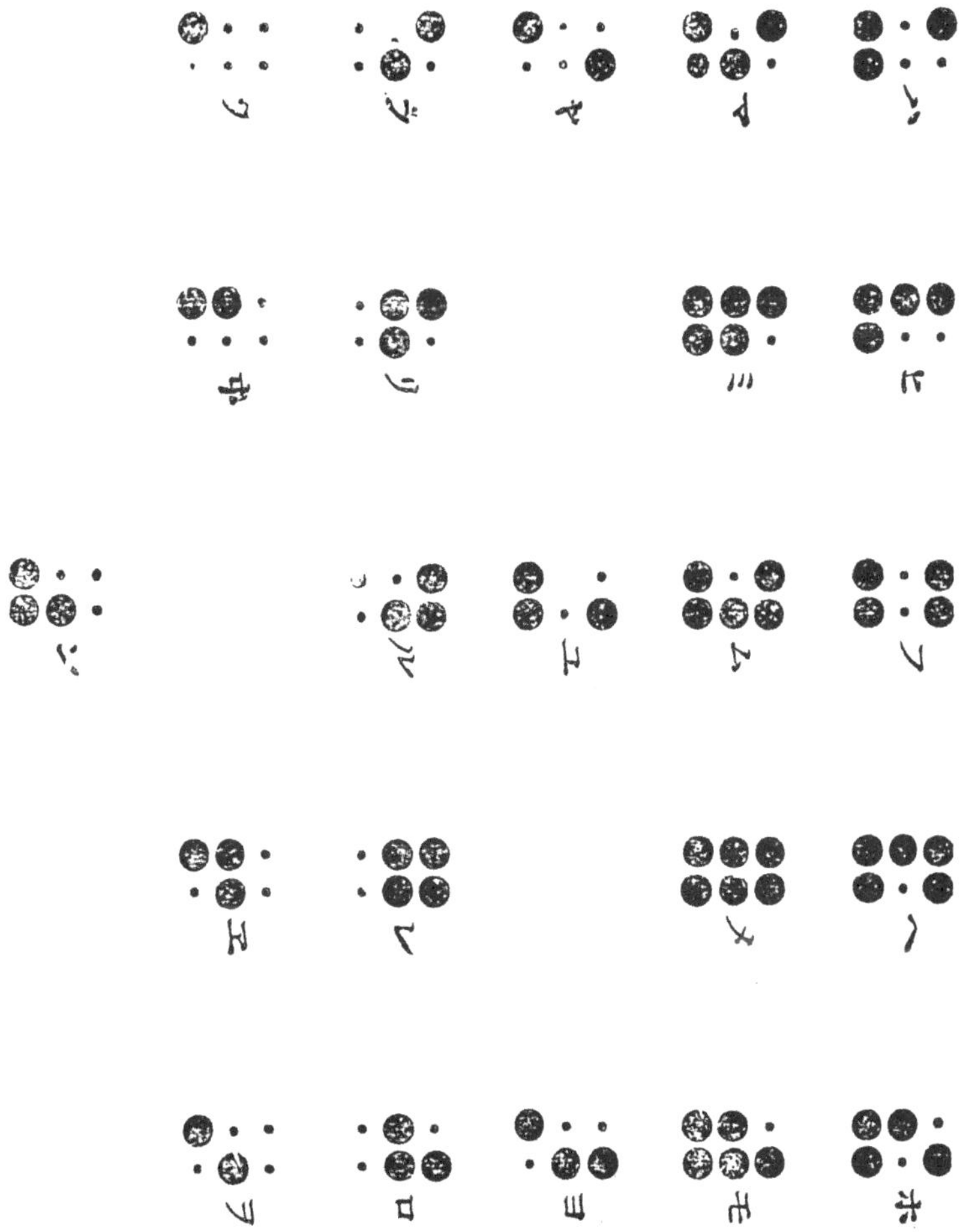
ハ
ヒ
フ
ヘ
ホ
マ
ミ
ム
メ
モ
ヤ
ユ
ヨ
ラ
リ
ル
レ
ロ
ワ
ヰ
ヱ
ヲ
ン

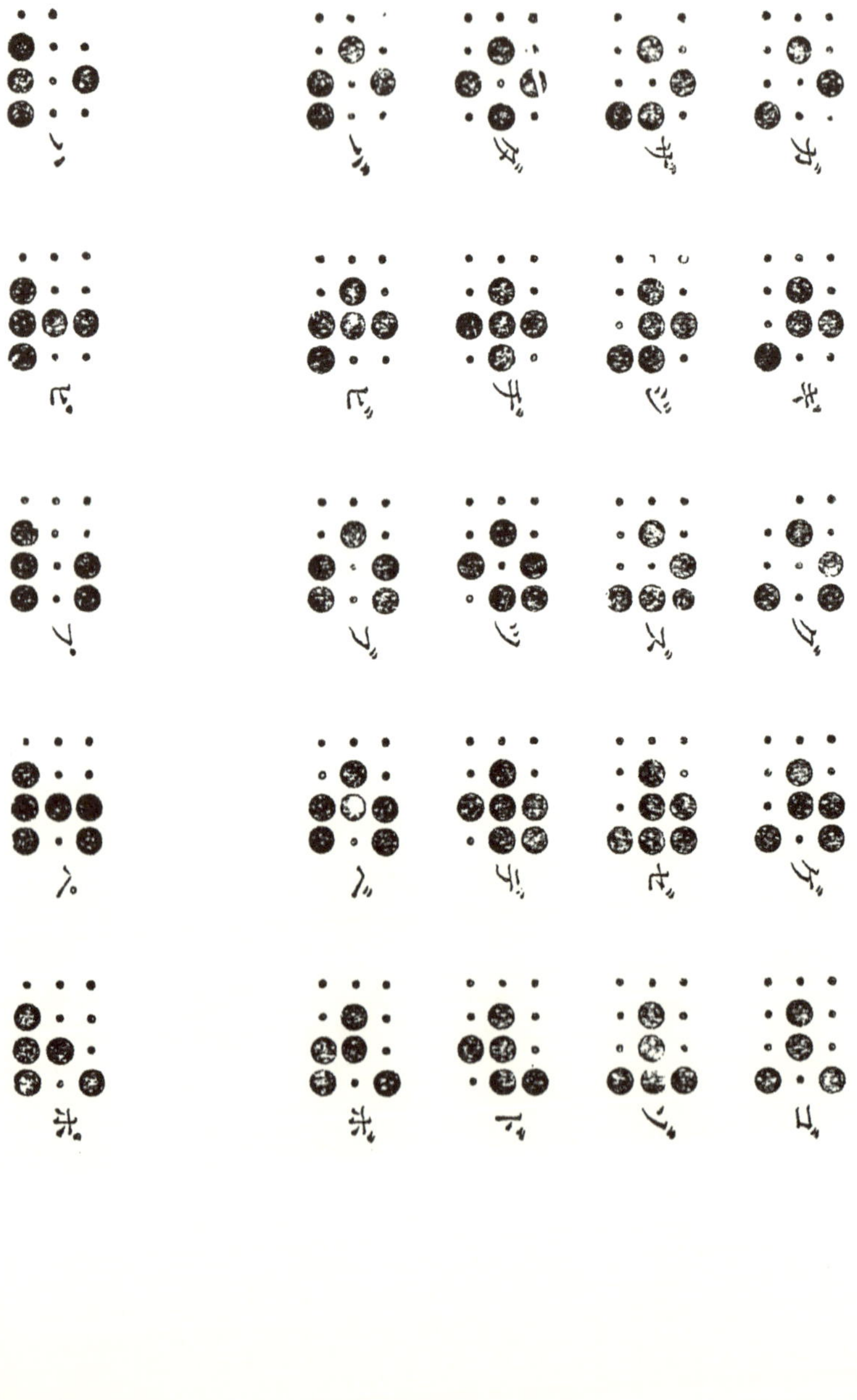
ガ
ギ
グ
ゲ
ゴ
ザ
ジ
ズ
ゼ
ゾ
ダ
ヂ
ヅ
デ
ド
バ
ビ
ブ
ベ
ボ
パ
ピ
プ
ペ
ポ

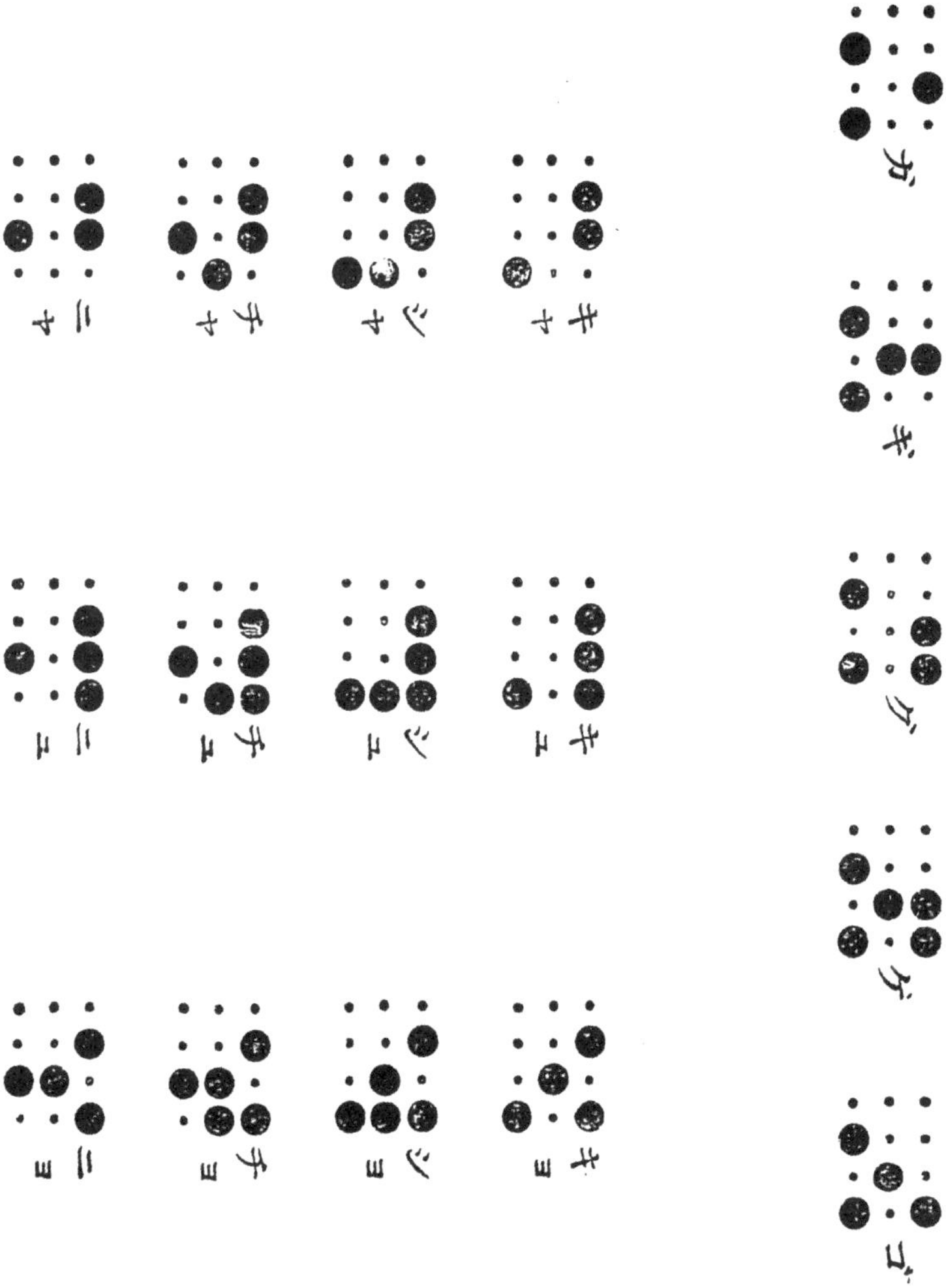
ガ
ギ
グ
ゲ
ゴ
キャ
キュ
キョ
シャ
シュ
ショ
チャ
チュ
チョ
ニャ
ニュ
ニョ

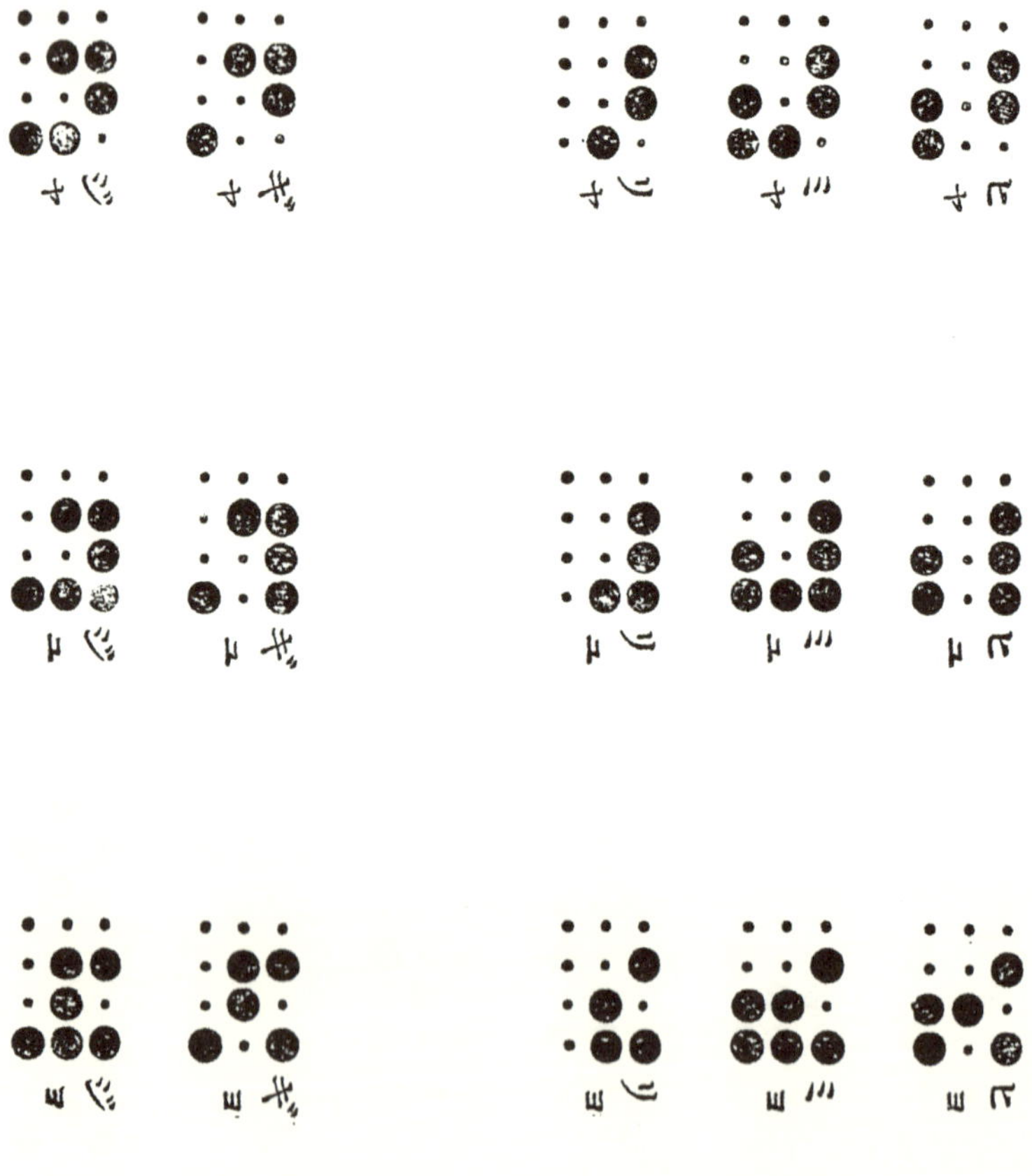
ヒャ
ミャ
リャ
ギャ
ジャ
ヒュ
ミュ
リュ
ギュ
ジュ
ヒョ
ミョ
リョ
ギョ
ジョ

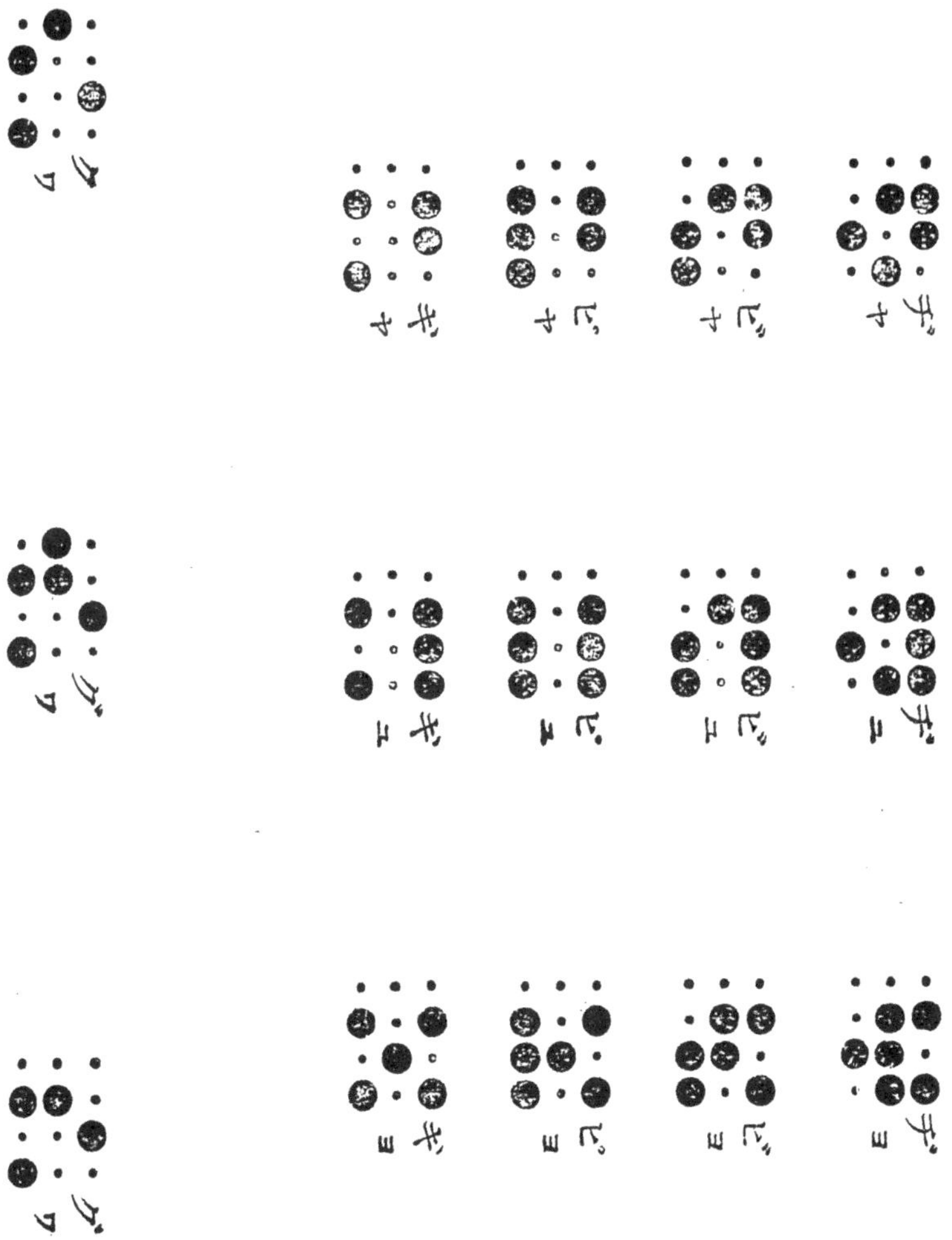
クヮ
グヮ
グヮ
ヂャ
ビャ
ピャ
ギャ
ヂュ
ビュ
ピュ
ギュ
ヂョ
ビョ
ピョ
ギョ

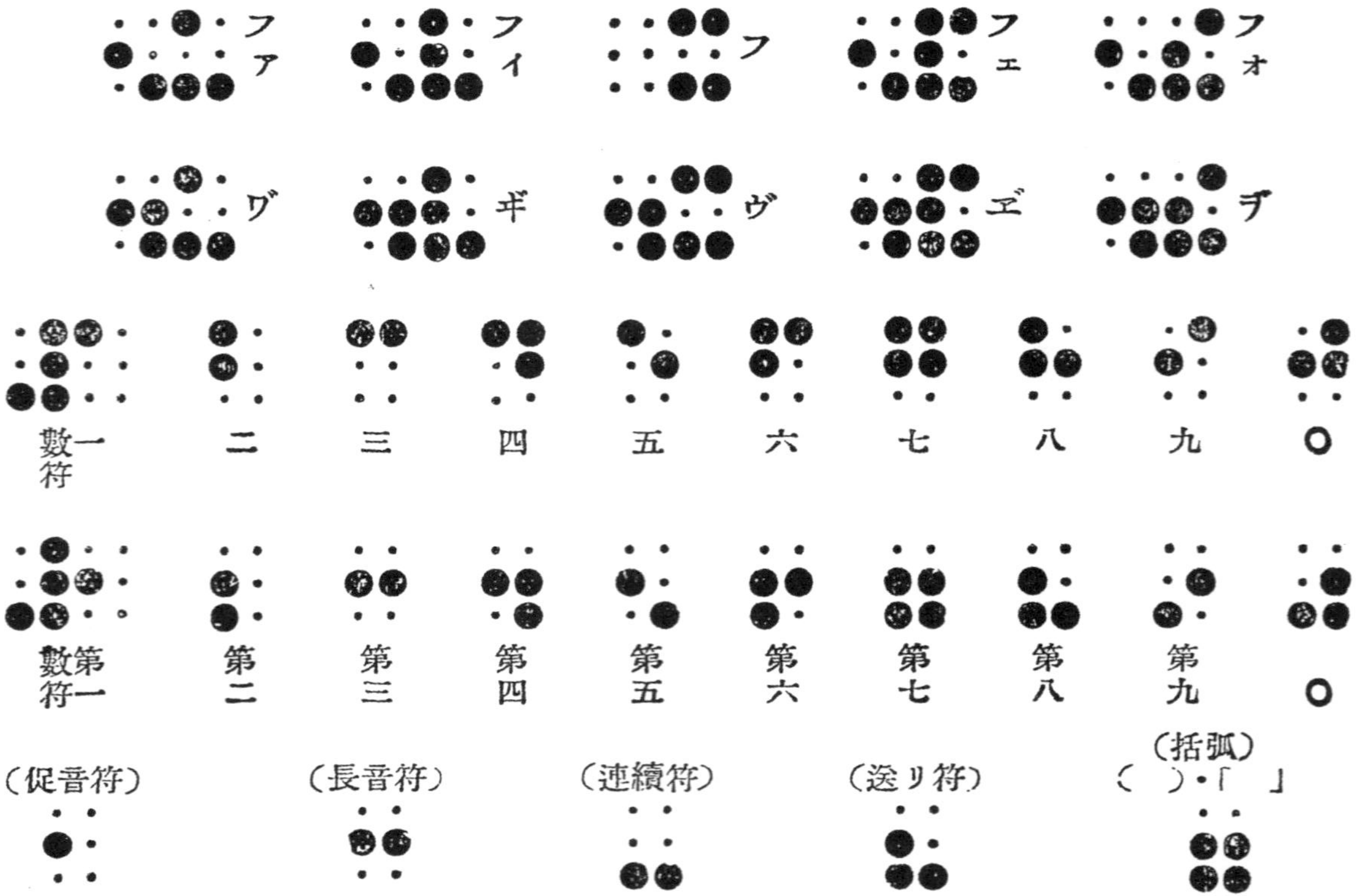
ファ
フィ
フ
フェ
フォ
ヷ
ギ
ヴ
ヹ
ヺ
數符一
二
三
四
五
六
七
八
九
〇
數符第一
第二
第三
第四
第五
第六
第七
第八
第九
〇
(促音符)
(長音符)
(連續符)
(送リ符)
(括弧)
(　)・「　」

◉市制町村制施行規則（大正十五年六月二十四日内務省令第十九號）

改正（昭和三年十一月内務省令第三十九號、四年一月同第一號、同年六月同第二十二號、五年五月同第二十一號、六年八月十一日同第二十一號）

第一章　市町村會議員ノ選擧

第一條　市制町村制ニ規定セル市區町村ノ人口ハ内閣ニ於テ官報ヲ以テ公示シタル最近ノ人口ニ依ル

2 前項公示ノ人口現在ノ日以後ニ於テ市區町村ノ廢置分合、境界變更ヲ爲シ又ハ所屬未定地ヲ市區町村ノ區域ニ編入シタルトキハ關係市區町村ノ人口ハ左ノ區別ニ依リ府縣知事ノ告示シタル人口ニ依ル但シ市區町村ノ境界變更又ハ所屬未定地編入ノ地域ニ現住者ナキトキハ此ノ限ニ在ラズ

一　一市區町村若ハ數市區町村ノ全部ノ區域ヲ以テ一市區町村ヲ置キタル場合又ハ一市區町村若ハ數市區町村ノ全部ノ區域ヲ他ノ市區町村ノ區域ニ編入シタル場合ニ於テハ關係市區町村ノ人口又ハ之ヲ集計シタルモノ

二　前號以外ノ場合ニ於テハ當該市區町村ノ人口ヲ廢置分合又ハ境界變更アリタル日ノ現在ニ依リ府縣知事ノ調査シタル人口ニ按分シテ算出シタル當該地域ノ人口又ハ其ノ人口ヲ集計シタルモノ又ハ其ノ人口ヲ關係市區町村ノ人口ニ加算シ若ハ關係市區町村ノ人口ヨリ控除シタルモノ

三　所屬未定地ヲ市區町村ニ編入シタルトキハ編入ノ日ノ現在ニ依リ府縣知事ノ調

査シタル其ノ地域ノ人口ヲ關係市區町村ノ人口ニ加算シタルモノ

四　前三號ノ規定ニ依ル人口ノ告示アリタル日以後ニ於テ市區町村ノ廢置分合若ハ境界變更又ハ所屬未定地編入前ノ日ニ屬スル最近ノ人口ヲ內閣ニ於テ官報ヲ以テ公示アリタルトキハ更ニ其ノ公示ニ係ル人口ヲ基礎トシ前三號ノ規定ニ依リ算出シタルモノ

3前項ノ規定ハ市區町村ノ境界確定シタル場合ニ之ヲ準用ス

4前三項ノ人口中ニハ部隊艦船及監獄內ニ在リタル人員ヲ含マズ

第二條　市町村長（市制第六條ノ市ニ於テハ區長）投票立會人（又ハ開票立會人）ヲ選任シタルトキハ直ニ之ヲ投票分會長（又ハ開票分會長）ニ通知スベシ

第三條　市町村長（市制第六條ノ市ニ於テハ區長）必要アリト認ムルトキハ選擧會場入場券（又ハ投票分會場入場券）ヲ交付スルコトヲ得（昭和四年一月內務省令第一號改正）

2選擧長（又ハ投票分會長）必要アリト認ムルトキハ到著番號札ヲ選擧人ニ交付スルコトヲ得

第四條　投票記載ノ場所ハ選擧人ノ投票ヲ覗ヒ又ハ投票ノ交換其ノ他不正ノ手段ヲ用フルコト能ハザラシムル爲相當ノ設備ヲ爲スベシ

第五條　投票函ハ二重ノ蓋ヲ造リ各別ニ鎖鑰ヲ設クベシ

第六條　選擧長（又ハ投票分會長）ハ投票ヲ爲サシムルニ先チ選擧會場（又ハ投票分會場）ニ參會シタル選擧人ノ面前ニ於テ投票函ヲ開キ其ノ空虛ナルコトヲ示シタル後內蓋ヲ鎖スベシ

第七條 選擧長（又ハ投票分會長）ハ選擧立會人（又ハ投票立會人）ノ面前ニ於テ選擧人ヲ選擧人名簿（又ハ選擧人名簿ノ抄本）ニ對照シタル後投票用紙（假ニ投票ヲ爲サシムベキ選擧人ニ對シテハ併セテ封筒）ヲ交付スベシ

第八條 選擧人誤リテ投票ノ用紙又ハ封筒ヲ汚損シタルトキハ其ノ引換ヲ請求スルコトヲ得

第九條 投票ハ選擧長（又ハ投票分會長）及選擧立會人（又ハ投票立會人）ノ面前ニ於テ選擧人自ラ之ヲ投函スベシ

第十條 選擧人投票前選擧會場（又ハ投票分會場）外ニ退出シ又ハ退出ヲ命ゼラレタルトキハ選擧長（又ハ投票分會長）ハ投票用紙（交付シタル封筒アルトキハ併セテ封筒）ヲ返付セシムベシ

第十一條 投票ヲ終リタルトキハ選擧長（又ハ投票分會長）ハ投票函ノ内蓋ノ投票口及外蓋ヲ鎖シ其ノ内蓋ノ鑰ハ選擧立會人（投票分會ニ於テハ投票函ヲ送致スベキ投票立會人）之ヲ保管シ外蓋ノ鑰ハ選擧長（又ハ投票分會長）之ヲ保管スベシ

第十二條 投票函ハ其ノ閉鎖後選擧長（又ハ開票分會長）ニ送致ノ爲ノ外之ヲ會場外ニ搬出スルコトヲ得ズ

第十三條 投票ヲ點檢スルトキハ選擧長ハ選擧會ノ事務ニ從事スル者二人ヲシテ各別ニ同一被選擧人（市制第三十九條ノ二ノ市ニ於テハ議員候補者以下之ニ同ジ）ノ得票數ヲ計算セシムベシ

第十四條 前條ノ計算終リタルトキハ選擧長ハ各被選擧人ノ得票數ヲ朗讀スベシ

第十五條　前二條ノ規定ハ開票分會ヲ設ケタル場合ニ於ケル開票ニ之ヲ準用ス
2　開票分會ヲ設ケタル場合ニ於テハ選擧長ハ自ラ開票ヲ行ヒタル部分ニ付各被選擧人ノ得票數ヲ朗讀シタル後開票分會毎ニ各被選擧人ノ得票數ヲ朗讀シ終リニ各被選擧人ノ得票總數ヲ朗讀スベシ

第十六條　選擧長（又ハ開票分會長）ハ投票ノ有效無效ヲ區別シ各之ヲ封筒ニ入レ二人以上ノ選擧立會人（又ハ開票立會人）ト共ニ封印ヲ施スベシ
2　受理スベカラズト決定シタル投票ハ其ノ封筒ヲ開披セズ前項ノ例ニ依リ封印ヲ施スベシ

第十七條　市制第三十九條ノ二ノ市ノ市會議員選擧ニ付テハ府縣制施行規則第五條、第七條乃至第九條及第二十二條ノ規定ヲ準用ス

第十八條　市制第三十九條ノ二ノ市ノ市會議員選擧ニ付開票分會ヲ設ケタルトキハ選擧長ハ豫メ議員候補者ノ氏名、職業、住所、生年月日其ノ他必要ナル事項ヲ當該開票分會長ニ通知スベシ、議員候補者議員候補者タルコトヲ辭シタルトキ又ハ其ノ死亡シタルコトヲ知リタルトキ亦同ジ

第十九條　點字投票ナル旨ノ印ハ投票用紙及封筒ノ表面ニ之ヲ押捺スベシ

第二十條　市町村會議員選擧人名簿及其ノ抄本ハ別記樣式ニ依リ之ヲ調製スベシ

第二十一條　選擧錄、投票錄及開票錄ハ別記樣式ニ依リ之ヲ調製スベシ

第二十二條　市制第三十九條ノ二ノ市ノ市會議員選擧ニ關スル立會人タルベキ者ノ屆出書及之ニ添附スベキ承諾書、議員候補者ノ屆出書又ハ推薦屆出書、議員候補者タルコトヲ辭スルコトノ屆出書竝ニ選擧運動ノ費用ノ精算屆書ハ府縣制施行規則別記ニ定ムル各樣式ニ準ジ之ヲ調製スベシ（昭和三年十一月內務省令第三十九號改正）

第二章　市町村吏員ノ事務引繼

第二十三條　市町村長更迭ノ場合ニ於テハ前任者ハ退職ノ日ヨリ十日以内ニ其ノ擔任スル事務ヲ後任者ニ引繼グベシ、後任者ニ引繼グコトヲ得ザル事情アルトキハ之ヲ助役ニ引繼グベシ、此ノ場合ニ於テハ助役ハ後任者ニ引繼グコトヲ得ルニ至リタルトキハ直ニ後任者ニ引繼グベシ

2前項引繼ノ場合ニ於テハ書類帳簿及財産ノ目錄ヲ調製シ處分未濟若ハ未著手又ハ將來企畫スベキ見込ノ事項ニ付テハ其ノ順序方法及意見ヲ記載スルコトヲ要ス

第二十四條　助役退職ノ場合ニ於テ其ノ分掌事務アルトキハ之ヲ市町村長ニ引繼グベシ

第二十五條　收入役更迭ノ場合ニ於テハ前任者ハ退職ノ日ヨリ十日以内ニ其ノ擔任スル事務ヲ後任者ニ引繼グベシ、後任者ニ引繼グコトヲ得ザル事情アルトキハ之ヲ副收入役又ハ收入役代理者ニ引繼グベシ、此ノ場合ニ於テハ副收入役又ハ收入役代理者ハ後任者ニ引繼グコトヲ得ルニ至リタルトキハ直ニ之ヲ後任者ニ引繼グベシ

2前條ノ規定ハ前項ノ事務引繼ニ之ヲ準用ス

2前項引繼ノ場合ニ於テハ現金書類帳簿其ノ他ノ物件ニ付テハ各目錄ヲ調製シ仍現金ニ付テハ各帳簿ニ對照シタル明細書ヲ添附シ帳簿ニ付テハ事務引繼ノ日ニ於テ最終記帳ノ次ニ合計高及年月日ヲ記入シ且引繼ヲ爲ス者及引繼ヲ受クル者之ニ連署スベシ

第二十六條　副收入役退職ノ場合ニ於テ其ノ分掌事務アルトキハ之ヲ收入役ニ引繼グベシ

2　前條ノ規定ハ前項ノ事務引繼ニ之ヲ準用ス

第二十七條　第二十三條第二項、第二十四條第二項、第二十五條第二項及前條第二項ノ規定ニ依リ調製スベキ書類帳簿及財產ノ目錄ハ現ニ設備セル目錄又ハ臺帳ニ依リテ引繼ヲ爲ストキハ其ノ現在ヲ確認シ得ル場合ニ於テハ之ヲ以テ充用スルコトヲ得、此ノ場合ニ於テハ其ノ旨引繼書ニ記載スベシ

第二十八條　第二十三條又ハ第二十五條乃至前條ノ規定ハ市制第六條又ハ第八十二條第三項ノ市ノ區長若ハ區收入役ノ更迭又ハ分掌事務アル區副收入役ノ退職ノ場合ニ、第二十四條及前條ノ規定ハ分掌事務アル町村區長ノ退職ノ場合ニ之ヲ準用ス

第二十九條　市町村ノ廢置分合ニ依リ新ニ市町村ヲ置キタル場合ニ於テハ前市町村ノ吏員ノ擔任スル事務ハ之ヲ市町村長、收入役又ハ市町村長ノ臨時代理者若ハ職務管掌ノ官吏ニ引繼グベシ、市町村ノ境界變更アリタルトキ亦同ジ

2　第二十三條乃至第二十七條ノ規定ハ前項ノ事務引繼ニ之ヲ準用ス

第三十條　第二十三條乃至前條ノ場合ニ於テ所定ノ期間內ニ引繼ヲ了スルコトヲ得ザルトキハ其ノ事由ヲ具シ府縣知事ノ許可ヲ受クベシ

第三十一條　第二十三條乃至第二十九條ノ場合ニ於テ引繼ヲ拒ミタル者ニ對シテハ府縣知事ハ二十五圓以下ノ過料ヲ科スルコトヲ得、其ノ故ナク引繼ヲ遷延シタルガ爲市町村長ニ於テ期日ヲ指定シテ催告ヲ爲シ仍之ニ應ゼザル者ニ付亦同ジ

第三十二條　第二十三條乃至前條ニ規定スルモノノ外市町村吏員ノ事務引繼ニ關シ必要ナル事項ハ府縣知事之ヲ定ム

第三章　市町村ノ財務

第三十二條ノ二　市制第百二十一條ノ二及町村制第百一條ノ二ノ規定ニ基キ市町村税ヲ賦課スルヲ不適當トスルモノハ市町村ニ於テ之ヲ定ムベシ（昭和六年八月内務省令第二十一號新設）

第三十三條　市町村税其ノ他一切ノ收入ヲ歳入トシ一切ノ經費ヲ歳出トシ歳入歳出ハ豫算ニ編入スベシ

第三十四條　各年度ニ於テ決定シタル歳入ヲ以テ他ノ年度ニ屬スベキ歳出ニ充ツルコトヲ得ズ

第三十五條　歳入ノ所屬年度ハ左ノ區分ニ依ル

一　納期ノ一定シタル收入ハ其ノ納期末日ノ屬スル年度

二　定期ニ賦課スルコトヲ得ザルガ爲特ニ納期ヲ定メタル收入又ハ隨時ノ收入ニシテ徴税令書、賦課令書又ハ納額告知書ヲ發スルモノハ令書又ハ告知書ヲ發シタル日ノ屬スル年度

三　隨時ノ收入ニシテ徴税令書、賦課令書又ハ納額告知書ヲ發セザルモノハ領收ヲ爲シタル日ノ屬スル年度但シ市町村債、交付金、補助金、寄附金、請負金、償還金其ノ他之ニ類スル收入ニシテ其ノ收入ヲ豫算シタル年度ノ出納閉鎖前ニ領收シタルモノハ其ノ豫算ノ屬スル年度

第三十六條　歳出ノ所屬年度ハ左ノ區分ニ依ル

一　費用辨償、報酬、給料、旅費、退隱料、退職給與金、死亡給與金、遺族扶助料、其ノ他ノ給與、傭人料ノ類ハ其ノ支給スベキ事實ノ生ジタル時ノ屬スル年度但シ別ニ定

マリタル支拂期日アルトキハ其ノ支拂期日ノ屬スル年度

二 通信運搬費、土木建築費其ノ他物件ノ購入代價ノ類ハ契約ヲ爲シタル時ノ屬スル年度但シ契約ニ依リ定メタル支拂期日アルトキハ其ノ支拂期日ノ屬スル年度

三 市町村債ノ元利金ニシテ支拂期日ノ定アルモノハ其ノ支拂期日ノ屬スル年度

四 補助金、寄附金、負擔金ノ類ハ其ノ支拂ヲ豫算シタル年度

五 缺損補塡ハ其ノ補塡ノ決定ヲ爲シタル日ノ屬スル年度

六 前各號ニ揭グルモノヲ除クノ外ハ總テ支拂命令ヲ發シタル日ノ屬スル年度

第三十七條 各年度ニ於テ歲計ニ剩餘アルトキハ翌年度ノ歲入ニ編入スベシ但シ市町村條例ノ規定又ハ市町村會ノ議決ニ依リ剩餘金ノ全部又ハ一部ヲ基本財產ニ編入スル場合ニ於テハ繰越ヲ要セズ之ガ支出ヲ爲スコトヲ得

第三十八條 市町村稅ハ徵稅令書ニ依リ夫役現品ハ賦課令書ニ依リ負擔金、使用料、手數料、加入金、過料、過怠金及物件ノ賃貸料ノ類ハ納額告知書ニ依リ之ヲ徵收シ其ノ他ノ收入ハ納付書ニ依リ收入スベシ但シ市制町村制施行令第五十三條ノ規定ニ依リ徵收スル市町村稅及急迫ノ場合ニ賦課スル夫役竝ニ納額告知書又ハ納付書ニ依リ難キモノニ付テハ此ノ限ニ在ラズ

第三十九條 支出ハ債主ニ對スルニ非ザレバ之ヲ爲スコトヲ得ズ

第四十條 左ノ經費ニ付テハ市町村吏員ヲシテ現金支拂ヲ爲サシムル爲其ノ資金ヲ當該吏員ニ前渡スルコトヲ得

一 市町村債ノ元利支拂

二　外國ニ於テ物品ヲ購入スル爲必要ナル經費（改一）
三　市町村外遠隔ノ地ニ於テ支拂ヲ爲ス經費
2特別ノ必要アルトキハ前項ノ資金前渡ハ市町村吏員以外ノ者ニ之ヲ爲スコトヲ得
第四十一條　旅費及訴訟費用ニ付テハ概算拂ヲ爲スコトヲ得
第四十二條　前二條ニ掲グルモノノ外必要アルトキハ市町村ハ府縣知事ノ許可ヲ得テ資金前渡又ハ概算拂ヲ爲スコトヲ得
第四十三條　前金支拂ニ非ザレバ購入又ハ借入ノ契約ヲ爲シ難キモノニ付テハ前金拂ヲ爲スコトヲ得
第四十四條　歳入ノ誤納過納ト爲リタル金額ノ拂戻ハ各之ヲ收入シタル歳入ヨリ支拂フベシ
2歳出ノ誤拂過渡ト爲リタル金額、資金前渡、概算拂、前金拂及繰替拂ノ返納ハ各之ヲ支拂ヒタル經費ノ定額ニ戻入スベシ
第四十五條　出納閉鎖後ノ收入支出ハ之ヲ現年度ノ歳入歳出ト爲スベシ前條ノ拂戻金戻入金ノ出納閉鎖後ニ係ルモノ亦同ジ
第四十六條　繼續費ハ毎年度ノ支拂殘額ヲ繼續年度ノ終リ迄遞次繰越使用スルコトヲ得此ノ場合ニ於テハ市町村長ハ翌年度四月三十日迄ニ繼續費繰越計算書ヲ調製シ次回ノ會議ニ於テ之ヲ市ニ在リテハ市參事會ニ、町村ニ在リテハ町村會ニ報告スベシ
（昭和五年五月内務省令第二十一號改正）
第四十七條　歳入歳出豫算ハ必要アルトキハ之ヲ經常臨時ノ二部ニ別ツベシ

2 歳入歳出豫算ハ之ヲ款項ニ區分スベシ

第四十八條　歳入歳出豫算ニハ豫算說明ヲ附スベシ

第四十九條　特別會計ニ屬スル歳入歳出ハ別ニ其ノ豫算ヲ調製スベシ

第五十條　市町村歳入歳出豫算ハ別記市町村歳入歳出豫算樣式ニ依リ之ヲ調製スベシ

第五十一條　繼續費ノ年期及支出方法ハ別記繼續費ノ年期及支出方法樣式ニ依リ之ヲ調製スベシ

第五十二條　豫算ハ會計年度經過後ニ於テ更正又ハ追加ヲ爲スコトヲ得ズ

第五十三條　豫算ニ定メタル各款ノ金額ハ彼此流用スルコトヲ得ズ

2 豫算各項ノ金額ハ市町村會ノ議決ヲ經テ之ヲ流用スルコトヲ得

第五十四條　決算ハ豫算ト同一ノ區分ニ依リ之ヲ調製シ左ノ事項ノ計算ヲ明記シタル說明ヲ附スベシ**（昭和五年内務省令第二十一號改正）**

歳入ノ部

歳入豫算額

繼續費繰越財源豫定額

調定濟歳入額

收入濟歳入額

不納缺損額

收入未濟歳入額

歳出ノ部

歳出豫算額
豫算決定後增加歳出額
支出濟歳出額
翌年度繰越額
不用額

第五十五條 會計年度經過後ニ至リ歳入ヲ以テ歳出ニ充ツルニ足ラザルトキハ府縣知事ノ許可ヲ得テ翌年度ノ歳入ヲ繰上ゲ之ニ充用スルコトヲ得此ノ場合ニ於テハ其ノ充用ニ要スル額ヲ翌年度ノ歳入歳出豫算ニ編入スベシ（同上）

第五十六條 市ハ其ノ歳入歳出ニ屬スル公金ノ受拂ニ付郵便振替貯金ノ法ニ依ルコトヲ得

第五十七條 市町村ハ現金ノ出納及保管ノ爲市町村金庫ヲ置クコトヲ得

第五十八條 金庫事務ノ取扱ヲ爲サシムベキ銀行ハ市町村會ノ議決ヲ經テ市町村長之ヲ定ム

第五十九條 金庫ハ收入役ノ通知アルニ非ザレバ現金ノ出納ヲ爲スコトヲ得ズ

第六十條 金庫事務ノ取扱ヲ爲ス者ハ現金ノ出納保管ニ付市町村ニ對シテ責任ヲ有ス

第六十一條 市町村ハ金庫事務ノ取扱ヲ爲ス者ヨリ擔保ヲ徵スベシ、其ノ種類、價格及程度ニ關シテハ市町村會ノ議決ヲ經テ市町村長之ヲ定ム

第六十二條 金庫事務ノ取扱ヲ爲ス者ノ保管スル現金ハ市町村ノ歳入歳出ニ屬スルモノニ限リ支出ニ妨ゲナキ限度ニ於テ市町村ハ其ノ運用ヲ許スコトヲ得

2前項ノ場合ニ於テハ金庫事務ノ取扱ヲ爲ス者ハ市町村ノ定ムル所ニ依リ利子ヲ市町村ニ納付スベシ

第六十三條　收入役ハ定期及臨時ニ金庫ノ現金帳簿ヲ檢査スベシ

第六十四條　市町村ハ收入役ヲシテ其ノ保管ニ屬スル市町村歲計現金ヲ郵便官署又ハ銀行若ハ信用組合ニ預入セシムルコトヲ得

2前項ノ銀行及信用組合ニ付テハ府縣知事ノ許可ヲ受クルコトヲ要ス

第六十五條　第三十三條乃至前條ニ規定スルモノノ外市町村ハ府縣知事ノ許可ヲ得テ必要ナル規定ヲ設クルコトヲ得

第六十六條　第三十三條乃至第五十五條及前條ノ規定ハ市町村ノ一部ニ之ヲ準用ス

第四章　市制第六條ノ市ノ區

第六十七條　第二條乃至第十六條及第十九條乃至第二十一條ノ規定ハ市制第六條ノ市ノ區ノ區會議員選擧ニ、第十七條、第十八條及第二十二條ノ規定ハ市制第三十九條ノ二ノ區ノ區會議員選擧ニ之ヲ準用ス

第六十八條　第三十三條乃至第六十五條ノ規定ハ市制第六條ノ市ノ區ニ之ヲ準用ス

附　則

1本令中議員選擧ニ關スル規定ハ次ノ總選擧ヨリ、財務ニ關スル規定ハ大正十六年度分ヨリ、其ノ他ノ規定ハ大正十五年七月一日ヨリ之ヲ施行ス

2左ノ內務省令ハ之ヲ廢止ス

明治四十四年內務省令第十五號

（改一）

明治四十四年内務省令第十七號
大正元年内務省令第十八號
大正三年内務省令第九號

3従前ノ規定ニ依ル手續其ノ他ノ行爲ハ本令ニ別段ノ規定アル場合ヲ除クノ外之ヲ本令ニ依リ爲シタルモノト看做ス

4従前ノ規定ニ依リ郡長ニ爲シタル許可ノ申請ニシテ大正十五年六月三十日迄ニ許可ヲ得ザルモノハ之ヲ新規定ニ依リ府縣知事ニ爲シタル許可ノ申請ト看做ス

5本令中議員選擧ニ關スル規定施行ノ際府縣制施行規則中議員選擧ニ關スル規定未ダ施行セラレザル場合ニ於テハ本令ノ適用ニ付テハ同規定ハ既ニ施行セラレタルモノト看做ス

附　則（昭和三年十一月一日内務省令第三十九號）

本令ハ公布ノ日ヨリ之ヲ施行ス

附　則（昭和四年六月十九日内務省令第二十二號）

本令ハ昭和四年七月一日ヨリ之ヲ施行ス

附　則（昭和五年五月二十日内務省令第二十一號）

本令中第四十六條ノ規定ハ昭和五年度ニ繰越スモノヨリ之ヲ適用シ其ノ他ノ規定ハ公布ノ日ヨリ之ヲ施行ス但シ第四十六條ノ期限ハ昭和五年度ニ限リ六月三十日トス

附　則（昭和六年八月内務省令第二十一號）

本令ハ公布ノ日ヨリ之ヲ施行ス

別記

市町村會議員選擧人名簿樣式

番號	住所	生年月日	氏名

番號	住所	生年月日	氏名

備考

一 名簿ハ大字若ハ小字毎ニ區別シテ調製スベシ但シ一字若ハ數字毎ニ分綴シ又ハ必要ニ應ジ適宜ニ分綴スルモ妨ゲナシ

二 市制第九條第二項又ハ町村制第七條第二項ニ依ル者ニ付テハ氏名欄ニ「特免」ト附記シ又市制第七十六條、第七十九條第二項又ハ町村制第六十三條第四項、第六十七條第三項ノ規定ニ依リ公民タル者ニ付テハ末尾ニ其ノ職氏名ノミヲ記載スベシ

三 決定、裁決、判決等ニ依リ名簿ヲ修正シタルトキハ其ノ旨及修正ノ年月日ヲ欄外ニ記載シ職印ヲ押捺スベシ

四 名簿ノ表紙及卷末ニハ左ノ通記載スベシ

五 選擧區アルトキハ前各號ニ準ジ各選擧區毎ニ名簿ヲ調製スベシ

（表紙）

大正何年何月何日現在調

市（町）（村）會議員選擧人名簿

何府（縣）何市（何選擧區）（何郡
何町（村））（大字若ハ小字何々）（何々）

（卷末）

此ノ選擧人名簿ハ大正何年何月何日ヨリ何日間何市役所（何町（村）役場）（何ノ場所）ニ於テ縦覧セシメ大正何年何月何日ヲ以テ確定セリ

何府（縣）何市（何郡何町（村））長　氏　名　印

市町村會議員選擧人名簿抄本様式

番號	住所	生年月日	氏名

番號	住所	生年月日	氏名

備考

一　選擧人名簿ヲ修正シタルトキハ此ノ選擧人名簿ノ抄本ヲモ修正シ其ノ旨及修正ノ年月日ヲ欄外ニ記載シ職印ヲ押捺スベシ

二　名簿抄本ノ表紙及卷末ニハ左ノ通記載スベシ

（表紙）

大正何年何月何日現在調

市（町）（村）會議員選擧人名簿抄本

何府（縣）何市（何選擧區）（何郡何町（村））會議員選擧第一（何々）投票分會

（卷末）

此ノ選擧人名簿抄本ハ大正何年何月何日確定ノ選擧人名簿ニ依リ之ヲ調製セリ

何府（縣）何市（何郡何町（村））長　氏　　名　印

選擧錄樣式

大正何年何月何日執行何府（縣）何市（何郡何町（村））會議員選擧會選擧錄

一　選擧會場ハ何市役所（何町（村）役場）（何ノ場所）ニ之ヲ設ケタリ

二　左ノ選擧立會人ハ何レモ選擧會ヲ開クベキ時刻迄ニ選擧會ニ參會シタリ

住　所　氏　　名

住　所　氏　　名

選擧會ヲ開クベキ時刻ニ至リ選擧立會人中何人參會セザルニ依リ市（町）（村）長ハ臨時ニ選擧人名簿ニ登錄セラレタル者ノ中ヨリ左ノ者ヲ選擧立會人ニ選任シタリ

住　所　氏　　名

三　選擧會ハ大正何年何月何日午前（午後）何時ニ之ヲ開キタリ

四　選擧立會人中氏名ハ一旦參會シタルモ午前（午後）何時何々ノ事故ヲ以テ其ノ職ヲ辭シタル爲其ノ定數ヲ闕キタルニ依リ市（町）（村）長ハ臨時ニ選擧人名簿ニ登錄セラレタル者ノ中ヨリ午前（午後）何時左ノ者ヲ選擧立會人ニ選任シタリ

住　所　氏　　名

選擧立會人中氏名ハ一旦參會シタルモ午前（午後）何時何々ノ事故ヲ以テ其ノ職ヲ辭シタルモ尙選擧立會人ハ二人（三人）在リ其ノ闕員ヲ補フノ必要ナキヲ認メ其ノ

補闕ヲ爲サザル旨ヲ宣言シタリ

五　選擧長ハ選擧立會人ト共ニ投票ニ先チ選擧會ニ參會シタル選擧人ノ面前ニ於テ投票函ヲ開キ其ノ空虚ナルコトヲ示シタル後內蓋ヲ鎖シ選擧長及選擧立會人ノ列席スル面前ニ之ヲ置キタリ

六　選擧長ハ選擧立會人ノ面前ニ於テ選擧人ヲ選擧人名簿ニ對照シタル後（到著番號札ト引換ニ）投票用紙ヲ交付シタリ

七　選擧人ハ自ラ投票ヲ認メ選擧長及選擧立會人ノ面前ニ於テ之ヲ投函シタリ

八　左ノ選擧人ハ選擧人名簿ニ登錄セラルベキ確定裁決書（判決書）ヲ所持シ選擧會場ニ到リタルニ依リ選擧長ハ之ヲシテ投票ヲ爲サシメタリ

住所　　氏　　名

九　左ノ選擧人ハ點字ニ依リ投票ヲ爲サントスル旨ヲ申立テタルヲ以テ選擧長ハ投票用紙ニ點字投票ナル旨ノ印ヲ押捺シテ交付シ投票ヲ爲サシメタリ

住所　　氏　　名

十　左ノ選擧人ニ對シテハ何々ノ事由ニ因リ選擧立會人ノ決定ヲ以テ（選擧立會人可否同數ナルニ依リ選擧長ノ決定ヲ以テ）投票ヲ拒否シタリ

住所　　氏　　名

十一　左ノ選擧人ニ對シテハ何々ノ事由ニ因リ選擧立會人ノ決定ヲ以テ（選擧立會人可否同數ナルニ依リ選擧長ノ決定ヲ以テ）點字投票ヲ拒否シタリ

住所　　氏　　名

十二　左ノ選擧人ハ誤リテ投票用紙（封筒）ヲ汚損シタル旨ヲ以テ更ニ之ヲ請求シタルニ依リ其ノ相違ナキヲ認メ之ト引換ニ投票用紙（封筒）ヲ交付シタリ

住所　氏名

十三　左ノ選擧人ハ選擧會場ニ於テ演說討論ヲ爲シ（喧擾ニ涉リ）（投票ニ關シ協議ヲ爲シ）（何々ヲ爲シ）選擧會場ノ秩序ヲ紊シタルニ依リ選擧長ニ於テ之ヲ制止シタルモ其ノ命ニ從ハザルヲ以テ投票用紙（到著番號札）ヲ返付セシメ之ヲ選擧會場外ニ退出セシメタリ

住所　氏名

十四　選擧長ハ選擧會場外ニ退出ヲ命ジタル左ノ選擧人ニ對シ選擧會場ノ秩序ヲ紊スノ虞ナシト認メ投票ヲ爲サシメタリ

住所　氏名

選擧長ニ於テ選擧會場外ニ退出ヲ命ジタル左ノ選擧人ハ最後ニ入場シテ投票ヲ爲シタリ

住所　氏名

十五　午前（午後）何時ニ至リ選擧長ハ投票時間ヲ終リタル旨ヲ告ゲ選擧會場ノ入口ヲ鎖シタリ

十六　午前（午後）何時選擧會場ニ在ル選擧人ノ投票結了シタルヲ以テ選擧長ハ選擧立會人ト共ニ投票函ノ內蓋ノ投票口及外蓋ヲ鎖シタリ

十七　投票函ヲ閉鎖シタルニ依リ其ノ內蓋ノ鑰ハ左ノ選擧立會人之ヲ保管シ外蓋ノ

鑰ハ選擧長之ヲ保管ス

十八　選擧會ニ於テ投票ヲ爲シタル選擧人ノ總數　　氏　名
　　　　　　　　　　　　　　　　　　　　　　何　人
　內
選擧人名簿ニ登錄セラレタル選擧人ニシテ投票ヲ爲シタル者　何　人
確定裁決書（判決書）ニ依リ投票ヲ爲シタル者　何　人
投票拒否ノ決定ヲ受ケタル者ノ總數　何　人

十九　各投票分會長ヨリ投票函等左ノ如ク到著セリ
第一（何々）投票分會ノ投票函ハ投票分會長職氏名及投票立會人氏名携帶シ何月何日午前（午後）何時著之ヲ檢スルニ異狀ナシ
第二（何々）投票分會ノ投票函何々

二十　大正何年何月何日選擧長ハ（總テノ投票函ノ送致ヲ受ケタルヲ以テ其ノ當日（翌日））午前（午後）何時ヨリ開票ヲ開始シタリ

二十一　選擧長ハ選擧立會人立會ノ上逐次投票函ヲ開キ投票ノ總數ト投票人ノ總數トヲ計算シタルニ左ノ如シ
投票總數　何　票
投票人總數　何　人
外

假ニ爲シタル投票數　何　票

假ニ爲シタル投票人數　何　人

投票總數ト投票人總數ト符合ス（投票總數ト投票人總數ト符合セズ即チ投票總數ニ比シ何票多シ（少シ）（其ノ理由ノ明カナルモノハ之ヲ記載スベシ））

二十二　投票分會ニ於テ拒否ノ決定ヲ受ケタル者ニシテ假ニ投票ヲ爲シタル者左ノ如シ

住所　氏　名

住所　氏　名

選擧長ハ右ノ投票ヲ調査シ選擧立會人左ノ通之ヲ決定シタリ（選擧長ハ右ノ投票ヲ調査シ選擧立會人ノ決定ニ付シタルニ可否同數ナルニ依リ選擧長左ノ通之ヲ決定シタリ）

受理セシモノ

一事由何々　住所　氏　名

一事由何々　住所　氏　名

受理セザリシモノ

一事由何々　住所　氏　名

二十三　選擧長ハ（假ニ爲シタル投票ニシテ受理スベキモノト決定シタル投票ノ封筒ヲ開披シタル上）總テノ投票ヲ混同シ選擧立會人ト共ニ之ヲ點檢シタリ

二十四　選擧事務ニ從事スル職氏名及職氏名ノ二人ハ各別ニ同一被選擧人ノ得票數

ヲ計算シタリ

二十五　有效又ハ無效ト決定シタル投票左ノ如シ

（一）　選擧立會人ニ於テ決定シタル投票數　何　票

內

一有效ト決定シタルモノ　何　票

一無效ト決定シタルモノ　何　票

內

一成規ノ用紙ヲ用ヒザルモノ　何　票

二現ニ市（町（村））會議員ノ職ニ在ル者ノ氏名ヲ記載シタルモノ　何　票

三、、、、、、　何　票

（二）　選擧立會人ノ決定ニ付シタルニ可否同數ナルニ依リ選擧長ニ於テ決定シタル投票數　何　票

內

一有效ト決定シタルモノ　何　票

一無效ト決定シタルモノ　何　票

內

一成規ノ用紙ヲ用ヒザルモノ　何　票

二現ニ市（町（村））會議員ノ職ニ在ル者ノ氏名ヲ記載シタルモノ　何　票

三、、、、、、　何票

（三）投票總數　何票

內

一有效ト決定シタルモノ　何票

一無效ト決定シタルモノ　何票

內

一成規ノ用紙ヲ用ヒザルモノ　何票

二現ニ市〔町（村）〕會議員ノ職ニ在ル者ノ氏名ヲ記載シタルモノ　何票

三、、、、、、　何票

二十六　午前（午後）何時投票ノ點檢ヲ終リタルヲ以テ選擧長ハ各被選擧人ノ得票數ヲ朗讀シタリ

二十七　各被選擧人ノ得票數左ノ如シ

何票　氏名

何票　氏名

二十八　選擧長ハ點檢濟ニ係ル投票ノ有效無效及受理スベカラズト決定シタル投票ヲ大別シ尙有效ノ決定アリタル投票ニ在リテハ得票者每ニ之ヲ區別シ無效ノ決定アリタル投票ニ在リテハ之ヲ類別シ各之ヲ一括シ更ニ有效無效及受理スベカラズ

ト決定シタル投票別ニ之ヲ封筒ニ入レ選擧立會人ト共ニ封印ヲ施シタリ

二十九　選擧長ハ選擧立會人立會ノ上逐次開票分會長ノ報告ヲ調査シ自ラ開票ヲ行ヒタル部分ニ付各被選擧人ノ得票數ヲ朗讀シタル後開票分會毎ニ各被選擧人ノ得票數ヲ朗讀シ終リニ各被選擧人ノ得票總數ヲ朗讀シタリ

三十　開票分會長ノ報告ノ結果ト選擧會ニ於テ爲シタル點檢ノ結果ト併セタル各被選擧人ノ得票總數左ノ如シ

何　票　　氏　名

何　票　　氏　名

三十一　議員定數何人ヲ以テ有效投票ノ總數何票ヲ除シテ得タル數ハ何票ニシテ此ノ六分ノ一ノ數ハ何票ナリ

被選擧人中其ノ得票數此ノ數ニ達スル者左ノ如シ

何　票　　氏　名

何　票　　氏　名

右ノ內有效投票ノ最多數ヲ得タル左ノ何人ヲ以テ當選者トス

氏　名

氏　名

但シ氏名及氏名ハ得票ノ數相同ジキニ依リ其ノ年齢ヲ調査スルニ氏名ハ何年何月何日生、氏名ハ何年何月何日生ニシテ氏名年長者ナルヲ以テ氏名ヲ以テ當選者ト定メタリ（同年月日ナルヲ以テ選擧長ニ於テ抽籤シタルニ氏名當籤セリ依

三十二　午前（午後）何時選擧事務ヲ結了シタリ

三十三　左ノ者ハ選擧會ノ事務ニ從事シタリ

職　氏　名
職　氏　名

三十四　選擧會ニ臨監シタル官吏左ノ如シ

官職　氏　名

選擧長ハ此ノ選擧錄ヲ作リ之ヲ朗讀シタル上選擧立會人ト共ニ茲ニ署名ス

大正何年何月何日

選擧長　何府（縣）何市（何郡何町（村））長　氏　名

選擧立會人　氏　名
氏　名

備考

一　市制第三十九條ノ二ノ市ニ於ケル選擧錄ハ府縣制施行規則第二十九條投票錄樣式及選擧錄樣式ノ一ノ例ニ依リ之ヲ記載スベシ

二　市制第三十九條ノ二ノ市ニ於テ屆出アリタル議員候補者ノ數選擧スベキ議員ノ數ヲ超エザル爲投票ヲ行ハザルトキハ府縣制施行規則第二十九條選擧錄樣式ノ二ノ例ニ依リ之ヲ記載スベシ

三　樣式ニ掲グル事項ノ外選擧長ニ於テ選擧ニ關シ緊要ト認ムル事項アルトキハ之ヲ記載スベシ

投票錄樣式

大正何年何月何日執行何府(縣)何市(何郡何町(村))
會議員選擧第一(何々)投票分會投票錄

一　投票分會ハ何市役所(何町(村)役場)(何ノ場所)ニ之ヲ設ケタリ

二　左ノ投票立會人ハ何レモ投票分會ヲ開クベキ時刻迄ニ投票分會ニ參會シタリ

住所　氏名

住所　氏名

投票分會ヲ開クベキ時刻ニ至リ投票立會人中何人參會セザルニ依リ市(町)(村)長ハ臨時ニ投票分會ノ區劃內ニ於ケル選擧人名簿ニ登錄セラレタル者ノ中ヨリ左ノ者ヲ投票立會人ニ選任シタリ

住所　氏名

三　投票分會ハ大正何年何月何日午前(午後)何時ニ之ヲ開キタリ

四　投票立會人中氏名ハ一旦參會シタルモ午前(午後)何時何々ノ事故ヲ以テ其ノ職ヲ辭シタル爲其ノ定數ヲ闕ギタルニ依リ市(町)(村)長ハ臨時ニ投票分會ノ區劃內ニ於ケル選擧人名簿ニ登錄セラレタル者ノ中ヨリ午前(午後)何時左ノ者ヲ投票立會人ニ選任シタリ

住所　氏名

投票立會人中氏名ハ一旦參會シタルモ午前(午後)何時何々ノ事故ヲ以テ其ノ職ヲ

辭シタルモ尚投票立會人ハ二人(三人)在リ其ノ闕員ヲ補フノ必要ナキヲ認メ其ノ補闕ヲ爲サザル旨ヲ宣言シタリ

五　投票分會長ハ投票立會人ト共ニ投票ニ先チ投票分會ニ參會シタル選擧人ノ面前ニ於テ投票函ヲ開キ其ノ空虛ナルコトヲ示シタル後內蓋ヲ鎖シ投票分會長及投票立會人ノ列席スル面前ニ之ヲ置キタリ

六　投票分會長ハ投票立會人ノ面前ニ於テ選擧人ヲ選擧人名簿ノ抄本（又ハ選擧人名簿）ニ對照シタル後(到著番號札ト引換ニ)投票用紙ヲ交付シタリ

七　選擧人ハ自ラ投票ヲ認メ投票分會長及投票立會人ノ面前ニ於テ之ヲ投函シタリ

八　左ノ選擧人ハ選擧人名簿ニ登錄セラルベキ確定裁決書(判決書)ヲ所持シ投票分會場ニ到リタルニ依リ投票分會長ハ之ヲシテ投票ヲ爲サシメタリ

住所　氏名

九　左ノ選擧人ハ點字ニ依リ投票ヲ爲サントスル旨ヲ申立テタルヲ以テ投票分會長ハ投票用紙ニ點字投票ナル旨ノ印ヲ押捺シテ交付シ投票ヲ爲サシメタリ

住所　氏名

十　左ノ選擧人ニ對シテハ何々ノ事由ニ因リ投票立會人ノ決定ヲ以テ（投票立會人可否同數ナルニ依リ投票分會長ノ決定ヲ以テ）投票ヲ拒否シタリ

住所　氏名

左ノ選擧人ニ對シテハ何々ノ事由ニ因リ投票立會人ノ決定ヲ以テ（投票立會人可否同數ナルニ依リ投票分會長ノ決定ヲ以テ）投票ヲ拒否シタルモ同選擧人ニ於テ

不服ヲ申立テタルヲ以テ（投票分會長又ハ投票立會人氏名ニ於テ異議アリシヲ以テ）投票用紙ト共ニ封筒ヲ交付シ假ニ投票ヲ爲サシメタリ

住所　氏　名

十一　左ノ選擧人ニ對シテハ何々ノ事由ニ因リ投票立會人ノ決定ヲ以テ（投票立會人可否同數ナルニ依リ投票分會長ノ決定ヲ以テ）點字投票ヲ拒否シタリ

住所　氏　名

左ノ選擧人ニ對シテハ何々ノ事由ニ因リ投票立會人ノ決定ヲ以テ（投票立會人可否同數ナルニ依リ投票分會長ノ決定ヲ以テ）投票ヲ拒否シタルモ同選擧人ニ於テ不服ヲ申立テタルヲ以テ（投票分會長又ハ投票立會人氏名ニ於テ異議アリシヲ以テ）投票用紙及封筒ニ點字投票ナル旨ノ印ヲ押捺シテ交付シ假ニ點字投票ヲ爲サシメタリ

住所　氏　名

十二　左ノ選擧人ハ誤リテ投票用紙（封筒）ヲ汚損シタル旨ヲ以テ更ニ之ヲ請求シタルニ依リ其ノ相違ナキヲ認メ之ト引換ニ投票用紙（封筒）ヲ交付シタリ

住所　氏　名

十三　左ノ選擧人ハ投票分會場ニ於テ演說討論ヲ爲シ（喧擾ニ涉リ）（投票ニ關シ協議ヲ爲シ）（何々ヲ爲シ）投票分會場ノ秩序ヲ紊シタルニ依リ投票分會長ニ於テ之ヲ制止シタルモ其ノ命ニ從ハザルヲ以テ投票用紙（投票用紙及封筒）（到著番號札）ヲ返付セシメ之ヲ投票分會場外ニ退出セシメタリ

十四　投票分會長ハ投票分會場外ニ退出ヲ命ジタル左ノ選擧人ニ對シ投票分會場ノ秩序ヲ紊スノ虞ナシト認メ投票ヲ爲サシメタリ

住所　氏名

投票分會長ニ於テ投票分會場外ニ退出ヲ命ジタル左ノ選擧人ハ最後ニ入場シテ投票ヲ爲シタリ

住所　氏名

住所　氏名

十五　午前(午後)何時ニ至リ投票分會長ハ投票時間ヲ終リタル旨ヲ告ゲ投票分會場ノ入口ヲ鎖シタリ

十六　午前(午後)何時投票分會場ニ在ル選擧人ノ投票結了シタルヲ以テ投票分會長ハ投票立會人ト共ニ投票函ノ內蓋ノ投票口及外蓋ヲ鎖シタリ

十七　投票函ヲ閉鎖シタルニ依リ其ノ內蓋ノ鑰ハ投票函ヲ送致スベキ左ノ投票立會人之ヲ保管シ外蓋ノ鑰ハ投票分會長之ヲ保管ス

氏名

十八　投票函及投票錄(選擧人名簿ノ抄本又ハ選擧人名簿)ヲ選擧長(第一(何々)開票分會長)ニ送致スベキ投票立會人左ノ如シ

氏名

十九　投票分會場ニ於テ投票ヲ爲シタル選擧人ノ總數　何人

內

選擧人名簿ノ抄本（又ハ選擧人名簿）ニ記載セラレタル選擧人ニシテ投票ヲ爲シタル者　何　人

確定裁決書（判決書）ニ依リ投票ヲ爲シタル者　何　人

投票拒否ノ決定ヲ受ケタル者ノ總數　何　人

内

假ニ投票ヲ爲サシメタル者　何　人

二十　午前（午後）何時投票分會ノ事務ヲ結了シタリ

二十一　左ノ者ハ投票分會ノ事務ニ從事シタリ

職　氏　名

職　氏　名

二十二　投票分會場ニ臨監シタル官吏左ノ如シ

官　職　氏　名

投票分會長ハ此ノ投票錄ヲ作リ之ヲ朗讀シタル上投票立會人ト共ニ茲ニ署名ス

大正何年何月何日

投票分會長

職　氏　名

投票立會人

氏　名

氏　名

備考

一　市制第三十九條ノ二ノ市ニ於ケル投票錄ハ府縣制施行規則第二十九條投票錄樣式ノ例ニ依リ之ヲ記載スベシ

二　樣式ニ揭グル事項ノ外投票分會長ニ於テ投票ニ關シ緊要ト認ムル事項アルトキハ之ヲ記載スベシ

開票錄樣式

大正何年何月何日執行何府(縣)何市(何郡何町(村))會議員選擧第一(何々)開票分會開票錄

一　開票分會ハ何市役所(何町(村)役場)(何ノ場所)ニ之ヲ設ケタリ

二　左ノ開票立會人ハ何レモ開票分會ヲ開クベキ時刻迄ニ開票分會ニ參會シタリ

住所　氏　名

住所　氏　名

開票分會ヲ開クベキ時刻ニ至リ開票立會人中何人參會セザルニ依リ市(町)(村)長ハ臨時ニ開票分會ノ區劃內ニ於ケル選擧人名簿ニ登錄セラレタル者ノ中ヨリ左ノ者ヲ開票立會人ニ選任シタリ

住所　氏　名

三　開票分會ハ大正何年何月何日午前(午後)何時ニ之ヲ開キタリ

四　開票立會人中氏名ハ一旦參會シタルモ午前(午後)何時何々ノ事故ヲ以テ其ノ職ヲ辭シタル爲其ノ定數ヲ闕ギタルニ依リ市(町)(村)長ハ臨時ニ開票分會ノ區劃內

ニ於ケル選擧人名簿ニ登錄セラレタル者ノ中ヨリ午前(午後)何時左ノ者ヲ開票立會人ニ選任シタリ

住所　氏　名

開票立會人中氏名ハ一旦參會シタルモ午前(午後)何時何々ノ事故ヲ以テ其ノ職ヲ辭シタルモ尙開票立會人ハ二人(三人)在リ其ノ闕員ヲ補フノ必要ナキヲ認メ其ノ補闕ヲ爲サザル旨ヲ宣言シタリ

五　開票分會ノ區劃內ノ各投票分會長ヨリ投票函等左ノ如ク到著セリ

第一(何々)投票分會ノ投票函ハ投票分會長職氏名及投票立會人氏名携帶シ何月何日午前(午後)何時著之ヲ檢スルニ異狀ナシ

第二(何々)投票分會ノ投票函何々

六　大正何年何月何日開票分會長ハ開票分會ノ區劃內ノ投票分會長ヨリ投票函ノ送致ヲ受ケタルヲ以テ其ノ當日(翌日)午前(午後)何時ヨリ開票ヲ開始シタリ

七　開票分會長ハ開票立會人立會ノ上逐次投票函ヲ開キ投票ノ總數ト投票人ノ總數トヲ計算シタルニ左ノ如シ

投票總數　何　票

投票人總數　何　人

外

假ニ爲シタル投票數　何　票

假ニ爲シタル投票人數　何　人

投票總數ト投票人總數ト符合ス（投票總數ト投票人總數ト符合セズ即チ投票總數ニ比シ何票多シ（少シ）（其ノ理由ノ明カナルモノハ之ヲ記載スベシ）」

八　投票分會ニ於テ拒否ノ決定ヲ受ケタル者ニシテ假ニ投票ヲ爲シタル者左ノ如シ

住所　氏　名

住所　氏　名

開票分會長ハ右ノ投票ヲ調査シ開票立會人左ノ通之ヲ決定シタリ（開票分會長ハ右ノ投票ヲ調査シ開票立會人ノ決定ニ付シタルニ可否同數ナルニ依リ開票分會長左ノ通之ヲ決定シタリ）

受理セシモノ

一事由何々　　住所　氏　名

一事由何々　　住所　氏　名

受理セザリシモノ

一事由何々　　住所　氏　名

九　開票分會長ハ（假ニ爲シタル投票ニシテ受理スベキモノト決定シタル投票ノ封筒ヲ開披シタル上）總テノ投票ヲ混同シ開票立會人ト共ニ之ヲ點檢シタリ

十　開票事務ニ從事スル職氏名及職氏名ノ二人ハ各別ニ同一被選擧人ノ得票數ヲ計算シタリ

十一　有效又ハ無效ト決定シタル投票左ノ如シ

（一）　開票立會人ニ於テ決定シタル投票數　　何　票

內

一有效ト決定シタルモノ　何票

一無效ト決定シタルモノ　何票

內

一成規ノ用紙ヲ用ヒザルモノ　何票

二現ニ市〔町〕（村）會議員ノ職ニ在ル者ノ氏名ヲ記載シタルモノ　何票

三、、、、、、　何票

（二）開票立會人ノ決定ニ付シタルニ可否同數ナルニ依リ開票分會長ニ於テ決定シタル投票數　何票

內

一有效ト決定シタルモノ　何票

一無效ト決定シタルモノ　何票

內

一成規ノ用紙ヲ用ヒザルモノ　何票

二現ニ市〔町〕（村）會議員ノ職ニ在ル者ノ氏名ヲ記載シタルモノ　何票

三、、、、、、　何票

（三）投票總數　何票

內
一有效ト決定シタルモノ　何票
一無效ト決定シタルモノ　何票
內
一成規ノ用紙ヲ用ヒザルモノ　何票
二現ニ市(町(村))會議員ノ職ニ在ル者ノ氏名ヲ記載シタルモノ　何票
三、、、、、、　何票
　何票

十二　午前(午後)何時投票ノ點検ヲ終リタルヲ以テ開票分會長ハ各被選擧人ノ得票數ヲ朗讀シタリ

十三　各被選擧人ノ得票數左ノ如シ
何票　氏名
何票　氏名

十四　開票分會長ハ點検濟ニ係ル投票ノ有效無效及受理スベカラズト決定シタル投票ヲ大別シ尚有效ノ決定アリタル投票ニ在リテハ得票者毎ニ之ヲ區別シ無效ノ決定アリタル投票ニ在リテハ之ヲ類別シ各之ヲ一括シ更ニ有效無效及受理スベカラズト決定シタル投票別ニ之ヲ封筒ニ入レ開票立會人ト共ニ封印ヲ施シタリ

十五　午前(午後)何時開票分會ノ事務ヲ結了シタリ

十六　左ノ者ハ開票分會ノ事務ニ從事シタリ

十七　開票分會ニ臨監シタル官吏左ノ如シ

開票分會長ハ此ノ開票錄ヲ作リ之ヲ朗讀シタル上開票立會人ト共ニ玆ニ署名ス

大正何年何月何日

職氏名
職氏名
官職氏名

開票分會長
職氏名

開票立會人
氏名
氏名

備考

一　市制第三十九條ノ二ノ市ニ於ケル開票錄ハ府縣制施行規則第二十九條開票錄樣式ノ例ニ依リ之ヲ記載スベシ

二　樣式ニ揭グル事項ノ外開票分會長ニ於テ開票ニ關シ緊要ト認ムル事項アルトキハ之ヲ記載スベシ

市町村歲入歲出豫算樣式

大正何年度何府(縣)何市(何郡何町(村))歲入歲出豫算

歲入

一金　　　　歳入豫算高
又ハ
一金　　　　經常部豫算高
一金　　　　臨時部豫算高
合計金

歳出

一金　　　　歳出豫算高
又ハ
一金　　　　經常部豫算高
一金　　　　臨時部豫算高
合計金

歳入歳出差引

殘　金（ナシ）

歳計剰餘金ヲ翌年度ニ繰越サズシテ基本財産ニ編入セントスル場合ニハ左ノ通記載スベシ

歳計剰餘金ハ全部基本財産ニ編入

又ハ

歳計剰餘金ノ内何歩基本財産ニ編入

大正何年度何府（縣）何市（何郡何町（村））歳入歳出豫算

歳入

科目 款	科目 項	豫算額	種目	本年度豫算額	前年度豫算額	増減	附記
一 財産ヨリ生ズル收入		圓		圓	圓	圓	
	一 基本財産收入						
			一 何々				
			二 何々				
	二 小學校（何學校）基本財産收入						
			一 何々				
			二 何々				
	三 何々						

		一 何々		
		二 何々		
二 使用料及手數料				
	一 使用料			
		一 何々		
		二 何々		
	二 手數料			
		一 何々		
		二 何々		
三 交付金				
	一 國稅徵收交付金			
		一 何々		
	二 府(縣)稅徵收交付金			

一 何々

三 水利組合費徴收交付金

一 何々

四 何々

一 何々

四 國庫下渡金

一 義務敎育費下渡金

一 何々

五 納付金

一 納付金

一 何々

六 報償金

一 報償金

一 何々

七 國庫補助金

一 水道費補助

一 何々

二 下水道費補助

一 何々

三 何々

一 何々

八 府(縣)補助金

一 傳染病豫防費補助

一 何々

二 道路費補助

一 何々

三　何々

一　何々

九　寄附金

一　小學校（何學校）建築費指定寄附

一　何々

二　道路修繕費指定寄附

一　何々

三　何々

一　何々

十　繰入金

一　小學校（何學校）積立金繰入

一　何々

二　基本財産繰入

一　何々

三　水道經濟ヨリ繰入

一　何々

四　何々

一　何々

十一　財産賣拂代金

一　土地賣拂代金

一　何々

二　物件賣拂代金

一　何々

三　何々

一　何々

十二　繰越金

	一 前年度繰越金				
		一 何々			
十三 雜收入					
	一 小學校（何學校）雜入				
		一 何々			
		二 何々			
	二 繰替金戻入				
		一 何々			
		二 何々			
	三 何々				
		一 何々			
		二 何々			
十四 市（町）（村）稅					

一　地租附加税	
	一　何々
二　特別地税附加税（特別地税）	
	一　何々
三　營業收益税附加税	
	一　何々
四　所得税附加税	
	一　何々
五　鑛業税附加税	
	一　何々
六　砂鑛區税附加税	
	一　何々
七　取引所營業税附加税	

八　府（縣）税家屋税附加税

一　何々

九　府（縣）税營業税附加税

一　何々

十　府（縣）税雜種税附加税

一　何々

十一　特別税戸數割

一　何々

十二　特別税段別割

一　何々

十三　特別税戸別割

一　何々

十四　特別税何々

一何々

十五　夫役及現品

一　夫役

一何々

二　現品

一何々

十六　市(町)(村)債

一　市(町)(村)債

一何々

二何々

歳入合計

歳出

經常部

豫算 科目 款	豫算 科目 項	豫算 豫算額	豫算說明 種目	豫算說明 本年度豫算額	豫算說明 前年度豫算額	豫算說明 增減	豫算說明 附記
一 神社費		円		円	円	円	
	一 神饌幣帛料						
			一 何々				
			二 何々				
二 會議費							
	一 費用辨償						
			一 何々				
	二 給料						
			一 何々				

三　雑給			四　需用費			三　役所（役場）費	一　報酬			二　給料		
	一　何々	二　何々		一　何々	二　何々			一　何々	二　何々		一　何々	二　何々

	三　雜給	
		一何々
		二何々
	四　需用費	
		一何々
		二何々
	五　修繕費	
		一何々
		二何々
四　土木費		
	一　道路橋梁費	
		一何々
		二何々

	二　治水堤防費				
					一何々
					二何々
	三　用惡水路費				
					一何々
					二何々
	四　何々				
					一何々
					二何々
五　小學校（何學校）費					
	一　給料				
					一何々
					二何々

二　雜給	
	一何々
	二何々
三　需用費	
	一何々
	二何々
四　修繕費	
	一何々
	二何々
五　何々	
	一何々
	二何々
六　學事諸費	

一　何々

一　何々

七　傳染病豫防費

一　給料

一　何々

二　何々

二　雜給

一　何々

二　何々

三　需用費

一　何々

二　何々

八　傳染病院（隔離病舍）費

九　汚物掃除費

科目	項	金額					
一給料							
	一何々						
	二何々						
二雜給							
	一何々						
	二何々						
三需用費							
	一何々						
	二何々						
四修繕費							
	一何々						
	二何々						

	一 雜給					
		一 何々				
		二 何々				
	二 需用費					
		一 何々				
		二 何々				
	三 設備費					
		一 何々				
		二 何々				
十 病院（何病院）費						
	一 給料					
		一 何々				
		二 何々				

	二雑給	
		一何々
		二何々
	三需用費	
		一何々
		二何々
	四修繕費	
		一何々
		二何々
十一水道費		
	一給料	
		一何々
		二何々

	二　雑給	
		一　何々
		二　何々
	三　需用費	
		一　何々
		二　何々
	四　作業費	
		一　何々
		二　何々
	五　修繕費	
		一　何々
		二　何々
十二　下水道費		

	一雑給	
		一何々
		二何々
	二需用費	
		一何々
		二何々
	三修繕費	
		一何々
		二何々
十三屠場費		
	一雑給	
		一何々
		二何々

二　需用費

一　何々

二　何々

三　修繕費

一　何々

二　何々

十四　公園（何公園）費

一　雜給

一　何々

二　何々

二　需用費

一　何々

二　何々

三 修繕費

一 何々

二 何々

十五 墓地（何墓地）費

一 雜給

一 何々

二 何々

二 需用費

一 何々

二 何々

三 修繕費

一 何々

二 何々

一六　火葬場費		
	一　雑給	
		一何々
		二何々
	二　需用費	
		一何々
		二何々
	三　修繕費	
		一何々
		二何々
一七　商品陳列所費		
	一　雑給	
		一何々

二何々

二需用費

一何々

二何々

三修繕費

一何々

二何々

十六市場費

一雜給

一何々

二何々

二需用費

一何々

		二何々
	三修繕費	
		一何々
		二何々
十九勸業諸費		
	一害蟲驅除豫防費	
		一何々
		二何々
	二何々	
		一何々
		二何々
二十電氣事業費		
	一給料	

一何々
二何々
二　雜給
一何々
二何々
三　需用費
一何々
二何々
四　何々
一何々
二何々
二十一　瓦斯事業費
一　給料

		一何々
		二何々
	二 雜給	
		一何々
		二何々
	三 需用費	
		一何々
		二何々
	四 何々	
		一何々
		二何々
二十二 史蹟名勝天然紀念物保存費		
	一 何々	

一何々
二何々
二十三　職業紹介所費
一何々
一何々
二何々
二十四　住宅費
一何々
一何々
二何々
二十五　救助費
一棄兒費
一何々

		二何々
	二　貧困者救助費	
		一何々
		二何々
	三　罹災救助費	
		一何々
		二何々
二十六　警備費		
	一　雑給	
		一何々
		二何々
	二　需用費	
		一何々

二何々

三　修繕費

一何々

二何々

二十七　徵發費

一　物件輸送費

一何々

二何々

二十八　基本財産造成費

一　基本財産造成

一何々

二何々

二　小學校（何學校）基本財産造成

		一何々
		二何々
	三何々	
		一何々
		二何々
二十九 財産費		
	一管理費	
		一何々
		二何々
	二何々	
		一何々
		二何々
三十 諸税及負擔		

一 諸税
一 何々
二 何々
二 負擔
一 何々
二 何々
三十一 公金取扱費
一 徴收費
一 何々
二 金庫諸費
一 何々
三十二 雜支出
一 滯納處分費

豫算 科目 款	項	目	豫算額	豫算說明 種目	本年度豫算額	前年度豫算額	增減	附記
				一何々				
	二　過年度支出							
				一何々				
	三　繰替金							
				一何々				
				二何々				
三十三　豫備費								
	一　豫備費							
經常部計								
臨時部								

一 役所（役場）營繕費　圓　圓　圓　圓

一 建築費

一 何々

二 何々

二 修繕費

一 何々

二 何々

二 土木費

一 道路橋梁費

一 何々

二 何々

二 治水堤防費

一 何々

		二何々
	三　用惡水路費	
		一何々
		二何々
	四　何々	
		一何々
		二何々
三　小學校（何學校）營繕費		
	一　建築費	
		一何々
		二何々
	二　修繕費	
		一何々

二何々

四　傳染病豫防費

一　給料

一何々

二何々

二　雜給

一何々

二何々

三　需用費

一何々

二何々

五　傳染病院（隔離病舍）營繕費

一　建築費

一何々

二何々

二修繕費

一何々

二何々

六病院(何病院)營繕費

一建築費

一何々

二何々

二修繕費

一何々

二何々

七水道費

一　布設費
一　何々
二　何々
二　修繕費
一　何々
二　何々

八　下水道費

一　築造費
一　何々
二　何々
二　修繕費
一　何々
二　何々

九　商品陳列所營繕費

一　建築費

一　何々

二　何々

二　修繕費

一　何々

二　何々

十　勸業諸費

一　奬勵費

一　何々

二　何々

二　何々

一　何々

		二何々
十一 警備費		
	一 建築費	
		一何々
		二何々
	二 修繕費	
		一何々
		二何々
十二 積立金穀		
	一 小學校（何學校）積立金	
		一何々
		二何々
	二 幼稚園（何幼稚園）積立金	

一　何々

二　何々

三　何

一　何々

二　何々

十三　公債費

一　元金償還

一　何々

二　利子

一　何々

三　何々

一　何々

十四　訴訟費

	一　訴訟費	
		一　何々
十五　寄附金		
	一　土木費寄附	
		一　何々
		二　何々
	二　何學校費寄附	
		一　何々
		二　何々
	三　何々	
		一　何々
		二　何々
十六　補助費		

十七　雜支出		
	一　教育費補助	
		一　何々
		二　何々
	二　衛生費補助	
		一　何々
		二　何々
	三　勸業費補助	
		一　何々
		二　何々
	四　何	
		一　何々
		二　何々

一 何經濟繰入			
	一 何々		
	二 何々		
二 何々			
	一 何々		
	二 何々		
六 何費本年度支出額			
一 何費本年度支出額			
	一 何々		
	二 何々		
臨時部計			
歳出合計			

大正何年何月何日提出

何府（縣）何市（何郡何町（村））長　氏　名

備考

一　特別會計ニ屬スル豫算ハ本樣式ニ準ジ之ヲ調製スベシ
二　歳入歳出豫算ノ追加又ハ更正ノ豫算ハ本樣式ニ準ジ之ヲ調製スベシ

記　載　例

一　歳入ヲ經常臨時ノ二部ニ分ツノ必要アルトキハ其ノ性質ニ從ヒ之ガ區分ヲ爲スベシ例ヘバ國庫補助金、府縣補助金、寄附金、繰入金、財產賣拂代及市町村債ノ如キハ之ヲ臨時部ニ編入スベシ雜收入中臨時事業ニ伴フ不用品賣拂代金ノ如キ亦臨時部ニ屬スルモノトス仍經常臨時ノ二部ニハ各計ヲ設ケ更ニ歳入合計ヲ掲載スベシ
二　歳出ヲ經常臨時ノ二部ニ分ツノ必要ナキトキハ各款ヲ通ジテ歳出合計ヲ掲載スベシ
三　豫算金額ハ圓位ニ止ムルモ妨ゲナシ
四　增減欄ノ減ハ朱書ト爲シ又ハ△印ヲ附スベシ
五　豫算說明ノ部分ハ別ニ調製スルモ妨ゲナシ
六　歳　入
イ　基本財產ハ一般ト特別トヲ區分シ且特別基本財產ハ其ノ種類ノ異ナル每ニ別項ト爲スベシ例ヘバ「小學校（又ハ何學校）基本財產」、「公園（何公園）基本財產」等ノ如シ

ロ　豫算說明欄ニハ豫算ノ計算ノ基ク所ヲ明ナラシムルヲ旨トシ稲目ノ分別ニ付テハ特ニ注意スベシ例ヘバ財產ヨリ生ズル收入（款）基本財產收入（項）ノ說明ニ付テハ種目ハ「小作米」、「貸地料」、「木竹其ノ他賣拂代金」、「貸家料」、「貸付金穀利子」、「預金利子」、「公債利子」、「社債利子」、「株券配當金」等ノ類トシ其ノ附記欄ニハ「小作米」ニ付テハ土地ノ所在地、地目、段別、一段步當、數量、單價及金額又「貸地料」ニ付テハ土地ノ所在地、地目、段別又ハ坪數及金額ヲ揭載シ其ノ地上權者ヨリ收得スル地代、永小作權者ヨリ收得スル小作料、土地ノ賃借人ヨリ收得スル借賃ノ類ニシテ現米ナルトキハ總テ之ヲ「小作米」ニ、現金ナルトキハ總テ之ヲ「貸地料」ニ算入スベシ又「木竹其ノ他賣拂代金」トハ立木竹ノ賣拂代金ハ勿論落葉、落枝、柴草、土石、樹根、草根、切芝ノ採取又ハ採掘等ノ種別ニ從ヒ各數量、單價及金額ヲ揭載スベシ

ハ　使用料（項）ニ對スル說明種目ノ欄ニハ市制町村制ニ所謂使用料例ヘバ「公園（何公園）使用料」、「屠場使用料」、「水道使用料」ノ如キハ勿論他ノ法令ニ依ル使用料例ヘバ「小學校（何學校）授業料」、「幼稚園（何幼稚園）保育料」、「圖書閱覽料」、「道路占用料」ノ類ヲモ揭載シ其ノ各附記欄ニハ件數、金額ヲ揭載スベシ

ニ　手數料（項）ニ對スル說明種目ノ欄モ亦市制町村制ニ所謂手數料例ヘバ「證明手數料」、「督促手數料」ノ如キハ勿論他ノ法令ニ依ル手數料例ヘバ「戶籍手數料」、「寄留手數料」、「馬籍簿閱覽手數料」ノ類ヲモ揭載シ其ノ各附記欄ニハ作

數、金額ヲ掲載スベシ

七　雜收入ノ項ハ小學校（何學校）雜入、繰替金戻入、加入金等ノ類トシ其ノ說明種目例ヘバ「小學校（何學校）雜入」ニ對シテハ「物件賣拂代金」、「不用品賣拂代金」ノ類、又「繰替金戻入」ニ對シテハ「召集旅費繰替金戻入」、「行旅病人及死亡人取扱費繰替金戻入」、「精神病者監護費繰替金戻入」ノ類トス仍雜收入ニ付テハ他ノ各款ニ屬セザル諸收入ヲ掲載スベシ

八　市町村稅中地租其ノ他ノ各稅附加稅ニ付テハ說明附記欄ニ其ノ本稅額及課率ヲ掲載シ仍特別稅戶數割又ハ戶數割ヲ賦課セザル市町村ニ於テ戶數割ニ代ヘ賦課スル家屋稅附加稅ニ付テハ現在戶數及平均一戶當ノ金額ヲモ掲載スベシ

歲出

九

イ　豫算說明ノ欄ニハ計算ノ基ク所ヲ明ナラシムルヲ旨トシ種目ノ分別ニ付テハ特ニ注意スベシ例ヘバ役所（役場）費（款）報酬（項）ノ說明ニ付テハ種目ハ「町（村）長報酬」、「市參與報酬」、「助役報酬」、「區長報酬」、「區長代理者報酬」、「委員（何委員）報酬」ノ類トシ其ノ各附記欄ニハ例ヘバ「町（村）長報酬」ニ付テハ一年何圓ノ類ヲ掲載スベシ

ロ　給料（項）ニ對スル說明種目ノ欄ニハ「市（町）（村）長給料」、「市參與給料」、「助役給料」、「收入役給料」等ノ類トシ其ノ各附記欄ニハ例ヘバ「助役給料」ニ付テハ年俸又ハ月俸何圓幾人ノ類ヲ掲載スベシ

ハ　雜給（項）ニ對スル說明種目ノ欄ニハ「費用辨償」、「旅費」、「手當」、「給仕及

使丁給」、「傭人料」、「賞與」、「退隱料」、「退職給與金」、「死亡給與金」、「遺族扶助料」ノ類トシ其ノ各附記欄ニハ例ヘバ「費用辨償」ニ付テハ町(村)長何圓助役何圓ト掲載スベシ

二　需用費(項)ニ對スル說明種目ノ欄ニハ「備品費」、「消耗品費」、「印刷費」、「通信運搬費」、「賄費」、「被服費」、「借家料」、「電燈費」、「電話費」、「雜費」ノ類トシ其ノ各附記欄ニハ例ヘバ「備品費」ニ付テハ何器具新調費何圓、何機械修繕費何圓、書籍購買代金何圓、又「消耗品費」ニ付テハ筆紙墨代金何圓、薪炭油茶代金何圓ノ類ヲ掲載スベシ

十　市ニ於テ市會費ト市參事會費トヲ區分セントスルトキハ會議費ノ款ヲ市會費、市參事會費ト分記シ各款ノ下ニ「費用辨償」、「給料」、「雜給」、「需用費」等ノ項ヲ設クベシ

十一　小町村ニ於テハ各款ノ下給料ト雜給、需用費ト修繕費トヲ合セテ各一項ト爲スモ妨ゲナシ

十二　小學校費ヲ學校每ニ區分シタル場合ニ於テ各校共通ノ費用アルトキハ別ニ一款ヲ設ケテ之ヲ掲載スベシ

十三　小學校(何學校)費、幼稚園(何幼稚園)費及圖書館(何圖書館)費ノ款ハ之ヲ合セテ敎育費トシ其ノ項ハ之ヲ小學校(何學校)費、幼稚園(何幼稚園)費及圖書館(何圖書館)費トシ給料、雜給、需用費等ハ之ヲ說明種目ト爲スモ妨ゲナシ

十四　諸稅及負擔(款)ハ諸稅(項)ト負擔(項)トニ分チ「諸稅」ノ說明種目ハ「地租」、

「地租附加稅」、「水利組合費」ノ類トシ其ノ附記欄ニハ市(町)(村)有土地等ニ對スル分ヲ掲載シ又「負擔」ノ說明種目ハ「何町(村)外何ケ村組合費負擔」ノ類トス

十五　雜支出ノ項ハ「滯納處分費」、「繰替金」、「過年度支出」ノ類其ノ他他ノ各款ニ屬セザル諸支出ヲ掲載スベシ

十六　特ニ必要アルトキハ本樣式ニ掲グル歳入歳出科目ノ外適宜ニ款項目ヲ設クルモ妨ゲナシ

十七　市町村組合、町村組合ニ於テハ分賦法ニ依ルモノハ歳入科目「市町村稅」ノ款ヲ「分賦金」トシ左ノ例ニ依ルベシ

歳入

豫算 科目 款	豫算 科目 項	豫算 豫算額	豫算說明 種目	豫算說明 本年度豫算額	豫算說明 前年度豫算額	豫算說明 増減	豫算說明 附記
分賦金		圓		圓	圓	圓	
	一 何市分賦金						
			一 地租附加稅				

	二　何々
二　何町分賦金	
	一　地租附加税
	二　何々
三　何村分賦金	
	一　地租附加税
	二　何々

繼續費ノ年期及支出方法樣式

何府（縣）何市（何郡何町（村））何費繼續年期及支出方法

自大正何年度
至大正何年度

一金　何費中何費

内譯

金　大正何年度支出額

金　大正何年度支出額

右何々（議決ヲ要スベキ事業ノ大要ヲ記載ス）

大正何年何月何日提出

何府(縣)何市(何郡何町(村))長　氏　　名

何府(縣)何市(何郡何町(村))繼續費何費收支計算表

收　入

科目 款	科目 項	大正何年度	大正何年度	大正何年度	大正何年度	大正何年度	計	説明 種目	説明 金額	説明 附記
一 補助金		円	円	円	円	円	円		円	
	一 國庫補助金									
								一 何々		
	二 府(縣)補助金									
								一 何々		
二 寄附金										
	一 寄附金									
								一 何々		

三 市(町)(村)費繰入金		
	一 市(町)(村)費繰入金	
		一 何々
四 雑収入		
	一 雑収入	
		一 預金利子
		二 何々
五 市(町)(村)債		
	一 市(町)(村)債	
		一 市(町)(村)債
合計		

支出

科目 款	科目 項	大正何年度	大正何年度	大正何年度	大正何年度	大正何年度	計	說明 種目	說明 金額	說明 附記
一 何費		圓	圓	圓	圓	圓	圓		圓	
	一 給與									
								一 何々		
								二 何々		
	二 雜給									
								一 何々		
								二 何々		
	三 需用費									
								一 何々		
								二 何々		
	四 何々									

一何々	
二何々	
合計	

記載例

一 繼續費ト爲ス費用ニ付特別會計ヲ設ケズ又ハ特定ノ收入ナキ場合ニハ「繼續費何費支出計算表」トシ收入ノ部ハ之ヲ設クルヲ要セズ

㊙府縣及市町村ノ財務ニ關スル規定改正ノ件

（昭和五年五月二十日發地第五四號地方局長依命通牒）

本日内務省令第二十號ヲ以テ府縣制施行規則中改正及同省令第二十一號ヲ以テ市制町村制施行規則中改正ノ件公布相成同時ニ地方財務ノ執行ニ關シ訓令相成候處右ハ地方財政ノ現狀ニ鑑ミ其ノ經理ヲ一層堅實ナラシムル趣旨ニ有之候條之カ運用ニ付テハ篤ト御留意相成度尚左記事項御了知相成度

記

一 繼續費繰越計算書及決算ノ説明ハ府縣ニ付テハ別記樣式ニ據リ市町村等ニ付テハ之ニ準據セシムルコト

二 道府縣及市ノ繼續費繰越計算書ハ之ヲ參事會ニ報告後直ニ地方局長ニ報告スルコ

ト

三　歳出豫算ノ執行ニ當リテハ歳入ニ意ヲ用ヒ例ヘハ特定財源カ國庫補助金ナル場合ニ在リテハ補助ノ指令、寄附金又ハ財産賣拂代ナル場合ニ在リテハ寄附又ハ賣拂ノ契約ノ締結、公債ナル場合ニ在リテハ其ノ許可アル迄歳出ノ執行ヲ見合セ其ノ收入カ豫算ニ比シ減少シタル場合ニ於テハ歳出ノ減額執行又ハ收入減ノ補塡ヲ爲ス等財政ニ缺陷ヲ生セシメサル樣經理上遺憾ナキヲ期スルコト

「昭和」何年度繼續費繰越計算書

科目	何年度繼續費支出豫算現額			支出濟及支出所要額	殘額	翌年度繰越額	同上財源豫定額							
	豫算計上額	前年度繰越額	計				繰越金	國庫補助金	寄附金	財産賣却代	公債	過年度收入	・・・・	計
計														

備考

同上財源豫定額欄ニハ繼續費ノ翌年度繰越額ニ充ツヘキ翌年度ニ於ケル財源ノ豫定ヲ記載スルコト從テ繰越金以外ノ欄ニハ當該年度ニ於ケル繼續費支出ノ特定財源豫算額中調定未濟又ハ調

定濟未納ニシテ之カ收入ヲ翌年度ニ繰越スモノヲ計上スルコト

「昭和」何年度歳入決算說明

科目	豫算額			繼續費繰越財源豫定額	豫算現額	調定濟額	收入濟額	不納缺損額	收入未濟額	豫算現額ニ比シ收入濟額ノ差		附記	備考
	當初豫算額	追加更正豫算額	計							増	減		
計													

備考

一、科目ハ豫算說明ト同一ノ區分ニ依ルコト
二、同時議決ノ追加更正豫算ハ之ヲ當初豫算トシテ計上スルコト
三、豫算現額ノ欄ニハ豫算額及繼續費繰越財源豫定額ノ合計ヲ記載スルコト
四、調定額中ニハ前年度以前ノ調定ニシテ收入未濟ノ繰越額ハ之ヲ調定濟額欄ニ計上スルコト
五、附記欄ニハ收入濟額ニ付目ノ內譯ヲ記載スルコト
六、備考欄ニハ收入濟額ノ積算ノ基礎、國庫出納金端數計算法ニ依ル調定不足其ノ他參考トナルヘキ事項ヲ記載スルコト

「昭和」何年度歳出決算說明

科目	豫算額 當初豫算額	追加更正豫算額	計	豫算決定後増加額 前年度繰越額	繼續費支出額	豫備費支出額	流用増減額 △印減	豫算現額	支出濟額	翌年度繰越額 繼續費遞次繰越額	翌年度追加豫算額	不用額	附記	備考
計														

備考

一、科目ハ豫算說明ト同一ノ區分ニ依ルコト

二、同時議決ノ追加更正豫算ハ之ヲ當初豫算トシテ計上スルコト

三、豫算現額ノ欄ニハ豫算額、豫算決定後増加額及流用増減額ノ合計ヲ記載スルコト

四、附記欄ニハ支出濟額ニ付目ノ內譯ヲ記載スルコト

五、流用ニ付テハ増減共當該科目ノ目ノ備考欄ニ流用シタル科目及其ノ金額ヲ記載スルコト

◎市制町村制施行規則中改正及府縣制施行規則中改正ニ關スル件依命通牒（昭和六年八月十一日發地第六六號地方、主税兩局長）

今般市制町村制施行規則中改正及府縣制施行規則中改正省令公布相成候ニ付テハ市制第百二十一條ノ二、町村制第百一條ノ二及府縣制第百十條第二項ノ規定ニ基キ市町村税又ハ府縣税ヲ賦課スルヲ不適當トスルモノハ市町村又ハ府縣ニ於テ定ムルコト、相成候處右ハ主トシテ公共團體又ハ公益法人ニ對シ國税附加税又ハ府縣税附加税ノ賦課

（改五）

ヲ不適當ト認ムルカ如キ場合ニ處セシムル趣旨ニ有之候條實施上遺憾ナキヲ期セラレ度尙管下市町村其ノ他ノ公共團體ニ對シテモ同樣御示達相成度

追テ水利組合ニ關シテハ水利組合法第五十二條ノ規定ニ依リ市町村稅ノ例ニ依ル義ニ有之爲念

◎府縣制準用選擧市區指定令（大正十五年六月二十四日勅令第二百十一號）

改正（昭和三年四月勅令第七十五號、同年八月同第二百二十號、七年三月同第二十一號、八年四月四日同第五十號）

第一條 市制第三十九條ノ二ノ規定ニ依リ市ヲ指定スルコト左ノ如シ

東京市　京都市　大阪市　堺市　横濱市　横須賀市　川崎市
神戸市　姫路市　長崎市　佐世保市　新潟市　長岡市　前橋市
宇都宮市　津市　名古屋市　豐橋市　靜岡市　濱松市　甲府市
岐阜市　長野市　松本市　仙臺市　青森市　山形市　福井市
金澤市　富山市　岡山市　廣島市　吳市　下關市　和歌山市
德島市　高松市　松山市　高知市　福岡市　久留米市　門司市
大牟田市　八幡市　大分市　熊本市　鹿兒島市　那覇市　札幌市
函館市　小樽市　旭川市　室蘭市　高崎市　盛岡市　小倉市
岡崎市　八王子市　尼崎市　桐生市　水戸市　奈良市　四日市市
宇治山田市　清水市　郡山市　八戸市　高岡市　宇部市　若松市（福岡縣）
戸畑市　宮崎市　釧路市　西宮市　大津市　秋田市　福山市

第二條 市制第三十九條ノ二ノ規定ニ依リ區ヲ指定スルコト左ノ如シ

東京市ノ區

附　則

本令ハ次ノ總選擧ヨリ之ヲ施行ス

◉改正市制附則第二項、町村制附則第四項及施行令附則第九項ノ規定ニ依ル命令ニ關スル件（大正十五年六月二十四日内務省令第二十二號）

大正十五年市制中改正法律又ハ同年町村制中改正法律ニ依リ初テ議員ヲ選擧スル場合ニ於テ必要ナル選擧人名簿ニ關シ市制第二十一條乃至第二十一條ノ五又ハ町村制第十八條乃至第十八條ノ五ノ規定ニ依ル期日又ハ期間ニ依リ難キトキハ府縣知事（北海道ニ於テハ北海道廳長官）ニ於テ其ノ期日又ハ期間ヲ定ムベシ

前項ノ規定ハ市制町村制施行令附則第九項ノ場合ニ之ヲ準用ス

附　則

本令ハ次ノ總選擧ヨリ之ヲ施行ス

◉市制町村制改正經過規程（昭和四年六月十九日勅令第百八十七號）

第一條　昭和四年七月一日前ニ補闕選擧ノ告示アリタル市町村會議員ノ補闕ニ關シテハ仍從前ノ規定ニ依ル

第二條　從前ノ市制第二十一條ノ三第一項又ハ町村制第十八條ノ三第一項ノ規定ニ依リ市町村長ニ申立テタル異議ニシテ昭和四年六月三十日迄ニ市町村會ノ決定ニ付セ

（改五）

ザルモノハ之ヲ新規定ニ依リ市町村長ニ申立テタル異議ト看做シ之ヲ決定スベキ期間ハ昭和四年七月一日ヨリ起算ス

2 從前ノ市制第二十一條ノ三第一項又ハ町村制第十八條ノ三第一項ノ規定ニ依リ市町村會ノ決定ニ付シタル異議ニ關シテハ仍從前ノ規定ニ依ル

3 前二項ノ規定ハ市制第百四十六條第二項又ハ町村制第百二十六條第二項ノ規定ニ依ル選擧人名簿ノ異議ニ關シ之ヲ準用ス

第三條 市制第六十五條第一項ノ規定ニ依リ增員セラレタル名譽職參事會員ノ任期ハ其ノ選擧ノ日ニ於テ現ニ在任スル名譽職參事會員ノ任期ニ依ル

第四條 從前ノ市制第七十二條第一項但書ノ規定ニ依リ定メタル東京市及京都市ノ助役ノ定數ハ市制第七十二條第二項ノ規定ニ依リ市條例ヲ以テ定メタルモノト看做ス

第五條 市制第七十三條第五項乃至第七項ノ規定竝ニ之ヲ準用スル第七十四條第三項、第七十五條第三項、第七十九條第二項、第八十二條第二項及第八十三條第三項ノ規定ハ昭和四年七月一日前ニ市長、助役、收入役若ハ副收入役ニ選擧セラレ又ハ市參與、助役、收入役、副收入役、區長、區長代理者若ハ委員ニ決定セラレ昭和四年六月三十日迄ニ就職セザル者ニ付テハ之ヲ適用セズ

2 町村制第六十三條第三項乃至第五項ノ規定竝ニ之ヲ準用スル同條第七項、第六十七條第三項、第六十八條第二項及第六十九條第三項ノ規定ハ昭和四年七月一日前ニ町村長、助役、收入役若ハ副收入役ニ選擧セラレ又ハ助役、收入役、副收入役、區

長、區長代理者若ハ委員ニ決定セラレ昭和四年六月三十日迄ニ就職セザル者ニ付テハ之ヲ適用セズ

第六條　從前ノ市制第九十條第一項若ハ第五項ノ規定ニ依リ再議ニ付シ又ハ同條第二項若ハ第六項ノ規定ニ依リ府縣參事會ノ裁決ヲ請ヒタル市會又ハ市參事會ノ議決ニ關シテハ仍從前ノ規定ニ依ル同條第三項ノ規定ニ依リ爲シタル取消處分ニ關シ亦同ジ

2　從前ノ町村制第七十四條第一項若ハ第五項ノ規定ニ依リ再議ニ付シ、同條第二項ノ規定ニ依リ府縣參事會ノ裁決ヲ請ヒ又ハ同條第六項ノ規定ニ依リ府縣知事ノ處分ヲ請ヒタル町村會ノ議決ニ關シテハ仍從前ノ規定ニ依ル同條第三項ノ規定ニ依リ爲シタル取消處分ニ關シ亦同ジ

第七條　市會若ハ市參事會ノ議決シ若ハ決定スベキ事件ニシテ從前ノ市制第九十一條第三項乃至第五項ノ規定ニ依リ府縣參事會ノ議決若ハ決定ヲ請ヒタルモノ又ハ同條第三項乃至第五項ノ規定ニ依リ爲シタル處置ニ關シテハ仍從前ノ規定ニ依ル

第八條　新規定ニ依リ市町村條例ヲ以テ定ムルコトヲ要スル事項ニ關シ從前ノ規定ニ依リ定メタルモノハ之ヲ新規定ニ依ル市町村條例ト看做ス

第九條　新規定施行前懲戒處分トシテ爲サレタル解職ノ效力ニ關シテハ仍從前ノ規定ニ依ル

附　則

本令ハ昭和四年七月一日ヨリ之ヲ施行ス

◉市制町村制ノ施行ニ關スル件（明治四十四年九月二十二日勅令第二百四十三號）

第一條 市制町村制施行前舊市制町村制ニ依リ爲シタル手續其ノ他ノ行爲ハ本令ニ別段ノ規定アル場合ヲ除クノ外之ヲ市制町村制ニ依リ爲シタルモノト看做ス

第二條 町村ノ境界ニ關スル爭論ニシテ【郡參事會】ニ於テ受理シタルモノハ之ヲ府縣參事會ニ於テ受理シタルモノト看做ス其ノ【郡參事會】ニ於テ爲シタル裁決ニ不服アル者ハ從前ノ規定ニ依ル訴願期間內ニ府縣參事會ノ裁定ヲ請フコトヲ得

2 【郡參事會】ノ裁決ニ不服アルカ爲府縣參事會ニ爲シタル訴願ハ之ヲ其ノ裁定ヲ請ヒタルモノト看做ス

3 市町村ノ境界ニ關スル爭論ニ付府縣參事會ノ爲シタル裁決ハ之ヲ裁定ト看做ス

第三條 町村名譽職ノ當選ヲ辭シ又ハ其ノ職ヲ辭シ若ハ其ノ職務ヲ實際ニ執行セサルカ爲受ケタル町村公民權停止【及町村費增課ノ處分】ニ關スル訴願ニシテ【郡參事會】ニ於テ受理シタルモノハ之ヲ府縣參事會ニ於テ受理シタルモノト看做ス其ノ【郡參事會】ニ於テ爲シタル裁決ニ不服アル者ハ從前ノ規定ニ依ル訴願期間內ニ府縣參事會ニ訴願スルコトヲ得

2 市制町村制施行前市町村ニ於テ爲シタル市町村公民權停止及市町村費增課ノ處分ニ對スル訴願ノ期間ニ付テハ前項ノ規定ヲ準用ス

第四條 市町村營造物ニ關スル從前ノ市町村規則中市町村條例ヲ以テ規定スヘキ事項ニ關スル規定ハ市町村條例ト同一ノ效力ヲ有ス

第五條　市會議員ノ定數市制第十三條ノ議員ノ定數ニ滿タサルニ依リ其ノ不足ヲ補フカ爲選擧シタル議員ハ從前ノ規定ニ依ル最近ノ定期改選期ニ於テ其ノ職ヲ失フ

第六條　市町村會議員、區會議員又ハ全部事務ノ爲ニ設ケタル町村組合會議員ノ補闕又ハ增員ニ付從前ノ規定ニ依ル最近ノ定期改選期前ニ於テ其ノ選擧ヲ行ヒタルトキハ其ノ補闕議員又ハ增員議員ハ從前ノ規定ニ依ル最近ノ定期改選期ニ於テ其ノ職ヲ失フ當選ヲ辭シ又ハ選擧若ハ當選無效ト爲リタルカ爲選擧セラレタル議員ニ付亦同シ

第七條　市制町村制施行前ノ選擧ニ關スル選擧人名簿又ハ選擧若ハ當選ノ效力ニ付テハ從前ノ規定ニ依ル

2 選擧人名簿又ハ選擧若ハ當選ノ效力ニ關スル訴願ニシテ市制町村制施行前市町村長ニ於テ受理シタルモノ又ハ市町村會ニ付議シタルモノハ之ヲ市町村會ノ決定ニ付シタルモノト看做ス其ノ決定及市町村會ニ於テ爲シタル裁決ハ之ヲ異議ノ決定ト看做シ其ノ市制町村制施行前ニ爲シタル裁決ニ對スル訴願ハ從前ノ規定ニ依ル訴願期間内ニ之ヲ提起スヘシ

3 市制町村制施行前ニ於ケル選擧又ハ當選ノ效力ニ關スル異議ハ從前ノ規定ニ依ル訴願期間内ニ之ヲ申立ツヘシ

4 第二項ノ裁決ニ不服アル者ノ提起シタル訴願ニシテ【郡參事會】ニ於テ受理シタルモノハ之ヲ府縣參事會ニ於テ受理シタルモノト看做ス其ノ【郡參事會】ニ於テ爲シタル裁決ニ不服アル者ハ從前ノ規定ニ依ル訴願期間内ニ府縣參事會ニ訴願スルコトヲ得

第八條　市制町村制施行前家資分散若ハ破產ノ宣告ヲ受ケ又ハ禁錮以上ノ刑ニ當ルヘキ罪ノ爲公判ニ付セラレタル者ノ選擧權及被選擧權ノ有無ニ關シテハ前條ノ規定ヲ準用ス

第九條　選擧又ハ當選ノ效力ニ關スル府縣知事ノ異議ニシテ市制施行前府縣參事會ニ付議シタルモノハ之ヲ府縣參事會ノ決定ニ付シタルモノト看做シ其ノ府縣參事會ニ於テ爲シタル裁決ハ之ヲ決定ト看做ス

2　選擧又ハ當選ノ效力ニ關スル【郡長】ノ異議ニシテ町村制施行前【郡參事會】ニ付議シタルモノアルトキハ【郡長】ニ於テ直ニ府縣知事ノ指揮ヲ受ケ之ヲ處分スヘシ其ノ【郡參事會】ニ於テ爲シタル裁決ハ之ヲ【郡長】ノ處分ト看做シ之ニ對スル訴願ハ從前ノ規定ニ依ル訴願期間內ニ之ヲ提起スヘシ

第十條　市制施行ノ際現ニ市會議長及其ノ代理者タル者ノ任期ハ從前ノ規定ニ依ル

2　前項ノ議長代理者ハ之ヲ副議長ト看做ス

第十一條　從前ノ規定ニ依ル市町村助役ノ選擧及收入役ノ選任ニ付テハ市町村長ノ推薦ニ依リ市町村會ニ於テ定メタルモノト看做ス

第十二條　町村長ニ於テ町村會ノ議決其ノ權限ヲ超エ又ハ法令ニ背クト認メ裁決ノ申請ヲ爲シ【郡參事會】ニ於テ受理シタルモノハ之ヲ府縣參事會ニ於テ受理シタルモノト看做ス其ノ【郡參事會】ニ於テ爲シタル裁決ニ不服アル者ハ從前ノ規定ニ依ル訴願期間內ニ府縣參事會ニ訴願スルコトヲ得

2　町村長ニ於テ町村會ノ議決公衆ノ利益ヲ害スト認メ裁決ノ申請ヲ爲シ【郡參事會】

ニ於テ受理シタルモノハ之ヲ【郡長】ニ於テ受理シタルモノト看做ス其ノ【郡參事會】ニ於テ爲シタル裁決ハ之ヲ【郡長】ノ處分ト看做シ之ニ對スル訴願ハ從前ノ規定ニ依ル訴願期間內ニ之ヲ提起スヘシ

3 前項ノ事件ニ付町村制施行前府縣參事會ノ爲シタル裁決ニ不服アル者ハ從前ノ規定ニ依ル訴願期間內ニ內務大臣ニ訴願スルコトヲ得

4 市參事會ニ於テ市會ノ議決公衆ノ利益ヲ害スト認メ府縣參事會ニ爲シタル裁決ノ申請ハ之ヲ市長ノ申請ト看做ス市制施行前其ノ府縣參事會ニ於テ爲シタル裁決ニ不服アル者ニ付テハ前項ノ規定ヲ準用ス

第十三條　市制施行前市ノ有給吏員ノ給料若ハ退隱料又ハ名譽職員ノ實費辨償若ハ報酬ノ給與ニ關シ府縣參事會ニ於テ受理シタル異議ハ之ヲ訴願ト看做シ其ノ府縣參事會ニ於テ爲シタル異議ノ裁決ハ之ヲ訴願ノ裁決ト看做ス

2 町村ノ有給吏員ノ給料若ハ退隱料、名譽職員ノ實費辨償若ハ報酬又ハ町村長ノ書記料ノ給與ニ關スル異議ノ申立ニシテ【郡參事會】ニ於テ受理シタルモノハ之ヲ府縣參事會ニ於テ受理シタルモノト看做ス其ノ【郡參事會】ニ於テ爲シタル裁決ニ不服アル者ハ從前ノ規定ニ依ル訴願期間內ニ府縣參事會ニ訴願スルコトヲ得

3 町村長ノ書記料ノ給與ニ關スル異議、訴願及訴訟ニ付テハ給料ニ關スル規定ヲ準用ス

4 市制町村制施行前前三項ノ給與ニ關シ爲シタル處分ニ對スル異議ノ申立期間ハ市制町村制施行ノ日ヨリ之ヲ起算ス

第十四條　從前ノ使用料、手數料及特別稅ニシテ市町村條例ニ依ラサルモノハ之ヲ市町村條例ヲ以テ規定シタルモノト看做ス

2　使用料、手數料及特別稅ニ關シ從前市町村條例ニ規定シタル科料ハ之ヲ過料ト看做ス但シ市制町村制施行前科料ノ處分ヲ受ケタル者ノ出訴ニ付テハ從前ノ規定ニ依ル

第十五條　市制町村制施行前市町村稅ノ賦課又ハ市町村ノ營造物、市町村有財產若ハ其ノ所得ヲ使用スル權利ニ關シ市參事會又ハ町村長ニ申立テタル訴願ハ之ヲ市長又ハ町村長ニ爲シタル異議ノ申立ト看做シ其ノ爲シタル裁決ニ不服アル者ハ從前ノ規定ニ依ル訴願期間內ニ府縣參事會ニ訴願スルコトヲ得

2　前項ノ事件ニ關スル訴願ニシテ【郡參事會】ニ於テ受理シタルモノハ之ヲ府縣參事會ニ於テ受理シタルモノト看做シ其ノ【郡參事會】ニ於テ爲シタル裁決ニ不服アル者ハ從前ノ規定ニ依ル訴願期間內ニ府縣參事會ニ訴願スルコトヲ得

3　市制町村制施行前市町村ノ營造物、市町村有財產又ハ其ノ所得ヲ使用スル權利ニ付爲シタル處分ニ對スル異議ハ從前ノ規定ニ依ル訴願期間內ニ之ヲ申立ツヘシ

第十六條　手數料ノ徵收及市町村稅ノ滯納處分ニ關スル訴願ニシテ【郡長】又ハ府縣知事ニ於テ受理シタルモノハ之ヲ府縣參事會ニ於テ受理シタルモノト看做ス其ノ內務大臣ノ受理シタルモノニ付テハ從前ノ規定ニ依ル

2　市制町村制施行前ノ手數料ノ徵收ニ付テハ從前ノ規定ニ依ル訴願期間內ニ市町村長ニ異議ノ申立ヲ爲スコトヲ得其ノ【郡長】ニ於テ爲シタル訴願ノ裁決ニ不服アル者ハ從前ノ規定ニ依ル訴願期間內ニ府縣參事會ニ訴願スルコトヲ得其ノ府縣知事ニ於

テ爲シタル裁決ハ府縣參事會ニ於テ爲シタル裁決ト看做ス

3 市制町村制施行前ノ市町村稅ノ滯納處分又ハ町村稅ノ滯納處分ニ關スル【郡長】ノ裁決ニ不服アル者ニ付テハ前項ノ規定ヲ準用ス

第十七條　市町村ノ一部ニ屬スル財產又ハ營造物ニ關シ區會又ハ區總會ヲ設クルカ爲市町村條例ノ設定ニ付府縣參事會又ハ【郡參事會】ヨリ內務大臣ニ提出シタル申請ハ之ヲ府縣知事又ハ【郡長】ノ申請ト看做ス

第十八條　町村組合ヲ解カムトスルノ申請ニシテ【郡長】ニ於テ受理シタルモノハ之ヲ府縣知事ニ於テ受理シタルモノト看做ス

第十九條　舊市制第百十六條第一項ノ府縣參事會ノ處分又ハ裁決ニ不服アル者ハ從前ノ規定ニ依ル訴願期間內ニ內務大臣ニ訴願スルコトヲ得

2 舊町村制第百二十條第一項ノ【郡參事會】ノ處分又ハ裁決ニ對スル訴願ニシテ府縣參事會ニ於テ受理シタルモノハ府縣知事ニ於テ受理シタルモノト看做ス其ノ府縣參事會ニ於テ爲シタル裁決ニ不服アル者ニ付テハ前項ノ規定ヲ準用ス

3 前項【郡參事會】ノ處分又ハ裁決ハ【郡長】ニ於テ爲シタル處分ト看做シ之ニ不服アル者ハ從前ノ規定ニ依ル訴願期間內ニ府縣知事ニ訴願スルコトヲ得

4 舊市制第百十六條第一項又ハ舊町村制第百二十條第一項ノ【郡長】又ハ府縣知事ノ處分又ハ裁決ニ不服アルカ爲提起スル訴願ノ期間ニ付テハ從前ノ規定ニ依ル

5 舊市制第百十六條第五項又ハ舊町村制第百二十條第五項ノ執行ノ停止ニ付テハ從前ノ規定ニ依ル

第二十條　舊町村制第百二十二條ノ規定ニ依リ郡長ノ爲シタル處分ニ對スル訴願ニシテ府縣參事會ニ於テ受理シタルモノハ府縣知事ニ於テ受理シタルモノト看做シ府縣參事會ニ於テ爲シタル裁決ハ之ヲ府縣知事ノ裁決ト看做ス
2前項郡長ノ處分ニ不服アル者ノ提起スル訴願ノ期間ニ付テハ從前ノ規定ニ依ル
第二十一條　市町村會ノ議決ニ付許可ヲ要スル事件中府縣參事會又ハ郡參事會ニ申請シタルモノニシテ府縣知事又ハ郡長ノ職權ト爲リタルモノハ之ヲ府縣知事又ハ郡長ニ申請シタルモノト看做ス
第二十二條　市制町村制施行前ニ爲シタル市町村吏員ノ解職ニ付テハ總テ從前ノ規定ニ依ル
第二十三條　第三條第七條第四項第十二條第一項第十三條第二項第十五條第一項若ハ第二項又ハ第十六條第二項若ハ第三項ノ規定ニ依リ府縣參事會ニ提起シタル訴願ハ之ヲ市制又ハ町村制ニ依リタルモノト看做ス
第二十四條　市制町村制施行前ノ處分決定裁定又ハ裁決ニ對スル行政訴訟ノ提起期間ハ從前ノ規定ニ依ル

附　則

本令ハ明治四十四年十月一日ヨリ之ヲ施行ス

◉町村制ヲ施行セサル島嶼指定ノ件（大正十年五月三日勅令第百九十號）

町村制第百五十七條ノ規定ニ依リ島嶼ヲ指定スルコト左ノ如シ

東京府管下
　小笠原島及伊豆七島

附　則

1 本令ハ大正十年五月二十日ヨリ之ヲ施行ス
2 大正七年勅令第三百三十五號ハ之ヲ廢止ス

（參照）大正七年八月三十日公布勅令第三百三十五號ハ長崎縣對島國島根縣隱岐國鹿兒島縣大島郡及沖繩縣ノ町村制度ニ關スル件ナリ

◉市制町村制施行ノ際取扱方ノ件（明治二十二年六月十四日訓第三百五十二號訓令）抄

第六條　合併ノ町村ニハ新ニ其名稱ヲ選定スヘシ舊各町村ノ名稱ハ大字トシテ之ヲ存スルコトヲ得尤モ大町村ニ小町村ヲ合併スルトキハ其大町村ノ名稱ヲ以テ新町村ノ名稱トナシ或ハ互ニ優劣ナキ數小町村ヲ合併スルトキハ各町村ノ舊名稱ヲ參互折衷スル等適宜斟酌シ勉メテ民情ニ背カサルコトヲ要ス但町村ノ大小ニ拘ハラス歴史上著名ノ名稱ハ可成保存ノ注意ヲ爲スヘシ

◉新ニ市町村ヲ置キタル場合ニ於ケル市町村條例設定ニ關スル特例ノ件依命通牒（大正十二年三月二十六日發地第七號地方局長）

今般勅令第四十五號ヲ以テ【明治四十四年勅令第二百四十八號】中改正ノ件公布相成候處右ハ新ニ市町村ヲ置キタル場合ニ於ケル市町村條例設定ニ關スル特例ニシテ特別稅、使用料及手數料ノ如ク必ス條例ヲ以テ規定スルコトヲ要スル事項ニ關スル條例ヲシテ須臾モ曠缺スルコトナカラシメ以テ市町村行政ノ運用上支障ナカラシメムトスル趣意ニ有之候條之カ適用ハ叙上ノ如キ必要已ムヲ得サル條例ニ限ルヘク又ハ之カ爲正規ノ市町村條例ノ設定ヲ怠ルカ如キコトナカラシムル樣御留意相成度　（改一）

◉市制第六條ノ市ノ指定ニ關スル件（明治四十四年九月二十二日勅令第二百三十九號）

市制第六條ノ規定ニ依リ市ヲ指定スルコト左ノ如シ

東京市　京都市　大阪市

附　則

本令ハ明治四十四年十月一日ヨリ之ヲ施行ス

◉市制第六十五條ノ名譽職參事會員ノ定數ノ件（昭和四年六月十九日勅令第百八十九號）

市制第六十五條第一項但書ノ規定ニ依リ市ヲ指定スルコト左ノ如シ

東京市　京都市　大阪市　横濱市
神戸市　名古屋市

附　則

本令ハ昭和四年七月一日ヨリ之ヲ施行ス

◉市制第八十二條第三項ノ市指定ノ件（明治四十四年九月二十二日内務省令第十四號）（改正 昭和二年六月二十二日内務省令第三十二號、六年七月一日同第十四號）

市制第八十二條第三項ノ規定ニ依リ市ヲ指定スルコト左ノ如シ
名古屋市　横濱市（昭和二年内務省令第三十二號ヲ以テ同年十月一日施行）　神戸市（昭和六年内務省令第十四號ヲ以テ同年九月一日施行）

附　則

本令ハ明治四十四年十月一日ヨリ之ヲ施行ス

◎衆議院議員選擧法第六條第三號ニ關スル件通牒

（大正十五年三月三十日發地第十八號地方局長）

衆議院議員選擧法第六條第三號ニ謂フ貧困ニ因リ生活ノ爲公私ノ救助ヲ受ケ又ハ扶助ヲ受クル者トハ貧困ノ狀態ニ在ル者カ貧困ヲ原因トシテ國道府縣市町村其ノ他公共團體又ハ私法人私人等ヨリ生活上全部又ハ一部ノ經濟的補助ヲ受クル者ノ義ニシテ左記第一號乃至第六號ニ掲クル如キモノヲ指稱シ第七號乃至第十九號ニ掲クルモノノ如キハ該當セサルモノトス

記

一　乞食ヲ爲ス者
二　恤救規則ニ依リ救助ヲ受クル者
三　養老院ニ收容セラルル者及養老院ヨリ院外救助ヲ受クル者
四　貧困ニ陷リテ舊子弟ヨリ生活上ノ扶助ヲ受クル者
五　養子トナリテ他ノ家ニ入リタル者カ貧困ニ陷リタル爲實家ヨリ生活ノ補助ヲ受クル者

六　生活ノ爲他ヨリ補助ヲ受クル者ノ世帶ニ屬スル者
七　軍事救護法ニ依リ救護ヲ受クル者
八　廢兵院法ニ依リ救護ヲ受クル者
九　罹災救助ヲ受クル者
一〇　恩給法等ニ依リ恩給又ハ遺族扶助料等ヲ受クル者
一一　工場法鑛業法傭人扶助令ニ依リ扶助ヲ受クル者
一二　各種共濟組合ヨリ給與等ヲ受クル者
一三　施藥施療ヲ受クル者
一四　學資ノ補助ヲ受クル者
一五　年末年始等ニ於テ何等カノ名義ノ下ニ施與ヲ受クル者
一六　傳染病豫防法ニ依リ生活費ヲ受クル者
一七　親戚故舊ヨリ體面維特ノ爲メ補助ヲ受クル者
一八　父兄ヨリ扶養ヲ受クル子弟、或ハ子弟ヨリ扶養ヲ受クル父兄其ノ他民法上ノ家族タルト否トヲ問ハス同一世帶內ニ在ル者ヨリ扶助ヲ受クル者
一九　托鉢僧雲水巡禮等

㊟市町村行政ニ關スル件依命通牒

（大正十三年三月二十七日內務省發地第十五號北海道廳長官、各府縣知事宛、地方局長、理財局長、普通學務局長）

今般勅令第五十二號ヲ以テ大正十年勅令第四百十二號中改正セラレ市町村ニ轉貸ノ爲

主務大臣ノ許可ヲ得テ借入レタル府縣（北海道地方費）債ノ收入金ヨリ借入ルル市町村債ニ關スル許可ノ權限委任相成候處右ニ關シテハ嚢ニ通牒相成居候地方財政緊縮ノ趣旨ニ鑑ミ篤ト監督ヲ加ヘラレ萬遺漏ナキヲ期セラルヘキハ勿論市町村、市町村組合及町村組合等ニ轉貸スル爲メニ起ス府縣（北海道地方費）債ノ許可稟請ニ付テハ從來添附スヘキ書類ノ外尚ホ左記書類添附相成度又第三條第五號中改正セラレタルハ國債及地方債優遇ノ趣旨ニ出テタルモノニ付許可ニ方リテハ充分御留意相成度

追テ自作農維持資金ニ關スルモノノ如ク起債當時轉貸スヘキ市町村未確定ノ場合ハ左記書類ノ添附ヲ省キ其ノ確定後左記ニ準シ書類提出相成度

一　轉貸ヲ受クヘキ市町村別ニ其ノ事業ノ概要事業費内譯及其ノ支辨財源

二　轉貸ヲ受クヘキ市町村別ニ其ノ轉貸金額及其ノ償還方法

（參照）　大正十年九月勅令第四百十二號ハ市制町村制ノ規定ニ依ル命令ノ件ナリ大正十五年六月勅令ヲ以テ市制町村制施行令中ニ規定セラル

地方債許可ノ方針ニ關スル件依命通牒

（大正十三年十二月十八日　發地第七十四號地方、理財兩局長）

地方債許可ノ方針ニ就テハ從來屢次訓令通牒ノ次第モ有之候處嚢ニ發セラレタル地方財政ノ整理緊縮ニ關スル方針及現下經濟界ノ狀況ニ鑑ミ將來左記ノ範圍ニ屬スル起債ニシテ急施ヲ要シ償還計畫確實ニシテ且住民ノ負擔過重ニ亘ラサルハ勿論眞ニ必要ノ程度ヲ超エサルモノニ限リ之ヲ許可スルコトニ省議決定相成候ニ付起債ノ稟請ニ關シ

テハ此ノ方針ニ基キ御措置可相成尚貴官ニ許可權ヲ委任セラレタル起債及許可ヲ受クルコトヲ要セサル起債ニ關シテモ此ノ趣旨ニ準シ御措置セラレ度

追テ既ニ起債ノ許可ヲ得タル繼續事業ト雖モ左記ノ範圍内ニ屬セサルモノハ出來得ル限リ繰延ヲ實行スル樣御措置セラレ度

記

一 災害豫防及復舊事業
二 開墾、灌漑、用水及排水ニ關スル事業
三 上水道及下水道ニ關スル事業
四 小學校舍ノ新築、改築又ハ增築
五 國ノ事業ニ伴フ負擔金納付
六 大藏省預金部又ハ遞信省簡易生命保險局ヨリノ借入金ヲ以テスル社會政策的事業
七 震災ニ基因スル國庫ヨリノ借入
八 舊債ノ借替
九 前各號ニ該當セサルモノト雖モ眞ニ緊急止ムヲ得サル特殊ノ場合ニ於ケル事業

◎地方債許可ノ方針ニ關スル件訓令（昭和四年七月十六日内務省訓令第九七三號）

現内閣施政方針ニ就テハ曩ニ聲明セル所ニヨリ各位ノ既ニ諒知セラル、所ナルベキモ今日ノ時局ヲ匡救シ以テ國民生活ノ安定ヲ圖ルニハ中央地方共ニ一大英斷ヲ以テ財政整理ヲ敢行スルニアラザレバ到底其ノ目的ヲ達シ難シ依テ地方債ノ許可ニ就テハ當分ノ内左記ノ方針ニ依ルコトトシ尙委任許可債竝不要許可債ニ就テモ此ノ方針ニ準ジ措置セシムルコトニ決定セルヲ以テ之ガ實行ニ遺憾ナキヲ期セラルベシ

記

一　新規事業ニ付テハ災害豫防及復舊事業竝失業救濟事業ノ如キモノニシテ眞ニ緊急避クベカラザルモノノ外之ヲ許可セザルコト

二　既ニ起債ノ許可ヲ爲シタル事業ト雖極力之ガ打切又ハ繰延ヲ實行セシムルコト

◎地方債許可ニ關スル件依命通牒（昭和七年一月十三日發地第一號）

地方債許可ノ方針ニ關シテハ曩ニ訓令ノ次第モ有之候處爾今之ガ許可ニ就テハ從前ノ如ク必ズシモ之ヲ災害豫防、災害復舊、失業救濟等ノ目的ノ爲メニスルモノノミニ限定セズト雖モ之ヲ各場合ノ必要ニ應ジ缺クベカラザル程度ニ止ムルヲ旨トシ起債ノ計畫ヲ爲ス場合ニハ殊ニ確實ナル財政計畫ノ樹立ニ意ヲ致シ且嚴ニ其ノ執行ニ際シテハ濫ニ陥ラザル様之ヲ戒メ之ガ爲メ苟モ禍ヲ後年度ニ貽スガ如キコト無之様充分御留意相成度尙委任許可債竝ニ不要許可債ニ就テモ此ノ方針ニ準ジ適當措置セラルル様致度

◎既許可地方債ニ關スル件依命通牒（昭和四年七月二十七日地祕第五三號地方、理財兩局長）

地方債ニ關シテハ別ニ訓令ノ次第モ有之候處道府縣市町村等公共團體ニ於テ施行スル事業ニ要スル既許可債ニ付當分ノ内左記ノ通措置セシムル様決定相成候條御了知相成度

記

一 既許可地方債ニ付借入ノ承認ヲ受クル場合ニ於テハ其ノ事業ノ打切又ハ五割以上ノ削減若クハ繰延ヲ行フコト

二 災害復舊事業（震災復興事業ヲ含ム）ニシテ眞ニ已ムヲ得サルモノハ前項ノ適用ヨリ除外スルコト

三 既ニ借入ヲ了シタル事業ニ付テモ前各項ニ準シ出來得ル限リ事業ノ打切又ハ縮少ヲ行ヒ其ノ結果受入公債金ニ不用額ヲ生シタルトキハ速ニ之ヲ期限前ニ償還スルコト

◉地方債許可暫行特例（昭和七年九月五日勅令第二百三十六號）

第一條 時局匡救ノ爲國庫ノ補助ヲ受ケ北海道又ハ府縣ノ施行スル事業ノ費用ニ充ツル目的ヲ以テ借入ルル北海道地方費債又ハ府縣債ニシテ元本金額五十萬圓ヲ超エザルモノニ關シテハ昭和七年度乃至昭和九年度限リ內務大臣及大藏大臣ノ許可ヲ受クルコトヲ要セズ

2 時局匡救ノ爲國庫ノ補助ヲ受ケ又ハ國庫ノ補助ニ基ク北海道若ハ府縣ノ補助ヲ受ケ市町村（北海道一級町村、北海道二級町村、島嶼町村、市町村組合及町村組合ヲ含ム以下之ニ同ジ）ノ施行スル事業ノ費用ニ充テシムル爲又ハ時局匡救ノ爲國庫ノ補助ヲ受ケ北海道若ハ府縣ノ施行スル事業ノ經費ヲ分擔セシムル爲市町村ニ轉貸スル目的ヲ以テ借入ルル北海道地方費債又ハ府縣債ニシテ元本金額五十萬圓ヲ超エザルモノニ付亦前項ニ同ジ

第二條 時局匡救ノ爲國庫ノ補助ヲ受ケ又ハ國庫ノ補助ニ基ク北海道若ハ府縣ノ補助

ヲ受ケ市町村ノ施行スル事業ノ費用ニ充ツル目的ヲ以テ借入ルル市町村債ニ關シテハ市制町村制施行令第五十九條ノ二、北海道二級町村制第百四十八條ノ二及島嶼町村制第九十四條ノ規定ニ拘ラズ昭和七年度乃至昭和九年度限リ北海道廳長官又ハ府縣知事ノ許可ヲ受クベシ

2 時局匡救ノ爲國庫ノ補助ヲ受ケ北海道又ハ府縣ノ施行スル事業ノ經費ヲ分擔スル目的ヲ以テ借入ルル市町村債ニ付亦前項ニ同ジ

第三條　前二條ノ事業ノ範圍ハ内務大臣及大藏大臣之ヲ指定ス

附　則

本令ハ公布ノ日ヨリ之ヲ施行ス

◎地方債許可暫行特例第三條ノ規定ニ依ル事業ノ範圍指定

（昭和八年四月十二日内務、大藏省告示第一號）

昭和七年勅令第二百三十六號地方債許可暫行特例第三條ノ規定ニ依リ事業ノ範圍ヲ指定スルコト左ノ如シ

一　昭和八年三月十五日公布ノ昭和八年度歳入歳出總豫算竝ニ昭和八年三月二十八日公布ノ昭和八年度歳入歳出總豫算追加ニ依ル國庫ノ補助ヲ受ケ昭和八年度ニ於テ施行スル北海道又ハ府縣ノ道路、河川、砂防、港灣ニ關スル土木事業ニシテ其ノ事業費財源タル起債ニ付國庫ヨリ利子ノ補給アルモノ竝ニ同補助ニ基ク北海道若ハ府縣ノ補助ヲ受ケ昭和八年度ニ於テ施行スル市町村又ハ之ニ準ズルモノノ道路、河川、砂防、港灣ニ關スル土木事業ニシテ其ノ事業費財源タル起債ニ付國庫ノ利子補給ニ

基ク北海道若ハ府縣ノ利子補給アルモノ

一　昭和八年三月十五日公布ノ昭和八年度歳入歳出總豫算ニ依ル國庫ノ補助ヲ受ケ昭和八年度ニ於テ施行スル北海道又ハ府縣ノ農業土木事業竝ニ同補助ニ基ク北海道若ハ府縣ノ補助ヲ受ケ昭和八年度ニ於テ施行スル市町村又ハ之ニ準ズルモノノ農業土木事業ニシテ其ノ事業費財源ニ充當スル爲大藏省預金部ヨリ農業土木事業資金ノ融通アルモノ

一　國庫ノ補助ヲ受ケ又ハ國庫ノ補助ニ基ク北海道若ハ府縣ノ補助ヲ受ケ昭和八年度ニ於テ施行スル市町村又ハ之ニ準ズルモノノ公益質屋事業

一　國庫ヨリ都市失業應急事業費補助ノ支給ヲ受ケ昭和八年度ニ於テ施行スル北海道、府縣又ハ市町村若ハ北海道一級町村ノ道路、河川、下水道事業ニシテ事業費總額三十萬圓ヲ超エザルモノ但シ事業ノ翌年度ニ繼續スルモノヲ除ク

◎市制町村制施行令、北海道一級町村制及北海道二級町村制ノ規定ニ依ル起債ノ方法、利息ノ定率及償還方法ノ變更指定ノ件

（昭和八年十月二十四日内務、大藏省告示第二號）

市制町村制施行令第五十九條ノ二第二項第四號、北海道一級町村制第一條及北海道二級町村制第百四十八條ノ二第二項第四號ノ規定ニ依リ市町村債竝ニ市町村債ノ起債ノ方法、利息ノ定率及償還方法ノ變更ヲ指定スルコト左ノ如シ

一　住宅ノ建設費、公益質屋費、公益市場費、公益食堂費、公益浴場費、簡易宿泊所費、職

業紹介所費、授産場費、託兒所費、保育所費、育兒院費、養老院費、感化院費、隣保館費、救療施設費、勞銀繰替資金、融和事業資金、小額生業資金及不良住宅地區改良事業費ニ充ツル爲大藏省預金部資金又ハ遞信省簡易生命保險積立金ヨリ借入ルル市町村債

一　前號ニ揭クル市町村債ノ起債ノ方法、利息ノ定率又ハ償還方法ノ變更

◎地方債ノ許可權限ニ關スル規定改正ノ件依命通牒

（昭和八年十月二十四日發地第七〇號地方、理財兩局長）

今般府縣制施行令、市制町村制施行令並ニ大正元年勅令第五十號中改正相成候處右ハ主トシテ事務簡捷ノ趣旨ニ出デタルモノナルモ之ガ運用ニ當リテハ地方財政ノ現狀ニ鑑ミ愼重ナル精査ヲ爲シ苟モ禍ヲ後年ニ貽スガ如キコトナキヲ期セラレ度

尚左記事項ニ付テハ特ニ御留意相成度

記

一　小學校舍ノ建築、增築、改築其ノ他小學校設備ノ費用ニ充ツル爲借入レタル市町村債ノ償還方法ノ變更ニ付テハ其ノ償還期限ガ据置期間ヲ通ジ十年度ヲ超エザルモノニ限リ貴官ノ許可事項ナルヲ以テ當初許可ノ借入年度ヨリ起算シ償還期限十年度ヲ超ユルモノニ變更スル場合ニ於テハ主務大臣ノ許可ヲ要スルモノナルコト

二　市制町村制施行令第五十九條ノ二第二項第四號ノ規定ニ依リ貴官ノ許可事項トナルベキ市町村債並ニ市町村債ノ起債ノ方法、利息ノ定率及償還方法ノ變更ニ付テハ昭和八年十月二十四日內務大藏省告示第二號ヲ以テ指定ノ通大藏省預金部資金又ハ

（改六）

遞信省簡易生命保險積立金ヨリ借入ルヽモノニ限ラルヽモノナルヲ以テ資金又ハ積立金ノ貸付ノ內定アリタル後之ガ許可ヲ爲スコト

三　府縣ノ基金若ハ資金又ハ市町村ニ轉貸ノ爲主務大臣ノ許可ヲ得テ借入レタル道府縣債ノ收入金ヨリ借入ルル市町村債及其ノ起債ノ方法、利息ノ定率又ハ償還方法ノ變更ヲ不要許可事項ト爲シタルモ右ハ素ヨリ市町村財政上ノ監督ヲ要スル事項ナルヲ以テ之カ貸付又ハ變更ヲ爲ス場合ニ於テハ市町村監督ノ主管課ヲシテ豫メ調査セシムル等萬遺憾ナキヲ期スルコト

四　借入ノ翌年度ニ於テ償還スル水利組合債ノ償還方法ノ變更ニ付テハ其ノ償還年度ヲ延長セザルモノニ限リ貴官ニ其ノ許可權限ヲ委任セラレタルモノナルヲ以テ之ヲ延長セントスル場合ニ於テハ主務大臣ノ許可ヲ要スルモノナルコト

◉府縣會議員又ハ市町村會議員ノ發案議決ニ伴フ歳入出豫算ノ件通牒（昭和四年八月十日發地第五五號　地方局長）

標記ノ件ニ關シ別紙ノ通省議決定相成候條爲御參考

（別紙）　府縣會議員又ハ市町村會議員ノ發案議決ニ伴フ歳入出豫算ノ件省議決定（昭和四年八月三日）

府縣會議員又ハ市町村會議員カ府縣會又ハ市町村會ノ議決スヘキ事件（歳入出豫算ヲ除ク）ニ付發案シ府縣會又ハ市町村會ニ於テ之ヲ議決シタルトキ之ニ伴ヒ歳入出豫算ヲ要スル場合ト雖府縣知事又ハ市町村長ハ必スシモ歳入出豫算案ヲ提出セサルヘカラサル義務ヲ負フモノニ非ス

◉町村制ニ代ル制ヲ施行スル地ノ町村税ノ徴收ニ關スル件（大正十五年八月二十一日勅令第二百八十六號）

町村制ニ代ル制ヲ施行スル地ノ町村税ノ徴收ニ付テハ市制町村制施行令第四十三條乃至第五十八條ノ規定ヲ準用ス

附　則

本令ハ大正十五年度分ヨリ之ヲ適用ス
從前ノ規定ニ依ル手續其ノ他ノ行爲ハ本令ニ別段ノ規定アルモノヲ除クノ外之ヲ本令ニ依リタルモノト看做ス

◉市町村税指定ノ件（昭和四年五月十三日内務省令第十五號）

市制町村制施行令第五十三條ノ規定ニ依リ市町村税ヲ指定スルコト左ノ如シ
遊興税（歡興税、特別消費税ヲ含ム）
觀　覽　税
入　湯　税
馬券買得税
遊興税附加税
觀覽税附加税
【馬券買得税附加税】

附　則

本令ハ公布ノ日ヨリ之ヲ施行ス
大正九年內務省令第十二號ハ之ヲ廢止ス

◉市町村特別税廢止ニ關シ通牒（昭和七年十一月二十五日地發乙第一五六號地方局長）

將來內務大藏兩大臣ノ許可ヲ受ケテ設定シタル市町村特別税ヲ廢止シタルトキハ其ノ理由ヲ附シ報告セシメラレ度

◎入湯税ニ關スル件依命通牒

（大正十一年六月十五日發地第五十三號地方、主税兩局長）

大正十一年六月十五日内務省令第十三號ヲ以テ大正九年内務省令第十一號市税【區税】及町村税指定ノ件中改正セラレ新ニ入湯税ヲ加ヘラレ候處右入湯税ノ許可ハ市【區】町村ニ於テ溫泉利用者ノ爲ニ特ニ設備ヲ要スルモ他ニ適當ノ財源ナク財政上已ムヲ得サル場合ニ限ラルル義ニ有之候條右御了知相成度

◎島嶼町村制施行町村ノ内外ニ於ケル附加税賦課ニ關スル件

（大正四年五月二十七日内務省令第六號）改正（大正十五年六月二十四日内務省令第三十一號）

島嶼町村制施行ノ町村ノ内外ニ於テ營業所ヲ設ケ營業ヲ爲ス者ニシテ其ノ營業又ハ收入ニ對スル本税ヲ分別シテ納メサル者ニ對シ附加税ヲ賦課セムトスルトキ其ノ本税額ノ步合ニ關シテハ市制町村制施行令第四十二條ノ規定ヲ準用ス但シ關係市長又ハ町村長（町村長ニ準スヘキ者ヲ含ム）ノ協議調ハサルトキ其ノ數府縣（北海道ヲ含ム）ニ渉ルモノハ内務大臣ニ具狀スヘシ

附　則

本令ハ公布ノ日ヨリ之ヲ施行ス

附　則（大正十五年六月内務省令第三十一號附則）

本令ハ大正十五年七月一日ヨリ之ヲ施行ス

◎道府縣會議長會費竝全國町村長會費支出ニ關スル件通牒

（大正十五年四月十九日地發乙第九十七號地方局長）

別紙甲號廣島縣知事照會ニ對シ別紙乙號ノ通回答候條御了知相成度

（甲號）大正十四年四月二十九日地第八二〇號、

本月三日東京市ニ於テ開催セル道府縣會議長會議ノ協定ニ依リ毎年會費ヲ府縣ヨリ支出方申越有之候處右ハ府縣制第百一條ニ依リ補助又ハ寄附スルハ格別府縣制第百二條ニ所謂必要ナル費用ト認メ難ク尚全國町村長會ニ於テモ共ノ會費醵出方町村ニ要求スルヤニ聞及候處本件モ亦同樣ト存候ヘトモ之等ノ事例ニ對シテハ全國各府縣可成同一ノ步調ヲ取ル必要有之候條一應御意見承知致度及照會候也

（乙號）大正十五年四月十九日廣地局第四〇號

客年四月二十九日地第八二〇號ヲ以テ標記ノ件御照會相成候處右ハ公益上必要ナルニ於テハ寄附又ハ補助ヲ爲スハ妨ケナキ義ニ有之尚寄附又ハ補助ノ爲要スル費用ハ制第百二條ノ所謂必要ナル費用ニ外ナラスト存候

追テ刻下地方財政ノ緊縮ヲ要スル折柄ニ付本件ノ如キモ格段ノ御留意相成樣致度

◎公共團體ノ意義ニ付通牒（大正十一年八月三日東地第六十七號地方局長）

標記ノ件東京府知事伺出ニ對シ別紙ノ通回答候ニ付爲御心得

○東京府知事伺（大正十年三月四日甲商第二七三九號）

重要物產同業組合法ニ依リ設置セラレタル同業組合ハ公共團體ト認ムヘキヤ否ヤニ關シテハ從來學說立法例等（大正二年六月三十日行政裁判所判決、所得稅法施行規則第十二條、明治三十八年五月勅令第百五十九號參照）區々ニ別レ適從スル所ヲ知ラス市制第百二十一條町村制第百一條中ニ於ケル其他ノ公共團體中ニハ該組合ヲ包含スル義ナルヤ否ヤ差掛リタル件有之候ニ付至急何分ノ御指示相煩度此段御伺候也

○地方局長　同　答

大正十年三月四日甲商第二七三九號伺標記ノ件公共團體中ニ包含スル義ト御了知相成度

◎市町村吏員服務紀律（明治四十四年九月二十二日内務省令第十六號）改正（大正十五年六月二十四日内務省令第二十五號）

第一條　市町村吏員ハ忠實勤勉ヲ旨トシ法令ニ從ヒ其ノ職務ニ盡スヘシ

第二條　市町村吏員ハ職務ノ内外ヲ問ハス廉恥ヲ破リ其ノ他品位ヲ傷フノ所爲アルヘカラス

2　市町村吏員ハ職務ノ内外ヲ問ハス職權ヲ濫用セス懇切公平ナルコトヲ務ムヘシ

第三條　市町村吏員ハ總テ公務ニ關スル機密ヲ私ニ漏洩シ又ハ未發ノ事件若ハ文書ヲ私ニ漏示スルコトヲ得ス其ノ職ヲ退クノ後ニ於テモ亦同シ

2　裁判所ノ召喚ニ依リ證人又ハ鑑定人ト爲リ職務上ノ祕密ニ就キ訊問ヲ受クルトキハ指揮監督者ノ許可ヲ得タル件ニ限リ供述スルコトヲ得事實參考ノ爲訊問ヲ受ケタル者ニ付テモ亦同シ

3　前項ノ場合ニ於テ市町村吏員ノ掌ル國府縣其ノ他公共團體ノ事務ニ付テハ國府縣其ノ他公共團體ノ代表者ノ許可又ハ承認ヲ得ルコトヲ要ス

第三條ノ二　有給市參與、市町村助役、市町村收入役及市町村副收入役竝ニ市制第六條ノ市ノ區長及市制第八十二條第三項ノ市ノ區長ハ市町村長ノ許可ヲ受クルニ非サ

レハ他ノ報償アル業務ニ從事スルコトヲ得ス（大正十五年内務省令第二十五號追加）

第四條　市町村吏員ハ其ノ職務ニ關シ直接ト間接トヲ問ハス自己若ハ其ノ他ノ者ノ爲ニ贈與其ノ他ノ利益ヲ供給セシムルノ約束ヲ爲スコトヲ得ス

2　市町村吏員ハ指揮監督者ノ許可ヲ受クルニ非サレハ其ノ職務ニ關シ直接ト間接トヲ問ハス自己若ハ其ノ他ノ者ノ爲ニ贈與其ノ他ノ利益ヲ受クルコトヲ得ス

第五條　左ニ掲クル者ト直接ニ關係ノ職務ニ在ル市町村吏員ハ其ノ者又ハ其ノ者ノ爲ニスル者ノ饗燕ヲ受クルコトヲ得ス

一　市町村ニ對シ工事ノ請負又ハ物件勞力供給ノ契約ヲ爲ス者

二　市町村ニ屬スル金錢ノ出納保管ヲ擔任スル者

三　市町村ヨリ補助金又ハ利益ノ保證ヲ受クル起業者

四　市町村ト土地物件ノ賣買贈與貸借又ハ交換ノ契約ヲ爲ス者

五　其ノ他市町村ヨリ現ニ利益ヲ得又ハ得ムトスル者

附　則

本令ハ明治四十四年十月一日ヨリ之ヲ施行ス

附　則（大正十五年六月内務省令第二十五號）

本令ハ大正十五年七月一日ヨリ之ヲ施行ス

◎市町村長除服及旅行取締方ノ件（大正元年十一月十六日内務省訓令第十五號）

1　市町村長忌服ニ丁ルトキハ直近監督官廳ニ於テ除服ヲ達シ旅行ヲ爲サムトスルトキ

ハ法令ノ規定又ハ監督官廳ノ命ニ依ル場合ヲ除クノ外取締上必要ト認ムル範圍ニ於テ豫メ監督官廳ノ認可ヲ受ケシムルノ規定ヲ設クヘシ

2 助役ノ除服及旅行ニ關シ市町村長故障アル場合ニ付テハ前項ノ例ニ依ル

◎市ノ境界變更ノ件（大正十年九月二十一日地第百十六號地方局長依命通牒）

市ノ境界變更ヲ爲サムトスルトキハ市制第四條町村制第三條ノ規定ニ依ル手續履行前境界變更ヲ要スル事由ヲ詳具シ豫メ御協議相成度

◎市ノ境界變更ノ件（大正十三年三月十九日發地第二十二號地方局長依命通牒）

大正十年九月二十二日地第一一六號ヲ以テ標記ノ件及通牒置候處右ハ耕地整理ノ爲境界變更ヲ要スル場合ヲ包含セサル義ト御了知相成度

◎民法（明治二十九年四月二十七日法律第八十九號）改正（明治三十四年法律第三十六號）（大正十五年四月同第六十九號）

第二十一條　各人ノ生活ノ本據ヲ以テ其住所トス

第百四十三條　期間ヲ定ムルニ週、月又ハ年ヲ以テシタルトキハ暦ニ從ヒテ之ヲ算ス

2 週、月又ハ年ノ始ヨリ期間ヲ起算セサルトキハ其期間ハ最後ノ週、月又ハ年ニ於テ其起算日ニ應當スル日ノ前日ヲ以テ滿了ス但月又ハ年ヲ以テ期間ヲ定メタル場合ニ於テ最後ノ月ニ應當日ナキトキハ其月ノ末日ヲ以テ滿期日トス

◎年齡計算ニ關スル件（明治三十五年十二月二日法律第五十號）

1 年齡ハ出生ノ日ヨリ之ヲ起算ス

2 民法第百四十三條ノ規定ハ年齡ノ計算ニ之ヲ準用ス

3 明治六年第三十六號布告ハ之ヲ廢止ス

◎地租地租附加税及段別割ニ關スル法規ヲ皇族所有ノ土地ニ適用スルノ件（大正二年七月三十一日 皇室令第八號）

地租地租附加税及段別割ニ關スル法規ハ皇族賜邸ヲ除クノ外皇族所有ノ土地ニ之ヲ適用ス但シ皇室財産令第二十一條ニ掲ケタル皇族所有ノ土地ニ付テハ此ノ限ニ在ラス

◎〔北海道會法第十五條、府縣制第百四十五條〕、市制第百七十五條、町村制第百五十五條、北海道一級町村制、北海道二級町村制及島嶼町村制第百二條ノ規定ニ依リ直接税及間接税ノ種類

（大正十五年五月七日 內務省告示第六十八號）改正（昭和二年八月二十七日 內務省告示第四百十九號）

一〔北海道會法第十五條直接國税ノ種類〕

〔地租　所得税（所得税法第三條第二種ノ所得中無記名債券ノ所得ニ係ル所得税ヲ除ク）　營業税　營業收益税　資本利子税（資本利子税法第二條甲種ノ資本利子中無記名債券ノ資本利子ニ係ル資本利子税ヲ除ク）　鑛業税　砂鑛區税〕

一〔府縣制第百四十五條直接税ノ種類〕

〔地租　所得税（所得税法第三條第二種ノ所得中無記名債券ノ所得ニ係ル所得税ヲ除ク）　國税營業税　營業收益税　資本利子税（資本利子税法第二條甲種ノ資本利子中無記名債券ノ資本利子ニ係ル資本利子税ヲ除ク）　鑛業税　砂鑛區税〕

一　市制第百七十五條及町村制第百五十五條直接税及間接税ノ種類

國税

左ノ諸税ヲ直接税トシ其ノ他ヲ間接税トス

地租　所得税（所得税法第三條第二種ノ所得中無記名債券ノ所得ニ係ル所得税ヲ除ク）　營業税　營業收益税　資本利子税（資本利子税法第二條甲種ノ資本利子中無記名債券ノ資本利子ニ係ル資本利子税ヲ除ク）　鑛業税　砂鑛區税　取引所營業税

府縣税

左ノ諸税ヲ直接税トシ其ノ他ヲ間接税トス

特別地税　戸數割　家屋税　營業税　雜種税（遊興税、觀覽税ヲ除ク）

市町村税

左ノ諸税ヲ間接税トシ其ノ他ヲ直接税トス

遊興税　歡興税　妾席消費税　特別消費税　觀覽税　入湯税　遊興税附加税　觀覽税附加税

一　北海道一級町村制及北海道二級町村制直接税及間接税ノ種類

國税

左ノ諸税ヲ直接税トシ其ノ他ヲ間接税トス

地租　所得税（所得税法第三條第二種ノ所得中無記名債券ノ所得ニ係ル所得税ヲ除ク）　營業税　營業收益税　資本利子税（資本利子税法第二條甲種ノ資本利子中無記名債券ノ資本利子ニ係ル資本利子税ヲ除ク）　鑛業税　砂鑛區税　取引所營業税

北海道地方税

左ノ諸税ヲ直接税トシ其ノ他ヲ間接税トス

特別地税　戸數割　家屋税　營業税　雜種税（遊興税ヲ除ク）

町村税

左ノ諸税ヲ間接税トシ其ノ他ヲ直接税トス

遊興税附加税

一　島嶼町村制第百二條直接國税ノ種類

地租　所得税（所得税法第三條第三種ノ所得中無記名債券ノ所得ニ係ル所得税ヲ除ク）
營業税　營業收益税　資本利子税（資本利子税法第二條甲種ノ資本利子中無記名債券ノ資本利子ニ係ル資本利子税ヲ除ク）　鑛業税　砂鑛區税

國税營業税ハ大正十五年分迄北海道地方税及府縣税中戸數割ハ大正十五年度分迄營業收益税ハ大正十六年分ヨリ資本利子税ハ大正十五年分ヨリ特別地税ハ大正十五年度分ヨリ之ヲ適用ス

明治三十四年内務省告示第二十六號、明治三十二年内務省告示第六十九號、大正十二年内務省告示第百六十七號、明治三十二年内務省告示第九十六號及明治四十一年内務省告示第二十六號ハ之ヲ廢止ス

◎市制町村制ニ依ル懲戒審査會及鑑定人ノ費用負擔ニ關スル件

（明治四十四年十二月二十八日勅令第二百九十三號）改正（昭和二年八月二十七日勅令第二百七十一號）

第一條　市制第百七十條町村制第百五十條ノ懲戒審査會會員中府縣名譽職參事會員ヨリ互選シタル者ニハ旅費ヲ支給ス其ノ額及支給方法ハ府縣知事之ヲ定ム

2 前項ノ旅費及懲戒審査會ノ費用ハ府縣ノ負擔トス

第二條　市制第百二十六條町村制第百六條ノ鑑定人ニハ旅費及手當ヲ支給ス其ノ額及支給方法ハ府縣知事之ヲ定ム

2 前項ノ旅費手當ハ府縣ノ負擔トス

第三條　前條ノ規定ハ水利組合法第五十條ノ鑑定人ニ之ヲ準用ス

第四條　第一條ノ規定ハ北海道一級町村制及北海道二級町村制ニ依ル懲戒審査會及懲戒審査會員中北海道名譽職參事會員ヨリ互選シタル者ニ、第二條ノ規定ハ北海道一級町村制及北海道二級町村制ニ依ル鑑定人ニ之ヲ準用ス

附　則

本令ハ公布ノ日ヨリ之ヲ施行ス

附　則（昭和二年八月勅令第二百七十一號附則）

本令ハ昭和二年十月一日ヨリ之ヲ施行ス

◎市町村事務報告例概則（明治二十五年五月九日訓第三百五十號內務大臣訓令）

1 市町村事務報告例ハ左ノ概則ニ準シ適宜制定セラルヘシ

2 市町村事務報告例ハ特別ニ規定スルモノノ外即報トシ其事件ノ生シタル即日報告スルモノトス但必要ト認ムルトキハ豫報ヲ爲サシムルコトアルヘシ

3 市町村ノ報告ハ府縣知事ニ提出スルヲ例トス但別段ノ規定アルモノハ其規定ニ依ル

4 町村ノ報告ヲ【郡長ヨリ更ニ】府縣知事ニ報告シ市町村【及郡長】ヨリ提出シタル報告

ヲ府縣知事ヨリ更ニ內務大臣ニ報告スルハ別段ノ規定アル事項ニ限ル但天災時變等異常ノ事項ハ隨時必要ノ報告ヲ爲スヘシ

5 市町村事務報告ノ項目ハ名府縣ニ於テ適宜規定スヘシト雖モ今左ニ概例ヲ擧ケテ其標準ヲ示ス

一 市町村會議員選擧ノ結果及其選擧錄謄本
二 市町村會議員ノ退任辭職
三 市町村會開閉及其議事ノ事項竝其議事錄謄本
四 市町村會ノ決議諸件
五 市町村會決議ノ執行停止及再議ニ付シタル事件
六 市町村會議員選擧ノ效力ニ關スル處分
七 市町村公民權ノ特免停止及市町村費增課處分
八 市町村內ニ區ヲ設置シ區長及代理者ヲ置クコト及之ヲ廢スル事
九 常設及臨時ノ委員ヲ設置シ及廢止スル事
十 市町村吏員ノ選擧ノ結果
十一 市町村長助役及收入役ノ就任及退任
十二 市町村助役【及市參事會員】分掌事項
十三 市町村會議事細則及役場內諸規定
十四 市町村吏員事務引繼ノ顚末
十五 市町村吏員ノ懲戒處分
十六 市町村歲入歲出豫算及決算
十七 市町村事務報告書寫及市町村財産明細表

十八　一時借入金（及三年以内ノ公債募集）
十九　學藝美術ニ關スル物品ノ異動
二十　市町村税滯納處分ニ係ル人員及金額
6　前項（類目ノ外法律命令ニ規定アルモノ並國及府縣【郡】ノ行政事務）（戸籍兵事學事勸業等）ニシテ法律命令ヲ以テ報告ヲ徴スルモノハ各其規定ニ依ルヘシ

◎市町村巡視規程概則（明治二十五年五月九日訓第三四九號内務大臣訓令）改正（明治三十一年同第七〇一號）

市町村巡視規程ハ左ノ概則ニ準シ適宜制定セラルヘシ
1【郡長】ハ少クモ毎年一度部内各町村ヲ巡視スヘシ其他【郡書記】府縣官ノ巡視スルハ便宜知事【郡長】ノ指揮スル所ニ依ル
2　巡視スヘキ事項ハ各府縣適宜之ヲ定ムヘシト雖今左ノ概例ヲ擧ケテ其標準ヲ示ス
一　市町村内全體ノ狀況（平穩無異ナリヤ否ヤ黨派軋轢ノ弊アリヤ否ノ類）
二　吏員ノ勤惰能否及事務ノ成績（土木事業教育勸業ノ擧否若クハ兵事【戸籍】等ノ整否ノ類）
三　市役所町村役場事務分課及執務ノ體裁
四　市町村事務ノ狀況（事務ノ繁簡便否ノ類）
五　市町村吏員ノ處置法律命令ノ規定ニ違背スル所ナキヤ否
六　吏員ノ部民ニ對スル接遇
七　市町村會會議ノ景況

八　市町村會議員選擧ノ景況
九　豫算決算ノ整理
十　營造物及財産ノ管理
十一　簿書ノ整頓竝保存
十二　出納ノ正否及現金ノ保管
十三　市町村經濟ノ狀況（負擔ノ輕重課稅ノ適否財産及負債多寡等ノ類）

3　以上ハ巡視スヘキ事件ノ綱領ヲ擧クルノミ其細節目ハ各府縣ニ於テ便宜之ヲ規定スヘシ

4　巡視ノ時檢査スヘキ簿冊及事業ノ成績ヲ視察スルニ付注意スヘキ事項ハ各府縣ニ於テ之ヲ規定スルコトアルヘシ

5　巡視復命書ノ樣式ハ豫メ各府縣ニ於テ之ヲ一定シ置クヘシ

6　【郡長郡吏員】ヲ派遣シテ巡視セシメ其復命ヲ受ケタルトキハ【郡長】ニ於テ之ヲ勘査シ將來ノ處分ニ付意見アルモノハ之ヲ附シ共ニ府縣知事ニ報告スヘシ（明治三十一年訓第七〇一號改正）

7　府縣【及郡】ニ於テ屬員ヲ派遣シテ巡視セシムルトキハ管內ノ數區ニ分チ豫メ巡視ノ擔當區ヲ定ムルコトヲ得ヘシ

8　巡視員巡視シタル事項ニ付テハ知事【郡長】ニ復命スルノ外秘密ニ取扱ヒ漏泄スルコト無之樣注意スヘシ

9　府縣知事【郡長】ニ於テ職權ヲ以テ指揮スルハ格別其他巡視員ニ於テ巡視事項ヲ視

察スルノ外知事【郡長】ノ命令ヲ待タスシテ直ニ指揮スルコトヲ得ス但法律命令ニ違ヒ又錯誤アルコトヲ發見シ事輕微ニシテ直ニ更正シ得ヘキモノハ市町村長ニ注意ヲ與フルコトヲ得若シ錯誤違法ノ廉輕微ナラスシテ差置キ難キモノハ即時知事【郡長】ニ報告セシムヘシ

◉六大都市行政監督ニ關スル法律（大正十一年三月二十二日法律第一號）

市ノ公共事務及法律ノ定ムル所ニ依リ市又ハ市長ニ屬スル國ノ事務ニ關シ府縣知事ノ許可又ハ認可ヲ要スル事件ニ付テハ東京市、京都市、大阪市、横濱市、神戸市及名古屋市ニ限リ勅令ノ定ムル所ニ依リ其ノ許可又ハ認可ヲ受ケシメサルコトヲ得

附　則

本法ハ公布ノ日ヨリ之ヲ施行ス

◉六大都市行政監督特例（大正十五年六月二十四日勅令第二百十二號）改正（昭和四年六月十九日勅令第百八十八號）

市行政ニ關シ府縣知事ノ許可ヲ要スル事項中左ニ揭グルモノハ東京市、京都市、大阪市、横濱市、神戸市及名古屋市ニ於テハ其ノ許可ヲ受クルコトヲ要セズ

一　市制中府縣知事ノ許可ヲ要スル事項但シ市制第百六十七條第六號及第十一號ニ揭グルコト、市長ガ他ノ報償アル業務ニ從事スルコト、市町村組合ニ關スルコト及三年度ヲ超ユル繼續費ニ關スルコトヲ除ク（昭和四年勅令第百八十八號改正）

二　借入ノ翌年度ニ於テ償還スル市債ニ關スルコト但シ借入金ヲ以テ償還スルモノヲ除ク（同上）

附　則

1　本令ハ大正十五年七月一日ヨリ之ヲ施行ス
2　大正十一年勅令第四百二十四號ハ之ヲ廢止ス

附　則（昭和四年六月勅令第百八十八號）

本令ハ昭和四年七月一日ヨリ之ヲ施行ス

⑨大正十五年改正府縣制附則第三項ノ規定ニ關スル件（大正十五年八月五日内務省令第三十九號）

第一條　大正十五年法律第七十三號府縣制中改正法律ニ依リ議員ヲ選擧スル場合ニ於テ其ノ選擧ニ用フベキ市町村會議員選擧人名簿ナキ市町村ニ於テハ府縣會議員ノ選擧ハ本令ニ依リ調製スル選擧人名簿ニ依リ之ヲ行フ

第二條　前條ノ市町村ニ於テハ市町村長ハ府縣會議員ノ總選擧ノ期日ノ屬スル年ノ前年ヨリ毎年九月十五日ノ現在ニ依リ選擧人名簿ヲ調製スベシ

第三條　前條ノ選擧人名簿アル市町村ト大正十五年法律第七十四號市制中改正法律又ハ同年法律第七十五號町村制中改正法律ニ依リ調製シタル選擧人名簿アル市町村トノ區域ノ境界ニ渉リ市町村ノ廢置分合又ハ境界變更アリタル場合ニ於テハ大正十五

年法律第七十四號市制中改正法律又ハ同年法律第七十五號町村制中改正法律ニ依リ調製シタル選擧人名簿中市町村ノ廢置分合又ハ境界變更ニ因リ異動アリタル區域ニ係ル部分ハ之ヲ本令ニ依リ調製シタル選擧人名簿ト看做ス

第四條　第二條ノ選擧人名簿アル市町村ト同條ノ選擧人名簿ナキ市町村（大正十五年法律第七十四號市制中改正法律又ハ同年法律第七十五號町村制中改正法律ニ依リ調製シタル選擧人名簿アル市町村ヲ除ク）トノ區域ノ境界ニ涉リ市町村ノ廢置分合又ハ境界變更アリタル場合ニ於テ選擧人名簿ナキ市町村ノ區域ニ屬シタル地域ニ關シ必要ナル選擧人名簿ハ其ノ地域ノ新ニ屬シタル市町村ノ市町村長之ヲ調製スヘシ、此ノ場合ニ於テ市制第二十一條乃至第二十一條ノ五又ハ町村制第十八條乃至第十八條ノ五ノ規定ノ準用ニ依ル期日又ハ期間ニ依リ難キトキハ府縣知事ニ於テ其ノ期日又ハ期間ヲ定ムヘシ

第五條　市制第二十一條乃至第二十一條ノ五、第三十九條、第百六十條及第百六十條ノ二又ハ町村制第十八條乃至第十八條ノ五、第三十六條、第百四十條及第百四十條ノ二竝ニ市制町村制施行令第八條乃至第十條ノ規定ハ本令ニ依リ調製スル選擧人名簿ニ之ヲ準用ス

第六條　本令ニ依リ調製スル選擧人名簿ノ樣式ハ市制町村制施行規則別記樣式ノ例ニ依ル

第七條　府縣制第百四十四條ノ規定ハ本令ノ適用ニ付之ヲ準用ス

第八條　本令ニ依リ準用スル府縣制、市制及町村制ノ規定ハ次ノ總選擧ヨリ施行セラ

ルル規定ヲ謂フ

附　則

本令ハ公布ノ日ヨリ之ヲ施行ス

◉行政又ハ司法區域ニ關スル市ノ所屬ノ件

（明治二十三年五月二日勅令第七十一號）

行政事務又ハ司法事務ニ關シ郡區ヲ以テ其區域ヲ定メタルモノニシテ市制ヲ施行シタル場合ニ於テハ特ニ市ノ屬スヘキ區域ヲ定メタルモノヲ除クノ外左ノ區別ニ隨ヒ其所屬ヲ定ムルモノトス

一　區ヲ市トナシタルモノニ付テハ市ノ區域ニ依ル但東京市京都市大阪市ニ在テハ

仍區ノ區域ニ依ル

二　郡内ノ町村ヲ市トナシタルモノニ付テハ仍其從前屬シタル郡ノ區域ニ包含スルモノトス

三　二郡以上ニ渉ル町村ヲ合シテ市トナシタルモノニ付テハ其人口ノ最モ大ナル部分ノ屬シタル郡ノ區域ニ包含スルモノトス

四　此勅令發布前ニ行ヒタル選擧ハ第三ノ規定ニ合ハサルモノアルモ其當選者ニ限リ改選ヲ要セス

2區域變動ノ爲メ關係ノ郡ヨリ選擧スヘキ縣會議員ノ數ニ增減ヲ爲スヘキ必要アルトキハ本年ノ通常縣會ノ議決ヲ取リ【明治二十二年法律第七號第二條第二項】ニ依リ處分スヘシ

◉收入證紙發行ニ關スル件

（大正元年十一月十六日内務省訓令第十七號）

公共團體ニ於テ使用料手數料等徵收上ノ便宜ノ爲收入證紙發行ニ付テハ今後經伺ニ及ハス但從來指示ノ事項ヲ遵守シ已ムヲ得ス金額ヲ表示スル場合ハ算用數字ヲ用ヰ政府發行ノ收入印紙ニ紛ハシカラサル樣注意スヘシ

◉公營質屋ニ關スル件通牒

（大正十四年一月十三日地發甲第六號地方局長）

近時市町村ニ於テ細民救濟ノ目的ヲ以テ質屋ヲ經營スルモノ有之候處右ハ市町村ノ營造物ナルヲ以テ之カ使用料ニ付テハ條例ヲ以テ規定セサルヘカラサルニ拘ラス往々之

カ手續ヲ履踐セサルモノ有之候條將來斯ル向無之樣致度爲念及通牒候也

◉各地ニ唱フル字ハ漫ニ改稱變更スヘカラサル件

（明治十四年九月二十二日太政官達第八十三號）府縣ヘ

各地ニ唱フル字ノ儀ハ其地固有ノ名稱ニシテ往古ヨリ傳來ノモノ甚多ク土地爭訟ノ審判歷史ノ考證地誌ノ編纂等ニハ最モ要用ナルモノニ候條漫ニ改稱變更不致樣可心得此旨相達候事但實際已ムヲ得サル分ハ時々內務省ヘ可伺出事

◉市町村內土地ノ字名改稱變更取扱規定

（明治四十四年三月十五日內務省訓令第二號）

改正（大正四年八月內務省訓令第六號、九年十月四日同第十九號）府縣 沖繩縣ヲ除ク

從來公稱スル市町村內土地ノ字名ハ明治十四年第八十三號公達ノ趣旨ニ依リ容易ニ改稱變更スヘキモノニアラサルモ已ムヲ得サル事實アリテ改稱變更ヲ必要トスルモノニ限リ左ノ規定ニ依リ取扱フヘシ

一　市町村內大字名（市制町村制施行ノ際分合シタル舊區町村名、從前獨立町村內ノ支鄕又ハ某組ト唱フル部落等ノ總稱）及市內ノ町名ヲ改稱シ又ハ其ノ區域ノ變更ヲ要スルトキハ市町村會之ヲ議決シ府縣知事ノ許可ヲ受クヘシ【但シ町村ニ屬スルモノハ島司、郡長ヲ經由シ島司、郡長ハ意見ヲ副申スヘシ】

二　市町村內ノ小字名（市內ノ町名ヲ除ク）ヲ改稱シ又ハ其ノ區域ノ變更ヲ要スルトキハ關係アル地主ノ意見ヲ聞キ市町村會之ヲ議決シ府縣知事ノ許可ヲ受クヘシ

【但シ町村ニ屬スルモノハ島司、郡長ヲ經由シ島司、郡長ハ意見ヲ副申スヘシ】

三　前項ノ場合ニ於テ其ノ區域全部カ國有林野ニ屬スルトキハ府縣知事之ヲ處分シ若其ノ區域カ國有林野ノ外民有地ニ屬スルトキハ關係アル市町村會及民有地主ノ意見ヲ聞キ府縣知事之ヲ處分スヘシ但シ本項ノ處分ハ直ニ之ヲ關係市町村ニ通知スヘシ

四　第二項ノ場合ニ於テ其ノ區域カ御料地ニ屬スルトキハ前項ノ例ニ依ルヘシ但シ豫メ帝室林野管理局長官ニ協議スヘシ（大正四年八月内務省訓令第六號改正）

五　耕地整理施行ノ爲市町村内ノ大字若ハ字ノ名稱ヲ改メ又ハ其ノ區域ヲ變更スルノ必要アルトキハ關係アル市町村會ノ意見ヲ聞キ府縣知事之ヲ處分スヘシ但シ本項ノ處分ハ直ニ之ヲ關係市町村ニ通知スヘシ

六　水面埋立地其ノ他新開地等新ニ字名稱ヲ附スルトキハ第二項ノ例ニ依ルヘシ

七　市町村ノ境界ニ關スル爭論ノ裁決及民事訴訟ノ判決ニ依リ字名ノ訂正又ハ其ノ區域ヲ變更スヘキトキハ市參事會町村長（第八項ノ島嶼ニ在リテハ町村長ニ準スヘキ職務ヲ行フ者）ヨリ府縣知事ニ申報セシムヘシ【但シ町村ニ屬スルモノハ島司、郡長ヲ經由スヘシ】（大正四年八月内務省訓令第六號改正）

八　東京府伊豆七島ノ内八丈島及大島ヲ除ク外竝小笠原島ニ於テハ仍從前ノ手續ニ依ル其ノ小字ノ名稱及區域ニ關スルモノハ府知事ニ於テ處分スヘシ

九　第一項乃至第六項及第八項ノ許可又ハ處分ヲ爲シタルトキ竝第七項ノ申報ヲ受タルトキハ府縣知事ハ直ニ其ノ府縣ニ於ケル公布式ニ依リ之ヲ公告シ同時ニ其ノ

公報ヲ内務大臣ニ報告シ且左ノ官廳ニ送付スヘシ（大正九年同訓令第十九號改正）

一　土地臺帳主管廳タル所轄稅務署

二　當該要塞司令部、陸地測量部、當該師團司令部（近衞師團ヲ含マス）、當該聯隊區司令部

三　司法省、所轄地方裁判所、同區裁判所、同區裁判所出張所

四　遞信省通信局、同管船局、同電氣局、當該所轄遞信局

◎市區町村内土地ノ字名改稱及區域變更ニ關スル件（大正九年十月四日地第一八七號地方局長通牒）府縣へ

市區町村内土地ノ字名改稱及區域變更取扱方訓令中本日改正相成候處廳府縣ノ公報ニ登載スル場合ニハ官報公告ノ例ニ依リ大字、小字ノ名稱及町名總テ片假名ヲ以テ其ノ讀方ヲ附セラレ度

追テ町村ノ廢置分合、市（市制第六條ノ市ノ區ヲ含ム以下同シ）區町村ノ境界變更又ハ所屬未定地ヲ市區町村ノ區域ニ編入ヲ爲シタルトキ或ハ市區町村ノ名稱ヲ變更シ又ハ村ヲ町ト爲シ若ハ町ヲ村ト爲シタルトキ市區役所、町村役場ノ位置ヲ定メ之ヲ變更シタルトキハ從前ノ通リ官報ヲ以テ公告ヲ要スル義ニ有之候條公告洩レ無之樣特ニ御注意相成度

◎沖繩縣【區】町村内土地字名改稱變更取扱方（明治四十四年三月十五日内務省訓令第三號）

沖繩縣【區】町村内土地字名改稱變更取扱方

（大正九年十月四日内務省訓令第二十號改正）

從來公稱スル【區】町村内土地ノ字名ハ明治十四年第八十三號公達ノ趣旨ニ依リ容易ニ改稱變更スヘキモノニアラサルモ已ムヲ得サル事實アリテ改稱變更ヲ必要トスルモノハ左ノ規定ニ依リ取扱フヘシ

一　【區】町村内ノ字名ヲ改稱シ又ハ其ノ區域ノ變更ヲ要スルトキハ【區】町村會之ヲ議決シ縣知事ノ許可ヲ受クヘシ【但シ町村ニ屬スルモノハ島司、郡長ヲ經由シ島司、郡長ハ意見ヲ副申スヘシ】

二　【區】町村内ノ小字名ヲ改稱シ又ハ其ノ區域ノ變更ヲ要スルトキハ關係アル地主ノ意見ヲ聞キ【區】町村會之ヲ議決シ縣知事ノ許可ヲ受クヘシ【但シ町村ニ屬スルモノハ島司、郡長ヲ經由シ島司、郡長ハ意見ヲ副申スヘシ】

三　水面埋立地其ノ他新開地等新ニ字及小字ノ名稱ヲ附スルトキハ前二項ノ例ニ依ルヘシ

四　前各項ノ許可又ハ處分ヲ爲シタルトキハ縣知事ハ直ニ其ノ縣ニ於ケル公布式ニ依リ之ヲ公告シ同時ニ其ノ公報ヲ内務大臣ニ報告シ且左ノ官廳ニ送付スヘシ

一　土地臺帳主管廳タル所轄稅務署

二　當該要塞司令部、陸地測量部、當該師團司令部（近衛師團ヲ含マス）、當該聯隊區司令部

三　司法省、所轄地方裁判所、同區裁判所、同區裁判所出張所

四　遞信省通信局、同管船局、同電氣局、當該所轄遞信局

◎市町村內土地ノ字名改稱取扱方ノ件

（大正十四年二月九日内務省訓令第三號）

從來公稱スル市町村內土地ノ字名改稱取扱方ニ關シテハ曩ニ訓令スルトコロアリシモ東京、京都、大阪、横濱、神戶及名古屋ノ各市ニ於テ市內ノ町名ヲ改稱シ又ハ其ノ區域ヲ變更スルニ付テハ明治四十四年訓令第二號ニ依ル府縣知事ノ許可ヲ受クルコトヲ要セス其ノ處分ヲ爲シタルトキハ速ニ府縣知事ニ申報スヘシ

府縣知事前項ノ申報ヲ受ケタル時ハ該訓令第九ニ依リ處理スヘシ

◎市內ノ町名改稱取扱方ノ件依命通牒

（大正十四年二月九日發地第一號地方局長）

今般訓令第三號ヲ以テ市內ノ町名改稱取扱方ニ關シ特例ヲ設ケラレ候處右ハ事務簡捷ノ趣旨ニ外ナラス之カ爲從來公稱スル土地ノ字名ヲ漫リニ變更セシムルハ不可然義ニ有之尤都市計畫事業ニ伴フ土地區劃整理其ノ他都市ノ改善上必要アル場合ニ於テハ之カ改稱ヲ爲スハ不得已義ト認メラレ候條此旨御示達可然御監督相成度

◎市町村ニ於テ民勢調査ヲ爲ス際申告ヲ拒ミタル者等處罰方

（明治四十一年八月十一日內務省令第十五號）

市【（北海道區制及沖繩縣區制ニ依ル區ヲ含ム）】町村ニ於テ條例ヲ定メ民勢ノ調査ヲ爲

スニ當リ故意ニ申告ヲ拒ミ若ハ虛僞ノ申告ヲ爲シ又ハ其ノ調査ヲ忌避シタル者ハ二十五圓以下ノ罰金ニ處ス虛說造言ヲ放チ僞計威力ヲ用ヰテ調査ヲ妨害スル者亦同シ

◉議員又ハ市町村吏員タルヲ得サル官吏ハ在職者ニ限ルノ件

（明治二十二年六月四日閣令第十八號）

【府縣會規則第十三條】市制町村制第十五條】衆議院議員選擧法【第九條第十條】ニ記載シタル官吏ハ在職者ノミニ限ルモノトス

【非職者】休職者ニシテ議員又ハ市町村ノ吏員タラントスルトキハ本屬長官ノ許可ヲ受ク可シ

◉皇族身位令

（明治四十三年三月三日皇室令第二號）抄

第四十六條　皇族ハ公共團體ノ吏員又ハ議員トナルコトヲ得ス

◉會計檢査院法

（明治二十二年五月十日法律第十五號）改正（昭和四年同第二十二號）抄

第八條　會計檢査官ハ他ノ官職ヲ兼ネ及帝國議會又ハ地方議會ノ議員トナルコトヲ得ス

◉裁判所構成法

（明治二十三年二月十日法律第六號）改正（大正十一年同第五十三號）抄

第七十二條　判事ハ在職中左ノ諸件ヲ爲スコトヲ得ス

第二　政黨ノ黨員又ハ政社ノ社員トナリ又ハ府縣【郡】市町村ノ議會ノ議員トナル事

◉陸軍軍法會議法（大正十年四月二十六日法律第八十五號）抄

第三十六條　法務官ハ在職中左ノ諸件ヲ爲スコトヲ得ス
三　帝國議會ノ議員又ハ道、府、縣、【郡】、市、區、町、村會ノ議員ト爲ルコト

◉海軍軍法會議法（大正十年四月二十六日法律第九十一號）抄

第三十六條　法務官ハ在職中左ノ諸件ヲ爲スコトヲ得ス
三　帝國議會ノ議員又ハ道、府、縣、【郡】、市、區、町、村會ノ議員ト爲ルコト

◉衆議院議員選擧法（大正十四年五月五日法律第四十七號）改正（大正十五年六月三十日法律第八十二號）抄

第九章　訴　訟

第八十五條　裁判所ハ本章ノ規定ニ依ル訴訟ヲ裁判スルニ當リ檢事ヲシテ口頭辯論ニ立會ハシムヘシ

第八十七條　本章ノ規定ニ依ル訴訟ヲ提起セムトスル者ハ保證金トシテ三百圓又ハ之ニ相當スル額面ノ國債證書ヲ供託スルコトヲ要ス
2　原告敗訴ノ場合ニ於テ裁判確定ノ日ヨリ七日以內ニ裁判費用ヲ完納セサルトキハ保證金ヲ以テ之ニ充當シ仍足ラサルトキハ之ヲ追徵ス

第十章　選擧運動

第八十八條　議員候補者ハ選擧事務長一人ヲ選任スヘシ但シ議員候補者自ラ選擧事務長ト爲リ又ハ推薦屆出者（推薦屆出者數人アルトキハ其ノ代表者）議員候補者ノ承諾ヲ得テ選擧事務長ヲ選任シ若ハ自ラ選擧事務長ト爲ルコトヲ妨ケス

2 議員候補者ノ承諾ヲ得スシテ其ノ推薦ノ屆出ヲ爲シタル者ハ前項但書ノ承諾ヲ得ルコトヲ要セス

3 議員候補者ハ文書ヲ以テ通知スルコトニ依リ選擧事務長ヲ解任スルコトヲ得選擧事務長ヲ選任シタル推薦屆出者ニ於テ議員候補者ノ承諾ヲ得タルトキ亦同シ

4 選擧事務長ハ文書ヲ以テ議員候補者及選任者ニ通知スルコトニ依リ辭任スルコトヲ得

5 選擧事務長ノ選任者（自ラ選擧事務長ト爲リタル者ヲ含ム以下之ニ同シ）ハ直ニ其ノ旨ヲ選擧區内警察官署ノ一ニ屆出ツヘシ

6 選擧事務長ニ異動アリタルトキハ前項ノ規定ニ依リ屆出ヲ爲シタル者直ニ其ノ屆出ヲ爲シタル警察官署ニ其ノ旨ヲ屆出ツヘシ

7 第九十五條ノ規定ニ依リ選擧事務長ニ代リテ其ノ職務ヲ行フ者ハ前項ノ例ニ依リ屆出ツヘシ其ノ之ヲ罷メタルトキ亦同シ

第八十九條　選擧事務長ニ非サレハ選擧事務所ヲ設置シ又ハ選擧委員若ハ選擧事務員ヲ選任スルコトヲ得ス

2 選擧事務長ハ文書ヲ以テ通知スルコトニ依リ選擧委員又ハ選擧事務員ヲ解任スルコ

トヲ得

3 選擧委員又ハ選擧事務員ハ文書ヲ以テ選擧事務長ニ通知スルコトニ依リ辭任スルコトヲ得

4 選擧事務長選擧事務所ヲ設置シ又ハ選擧委員若ハ選擧事務員ヲ選任シタルトキハ直ニ其ノ旨ヲ前條第五項ノ屆出アリタル警察官署ニ屆出ツヘシ選擧事務所又ハ選擧委員若ハ選擧事務員ニ異動アリタルトキ亦同シ

第九十條 選擧事務所ハ議員候補者一人ニ付七箇所ヲ超ユルコトヲ得ス

2 選擧ノ一部無效ト爲リ更ニ選擧ヲ行フ場合又ハ第三十七條ノ規定ニ依リ投票ヲ行フ場合ニ於テハ選擧事務所ハ前項ニ揭クル數ヲ超エサル範圍內ニ於テ地方長官(東京府ニ在リテハ警視總監)ノ定メタル數ヲ超ユルコトヲ得ス

3 地方長官(東京府ニ在リテハ警視總監)前項ノ規定ニ依リ選擧事務所ノ數ヲ定メタル場合ニ於テハ選擧ノ期日ノ告示アリタル後直ニ之ヲ告示スヘシ

第九十一條 選擧事務所ハ選擧ノ當日ニ限リ投票所ヲ設ケタル場所ノ入口ヨリ三町以內ノ區域ニ之ヲ置クコトヲ得ス

第九十二條 休憩所其ノ他之ニ類似スル設備ハ選擧運動ノ爲之ヲ設クルコトヲ得ス

第九十三條 選擧委員及選擧事務員ハ議員候補者一人ニ付通シテ五十人ヲ超ユルコトヲ得ス

2 第九十條第二項及第三項ノ規定ハ選擧委員及選擧事務員ニ關シ之ヲ準用ス

第九十四條 選擧事務長選擧權ヲ有セサル者ナルトキ又ハ第九十九條第二項ノ規定ニ

依リ選擧運動ヲ爲スコトヲ得サル者ナルトキハ地方長官（東京府ニ在リテハ警視總監）ハ直ニ其ノ解任又ハ退任ヲ命スヘシ
2 第八十九條第一項ノ規定ニ違反シテ選擧事務所ノ設置アリト認ムルトキハ地方長官（東京府ニ在リテハ警視總監）ハ直ニ其ノ選擧事務所ノ閉鎖ヲ命スヘシ第九十條第一項又ハ第二項ノ規定ニ依ル定數ヲ超エテ選擧事務所ノ設置アリト認ムルトキハ其ノ超過シタル數ノ選擧事務所ニ付亦同シ
3 前條ノ規定ニ依ル定數ヲ超エテ選擧委員又ハ選擧事務員ノ選任アリト認ムルトキハ地方長官（東京府ニ在リテハ警視總監）ハ直ニ其ノ超過シタル數ノ選擧委員又ハ選擧事務員ノ解任ヲ命スヘシ選擧委員又ハ選擧事務員選擧權ヲ有セサル者ナルトキ又ハ第九十九條第二項ノ規定ニ依リ選擧運動ヲ爲スコトヲ得サル者ナルトキ其ノ選擧委員又ハ選擧事務員ニ付亦同シ

第九十五條　選擧事務長故障アルトキハ選任者代リテ其ノ職務ヲ行フ
2 推薦届出者タル選任者モ亦故障アルトキハ議員候補者ノ承諾ヲ得スシテ其ノ推薦ノ届出ヲ爲シタル場合ヲ除クノ外議員候補者代リテ其ノ職務ヲ行フ

第九十六條　議員候補者、選擧事務長、選擧委員又ハ選擧事務員ニ非サレハ選擧運動ヲ爲スコトヲ得ス但シ演說又ハ推薦狀ニ依ル選擧運動ハ此ノ限ニ在ラス

第九十七條　選擧事務長、選擧委員又ハ選擧事務員ハ選擧運動ノ爲ニ要スル飲食物、船車馬等ノ供給又ハ旅費、休泊料其ノ他ノ實費ノ辨償ヲ受クルコトヲ得演說又ハ推薦狀ニ依リ選擧運動ヲ爲ス者其ノ運動ヲ爲スニ付亦同シ

2 選擧事務員ハ選擧運動ヲ爲スニ付報酬ヲ受クルコトヲ得
第九十八條 何人ト雖投票ヲ得若ハ得シメ又ハ得シメサルノ目的ヲ以テ戸別訪問ヲ爲スコトヲ得ス
2 何人ト雖前項ノ目的ヲ以テ連續シテ個個ノ選擧人ニ對シ面接シ又ハ電話ニ依リ選擧運動ヲ爲スコトヲ得ス
第九十九條 選擧權ヲ有セサル者ハ選擧事務長、選擧委員又ハ選擧事務員ト爲ルコトヲ得ス
2 選擧事務ニ關係アル官吏及吏員ハ其ノ關係區域內ニ於ケル選擧運動ヲ爲スコトヲ得ス
第百條 內務大臣ハ選擧運動ノ爲頒布シ又ハ掲示スル文書圖畫ニ關シ命令ヲ以テ制限ヲ設クルコトヲ得

第十一章 選擧運動ノ費用

第百一條 立候補準備ノ爲ニ要スル費用ヲ除クノ外選擧運動ノ費用ハ選擧事務長ニ非サレハ之ヲ支出スルコトヲ得ス但シ議員候補者、選擧委員又ハ選擧事務員ハ選擧事務長ノ文書ニ依ル承諾ヲ得テ之ヲ支出スルコトヲ妨ケス
2 議員候補者、選擧事務長、選擧委員又ハ選擧事務員ニ非サル者ハ選擧運動ノ費用ヲ支出スルコトヲ得ス但シ演說又ハ推薦狀ニ依ル選擧運動ノ費用ハ此ノ限ニ在ラス
第百二條 選擧運動ノ費用ハ議員候補者一人ニ付左ノ各號ノ額ヲ超ユルコトヲ得ス

一　選擧區內ノ議員ノ定數ヲ以テ選擧人名簿確定ノ日ニ於テ之ニ記載セラレタル者ノ總數ヲ除シテ得タル數ヲ四十錢ニ乘シテ得タル額
二　選擧ノ一部無效ト爲リ更ニ選擧ヲ行フ場合ニ於テハ選擧區內ノ議員ノ定數ヲ以テ選擧人名簿確定ノ日ニ於テ關係區域ノ選擧人名簿ニ記載セラレタル者ノ總數ヲ除シテ得タル數ヲ四十錢ニ乘シテ得タル額
三　第三十七條ノ規定ニ依リ投票ヲ行フ場合ニ於テハ前號ノ規定ニ準シテ算出シタル額但シ地方長官（東京府ニ在リテハ警視總監）必要アリト認ムルトキハ之ヲ減額スルコトヲ得
2　地方長官（東京府ニ在リテハ警視總監）ハ選擧ノ期日ノ公布又ハ告示アリタル後直ニ前項ノ規定ニ依ル額ヲ告示スヘシ
第百三條　選擧運動ノ爲財産上ノ義務ヲ負擔シ又ハ建物、船車馬、印刷物、飮食物其ノ他ノ金錢以外ノ財產上ノ利益ヲ使用シ若ハ費消シタル場合ニ於テハ其ノ義務又ハ利益ヲ時價ニ見積リタル金額ヲ以テ選擧運動ノ費用ト看做ス
第百四條　左ノ各號ニ揭クル費用ハ之ヲ選擧運動ノ費用ニ非サルモノト看做ス
一　議員候補者カ乘用スル船車馬等ノ爲ニ要シタル費用
二　選擧ノ期日後ニ於テ選擧運動ノ殘務整理ノ爲ニ要シタル費用
三　選擧委員又ハ選擧事務員ノ支出シタル費用ニシテ議員候補者又ハ選擧事務長ト意思ヲ通シテ支出シタル費用以外ノモノ但シ第百一條第一項ノ規定ノ適用ニ付テハ此ノ限ニ在ラス

四　第六十七條第一項乃至第三項ノ屆出アリタル後議員候補者、選擧事務長、選擧委員又ハ選擧事務員ニ非サル者ノ支出シタル費用ニシテ議員候補者又ハ選擧事務長ト意思ヲ通シテ支出シタル費用以外ノモノ但シ第百一條第二項ノ規定ノ適用ニ付テハ此ノ限ニ在ラス

五　立候補準備ノ爲ニ要シタル費用ニシテ議員候補者若ハ選擧事務長ト爲リタル者ノ支出シタル費用又ハ其ノ者ト意思ヲ通シテ支出シタル費用以外ノモノ

第百五條　選擧事務長ハ勅令ノ定ムル所ニ依リ帳簿ヲ備ヘ之ニ選擧運動ノ費用ヲ記載スヘシ

第百六條　選擧事務長ハ勅令ノ定ムル所ニ依リ選擧運動ノ費用ヲ精算シ選擧ノ期日ヨリ十四日以內ニ第八十八條第五項ノ屆出アリタル警察官署ヲ經テ之ヲ地方長官（東京府ニ在リテハ警視總監）ニ屆出ツヘシ

2　地方長官（東京府ニ在リテハ警視總監）ハ前項ノ規定ニ依リ屆出アリタル選擧運動ノ費用ヲ告示スヘシ

第百七條　選擧事務長ハ前條第一項ノ屆出ヲ爲シタル日ヨリ一年間選擧運動ノ費用ニ關スル帳簿及書類ヲ保存スヘシ

2　前項ノ帳簿及書類ノ種類ハ勅令ヲ以テ之ヲ定ム

第百八條　警察官吏ハ選擧ノ期日後何時ニテモ選擧事務長ニ對シ選擧運動ノ費用ニ關スル帳簿又ハ書類ノ提出ヲ命シ、之ヲ檢査シ又ハ之ニ關スル說明ヲ求ムルコトヲ得

第百九條　選擧事務長辭任シ又ハ解任セラレタル場合ニ於テハ遲滯ナク選擧運動ノ費

用ノ計算ヲ爲シ新ニ選擧事務長ト爲リタル者ニ對シ、新ニ選擧事務長ト爲リタル者ナキトキハ第九十五條ノ規定ニ依リ選擧事務長ノ職務ヲ行フ者ニ對シ選擧事務所、選擧委員、選擧事務員其ノ他ニ關スル事務ト共ニ其ノ引繼ヲ爲スヘシ第九十五條ノ規定ニ依リ選擧事務長ノ職務ヲ行フ者事務ノ引繼ヲ受ケタル後新ニ選擧事務長定リタルトキ亦同シ

第百十條　議員候補者ノ爲支出セラレタル選擧運動ノ費用カ第百二條第二項ノ規定ニ依リ告示セラレタル額ヲ超エタルトキハ其ノ議員候補者ノ當選ヲ無效トス但シ議員候補者及推薦屆出者カ選擧事務長ノ選任及監督ニ付相當ノ注意ヲ爲シ且選擧事務長又ハ之ニ代リテ其ノ職務ヲ行フ者ノ選任及監督ニ付相當ノ注意ヲ爲シ且選擧事務長又ハ之ニ代リテ其ノ職務ヲ行フ者ニ於テ選擧運動ノ費用ノ支出ニ付過失ナカリシトキハ此ノ限ニ在ラス

第十二章　罰則

第百十一條　詐僞ノ方法ヲ以テ選擧人名簿ニ登錄セラレタル者又ハ第二十五條第二項ノ場合ニ於テ虛僞ノ宣言ヲ爲シタル者ハ百圓以下ノ罰金ニ處ス

第百十二條　左ノ各號ニ揭クル行爲ヲ爲シタル者ハ二年以下ノ懲役若ハ禁錮又ハ千圓以下ノ罰金ニ處ス

一　當選ヲ得若ハ得シメ又ハ得シメサル目的ヲ以テ選擧人又ハ選擧運動者ニ對シ金錢、物品其ノ他ノ財產上ノ利益若ハ公私ノ職務ノ供與、其ノ供與ノ申込若ハ約束ヲ爲シ又ハ饗應接待、其ノ申込若ハ約束ヲ爲シタルトキ

二　當選ヲ得若ハ得シメ又ハ得シメサル目的ヲ以テ選擧人又ハ選擧運動者ニ對シ其ノ者又ハ其ノ者ノ關係アル社寺、學校、會社、組合、市町村等ニ對スル用水、小作、債權、寄附其ノ他特殊ノ直接利害關係ヲ利用シテ誘導ヲ爲シタルトキ

三　投票ヲ爲シ若ハ爲サヽルコト、選擧運動ヲ爲シ若ハ止メタルコト又ハ其ノ周旋勸誘ヲ爲シタルコトノ報酬ト爲ス目的ヲ以テ選擧人又ハ選擧運動者ニ對シ第一號ニ掲クル行爲ヲ爲シタルトキ

四　第一號若ハ前號ノ供與、饗應接待ヲ受ケ若ハ要求シ、第一號若ハ前號ノ申込ヲ承諾シ又ハ第二號ノ誘導ニ應シ若ハ之ヲ促シタルトキ

五　前各號ニ掲クル行爲ニ關シ周旋又ハ勸誘ヲ爲シタルトキ

第百十三條　左ノ各號ニ掲クル行爲ヲ爲シタル者ハ三年以下ノ懲役若ハ禁錮又ハ二千圓以下ノ罰金ニ處ス

一　議員候補者タルコト若ハ議員候補者タラムトスルコトヲ止メシムル目的ヲ以テ議員候補者若ハ議員候補者タラムトスル者ニ對シ又ハ當選ヲ辭セシムル目的ヲ以テ當選人ニ對シ前條第一號又ハ第二號ニ掲クル行爲ヲ爲シタルトキ

二　議員候補者タルコト若ハ議員候補者タラムトスルコトヲ止メタルコト、當選ヲ辭シタルコト又ハ其ノ周旋勸誘ヲ爲シタルコトノ報酬ト爲ス目的ヲ以テ議員候補者タリシ者、議員候補者タラムトシタル者又ハ當選人タリシ者ニ對シ前條第一號ニ掲クル行爲ヲ爲シタルトキ

三　前二號ノ供與、饗應接待ヲ受ケ若ハ要求シ、前二號ノ申込ヲ承諾シ又ハ第一號

ノ誘導ニ應シ若ハ之ヲ促シタルトキ

四　前各號ニ揭クル行爲ニ關シ周旋又ハ勸誘ヲ爲シタルトキ

第百十四條　前二條ノ場合ニ於テ收受シタル利益ハ之ヲ沒收ス其ノ全部又ハ一部ヲ沒收スルコト能ハサルトキハ其ノ價額ヲ追徵ス

第百十五條　選擧ニ關シ左ノ各號ニ揭クル行爲ヲ爲シタル者ハ三年以下ノ懲役若ハ禁錮又ハ二千圓以下ノ罰金ニ處ス

一　選擧人、議員候補者、議員候補者タラムトスル者、選擧運動者又ハ當選人ニ對シ暴行若ハ威力ヲ加ヘ又ハ之ヲ拐引シタルトキ

二　交通若ハ集會ノ便ヲ妨ケ又ハ演說ヲ妨害シ其ノ他僞計詐術等不正ノ方法ヲ以テ選擧ノ自由ヲ妨害シタルトキ

三　選擧人、議員候補者、議員候補者タラムトスル者、選擧運動者若ハ當選人又ハ其ノ關係アル社寺、學校、會社、組合、市町村等ニ對スル用水、小作、債權、寄附其ノ他特殊ノ利害關係ヲ利用シテ選擧人、議員候補者、議員候補者タラムトスル者、選擧運動者又ハ當選人ヲ威逼シタルトキ

第百十六條　選擧ニ關シ官吏又ハ吏員故意ニ其ノ職務ノ執行ヲ怠リ又ハ職權ヲ濫用シテ選擧ノ自由ヲ妨害シタルトキハ三年以下ノ禁錮ニ處ス

2　官吏又ハ吏員選擧人ニ對シ其ノ投票セムトシ又ハ投票シタル被選擧人ノ氏名ノ表示ヲ求メタルトキハ三月以下ノ禁錮又ハ百圓以下ノ罰金ニ處ス

第百十七條　選擧事務ニ關係アル官吏、吏員、立會人又ハ監視者選擧人ノ投票シタル

被選舉人ノ氏名ヲ表示シタルトキハ二年以下ノ禁錮又ハ千圓以下ノ罰金ニ處ス其ノ表示シタル事實虛僞ナルトキ亦同シ

第百十八條 投票所又ハ開票所ニ於テ正當ノ事由ナクシテ選擧人ノ投票ニ關涉シ又ハ被選擧人ノ氏名ヲ認知スルノ方法ヲ行ヒタル者ハ一年以下ノ禁錮又ハ五百圓以下ノ罰金ニ處ス

2 法令ノ規定ニ依ラスシテ投票函ヲ開キ又ハ投票函中ノ投票ヲ取出シタル者ハ三年以下ノ懲役若ハ禁錮又ハ二千圓以下ノ罰金ニ處ス

第百十九條 投票管理者、開票管理者、選擧長、立會人若ハ選擧監視者ニ暴行若ハ脅迫ヲ加ヘ、選擧會場、開票所若ハ投票所ヲ騷擾シ又ハ投票、投票函其ノ他關係書類ヲ抑留、毀壞若ハ奪取シタル者ハ四年以下ノ懲役又ハ禁錮ニ處ス

第百二十條 多衆聚合シテ第百十五條第一號又ハ前條ノ罪ヲ犯シタル者ハ左ノ區別ニ從テ處斷ス

一 首魁ハ一年以上七年以下ノ懲役又ハ禁錮ニ處ス

二 他人ヲ指揮シ又ハ他人ニ率先シテ勢ヲ助ケタル者ハ六月以上五年以下ノ懲役又ハ禁錮ニ處ス

三 附和隨行シタル者ハ百圓以下ノ罰金又ハ科料ニ處ス

2 第百十五條第一號又ハ前條ノ罪ヲ犯ス爲多衆聚合シ當該公務員ヨリ解散ノ命ヲ受クルコト三回以上ニ及フモ仍解散セサルトキハ首魁ハ二年以下ノ禁錮ニ處シ其ノ他ノ者ハ百圓以下ノ罰金又ハ科料ニ處ス

第百二十一條　選擧ニ關シ銃砲、刀劍、棍棒其ノ他人ヲ殺傷スルニ足ルヘキ物件ヲ携帶シタル者ハ二年以下ノ禁錮又ハ千圓以下ノ罰金ニ處ス

2 警察官吏又ハ憲兵ハ必要ト認ムル場合ニ於テ前項ノ物件ヲ領置スルコトヲ得

第百二十二條　前條ノ物件ヲ携帶シテ選擧會場、開票所又ハ投票所ニ入リタル者ハ三年以下ノ禁錮又ハ二千圓以下ノ罰金ニ處ス

第百二十三條　前二條ノ罪ヲ犯シタル場合ニ於テハ其ノ携帶シタル物件ヲ沒收ス

第百二十四條　選擧ニ關シ多衆集合シ若ハ隊伍ヲ組ミテ往來シ又ハ煙火、松明ノ類ヲ用ヒ若ハ鐘鼓、喇叭ノ類ヲ鳴ラシ旗幟其ノ他ノ標章ヲ用フル等氣勢ヲ張ルノ行爲ヲ爲シ警察官吏ノ制止ヲ受クルモ仍其ノ命ニ從ハサル者ハ六月以下ノ禁錮又ハ三百圓以下ノ罰金ニ處ス

第百二十五條　演說又ハ新聞紙、雜誌、引札、張札其ノ他何等ノ方法ヲ以テスルニ拘ラス第百十二條、第百十三條、第百十五條、第百十八條乃至第百二十二條及前條ノ罪ヲ犯サシムル目的ヲ以テ人ヲ煽動シタル者ハ一年以下ノ禁錮又ハ五百圓以下ノ罰金ニ處ス但シ新聞紙及雜誌ニ在リテハ仍其ノ編輯人及實際編輯ヲ擔當シタル者ヲ罰ス

第百二十六條　演說又ハ新聞紙、雜誌、引札、張札其ノ他何等ノ方法ヲ以テスルニ拘ラス左ノ各號ニ揭クル行爲ヲ爲シタル者ハ二年以下ノ禁錮又ハ千圓以下ノ罰金ニ處ス新聞紙及雜誌ニ在リテハ前條但書ノ例ニ依ル

一　當選ヲ得又ハ得シムル目的ヲ以テ議員候補者ノ身分、職業又ハ經歷ニ關シ虛僞

ノ事項ヲ公ニシタルトキ

二　當選ヲ得シメサル目的ヲ以テ議員候補者ニ關シ虛僞ノ事項ヲ公ニシタルトキ

第百二十七條　選擧人ニ非サル者投票ヲ爲シタルトキハ一年以下ノ禁錮又ハ五百圓以下ノ罰金ニ處ス

2 氏名ヲ詐稱シ其ノ他詐僞ノ方法ヲ以テ投票ヲ爲シタル者ハ二年以下ノ禁錮又ハ千圓以下ノ罰金ニ處ス

3 投票ヲ僞造シ又ハ其ノ數ヲ增減シタル者ハ三年以下ノ懲役若ハ禁錮又ハ二千圓以下ノ罰金ニ處ス

4 選擧事務ニ關係アル官吏、吏員、立會人又ハ監視者前項ノ罪ヲ犯シタルトキハ五年以下ノ懲役若ハ禁錮又ハ二千圓以下ノ罰金ニ處ス

第百二十八條　立會人正當ノ事故ナクシテ本法ニ定メタル義務ヲ缺クトキハ百圓以下ノ罰金ニ處ス

第百二十九條　第九十六條若ハ第九十八條ノ規定ニ違反シタル者又ハ第九十四條ノ規定ニ依ル命令ニ從ハサル者ハ一年以下ノ禁錮又ハ五百圓以下ノ罰金ニ處ス

第百三十條　第九十條第一項第二項ノ規定ニ依ル定數ヲ超エ若ハ第九十一條ノ規定ニ違反シテ選擧事務所ヲ設置シタル者又ハ第九十二條ノ規定ニ違反シテ休憩所其ノ他之ニ類似スル設備ヲ設ケタル者ハ三百圓以下ノ罰金ニ處ス

2 第九十三條ノ規定ニ依ル定數ヲ超エテ選擧委員又ハ選擧事務員ノ選任ヲ爲シタル者亦前項ニ同シ

第百三十一條　第八十九條第一項、第九十九條又ハ第百九條ノ規定ニ違反シタル者ハ六月以下ノ禁錮又ハ三百圓以下ノ罰金ニ處ス

第百三十二條　第八十八條第五項乃至第七項又ハ第八十九條第四項ノ屆出ヲ怠リタル者ハ百圓以下ノ罰金ニ處ス

2 第百條ノ規定ニ依ル命令ニ違反シタル者亦前項ニ同シ

第百三十三條　選擧事務長又ハ選擧事務長ニ代リ其ノ職務ヲ行フ者第百二條第二項ノ規定ニ依リ告示セラレタル額ヲ超エ選擧運動ノ費用ヲ支出シ又ハ第百一條第一項但書ノ規定ニ依ル承諾ヲ與ヘテ支出セシメタルトキハ一年以下ノ禁錮又ハ五百圓以下ノ罰金ニ處ス

第百三十四條　第百一條ノ規定ニ違反シテ選擧運動ノ費用ヲ支出シタル者ハ一年以下ノ禁錮ニ處ス

第百三十五條　左ノ各號ニ掲クル行爲ヲ爲シタル者ハ六月以下ノ禁錮又ハ三百圓以下ノ罰金ニ處ス

一　第百五條ノ規定ニ違反シテ帳簿ヲ備ヘス又ハ帳簿ニ記載ヲ爲サス若ハ之ニ虛僞ノ記入ヲ爲シタルトキ

二　第百六條第一項ノ屆出ヲ怠リ又ハ虛僞ノ屆出ヲ爲シタルトキ

三　第百七條第一項ノ規定ニ違反シテ帳簿又ハ書類ヲ保存セサルトキ

四　第百七條第一項ノ規定ニ依リ保存スヘキ帳簿又ハ書類ニ虛僞ノ記入ヲ爲シタルトキ

五　第百八條ノ規定ニ依ル帳簿若ハ書類ノ提出若ハ檢査ヲ拒ミ若ハ之ヲ妨ケ又ハ説明ノ求ニ應セサルトキ

第百三十六條　當選人其ノ選擧ニ關シ本章ニ掲クル罪ヲ犯シ刑ニ處セラレタルトキハ其ノ當選ヲ無效トス選擧事務長第百十二條又ハ第百十三條ノ罪ヲ犯シ刑ニ處セラレタルトキ亦同シ但シ選擧事務長ノ選任及監督ニ付相當ノ注意ヲ爲シタルトキハ此ノ限ニ在ラス

第百三十七條　本章ニ掲クル罪ヲ犯シタル者ニシテ罰金ノ刑ニ處セラレタル者ニ在リテハ其ノ裁判確定ノ後五年間、禁錮以上ノ刑ニ處セラレタル者ニ在リテハ其ノ裁判確定ノ後刑ノ執行ヲ終ル迄又ハ刑ノ時效ニ因ル場合ヲ除クノ外刑ノ執行ノ免除ヲ受クル迄ノ間及其ノ後五年間衆議院議員及選擧ニ付本章ノ規定ヲ準用スル議會ノ議員ノ選擧權及被選擧權ヲ有セス禁錮以上ノ刑ニ處セラレタル者ニ付其ノ裁判確定ノ後刑ノ執行ヲ受クルコトナキニ至ル迄ノ間亦同シ

2　前項ニ規定スル者ト雖情狀ニ因リ裁判所ハ刑ノ言渡ト同時ニ前項ノ規定ヲ適用セス又ハ其ノ期間ヲ短縮スル旨ノ宣告ヲ爲スコトヲ得

3　前二項ノ規定ハ第六條第五號ノ規定ニ該當スル者ニハ之ヲ適用セス

第百三十八條　第百二十七條第三項及第四項ノ罪ノ時效ハ一年ヲ經過スルニ因リテ完成ス

2　前項ニ掲クル罪以外ノ本章ノ罪ノ時效ハ六月ヲ經過スルニ因リテ完成ス但シ犯人逃亡シタルトキハ其ノ期間ハ一年トス

第十三章　補則

第百四十條　議員候補者又ハ推薦届出者ハ勅令ノ定ムル所ニ依リ其ノ選擧區内ニ在ル選擧人ニ對シ選擧運動ノ爲ニスル通常郵便物ヲ選擧人一人ニ付一通ヲ限リ無料ヲ以テ差出スコトヲ得

2　公立學校其ノ他勅令ヲ以テ定ムル營造物ノ設備ハ勅令ノ定ムル所ニ依リ演說ニ依ル選擧運動ノ爲其ノ使用ヲ許可スヘシ

第百四十一條　選擧ニ關スル訴訟ニ付テハ本法ニ規定シタルモノヲ除クノ外民事訴訟ノ例ニ依ル選擧ニ關スル訴訟ニ付テハ裁判所ハ他ノ訴訟ノ順序ニ拘ラス速ニ其ノ裁判ヲ爲スヘシ

第百四十二條　第十二章ニ掲クル罪ニ關スル刑事訴訟ニ付テハ上告裁判所ハ刑事訴訟法第四百二十二條第一項ノ期間ニ依ラサルコトヲ得

◎衆議院議員選擧法施行令（大正十五年一月三十日勅令第三號）

改正（大正十五年六月三十日勅令第二百三十八號、昭和三年十一月同第二百六十四號）

第八章　選擧運動

第五十三條　選擧事務長ノ選任（議員候補者又ハ推薦届出者自ラ選擧事務長ト爲リタル場合ヲ含ム以下之ニ同シ）ノ届出ハ文書ヲ以テ之ヲ爲シ選擧事務長ノ氏名、職業、住居、生年月日及選任年月日竝議員候補者ノ氏名ヲ記載シ且選擧事務長カ選擧權ヲ有スル者ナルコトヲ證スヘキ書面ヲ添附スヘシ

2　推薦届出者選擧事務長ノ選任ヲ爲シタル場合ニ於テハ前項ノ届出ニハ推薦届出者數人アルトキハ其ノ代表者タルコトヲ證スヘキ書面ヲ、其ノ選任ニ付議員候補者ノ承

諸ヲ要スルトキハ其ノ承諾ヲ得タルコトヲ證スヘキ書面ヲ添附スヘシ

第五十四條　選擧委員又ハ選擧事務員ノ選任ノ屆出ハ文書ヲ以テ之ヲ爲シ選擧委員又ハ選擧事務員ノ氏名、職業、住居、生年月日及選任年月日ヲ記載シ且選擧委員又ハ選擧事務員カ選擧權ヲ有スル者ナルコトヲ證スヘキ書面ヲ添附スヘシ

第五十五條　選擧事務所ノ設置ノ屆出ハ文書ヲ以テ之ヲ爲シ選擧事務所ノ所在地及設置年月日ヲ記載スヘシ

第五十六條　選擧事務長、選擧委員、選擧事務員又ハ選擧事務所ニ異動アリタルコトノ屆出ハ前三條ノ例ニ依リ之ヲ爲スヘシ

2 前項ノ屆出ニシテ解任又ハ辭任ニ因ル異動ニ關スルモノニハ衆議院議員選擧法第八十八條第三項若ハ第四項又ハ第八十九條第二項若ハ第三項ノ通知アリタルコトヲ證スヘキ書面ヲ添附スヘシ選擧事務長ヲ選任シタル推薦屆出者選擧事務長ヲ解任シタル場合ニ於テハ併セテ其ノ解任ニ付議員候補者ノ承諾アリタルコトヲ證スヘキ書面ヲ添附スヘシ

第五十七條　選擧事務長故障アルトキ之ニ代リテ其ノ職務ヲ行フコトノ屆出ハ文書ヲ以テ之ヲ爲シ選擧事務長ノ氏名（選擧事務長ノ選任ヲ爲シタル推薦屆出者モ亦故障アルトキハ併セテ其ノ氏名）、故障ノ事實及其ノ職務代行ヲ始メタル年月日ヲ記載シ且故障ノ生シタルコトヲ證スヘキ書面ヲ添附スヘシ

2 選擧事務長故障アルトキ之ニ代リテ其ノ職務ヲ行フ者之ヲ罷メタルコトノ屆出ハ文書ヲ以テ之ヲ爲シ故障ノ止ミタル事實及其ノ職務代行ヲ罷メタル年月日ヲ記載シ且

故障ノ止ミタルコトヲ證スヘキ書面ヲ添附スヘシ

第九章　選擧運動ノ費用

第五十八條　選擧事務長選擧運動ノ費用ノ支出ノ承諾ヲ與ヘタル場合ニ於テ承諾ニ係ル費用ノ支出終了シタルトキ又ハ選擧ノ期日經過シタルトキハ選擧事務長ハ遲滯ナク其ノ承諾ヲ受ケタル者ニ就キ支出金額（財産上ノ義務ノ負擔又ハ金錢以外ノ財產上ノ利益ノ使用若ハ費消ノ承諾ヲ與ヘタル場合ニ於テハ其ノ負擔シタル義務又ハ其ノ使用シ若ハ費消シタル利益）、其ノ用途ノ大要、支出先、支出年月日及支出者ノ氏名ヲ記載シタル精算書ヲ作成スヘシ

第五十九條　演說又ハ推薦狀ニ依ル選擧運動ノ費用ニシテ議員候補者、選擧事務長、選擧委員又ハ選擧事務員ニ非サル者カ議員候補者又ハ選擧事務長ト意思ヲ通シテ支出シタルモノニ付テハ選擧事務長ハ其ノ都度遲滯ナク議員候補者又ハ支出者ニ就キ前條ノ例ニ依リ精算書ヲ作成スヘシ

2　前項ノ費用ニシテ議員候補者ト意思ヲ通シテ支出シタルモノニ付テハ其ノ意思ヲ通シタル都度議員候補者ハ直ニ其ノ旨ヲ選擧事務長ニ通知スヘシ

第六十條　立候補準備ノ爲ニ要シタル費用ニシテ議員候補者若ハ選擧事務長ト爲リタル者カ支出シ又ハ他人カ其ノ者ト意思ヲ通シテ支出シタルモノニ付テハ選擧事務長ハ其ノ就任後遲滯ナク議員候補者又ハ支出者ニ就キ第五十八條ノ例ニ依リ精算書ヲ作成スヘシ

第六十一條　選擧事務長ハ左ニ掲クル帳簿ヲ備フヘシ

一　承諾簿
二　評價簿
三　支出簿

第六十二條　選擧事務長選擧運動ノ費用ノ支出ノ承諾ヲ與ヘタルトキハ直ニ承諾ニ係ル金額（財産上ノ義務ノ負擔又ハ金錢以外ノ財産上ノ利益ノ使用若ハ費消ノ承諾ヲ與ヘタル場合ニ於テハ承諾ニ係ル義務又ハ利益）、其ノ用途ノ大要、承諾年月日及承諾ヲ受ケタル者ノ氏名ヲ承諾簿ニ記載スヘシ

2　選擧事務長選擧運動ノ費用ノ支出ノ承諾ヲ與ヘタル後未タ支出セラレサル費用ニ付テハ文書ヲ以テ其ノ承諾ノ取消ヲ爲スコトヲ得此ノ場合ニ於テハ其ノ旨ヲ前項ノ例ニ依リ承諾簿ニ記載スヘシ

3　選擧事務長第五十八條ノ規定ニ依リ精算書ヲ作成シタルトキハ直ニ支出總金額（財産上ノ義務ノ負擔又ハ金錢以外ノ財産上ノ利益ノ使用若ハ費消ニ付テハ其ノ種類別總額）、其ノ用途ノ大要、精算年月日及承諾ヲ受ケタル者ノ氏名ヲ承諾簿ニ記載スヘシ

第六十三條　左ニ掲クル場合ニ於テハ選擧事務長ハ直ニ財産上ノ義務又ハ金錢以外ノ財産上ノ利益ヲ時價ニ見積リタル金額、其ノ用途ノ大要、支出先、支出年月日及見積リノ詳細ナル根據ヲ評價簿ニ記載スヘシ

一　選擧事務長選擧運動ノ費用トシテ財産上ノ義務ヲ負擔シ又ハ金錢以外ノ財産上ノ利益ヲ使用シ若ハ費消シタルトキ

二　選擧事務長第五十九條第一項又ハ第六十條ノ規定ニ依リ財産上ノ義務ノ負擔又

ハ金錢以外ノ財産上ノ利益ノ使用若ハ費消ニ關スル精算書ヲ作成シタルトキ
三　選擧事務長前條ノ規定ニ依リ財産上ノ義務ノ負擔又ハ金錢以外ノ財産上ノ利益ノ使用若ハ費消ニ關スル承諾簿ノ記載ヲ爲シタルトキ

第六十四條　左ニ掲クル場合ニ於テハ選擧事務長ハ直ニ支出金額、其ノ用途ノ大要、支出先及支出年月日ヲ支出簿ニ記載スヘシ
一　選擧事務長金錢ヲ以テ選擧運動ノ費用ノ支出ヲ爲シタルトキ
二　選擧事務長第五十九條第一項又ハ第六十條ノ規定ニ依リ金錢ノ支出ニ關スル精算書ヲ作成シタルトキ
三　選擧事務長第六十二條第三項ノ規定ニ依リ金錢ノ支出ニ關スル承諾簿ノ記載ヲ爲シタルトキ
四　選擧事務長前條ノ規定ニ依リ評價簿ノ記載ヲ爲シタルトキ

第六十五條　衆議院議員選擧法第百九條ノ規定ニ依リ事務ノ引繼ヲ爲ス場合ニ於テハ第六十六條ニ定ムル精算届書ノ様式ニ準シ選擧運動ノ費用ノ計算書ヲ作成シテ引繼ヲ爲ス者及引繼ヲ受クル者ニ於テ之ニ引繼ノ旨及引繼年月日ヲ記載シ共ニ署名捺印シ第六十八條ニ定ムル帳簿及書類ト共ニ共ノ引繼ヲ爲スヘシ

第六十六條　衆議院議員選擧法第百六條第一項ノ規定ニ依ル選擧運動ノ費用ノ精算ノ屆出ハ文書ヲ以テ之ヲ爲シ內務大臣ノ定ムル精算屆書ノ樣式ニ依ルヘシ

第六十七條　選擧運動ノ費用ノ支出ヲ爲シタルトキハ其ノ都度領收書其ノ他ノ支出ヲ證スヘキ書面ヲ徵スヘシ但シ之ヲ徵シ難キ事情アルトキ又ハ一口五圓未滿ノ支出ヲ

爲シタルトキハ此ノ限ニ在ラス

第六十八條 衆議院議員選擧法第百七條第二項ノ規定ニ依リ帳簿及書類ノ種類ヲ定ムルコト左ノ如シ

一 第五十八條乃至第六十條ノ精算書

二 第六十一條ニ掲クル帳簿

三 第六十五條ノ計算書

四 前條ノ領收書其ノ他ノ支出ヲ證スヘキ書面

第十二章 公立學校等ノ設備ノ使用

第七十六條 衆議院議員選擧法第百四十條第二項ノ營造物ノ設備ハ左ニ掲クルモノニシテ道府縣、市町村、市町村組合、町村組合、商業會議所又ハ農會ノ管理ニ屬スルモノニ限ル

一 公會堂

二 議事堂

三 前各號ノ外地方長官ノ指定シタル營造物ノ設備

2 議事堂ニシテ國又ハ公共團體ノ他ノ營造物ノ設備ト同一ノ建物內ニ在リ又ハ之ニ接續シ若ハ近接シ其ノ使用ニ依リ國又ハ公共團體ノ事務ニ著シキ支障アリト認ムルモノニ付テハ地方長官ハ豫メ之ヲ指定シ其ノ使用ヲ制限シ又ハ禁止スルコトヲ得

3 前二項ノ指定ヲ爲シタルトキハ地方長官ハ直ニ之ヲ告示スヘシ

第七十七條 公立學校及前條ノ營造物ノ設備ノ使用ハ選擧事務長ノ選任ヲ爲シタル議

員候補者又ハ推薦屆出者ニ限リ之ヲ申請スルコトヲ得

2 第七十四條第二項ノ規定ハ前項ノ申請ニ之ヲ準用ス

第七十八條　公立學校ヲ使用セムトスルトキハ其ノ使用スヘキ學校ノ設備及日時ヲ記載シタル文書ヲ以テ當該公立學校管理者ニ之ヲ申請スヘシ

2 同一議員候補者ノ爲二回以上同一公立學校ヲ使用セムトスルトキハ先ノ申請ニ對シ許可セラレタル使用ノ日ヲ經過シタル後ニ非サレハ更ニ申請ヲ爲スコトヲ得ス

第七十九條　同一公立學校ヲ同一日時ニ使用スヘキ二以上ノ申請アリタルトキハ公立學校管理者ハ先ニ到達シタル申請書ノ申請ニ對シ、其ノ到達同時ナルトキハ既ニ使用ヲ許可セラレタル度數ノ少キ議員候補者ノ爲ノ申請ニ對シ其ノ使用ヲ許可スヘシ其ノ度數モ亦同シキトキハ申請者又ハ其ノ代人立會ノ上抽籤ニ依リ其ノ使用ヲ許可スヘキ者ヲ決定スヘシ

第八十條　第七十八條ノ規定ニ依ル申請書ノ到達アリタルトキハ公立學校管理者ハ當該公立學校長ノ意見ヲ徵シテ其ノ許否ヲ決定シ到達ノ日ヨリ二日以内ニ申請者又ハ其ノ代人及當該公立學校長ニ通知スヘシ

第八十一條　公立學校ノ使用ノ許可ハ左ノ各號ノ規定ニ依ル

一　公立學校長ニ於テ學校ノ授業又ハ諸行事ニ支障アリト認ムル場合ニ於テハ其ノ使用ヲ許可スルコトヲ得ス

二　職員室、事務室、宿直室、器械室、標本室其ノ他公立學校長ニ於テ著シキ支障アリト認ムル設備ニ付テハ其ノ使用ヲ許可スルコトヲ得ス

三　使用ヲ許可スヘキ期間ハ選擧ノ期日ノ公布又ハ告示アリタル日ヨリ選擧ノ期日ノ前日迄トス
四　使用ノ時間ハ一回ニ付五時間ヲ超ユルコトヲ得ス
第八十二條　道廳府縣立學校管理者タル地方長官ハ前四條ニ規定スル管理者ノ權限ヲ學校長ニ委任スルコトヲ得
2　地方長官前項ノ委任ヲ爲シタルトキハ直ニ之ヲ告示スヘシ
第八十三條　前五條ノ規定ハ第七十六條ノ營造物ノ設備ノ使用ニ之ヲ準用ス但シ公立學校長ニ該當スル者ナキ場合ニ於テハ第八十一條中公立學校長トアルハ管理者トス
第八十四條　第七十六條ノ營造物ノ設備ノ使用ニ付一般ニ使用ニ關スル料金徴收ノ定アルモノニ關シテハ其ノ料金ヲ徴收スルコトヲ妨ケス
第八十五條　公立學校又ハ第七十六條ノ營造物ノ設備ノ使用ノ準備及其ノ後片付等ニ要スル費用ハ使用ノ許可ヲ受ケタル者ノ負擔トス
2　公立學校又ハ第七十六條ノ營造物ノ設備ノ使用ニ因リ其ノ設備ヲ損傷シタルトキハ使用ノ許可ヲ受ケタル者ニ於テ之ヲ賠償シ又ハ原狀ニ復スヘシ
第八十六條　地方長官ハ公立學校又ハ第七十六條ノ營造物ノ設備ノ管理者カ本章ノ規定ニ違反シテ又ハ不當ニ使用ノ許可ヲ爲シ又ハ爲サザルトキハ使用ノ許可ヲ取消シ又ハ使用ノ許可ヲ爲スコトヲ得
第八十七條　地方長官ハ選擧運動ノ爲ニスル公立學校又ハ第七十六條ノ營造物ノ設備ノ使用ニ關シ本章ニ定ムルモノノ外必要ナル規定ヲ設クルコトヲ得

◎地方議會議員ノ選擧運動ノ爲ニスル文書圖畫ニ關スル件

(大正十五年六月二十四日内務省令第二十一號)

改正(昭和二年十月八日内務省令第四十二號、四年二月十九日同第四號)

北海道會法第十四條、府縣制第三十九條、市制第三十九條ノ二、町村制第三十六條ノ二竝北海道一級町村制第一條及北海道二級町村制第四十七條ニ依リ選擧運動ノ爲頒布シ又ハ掲示スル文書圖畫ノ制限ニ關スル件左ノ通定ム

北海道會、府縣會、市會(市制第六條ノ市ノ區ノ區會ヲ含ム)、町村會竝北海道一級町村及北海道二級町村ノ町村會ノ議員ノ選擧ニ付テハ大正十五年内務省令第五號選擧運動ノ爲ニスル文書圖畫ニ關スル件ヲ準用ス但シ同令第三條中百五十箇トアルハ左ノ各號ニ依ル (昭和二年内務省令第四十二號改正)

一　北海道會議員、府縣會議員及市制第三十九條ノ二ノ市(又ハ區)ノ市會議員(又ハ區會議員)ノ選擧ニ付テハ四十五箇 (昭和四年内務省令第四號本項改正)

二　前號ノ市(又ハ區)以外ノ市(又ハ區)ノ市會議員(又ハ區會議員)、町村會議員竝北海道一級町村及北海道二級町村ノ町村會議員ノ選擧ニ付テハ十五箇 (同上)

附　則

本令ハ次ノ總選擧ヨリ之ヲ施行ス

本令施行ノ際大正十五年内務省令第五號選擧運動ノ爲ニスル文書圖畫ニ關スル件未ダ施行セラレザル場合ニ於テハ本令ノ適用ニ付テハ同令ハ既ニ施行セラレタルモノト看做ス

附　則 (昭和四年二月内務省令第四號)

本令ハ昭和四年三月十日以後ニ於テ行フ選擧ニ關スルモノヨリ之ヲ適用ス

◉選擧運動ノ爲ニスル文書圖畫ニ關スル件（大正十五年二月三日 内務省令第五號）

改正（昭和四年二月十九日内務省令第三號、五年一月二十三日同第四號、六年八月十二日同第二十四號）

大正十四年法律第四十七號衆議院議員選擧法第百條ニ依リ選擧運動ノ爲頒布シ又ハ揭示スル文書圖畫ノ制限ニ關スル件左ノ通定ム

第一條 選擧運動ノ爲文書圖畫（信書ヲ除ク以下之ニ同シ）ヲ頒布シ又ハ揭示スル者ハ表面ニ其ノ氏名及住居ヲ記載スヘシ但シ名刺及選擧事務所ニ揭示スルモノニ付テハ此ノ限ニ在ラス

第一條ノ二 選擧運動ノ爲ニスル文書圖畫ハ郵便又ハ新聞紙ノ廣告ニ依ルノ外之ヲ頒布スルコトヲ得ス（昭和五年一月内務省令第四號新設）

2 選擧運動ノ爲ニスル文書圖畫ハ立札、看板ノ類ヲ除クノ外之ヲ貼付シ又ハ揭示スルコトヲ得ス

3 演說會ノ告知ノ爲使用スル文書ハ前二項ノ規定ニ拘ラス之ヲ頒布シ又ハ貼付シ若ハ揭示スルコトヲ得但シ航空機ニ依リ之ヲ頒布スルコトヲ得ス

第二條 演說會ノ告知ノ爲使用スル文書ハ二度刷又ハ二色以下トシ演說會ノ日時及場所、演題竝出演者ヲ記載シタルモノニ限リ引札ニ在リテハ長一尺幅七寸、張札ニ在リテハ長三尺一寸幅二尺一寸ヲ超ユルコトヲ得ス（同上改正）

2 選擧運動ノ爲使用スル名刺ノ用紙ハ白色ノモノニ限ル

第二條ノ二 演說會ノ告知ノ爲使用スル張札ノ數ハ左ノ各號ノ制限ヲ超ユルコトヲ得

ス（同上新設）

一　衆議院議員選擧法第六十七條第一項乃至第三項ノ屆出アリタル後議員候補者、選擧事務長、選擧委員又ハ選擧事務員カ開催スル演說會ノ爲使用スル張札及議員候補者、選擧事務長、選擧委員又ハ選擧事務員ニ非サル者カ議員候補者又ハ選擧事務長ト意思ヲ通シテ開催スル演說會ノ爲使用スル張札ニ付テハ議員候補者一人ニ付通シテ三千枚（昭和六年八月內務省令第二十四號改正）

二　衆議院議員選擧法第六十七條第一項乃至第三項ノ屆出アリタル後議員候補者、選擧事務長、選擧委員又ハ選擧事務員ニ非サル者カ議員候補者又ハ選擧事務長ト意思ヲ通セスシテ開催スル演說會ノ爲使用スル張札ニ付テハ演說會一箇所ニ付三十枚（同上改正）

三　衆議院議員選擧法第六十七條第一項乃至第三項ノ屆出前ニ於テ開催セラルル演說會ノ爲使用スル張札ニ付テハ演說會一箇所ニ付三十枚（同上追加）

第二條ノ三　演說會ノ爲ニスル張札ニシテ演說會場內ニ於テ使用スルモノニ付テハ前二條ノ規定ヲ適用セス（昭和五年一月內務省令第四號新設）

第二條ノ四　演說會ノ告知ノ爲使用スル張札ニハ第二條ノ二第一號ニ規定スル張札ニ付テハ衆議院議員選擧法第八十八條第五項ノ屆出アリタル警察署、第二條ノ二第二號又ハ第三號ニ規定スル張札ニ付テハ演說會場所在地所轄ノ警察署ノ檢印ヲ受クヘシ（同上新設、昭和六年八月內務省令第二十四號改正）

第三條　選擧運動ノ爲使用スル立札、看板ノ類ハ議員候補者一人ニ付通シテ百五十箇

以内トシ白色ニ黒色ヲ用ヒタルモノニ限リ且縦九尺横二尺ヲ超ユルコトヲ得ス（昭和四年内務省令第三號改正）

第四條 選擧運動ノ爲使用スル立札、看板ノ類ハ選擧事務所ヲ設ケタル場所ノ入口ヨリ一町以内ノ區域ニ於テハ選擧事務所一箇所ニ付通シテ二箇ヲ超ユルコトヲ得ス

第五條 選擧運動ノ爲ニスル文書圖畫ハ選擧ノ當日ニ限リ投票所ヲ設ケタル場所ノ入口ヨリ三町以内ノ區域ニ於テ之ヲ掲示シ又ハ郵便若ハ新聞紙ノ廣告（新聞紙ニ折込ミ頒布スル場合ヲ含ム）ニ依ルノ外之ヲ頒布スルコトヲ得ス（昭和五年一月内務省令第四號改正）

第六條 削除（昭和五年一月内務省令第四號）

第七條 選擧運動ノ爲ニスル張札、立札、看板ノ類ハ承諾ヲ得スシテ他人ノ土地又ハ工作物ニ之ヲ掲示スルコトヲ得ス（昭和五年一月内務省令第四號改正）

附　則

本令ハ次ノ總選擧ヨリ之ヲ施行ス

附　則（昭和四年二月内務省令第三號）

本令ハ公布ノ日ヨリ之ヲ施行ス

附　則（昭和五年一月内務省令第四號）

本令ハ公布ノ日ヨリ之ヲ施行ス

附　則（昭和六年八月内務省令第二十四號）

本令ハ公布ノ日ヨリ之ヲ施行ス

㊆衆議院議員選擧法ノ疑義ニ關スル件通牒（昭和六年七月二十四日高發乙第一六號警保局長）

法第九十六條ノ解釋ニ關シテハ昭和二年八月三十日附警保局保甲第六十五號ヲ以テ立候補ノ屆出以前ニ於テハ立候補準備ノ爲必要ナル行動ヲ除クノ外選擧運動ヲ爲スコトヲ得ザル旨ノ通牒致置候從テ同條但書ニ所謂演說又ハ推薦狀ニ依ル選擧運動モ亦立候補ノ屆出以前ニ於テハ之ヲ爲スコトヲ得ズトノ解釋ニ有之候處其ノ後昭和五年七月十九日大審院ガ同年(れ)第七〇八號事件ニ付言渡タル判決ニ於テ演說又ハ推薦狀ニ依ル選擧運動ハ立候補屆出ノ前後ヲ問ハズ許容セラレタルモノナリト判示シタル結果法第九十六條但書ニ所謂演說又ハ推薦狀ニ依ル選擧運動ハ立候補屆出前ニ於テ之ヲ爲スモ違法ニ非ザルモノト相成候條爾今判例ノ趣旨ニ基キ御處理相成樣致度

追テ右ハ司法省ト合議濟ニ付爲念

㊇衆議院議員選擧法ノ解釋ニ關スル件通牒（昭和六年八月一日警保局高發甲第五號警保局長）

立候補屆出前ニ於ケル演說又ハ推薦狀ニ依ル選擧運動ノ取締ニ關シ左記ノ如ク解釋決定致候條右御了知相成度

追テ右ハ司法省ト合議濟ニ付爲念

記

一　議員候補者タラントスル者カ立候補屆出前ニ於テ自ラ演說ニ依ル選擧運動ヲ爲シ又ハ自己推薦ノ推薦狀ヲ出ス行爲ハ孰レモ法第九十六條但書ニ所謂演說又ハ推薦狀ニ依ル選擧運動ニ包含セラルヘキモノト解ス

二　議員候補者若ハ選擧事務長ト爲リタル者カ立候補屆出前ニ於テ演說若ハ推薦狀ニ依ル選擧運動ノ爲支出シタル費用及他人カ其ノ者ト意思ヲ通シテ立候補屆出前ニ於テ演說若ハ推薦狀ニ依ル選擧運動ノ爲支出シタル費用ハ孰レモ法第百一條第一項若ハ法第百四條第五號ニ所謂立候補準備ノ爲ニ要シタル費用ニ包含セラルルモノト解シ之ヲ當該候補者ノ選擧運動費用中ニ加算スヘキモノトス從テ選擧事務長ハ其ノ就任後遲滯ナク衆議院議員選擧法施行令第六十條ノ規定ニ準據シテ議員候補者又ハ支出者ニ就キ右費用ノ精算書ヲ作成スルコトヲ要スルモノトス

◉衆議院議員選擧法第百四十四條ノ二第三項（府縣制第百四十五條第二項）ノ規定ニ依ル町村ノ屬スベキ區域指定ノ件（昭和七年四月一日内務省告示第五十九號）

岡山縣御津郡ト吉備郡トノ境界ニ渉リテ設置アリタル津賀村ハ衆議院議員選擧法ノ適用ニ付テハ昭和七年四月一日以後岡山縣御津郡ニ屬スルモノトス

◉同　件（昭和八年四月十七日内務省告示第百八號）

大分縣速見郡ト東國東郡トノ境界ニ渉リテ設置アリタル杵築町ハ衆議院議員選擧法ノ適用ニ付テハ大分縣速見郡ニ屬スルモノトス

◉同　件（昭和八年四月十七日内務省告示第百九號）

大分縣速見郡ト東國東郡トノ境界ニ渉リテ設置アリタル杵築町ハ府縣制ノ適用ニ付テハ從前大分縣速見郡長ノ管轄シタル區域ニ屬スルモノトス

◉入寄留者犯罪人名簿整備方

（昭和二年一月二十九日内務省訓令第三號）

市町村長（市制第六條及第八十二條第三項ノ市ニ在リテハ區長、市制町村制ヲ施行セサル地ニ在リテハ市町村長ニ準スヘキ者以下同シ）ヲシテ他ノ市町村長ノ通知ニ依リ大正六年四月内務省訓令第一號ニ準シ入寄留者犯罪人名簿ヲ整備セシムヘシ
出寄留者アルトキハ本籍地ノ市町村長ヲシテ入寄留地ノ市町村長ニ寄留者ノ犯罪事項ヲ遲滯ナク通知セシムヘシ

◉本籍人犯罪人名簿整備方

（大正六年四月十二日内務省訓令第一號）

市町村長（市制第六條及第八十二條第三項ノ市ニ在リテハ區長、市制町村制ヲ施行セサル地ニ在リテハ市町村長ニ準スヘキ者以下同シ）ヲシテ裁判所檢事局、軍法會議又ハ他ノ市町村長ノ通知ニ依リテ本籍人ノ犯罪人名簿ヲ整備セシムヘシ但シ裁判所檢事局、軍法會議又ハ市町村長ノ通知書ヲ編綴シテ犯罪人名簿ニ代用セシムルモ妨ケナシ
本籍ヲ他ノ市町村長ノ管轄内ニ轉シタル者アルトキハ除籍地ノ市町村長ヲシテ入籍地ノ市町村長ニ轉籍者ノ刑罰（拘留、科料ヲ除ク）、身代限、破產、家資分散、兵役、種痘ニ關スル事項ヲ遲滯ナク通知セシムヘシ

◉禁治產及破產者名簿整備方

（昭和二年一月二十九日内務省訓令第四號）

市町村長（市制第六條及第八十二條第三項ノ市ニ在リテハ區長、市制町村制ヲ施行セサル地ニ在リテハ市町村長ニ準スヘキ者以下同シ）ヲシテ裁判所ノ公告又ハ他ノ市町村長ノ通知ニ依リ本籍人及入寄留者ニ付各別ニ禁治産者、準禁治産者名簿及破産者名簿ヲ整備セシムヘシ
轉籍者又ハ出寄留者アルトキハ原籍地又ハ本籍地ノ市町村長ヲシテ新本籍地又ハ入寄留地ノ市町村長ニ當該者ノ禁治産又ハ準禁治産若ハ破産ニ關スル事項ヲ遲滯ナク通知セシムヘシ

◉道府縣會議員ノ選擧權及被選擧權竝市町村會議員ノ公民權ニ關スル件（大正十五年四月八日法律第五十六號）

本法公布前ノ調製期日ニ依リ調製セラレタル最近ノ北海道會議員又ハ府縣會議員ノ選擧人名簿ニ登錄セラレタル者ハ次ノ總選擧ニ至ル迄ノ間納稅要件ヲ闕クニ至リタル場合ト雖之カ爲其ノ選擧權及被選擧權ヲ失フコトナシ本法公布後次ノ總選擧ニ至ル迄ノ間ニ調製セラルル選擧人名簿ニ登錄セラレタル者亦同シ
本法公布ノ際現ニ北海道會議員、府縣會議員又ハ市町村會議員ノ職ニ在ル者ハ其ノ任期ヲ終ル迄ノ間被選擧權又ハ公民權ノ納稅要件ヲ闕クニ至リタルカ爲其ノ職ヲ失フコトナシ本法公布後次ノ總選擧ニ至ル迄ノ間ニ其ノ職ニ在ルニ至リタル者亦同シ

附　則

本法ハ公布ノ日ヨリ之ヲ施行ス

●市制町村制ニ關スル件（大正十五年十月二十日崎地第七一號地方局長通牒）

市制第九條第一項第六號及町村制第七條第一項第六號ニ所謂「刑期」トハ刑ノ言渡シニ依ル刑期ヲ指スモノナリヤ又ハ刑ノ執行ヲ受ケタル期間ヲ指スモノナリヤ解釋上疑義ニ亘リ候條至急何分ノ御指示相煩度候（長崎縣知事照會）

標記ノ件九月六日一五地第一二〇六號ヲ以テ御照會相成候處右ハ前段御見込ノ通ト存候但シ左ノ場合ニ於テハ變更セラレタル刑期ニ依ル義ト御了知相成度

記

一　勅令ニ依ル減刑ニシテ刑ヲ變更セラレタル場合（恩赦令第七條第一項）

二　特定ノ者ニ對スル減刑ニシテ刑ヲ變更セラレタル場合（恩赦令第七條第二項但書）

●選擧人名簿ノ調製ニ關スル件（大正十五年十二月二十日遞地第八號内務次官通牒）

衆議院議員其ノ他地方議會議員ノ選擧人名簿ニ就テハ夫々省令ヲ以テ之カ樣式ヲ定メラレ候處右名簿中住居又ハ住所欄ニハ番地ノ内更ニ細別ノ記號番號アルモノハ爾今適宜其ノ記號番號ヲモ併記スル樣致度ト存候條可然御措置相成度

(參)市町村會議員選擧ノ件（昭和四年十月四日發地第七三號地方、警保局長依命通牒）

標記ノ件ニ關シテハ大正十五年十月二十五日地發乙第二〇三號ヲ以テ依命通牒致置候處右ハ將來其ノ年行ヒタル選擧ノ結果ヲ別表ニ依リ毎年十二月末日現在ニ依リ取調翌年一月末日限當省ヘ到達候樣御報告相成度

追テ昭和四年ノ選擧ノ結果ハ既ニ報告セラレタルモノニ付テモ併セテ調査ノ上御報告相成度申添候

第一號表

市町村會議員選擧人調

種別	總數	同上ノ内 選擧ヲ行ヒタルモノ	同上ノ内 未ダ選擧ヲ行ハザルモノ	選擧人數 舊	選擧人數 新	選擧人增加數	同上增加割合
市							
町村							
計							

備考

一　本表中「舊」トアル欄ニハ大正十五年改正セラレタル市制町村制ノ規定ニ依ル總選擧ノ

直前ニ於テ改正前ノ市制町村制ノ規定ニ依リ爲シタル總選擧ヲ又「新」トアル欄ニハ同年以後改正セラレタル市制町村制ノ規定ニ依リ初メテ行フ總選擧ヲ云フ

第二號表

投票ニ關スル調

種別	選擧人數		投票セシ者						投票セザリシ者		同上選擧人總數ニ對スル割合	
			有效		無效		計					
	舊	新	舊	新	舊	新	舊	新	舊	新	舊	新
市												
町村												
計												

備考

一　第一號表備考ノ通

第三號表

候補者數及落選者等ニ關スル調

種別	議員定數		候補者數		落選者中法定得票數ニ達セザル者		同上ノ内得票數法定數ニ達セズ供託金ガ市ニ歸屬シタル者ノ數
	舊	新	舊	新	舊	新	
市							
町村							
計							

備考

一　第一號表備考ノ通

第四號表

特異ノ階級ヲ背景トセル當選者ニ關スル調

種別	議員定數	候補者總數	小作人ノ團體ヲ背景トセルモノ		勞働者ノ團體ヲ背景トセルモノ		何々	
			候補者數	當選者數	候補者數	當選者數	候補者數	當選者數
市								
町村								
計								

◎市町村長、助役、收入役及副收入役ノ就職ニ關スル件（大正十五年九月二十三日地發乙第一九〇號地方局長通牒）

市町村長、助役、收入役及副收入役ハ承諾ノ日ヨリ就職スルモノトシ之カ任期ヲ計算スヘキ旨本月二十一日附發地第六八號ヲ以テ及通牒置候ニ付テハ將來就職ノ諾否ハ文書ヲ以テ之ヲ表示セシムルコトトシ就職ニ關シ行違ヲ生スルカ如キコト無之樣御指示相成度

◎市町村長、助役、收入役及副收入役ノ任期起算ニ關スル件（大正十五年九月二十一日發地第六八號地方局長通牒）

市町村長、助役、收入役及副收入役ノ就職ニ關スル裁可又ハ認可廢止後就職スル市町村長、助役、收入役及副收入役ノ任期ハ就職承諾ノ日ヨリ起算スルモノト解スヘキ義ニ有之爲念

追而現任者ノ任期中ニ後任者ヲ選擧シ當選人ニ於テ其ノ就職承諾ヲ爲シタル場合ニ於テハ現任者ノ任期滿了ノ翌日就職スル義ニ有之爲念申添候

◉國稅徵收法（明治三十年三月二十九日法律第二十一號）抄

改正（明治三十五年同第三十六號、三十八年同第四十六號、四十四年同第三十七號、大正三年同第十二號、昭和六年三月同第十六號）

第三章　滯納處分

第十條　左ノ場合ニ於テハ收稅官吏ハ納稅者ノ財產ヲ差押フヘシ

一　納稅者督促ヲ受ケ其ノ指定ノ期限マテニ督促手數料、延滯金及稅金ヲ完納セサルトキ

二　第四條ノ一第一號及第七號ノ場合ニ於テ納稅者納期ノ到ラサル國稅納付ノ告知ヲ受ケ稅金ヲ完納セサルトキ

第十一條　收稅官吏滯納處分ノ爲財產ノ差押ヲ爲ストキハ其ノ命令ヲ受ケタル官吏タルノ證票ヲ示スヘシ

第十二條　差押フヘキ財產ノ價格ニシテ督促手數料、延滯金、滯納處分費及第三條ニ依リ控除スヘキ債務額ニ充テ殘餘ヲ得ル見込ナキトキハ滯納處分ノ執行ヲ止ム

（參照）第三條　納稅人ノ財產上ニ質權又ハ抵當權ヲ有スル者其ノ質權又ハ抵當權ノ設定カ國稅ノ納期限ヨリ一箇年前ニ在ルコトヲ公正證書ヲ以テ證明シタルトキハ該物件ノ價額ヲ限トシ其ノ債權ニ對シテ國稅ヲ先取セサルモノトス

第十三條　收稅官吏滯納者ノ財產ヲ差押フルニ當リ質權ノ設定セラレタル物件アルトキハ質權設定時期ノ如何ニ拘ラス其ノ質權者ハ質物ヲ收稅官吏ニ引渡スヘシ

第十四條　收稅官吏財產ノ差押ヲ爲シタル場合ニ於テ第三者其ノ財產ニ就キ所有權ヲ主張シ取戾ヲ請求セムトスルトキハ賣却決行ノ五日前マテニ所有者タルノ證憑ヲ具

ヘテ收稅官吏ニ申出ヘシ

第十五條　滯納處分ヲ執行スルニ當リ滯納者財產ノ差押ヲ免ルル爲故意ニ其ノ財產ヲ讓渡シ讓受人其ノ情ヲ知リ讓受ケタル場合ニ於テ政府ハ其ノ行爲ノ取消ヲ求ムルコトヲ得

第十六條　左ニ揭クル物件ハ之ヲ差押フルコトヲ得ス

一　滯納者及其ノ同居ノ家族ノ生活上缺クヘカラサル衣服、寢具、家具及廚具

二　滯納者及其ノ同居家族ニ必要ナル一箇月間ノ食料及薪炭

三　實印其ノ他職業ニ必要ナル印

四　祭祀禮拜ニ必要ナリト認ムル物及石碑、墓地

五　系譜其ノ他滯納者ノ家ニ必要ナル日記書付類

六　職務上必要ナル制服、祭服、法衣

七　勳章其ノ他名譽ノ章票

八　滯納者及其ノ同居家族ノ修學上必要ナル書籍器具

九　發明又ハ著作ニ係ル物ニシテ未タ公ニセサルモノ

第十七條　左ニ揭クル物件ハ他ニ督促手數料、延滯金、滯納處分費及稅金ヲ償フニ足ルヘキ物件ヲ提供スルトキハ滯納者ノ選擇ニ依リ差押ヲ爲ササルモノトス

一　農業ニ必要要ナル器具、種子、肥料及牛馬竝其ノ飼料

二　職業ニ必要ナル器具及材料

第十八條　差押ノ效力ハ差押物ヨリ生スル天然及法定ノ果實ニ及フモノトス

第十九條　滯納處分ハ裁判上ノ假差押又ハ假處分ノ爲ニ其ノ執行ヲ妨ケラルルコトナシ

第二十條　收稅官吏財產ノ差押ヲ爲ストキハ滯納者ノ家屋、倉庫及筐匣ヲ搜索シ又ハ閉鎖シタル戸扉、筐匣ヲ開カシメ若ハ自ラ之ヲ開クコトヲ得滯納者ノ財產ヲ占有スル第三者其ノ財產ノ引渡ヲ拒ミタルトキ亦同シ

2 第三者ノ家屋、倉庫及筐匣ニ滯納者ノ財產ヲ藏匿スルノ疑アルトキハ收稅官吏ハ前項ニ準シ處分スルコトヲ得

3 前二項ニ依リ家屋、倉庫又ハ筐匣ヲ搜索スルハ日出ヨリ日沒マテニ限ル

第二十一條　收稅官吏前條ノ處分ヲ爲ストキハ滯納者若ハ前條ニ揭ケタル第三者又ハ其ノ家族雇人ヲシテ立會ハシムヘシ若シ立會フヘキ者不在ナルトキ又ハ立會ニ應セサルトキハ成丁者二人以上又ハ市町村吏員市制町村制ヲ施行セサル地ニ在リテハ區戸長及其ノ附屬吏員若ハ警察官吏ヲ證人トシテ立會ハシムヘシ

第二十二條　動產及有價證券ノ差押ハ收稅官吏占有シテ之ヲ爲ス但シ差押物件運搬ヲ爲スニ困難ナルトキハ市町村長、滯納者又ハ第三者ヲシテ保管ヲ爲サシムルコトヲ得此ノ場合ニ於テハ封印其ノ他ノ方法ヲ以テ差押ヲ明白ニスヘシ

2 差押物件ノ保管證ニ關シテハ印紙稅ヲ納ムルコトヲ要セス

第二十三條ノ一　債權ノ差押ヲ爲ストキハ收稅官吏ハ之ヲ債務者ニ通知スヘシ

2 前項ノ通知ヲ爲シタルトキハ政府ハ督促手數料、延滯金、滯納處分費及稅金額ヲ限度トシテ債權者ニ代位ス

第二十三條ノ二　債權及所有權以外ノ財產權ノ差押ヲ爲ストキハ收稅官吏ハ之ヲ其ノ權利者ニ通知スヘシ

2 前項ノ財產權ニシテ其ノ移轉ニ付登記又ハ登錄ヲ要スルモノニ在リテハ差押ノ登記

又ハ登錄ヲ關係官廳ニ囑託スヘシ其ノ抹消又ハ變更ニ付テモ亦同シ

第二十三條ノ三　不動產又ハ船舶ヲ差押ヘタルトキハ收稅官吏ハ差押ノ登記ヲ所轄登記所ニ囑託スヘシ其ノ抹消又ハ變更ノ登記ニ付テモ亦同シ

2　差押ノ爲不動產ヲ分割又ハ區分シタルトキハ收稅官吏ハ分割又ハ區分ノ登記ヲ所轄登記所ニ囑託スヘシ其ノ合併又ハ變更ノ登記ニ付テモ亦同シ

第二十三條ノ四　差押ノ解除ニ關シテハ登錄稅ヲ納ムルコトヲ要セス

第二十四條　差押ヘタル動產、有價證券、不動產及第二十三條ノ一ニ依リ收稅官吏カ第三債務者ヨリ給付ヲ受ケタル物件ハ通貨ヲ除クノ外公賣ニ付ス公賣ノ手續ハ勅令ヲ以テ之ヲ定ム

2　公賣ニ付スルモ買受人ナキカ又ハ其ノ價格見積價格ニ達セサルトキハ其ノ見積價格ヲ以テ政府ニ買上クルコトヲ得

3　債權及所有權以外ノ財產權ニ付テハ前二項ノ規定ヲ準用ス

第二十五條　見積價格僅少ニシテ其ノ公賣費用ヲ償フニ足ラサル物件ハ隨意契約ヲ以テ之ヲ賣却スルコトヲ得

第二十六條　滯納者及賣却ヲ爲ス地方ノ稅務ニ關スル官吏、公吏、雇員ハ直接ト間接トヲ問ハス其ノ賣却物件ヲ買受クルコトヲ得ス

第二十七條　滯納處分費ハ財產ノ差押、保管、運搬、公賣ニ關スル費用及通信費トス

第二十八條　物件ノ賣却代金、差押ヘタル通貨及第二十三條ノ一ニ依リ第三債務者ヨリ給付ヲ受ケタル通貨ハ督促手數料、延滯金、滯納處分費及稅金ニ充テ尙殘餘アルトキハ之ヲ滯納者ニ交付ス

2 賣却シタル物件質權、抵當權ノ目的物タルトキハ其ノ代金ヨリ先ツ督促手數料、延滯金、滯納處分費及稅金ヲ控除シ次ニ其ノ債務額ニ充ツルマテヲ債權者ニ交付シ尙殘餘アルトキハ之ヲ滯納者ニ交付ス但シ第三條ニ揭ケタル質權、抵當權ノ目的タル物件ニ關シテハ其ノ代金ヨリ先ツ督促手數料、延滯金、滯納處分費ヲ徵シ次ニ其ノ債務額ニ充ツルマテヲ債權者ニ交付シ次ニ稅金ヲ控除シ尙殘餘アルトキハ之ヲ滯納者ニ交付ス

3 賣却シタル物件抵當證券ヲ發行シタル抵當權ノ目的物ニシテ第三條ノ證明ヲ爲スヘキ抵當證券所持人分明ナラサル場合ニ於テ其ノ代金ヨリ督促手數料、延滯金及滯納處分費ヲ徵シタル殘額カ債權者ニ交付スヘキ債務額及徵收スヘキ稅金ニ充タサルトキハ其ノ抵當證券所持人ニ交付スヘキ金額ハ之ヲ保管ス此ノ場合ニ於テ債權ノ辨濟期限後四月ヲ過クルモ尙其ノ證明ヲ爲ササルトキハ其ノ保管シタル金額ヲ稅金ニ充テ尙殘餘アルトキハ之ヲ抵當證券所持人ニ交付ス物件ノ賣却後二年內ニ其ノ證明ヲ爲ササルトキ亦同シ(昭和六年三月法律第十六號追加)

第二十九條 會社ニ對シ滯納處分ヲ執行スル場合ニ於テ會社財產ヲ以テ督促手數料、延滯金、滯納處分費及稅金ニ充テ仍不足アルトキハ無限責任社員ニ就キ之ヲ處分スルコトヲ得

第三十條 此ノ法律ニ依リ債權者又ハ滯納者ニ交付スヘキ金錢ハ之ヲ供託スルコトヲ得

第三十一條 滯納處分ヲ結了シ若ハ之ヲ中止シタルトキハ納稅義務及督促手數料、延滯金、滯納處分費納付ノ義務ハ消滅ス

◉國稅徵收法施行規則（明治三十五年四月十一日勅令第百三十五號）抄

改（明治三十八年勅令第六十七號、四十四年同第二百八十二號、大正九年同第五百八十八號、十一年第百七十號、昭和六年七月十八日同第百八十八號）正

第十二條　質權又ハ抵當權ノ設定セラレタル財産ヲ差押フルトキハ收稅官吏ハ督促手數料、延滯金、滯納處分費及稅金額其ノ他必要ト認ムル事項ヲ其ノ債權者ニ通知スヘシ

2前項ノ場合ニ於テ抵當證券ヲ發行シタル抵當權ニ付其ノ證券所持人分明ナラサルトキハ債務者又ハ證券ノ讓渡人等ニ付調査シ尙分明ナラサルトキハ前項ニ依リ通知スヘキ事項ヲ公告スヘシ（昭和六年七月勅令第百八十八號改正）

3前二項ノ場合ニ於テ國稅ニ對シ先取權ヲ有スル債權者其ノ權利ヲ行使セムトスルトキハ證憑書類ヲ添ヘ其ノ事實ヲ證明スヘシ（同上追加）

第十三條　民事訴訟法ニ依リ假差押ヲ受ケタル財産ヲ差押フルトキハ之ヲ執行裁判所又ハ執達吏若ハ强制管理人ニ通知スヘシ假處分ヲ受ケタル財産ヲ差押フルトキ亦之ニ準ス

第十四條　差押フヘキ財産管轄區域外ニ在ルトキハ收稅官吏ハ其ノ財産所在地ノ收稅官吏ニ滯納處分ノ引繼ヲ爲スヘシ

第十五條　差押フヘキ財産數人ノ共有ニ係ルトキハ滯納者ニ屬スル持分ニ就キ滯納處分ヲ爲シ其ノ持分ノ定メナキモノハ持分相均キモノトシテ處分スヘシ

第十六條　收稅官吏財産ヲ差押ヘタルトキハ左ノ事項ヲ記載シタル差押調書ヲ作リ之

ニ署名捺印スヘシ
一　滞納者ノ氏名及住所若ハ居所
二　差押財産ノ名稱、數量、性質、所在其ノ他重要ナル事項
三　差押ノ事由
四　調書ヲ作リタル場所、年月日
2　國稅徵收法第二十一條ノ場合ニ於テハ收稅官吏ハ立會人ト共ニ差押調書ニ署名捺印スヘシ但シ立會人ニ於テ署名捺印ヲ拒ミ又ハ署名捺印スルコト能ハサルトキハ其ノ理由ヲ附記スヘシ
3　收稅官吏差押調書ヲ作リタルトキハ其ノ謄本ヲ滞納者及立會人ニ交付スヘシ但シ債權及所有權以外ノ財產權ノミヲ差押ヘタルトキハ此ノ限ニ在ラス

第十七條　收稅官吏財產ヲ差押ヘタル場合ニ於テ滞納者又ハ第三者ヨリ督促手數料、延滞金、滞納處分費及稅金ヲ完納シタルトキハ其ノ財產ノ差押ヲ解クヘシ

第十八條　公賣ハ入札又ハ競賣ノ方法ヲ以テ之ヲ爲スヘシ

第十九條　國稅徵收法第二十四條ニ依リ公賣ヲ爲サムトスルトキハ左ノ事項ヲ公告スヘシ
一　滞納者ノ氏名及住所若ハ居所
二　公賣財產ノ名稱、數量、性質、所在其ノ他重要ナル事項
三　入札又ハ競賣ノ場所、日時
四　開札ノ場所、日時

五　保證金ヲ徵スルトキハ其ノ金額

六　代金納付ノ期限

第二十條　財產公賣ノ場合ニ於テ必要ト認ムルトキハ加入保證金又ハ契約保證金ヲ徵スヘシ

2 加入保證金又ハ契約保證金ハ國債ヲ以テ之ニ代用スルコトヲ得

3 落札者又ハ買受人義務ヲ履行セサルトキハ其ノ保證金又ハ之ニ代用シタル國債ハ之ヲ政府ノ所得トス

第二十一條　公賣ハ財產所在ノ市區町村內ニ於テ之ヲ爲スヘシ但シ收稅官吏必要ト認ムルトキハ他ノ地方ニ於テ之ヲ爲スコトヲ得

第二十二條　公賣ハ公告ノ初日ヨリ十日ノ期間ヲ過キタル後之ヲ執行スヘシ但シ其ノ物件不相應ノ保存費ヲ要スルモノ若ハ著シク其ノ價格ヲ減損スルノ虞アルモノナルトキハ此ノ限ニ在ラス

第二十三條　財產ヲ公賣セムトスルトキハ收稅官吏ハ其ノ財產ノ價格ヲ見積リ之ヲ封書トシ公賣ノ場所ニ置クヘシ

第二十四條　賣却シタル財產ニ付滯納者ヲシテ權利移轉ノ手續ヲ爲サシムル必要アルトキハ收稅官吏ハ期限ヲ指定シ其ノ手續ヲ爲サシムヘシ

2 前項ノ期間內ニ滯納者其ノ手續ヲ爲ササルトキハ收稅官吏ハ滯納者ニ代リテ之ヲ爲スコトヲ得

第二十五條　入札ノ方法ヲ以テ公賣ニ付スル場合ニ於テ落札トナルヘキ同價ノ入札ヲ

爲シタル者二名以上アルトキハ其ノ同價ノ入札人ヲシテ追加入札ヲ爲サシメ落札者ヲ定ム追加入札ノ價格仍同キトキハ抽籤ヲ以テ落札者ヲ定ム

（改一）

第二十六條　財産ヲ公賣ニ付スルモ買受望人ナキカ又ハ其ノ價格見積價格ニ達セサルトキハ更ニ公賣ヲ爲スコトアルヘシ

第二十七條　公賣財産ノ買受人代金納付ノ期限マテニ其ノ代金ヲ完納セサルトキハ收稅官吏ハ其ノ賣買ヲ解除シ更ニ之ヲ公賣ニ付スヘシ

第二十八條　前二條ニ依リ再公賣ヲ爲ス場合ニ於テハ第二十二條ノ期間ヲ短縮スルコトヲ得

第二十九條　國稅徵收法第四條ノ一第二號乃至第六號ニ該當スル場合ニ於テハ收稅官吏ハ當該官廳、公共團體、執行裁判所、執達吏、强制管理人、破產管財人又ハ淸算人ニ督促手數料、延滯金、滯納處分費及滯納稅金ノ交付ヲ求ムヘシ但シ他ニ差押フヘキ財產アルトキハ之ヲ差押フルコトヲ妨ケス（昭和六年七月勅令第百八十八號改正）

第三十條　滯納處分ヲ結了シタルトキハ收稅官吏ハ其ノ處分ニ關スル計算書ヲ作リ之ヲ滯納者ニ交付スヘシ

2　賣却シタル財產ニ對シ質權又ハ抵當權ヲ有スル者ハ其ノ計算ニ關スル記錄ノ閲覽ヲ收稅官吏ニ求ムルコトヲ得

第三十一條　納稅告知督促及滯納處分ニ關スル公告ハ稅務署ニ之ヲ爲スヘシ但シ必要ト認ムルトキハ稅務署ノ外適當ノ場所ニ又ハ他ノ方法ヲ以テ之ヲ爲スヘシ

◉國稅徵收法施行細則（明治三十年六月二十六日大藏省令第十號）抄

改正（明治三十三年大藏省令第九號（中略）大正十一年三月同第二十八號、昭和六年七月二十五日同第二十六號）

第九條　稅務署長ハ國稅滯納者ノ財産差押ヲ命シタル收稅官吏ニ左ノ證票ヲ交付スヘシ

用紙厚紙　縱二寸五分　横一寸五分

表

第「何」號
國稅滯納者
財産差押
證票
稅務署印

裏

「何」稅務署
「官　氏　名」

第十條　收稅官吏債權ノ差押ヲ爲ストキハ債務者ニ對シ第十號書式、債權及所有權以外ノ財産權ノ差押ヲ爲ストキハ權利者ニ對シ第十一號書式ノ差押通知書ヲ發スヘシ

第十條ノ二　國稅徵收法施行規則第十二條第二項ノ公告ハ第十一號ノ二書式ニ依リ之ヲ爲スヘシ（昭和六年七月大藏省令第二十六號新設）

第十一條　國稅徵收法施行規則第十六條ノ差押調書ハ第十二號書式ニ依リ之ヲ調製スヘシ

第十二條　收稅官吏財産ヲ賣却セムトスル場合ニ其ノ價格ヲ見積リ難キモノアルトキ

（改一）

ハ適當ナル鑑定人ヲ選ミ其ノ評價ヲ爲サシムルコトヲ得

第十三條 入札ノ方法ヲ以テ財産ヲ公賣スル場合ニハ買受望人ハ其ノ住所氏名買受財産ノ種類員額及入札價額ヲ記シタル入札書ヲ封緘シテ差出スヘシ

第十四條 入札書ハ公告ニ示シタル開札ノ場所、日時ニ入札人ノ面前ニ於テ之ヲ開クモノトス但シ入札人又ハ其ノ代理人開札ノ場所ニ出席セサルトキハ其ノ立會ヲ要セスシテ開札スルコトヲ得

第十五條 競賣ノ方法ヲ以テ財産ヲ公賣スルトキハ競賣人ヲ選ミ之ヲ取扱ハシムルコトヲ得

第十六條 加入保證金又ハ契約保證金ノ割合ハ買受望人各自ノ公賣財産見積價格百分ノ五以上トシ公賣ノ時々之ヲ定ムルモノトス

第十七條 公賣財産ノ買受人又ハ競賣人ハ納付書ヲ添ヘ其ノ代金ヲ税務署長ニ納付スヘシ

第十七條ノ二 國税徴收法第二十八條ニ依リ抵當證券所持人ニ債務額ヲ交付スル場合ニ於テハ抵當證券ヲ提出セシメ左ノ取扱ヲ爲スヘシ（昭和六年七月大藏省令第二十六號新設）

一 債務額ノ全部ヲ交付シタルトキハ其ノ提出ニ係ル抵當證券ニ第十二號ノ二書式ノ通知書ヲ添付シ之ヲ證券交付登記所ニ送付スヘシ

二 前號以外ノ場合ニ於テハ其ノ提出ニ係ル抵當證券ニ第十二號ノ三書式ノ通知書ヲ添付シ之ヲ證券作成登記所ニ送付シテ其ノ記載ノ變更ヲ受ケタル後抵當證券所

持人ニ還付スヘシ此ノ場合ニ於テ共同證券ニシテ數個ノ登記所ニ於テ記載ノ變更ヲ要スルトキハ其ノ一ノ登記所ニ證券ヲ送付シ其ノ登記所ヨリ順次他ノ登記所ニ之ヲ轉送スヘキ旨ヲ囑託スルコトヲ得

第十八條　督促又ハ滯納處分ニ關シ使丁ヲ以テ書類ノ送達ヲ爲ストキハ第十三號書式ノ送達書ニ受取人ノ署名捺印ヲ求ムヘシ

第十九條　滯納處分ヲ結了シタルトキハ收稅官吏ハ第十四號書式ノ計算書ヲ調製シ之ヲ滯納者ニ交付スヘシ

第二十條　收稅官吏ハ債權者又ハ滯納者ニ交付スヘキ金錢ヲ供託シタルトキハ其ノ旨債權者又ハ滯納者ニ通知スヘシ

（書式略）

◎市町村ニ於テ徴收スヘキ國稅ノ件（明治三十年六月二十二日勅令第百九十五號）

改正（明治三十二年勅令第二百十九號、三十三年同四十八號、同第百四十五號、大正七年四月勅令第六十五號、十五年八月二十八日同第二百九十五號）

左ノ諸稅ハ市町村ニ於テ徴收スヘシ

一　第三種ノ所得ニ係ル所得稅

二　營業稅

三　個人ノ營業收益稅（大正十五年八月勅令第二百九十五號改正）

四　乙種ノ資本利子稅（同上）

◎國稅徵收法ニ依ル市町村交付金交付規程（大正三年五月六日大藏省令第八號）

第一條 國稅徵收法第五條第二項ニ依ル市町村交付金ハ左ノ二期ニ分チテ之ヲ交付ス

前期 其ノ年四月ヨリ其ノ年九月迄
後期 其ノ年十月ヨリ翌年三月迄

第二條 納稅告知書ニ對スル交付金ハ每期中ニ發付シタル納稅告知書數、徵收金額ニ對スル交付金ハ每期中ニ國庫ニ送付濟ノ金額ニ依リ之ヲ計算ス

2 國稅徵收法第八條ニ依リ送付ノ責任ヲ免除セラレタル金額ニ付テハ其ノ免除セラレタル日ニ於テ國庫ニ送付シタルモノト看做ス

第三條 市町村ハ每期中ニ發付シタル地租ノ納稅告知書數ヲ前期分ハ十月五日迄ニ後期分ハ四月五日迄ニ所轄稅務署ニ通知スヘシ

第四條 稅務署長ハ每期中各市町村ニ於テ發付シタル納稅告知書數及國庫ニ送付濟ノ金額ヲ稅目別ニ調査シ前期分ハ十月十五日迄ニ後期分ハ四月十五日迄ニ稅務監督局長ニ報告スヘシ

附 則

1 本令ハ大正三年度租稅ニ對スル交付金ヨリ之ヲ適用ス
2 大正二年度以前ノ租稅ニ對スル交付金ニ付テハ仍從前ノ例ニ依ル

◉國稅ノ納稅告知書ニ府縣稅市【區】町村稅併記認可ニ關スル件（大正二年五月八日大藏省訓令第九號）

1 國稅徵收法施行細則第三號書式備考第六號ニ依リ納稅告知書ニ他ノ稅金ノ併記ヲ認可スルハ前三年間各種ノ國稅、北海道地方稅、府縣稅、市【區】町村稅ヲ通シ各納期限迄ニ完納アリタル市町村ニシテ之カ併記ヲ爲スモ納人ニ納稅上ノ苦痛ヲ與ヘサルモノト認ムル場合ニ限ルヘシ

2 前項ノ認可ヲ爲シタル後其ノ市町村ニ於テ滯納ノ弊ヲ生シタルトキハ其ノ認可ヲ取消スヘシ

3 前二項ニ依リ認可又ハ取消ヲ爲シタルトキハ其ノ旨申報スヘシ

◉租稅其ノ他ノ收入徵收處分囑託ニ關スル法律（明治四十年四月十日法律第三十四號）

第一條　法令ノ規定ニ依リ國稅ヲ徵收セラルヘキ者又ハ其ノ者ノ財產ニシテ其ノ法令施行地外ニ在ルトキハ當該官吏ハ本人又ハ財產所在地ノ當該官吏又ハ吏員ニ其ノ徵收ヲ囑託スルコトヲ得

2 前項ノ場合ニ於ケル國稅ノ徵收ハ囑託ヲ受ケタル地ノ當該法令ニ依ル

第二條　前條ノ規定ハ公共團體又ハ之ニ準スヘキモノノ租稅其ノ他ノ收入ヲ徵收セラルヘキ者又ハ其ノ者ノ財產カ其ノ公共團體又ハ之ニ準スヘキモノノ區域外ニ在ル場

合ニ之ヲ準用ス

（改一）

◉租稅等徵收ノ囑託費用ノ件通牒（明治四十年六月十四日地甲第二九號地方局長）

本年法律第三十四號ヲ以テ公共團體又ハ之ニ準スヘキモノノ租稅其ノ他ノ收入徵收處分囑託ニ關スル件發布相成候ニ付テハ右事務取扱ニ要スル費用及送金費用ハ總テ囑託ヲ受ケタル廳ノ負擔トシ督促手數料ハ直ニ其ノ廳ノ收入ニ充テ可然コトニ決定相成候

◉所得稅法（大正九年七月三十一日法律第十一號）抄

改正（大正十一年法律第四十五號、十二年同第八號、同第二十九號、同第四十一號、十五年三月同第八號）

第十八條 第三種ノ所得ニシテ左ノ各號ニ該當スルモノニハ所得稅ヲ課セス

一 軍人從軍中ノ俸給及手當
二 扶助料及傷痍疾病者ノ恩給又ハ退隱料
三 旅費、學資金及法定扶養料
四 郵便貯金、產業組合貯金及銀行貯蓄預金ノ利子
五 營利ノ事業ニ屬セサル一時ノ所得
六 日本ノ國籍ヲ有セサル者ノ本法施行地外ニ於ケル資產、營業又ハ職業ヨリ生スル所得

◉地方税ニ關スル法律（大正十五年三月二十七日法律第二十四號）改正（昭和六年四月一日法律第五十號）

第一條 北海道、府縣ハ本法ニ依リ特別地税、家屋税、營業税及雜種税ヲ賦課スルコトヲ得

第二條 特別地税ハ地租法第七十條ノ規定ニ依リテ地租ヲ免除シタル田畑ニ對シ地租法第八條ノ賃貸價格ヲ標準トシテ之ヲ賦課ス（昭和六年法律第五十號改正）

2 特別地税ノ徴收ニ關シテハ地租法第十二條ノ規定ヲ準用ス（同上）

第三條 特別地税ノ賦課率ハ賃貸價格百分ノ三・一以内トス（同上）

2 特別地税ニ對シ市町村其ノ他ノ公共團體ニ於テ賦課スヘキ附加税ノ賦課率ハ前項ニ規定スル制限ノ百分ノ八十以内トス

第四條 府縣費ノ全部ノ分賦ヲ受ケタル市ハ第二條ノ例ニ依リ賃貸價格百分ノ二・五ノ外其ノ分賦金額以内ニ限リ前條第一項ニ規定スル制限ニ達スル迄特別地税ヲ賦課スルコトヲ得（同上）

2 北海道地方費又ハ府縣費ノ一部ノ分賦ヲ受ケタル市町村ハ前條第二項ニ規定スル制限ノ外其ノ分賦金額以内ニ限リ特別地税附加税ヲ賦課スルコトヲ得但シ北海道、府

縣ノ賦課額ト市町村ノ賦課額トノ合算額ハ前條第一項ニ規定スル制限ヲ超ユルコトヲ得ス

第五條 特別地税又ハ其ノ附加税ト段別割トヲ併課スル場合ニ於テハ段別割ノ總額ハ第三條又ハ前條ノ規定ニ依リテ其ノ地目ノ土地ニ對シ賦課シ得ヘキ制限額ト特別地税額又ハ其ノ附加税額トノ差額ヲ超ユルコトヲ得ス

第六條 特別地税又ハ其ノ附加税ノ賦課カ第三條乃至前條ニ規定スル制限ニ達シタル場合ニ非サレハ明治四十一年法律第三十七號第五條ノ規定ニ依ル地租、營業收益税又ハ所得税ノ附加税ノ制限外課税ヲ爲スコトヲ得ス

2 特別地税又ハ其ノ附加税ト段別割トヲ併課シタル場合ニ於テ一地目ニ對スル賦課カ前條ニ規定スル制限ニ達シタルトキハ前項ノ規定ノ適用ニ付テハ特別地税又ハ其ノ附加税カ制限ニ達シタルモノト看做ス

第七條 特別ノ必要アル場合ニ於テハ內務大臣及大藏大臣ノ許可ヲ受ケ第三條乃至第五條ニ規定スル制限ヲ超過シ其ノ百分ノ十二以內ニ於テ特別地税又ハ其ノ附加税ヲ賦課スルコトヲ得

2 左ニ揭クル場合ニ於テハ特ニ內務大臣及大藏大臣ノ許可ヲ受ケ前項ニ規定スル制限ヲ超過シテ課税スルコトヲ得

一 內務大臣及大藏大臣ノ許可ヲ受ケテ起シタル負債ノ元利償還ノ爲費用ヲ要スルトキ

二 非常ノ災害ニ因リ復舊工事ノ爲費用ヲ要スルトキ

三　水利ノ爲費用ヲ要スルトキ
四　傳染病豫防ノ爲費用ヲ要スルトキ
3前二項ノ規定ニ依リ制限ヲ超過シテ課税スルハ營業收益税及所得税ノ附加税ノ賦課カ明治四十一年法律第三十七號第二條及第三條ニ規定スル制限ニ達シタルトキニ限ル

第八條　特別地税及其ノ附加税ノ賦課率ハ當該年度ノ豫算ニ於テ定メタル田畑ニ對スル地租附加税ノ賦課率ヲ以テ算定シタル地租附加税額ノ當該田畑ノ賃貸價格ニ對スル比率ヲ超ユルコトヲ得ス（昭和六年法律第五十號改正）

第九條　家屋税ハ家屋ノ賃貸價格ヲ標準トシテ家屋ノ所有者ニ之ヲ賦課ス

第十條　家屋ノ賃貸價格ハ家屋税調査委員ノ調査ニ依リ北海道ニ在リテハ北海道廳長官、府縣ニ在リテハ府縣知事之ヲ決定ス

第十一條　左ニ揭クル家屋ニ對シテハ命令ノ定ムル所ニ依リ家屋税ヲ賦課セサルコトヲ得
一　一時ノ使用ニ供スル家屋
二　賃貸價格一定額以下ノ家屋
三　公益上其ノ他ノ事由ニ因リ課税ヲ不適當トスル家屋

第十二條　府縣費ノ全部ノ分賦ヲ受ケタル市ハ第九條乃至前條ノ例ニ依リ家屋税ヲ賦課スルコトヲ得此ノ場合ニ於テハ府縣知事ノ職務ハ市長之ヲ行フ

第十三條　家屋税及其ノ附加税ノ賦課率及賦課ノ制限竝家屋ノ賃貸價格ノ算定及家屋

税調査委員ノ組織ニ關シテハ勅令ヲ以テ之ヲ定ム
第十四條　營業税ハ營業收益税ノ賦課ヲ受ケサル營業者及營業收益税ヲ賦課セサル營業ヲ爲ス者ニ之ヲ賦課ス
第十五條　營業税ヲ賦課スヘキ營業ノ種類ハ營業收益税法第二條ニ揭クルモノ及勅令ヲ以テ定ムルモノニ限ル
第十六條　府縣費ノ全部ノ分賦ヲ受ケタル市ハ第十四條及前條ノ例ニ依リ營業税ヲ賦課スルコトヲ得
第十七條　第十一條第三號ノ規定ハ營業税ニ之ヲ準用ス
第十八條　營業税ノ課税標準竝營業税及其ノ附加税ノ賦課ノ制限ニ關シテハ勅令ヲ以テ之ヲ定ム
第十九條　雜種税ヲ賦課スルコトヲ得ヘキモノノ種類ハ勅令ヲ以テ定ムルモノ竝内務大臣及大藏大臣ノ許可ヲ受ケタルモノニ限ル
第二十條　第十一條第三號ノ規定ハ雜種税ニ之ヲ準用ス
第二十一條　雜種税ノ課税標準竝雜種税及其ノ附加税ノ賦課ノ制限ニ關シテハ勅令ヲ以テ之ヲ定ム
第二十二條　市町村ハ本法ニ依リ戸數割ヲ賦課スルコトヲ得
第二十三條　戸數割ハ一戸ヲ構フル者ニ之ヲ賦課ス
2戸數割ハ一戸ヲ構ヘサルモ獨立ノ生計ヲ營ム者ニ之ヲ賦課スルコトヲ得
第二十四條　戸數割ハ納税義務者ノ資力ヲ標準トシテ之ヲ賦課ス

第二十五條　戶數割ノ課税標準タル資力ハ納税義務者ノ所得額及資產ノ狀況ニ依リ之ヲ算定ス

第二十六條　第十一條第三號ノ規定ハ戶數割ニ之ヲ準用ス

第二十七條　戶數割ノ賦課ノ制限、納税義務者ノ資產ノ狀況ニ依リ資力ヲ算定シテ賦課スヘキ額其ノ他納税義務者ノ資力算定ニ關シテハ勅令ヲ以テ之ヲ定ム

第二十八條　北海道府縣以外ノ公共團體ニ對スル第七條ノ許可ノ職權ハ勅令ノ定ムル所ニ依リ之ヲ地方長官ニ委任スルコトヲ得

附　則

1本法ハ大正十五年度分ヨリ之ヲ適用ス但シ家屋税營業税及雜種税其ノ附加税竝戶數割ニ關スル規定ハ大正十六年度分ヨリ之ヲ適用ス

2明治十三年第十六號布告及同年第十七號布告ハ大正十五年度分限リ之ヲ廢止ス

3第六條及第七條中營業收益税トアルハ大正十五年度分特別地税及其ノ附加税ニ付テハ國税營業税トス

4家屋税ハ大正十八年度分迄ニ限リ第九條乃至第十二條ノ規定ニ拘ラス別ニ勅令ノ定ムル所ニ依リ之ヲ賦課スルコトヲ得

附　則（昭和六年四月法律第五十號）

1本法ハ昭和六年度分ヨリ之ヲ適用ス

2昭和六年度分ニ付從前ノ地租ヲ標準トシ地租附加税ヲ賦課スル北海道、府縣其ノ他ノ公共團體ガ昭和六年度分特別地税又ハ其ノ附加税ヲ賦課スルトキハ勅令ノ定ムル

所ニ依リ從前ノ地價ヲ標準トシ從前ノ規定ニ依リ之ヲ賦課スベシ此ノ場合ニ於テ段別割ヲ併課スルトキハ段別割ノ總額ノ制限ハ從前ノ規定ニ依ル

3 北海道、府縣其ノ他ノ公共團體ニ於ケル改正制限率ニ依リ賦課スルコトヲ得ベキ特別地稅額又ハ其ノ附加稅額ト地租附加稅額トノ合算額ガ從前ノ地價又ハ地租ヲ標準トシ從前ノ制限率ニ依リ賦課スルコトヲ得ベキ特別地稅額又ハ其ノ附加稅額ト地租附加稅額トノ合算額ニ達セザル場合ニ於テ特別ノ必要アルトキハ昭和十二年度分迄ニ限リ勅令ノ定ムル所ニ依リ其ノ差額ノ範圍內ニ於テ內務大臣及大藏大臣ノ許可ヲ受ケ第三條乃至第五條ニ規定スル制限及第七條第一項ノ制限ヲ超過シテ課稅スルヿトヲ得

4 北海道、府縣其ノ他ノ公共團體ニ於ケル改正制限率ニ依リ賦課スルコトヲ得ベキ特別地稅額又ハ其ノ附加稅額ト地租附加稅額トノ合算額ガ從前ノ地價又ハ地租ヲ標準トシ從前ノ制限率ニ依リ賦課スルコトヲ得ベキ特別地稅額又ハ其ノ附加稅額ト地租附加稅額トノ合算額ヲ超ユル場合ニ關シテハ昭和十二年度分迄ニ限リ勅令ヲ以テ第三條乃至第五條ノ制限內ニ於テ之ニ代ルベキ課稅ノ制限ヲ定ムルコトヲ得

5 前二項ニ揭グル特別地稅額、其ノ附加稅額及地租附加稅額ノ算定ニ關シテハ內務大臣及大藏大臣ノ定ムル所ニ依ル

6 北海道府縣以外ノ公共團體ニ對スル第三項ノ許可ノ職權ハ勅令ノ定ムル所ニ依リ之ヲ地方長官ニ委任スルコトヲ得

◉地方稅ニ關スル法律施行ニ關スル件（大正十五年十一月十七日勅令第三百三十九號）

改正（昭和六年四月勅令第四十九號、七年十月二十九日同第三百二十四號）

第一條　大正十五年法律第二十四號第九條ノ家屋トハ住家、倉庫、工場其ノ他各種ノ建物ヲ謂フ

第二條　家屋ノ賃貸價格ハ貸主ガ公課、修繕費其ノ他家屋ノ維持ニ必要ナル經費ヲ負擔スル條件ヲ以テ家屋ヲ賃貸スル場合ニ於テ貸主ノ收得スベキ金額ノ年額ヲ以テ之ヲ算定ス（昭和七年十月勅令第三百二十四號改正、同號ヲ以テ第二項削除）

第三條　家屋ノ賃貸價格ハ五年度每ニ一般ニ之ヲ改訂ス但シ特別ノ事情アルトキハ府縣條例（府縣費ノ全部ノ分賦ヲ受ケタル市ニ在リテハ市條例）ノ定ムル所ニ依リ改訂期間ヲ短縮スルコトヲ得（昭和七年十月勅令第三百二十四號本條改正）

2　前項ノ改訂ハ改訂スベキ年度ノ四月一日現在ノ家屋ニ付之ヲ行フ

3　改訂シタル家屋賃貸價格ハ改訂シタル年度ノ翌年度分ヨリ之ヲ家屋稅ノ課稅標準トス但シ府縣條例（府縣費ノ全部ノ分賦ヲ受ケタル市ニ在リテハ市條例）ノ定ムル所ニ依リ改訂シタル年度分ヨリ之ヲ課稅標準ト爲スコトヲ妨ゲズ

第四條　前條第二項ノ期日後家屋ニ異動アリタルニ因リ家屋ノ賃貸價格ニ著シキ增減ヲ生ジタルトキハ類似ノ他ノ家屋ノ賃貸價格ニ比準シテ賃貸價格ヲ修正ス（昭和六年四月勅令第四十九號本條削除、昭和七年十月勅令第三百二十四號設定）

2　前項ノ場合ニ於テハ家屋ニ異動アリタル年度ノ翌年度分ヨリ修正賃貸價格ヲ家屋稅

ノ課税標準トス

第五條　第三條第二項ノ期日後家屋ガ建築セラレタルトキ又ハ大正十五年法律第二十四號第十一條ノ規定ニ基キテ家屋税ヲ賦課セザル家屋若ハ法律ニ依リテ家屋税ヲ賦課スルコトヲ得ザル家屋ガ家屋税ヲ賦課スルコトヲ得ベキモノト爲リタルトキハ類似ノ他ノ家屋ノ賃貸價格ニ比準シテ家屋ノ賃貸價格ヲ設定ス（同上）

第六條　家屋税ノ賦課期日後建築セラレタル家屋ニ付テハ工事竣成ノ翌月ヨリ月割ヲ以テ家屋税ヲ賦課ス（昭和七年十月勅令第三百二十四號改正、舊第三條）

2　大正十五年法律第二十四號第十一條ノ規定ニ基キテ家屋税ヲ賦課セザル家屋又ハ法律ニ依リテ家屋税ヲ賦課スルコトヲ得ザル家屋ガ家屋税ノ賦課期日後之ヲ賦課スルコトヲ得ベキモノト爲リタルトキハ其ノ翌月ヨリ月割ヲ以テ家屋税ヲ賦課ス

3　家屋税ノ賦課期日後家屋ガ滅失シ其ノ他家屋トシテノ效用ヲ失ヒタルトキハ納税義務者ノ申請ニ依リ其ノ月迄月割ヲ以テ家屋税ヲ賦課ス大正十五年法律第二十四號第十一條ノ規定ニ基キテ家屋税ヲ賦課セザル家屋又ハ法律ニ依リテ家屋税ヲ賦課スルコトヲ得ザル家屋ト爲リタルトキ亦同ジ

4　家屋税ノ賦課後前項ノ事實ヲ生ズルモ其ノ賦課額ハ之ヲ變更セズ

第七條　削除（昭和六年四月勅令第四十九號）

第八條　家屋ノ賃貸價格ニ對スル賦課率ハ内務大臣及大藏大臣ノ許可ヲ受ケ府縣ニ於テ之ヲ定ム（昭和六年四月勅令第四十九號ヲ以テ第二項削除）

第九條　前條ノ規定ハ府縣費ノ全部ノ分賦ヲ受ケタル市ニ於テ賦課スベキ家屋税ニ關シ之ヲ準用ス

第十條　戸數割ヲ賦課スル市町村ニ於テ賦課スベキ家屋税附加税ノ賦課率ハ本税百分

ノ五十以内トス

2 特別ノ必要アル場合ニ於テハ内務大臣及大藏大臣ノ許可ヲ受ケ前項ニ規定スル制限ヲ超過シ其ノ百分ノ十二以内ニ於テ課税スルコトヲ得

3 左ニ掲グル場合ニ於テハ特ニ内務大臣及大藏大臣ノ許可ヲ受ケ前項ニ規定スル制限ヲ超過シテ課税スルコトヲ得

一　内務大臣及大藏大臣ノ許可ヲ受ケテ起シタル負債ノ元利償還ノ爲費用ヲ要スルトキ

二　非常ノ災害ニ因リ復舊工事ノ爲費用ヲ要スルトキ

三　水利ノ爲費用ヲ要スルトキ

四　傳染病豫防ノ爲費用ヲ要スルトキ

4 前二項ノ規定ニ依リ制限外課税ヲ爲スハ特別地税附加税ガ大正十五年法律第二十四號第七條ノ規定ニ依リテ制限外課税ヲ爲ス場合ニ限ル但シ特別地税附加税ナキトキハ地租附加税又ハ段別割ガ明治四十一年法律第三十七號第五條ノ規定ニ依リテ制限外課税ヲ爲ス場合ニ限ル

第十一條　内務大臣及大藏大臣ガ戸數割ヲ賦課シ難キモノト認メタル市町村ニ於テ賦課スベキ家屋税附加税ハ左ノ制限ヲ超ユルコトヲ得ズ

一　市ニ在リテハ其ノ總額當該年度ニ於ケル市税豫算總額ノ百分ノ三十六但シ明治四十一年法律第三十七號第三條第三項ノ規定ニ依リテ所得税附加税ヲ賦課スル場合ニ於テハ當該年度ニ於ケル市税豫算總額ノ百分ノ三十

二　町村ニ在リテハ其ノ總額當該年度ニ於ケル町村税豫算總額ノ百分ノ六十但シ明治四十一年法律第三十七號第三條第三項ノ規定ニ依リテ所得税附加税ヲ賦課スル場合ニ於テハ當該年度ニ於ケル町村税豫算總額ノ百分ノ五十五

2 特別ノ必要アル場合ニ於テハ内務大臣及大藏大臣ノ許可ヲ受ケ前項ニ規定スル制限ヲ超過シテ課税スルコトヲ得

第十二條 大正十五年法律第二十四號第十五條ノ規定ニ依リ營業税ヲ賦課スベキ營業ノ種類ヲ定ムルコト左ノ如シ

運河業
棧橋業
船舶碇繋場業
貨物陸揚場業
兩替業
湯屋業
理髪業
寄席業
遊技場業
遊覽所業
藝妓置屋業

第十三條 營業收益税法第二條ニ掲グル營業ニ對スル營業税ノ賦課額ハ同法ニ依ル個人ノ營業收益税額ノ最低額未滿トス

第十四條 營業税ノ課税標準ハ内務大臣及大藏大臣之ヲ定ム

第十五條 年税又ハ期税タル營業税ノ賦課期日後納税義務ノ發生シタル者ニ對シテハ其ノ發生ノ翌月ヨリ月割ヲ以テ營業税ヲ賦課ス

2 前項ノ營業税ノ賦課期日後納税義務ノ消滅シタル者ニ對シテハ其ノ消滅シタル月迄

月割ヲ以テ營業税ヲ賦課ス
3 第一項ノ營業税ニ付テハ其ノ賦課後營業ノ承繼アリタル場合ニ於テハ前營業者ノ納税ヲ以テ後ノ營業者ノ納税ト看做シ前二項ノ規定ヲ適用セズ
4 月税タル營業税ノ賦課期日後其ノ月十五日迄ニ納税義務發生シタルトキハ其ノ營業税ノ全額、十六日以後納税義務發生シタルトキ又ハ十五日迄ニ納税義務消滅シタルトキハ其ノ半額ヲ賦課ス
5 前二項ノ場合ニ一ノ府縣ニ於テ納税義務消滅シ他ノ府縣ニ於テ納税義務發生シタルトキハ納税義務ノ發生シタル府縣ハ納税義務ノ消滅シタル府縣ニ於テ賦課シタル部分ニ付テハ營業税ヲ賦課スルコトヲ得ズ

第十六條　營業税附加税ノ賦課率ハ本税百分ノ九十以内トス（昭和六年四月勅令第四十九號改正）
2 特別ノ必要アル場合ニ於テハ府縣知事ノ許可ヲ受ケ前項ニ規定スル制限ヲ超過シテ課税スルコトヲ得

第十七條　大正十五年法律第二十四號第十九條ノ規定ニ依リ雜種税ヲ賦課スルコトヲ得ベキモノノ種類ヲ定ムルコト左ノ如シ

船
車
水車
市場
電柱
金庫
牛馬

犬
狩獵
屠畜
不動産取得
漁業
遊藝師匠、遊藝人、相撲、俳優、藝妓其ノ他之ニ類スル者
演劇其ノ他ノ興行
遊興

2 前項ニ掲グル課目ハ府縣ニ於テ之ヲ取捨スルコトヲ得
3 特別ノ必要アル場合ニ於テ第一項ノ種類以外ノモノニ對シ雜種稅ヲ賦課セントスルトキハ內務大臣及大藏大臣ノ許可ヲ受クベシ

第十八條 第十五條ノ規定ハ雜種稅ノ賦課ニ之ヲ準用ス

第十九條 雜種稅ノ課稅標準及其ノ制限率其ノ他賦課ニ關シ必要ナル事項ハ內務大臣及大藏大臣之ヲ定ム

第二十條 雜種稅附加稅ノ總額ハ本稅總額ノ百分ノ八十九以內トス
2 特別ノ必要アル場合ニ於テハ府縣知事ノ許可ヲ受ケ前項ニ規定スル制限ヲ超過シテ賦課スルコトヲ得

第二十一條 戶數割總額中納稅義務者ノ資産ノ狀況ニ依リ資力ヲ算定シテ賦課スベキ額ハ戶數割總額ノ十分ノ二ヲ超ユルコトヲ得ズ

第二十二條 戶數割納稅義務者ト生計ヲ共ニスル同居者ノ所得ハ之ヲ其ノ納稅義務者ノ所得ト看做ス但シ其ノ納稅義務者ヨリ受クル所得ハ此ノ限ニ在ラズ

第二十三條　同一人ニ對シ數市町村ニ於テ戸數割ヲ賦課スル場合ニ於テハ各其ノ市町村ニ於ケル所得ヲ以テ其ノ者ノ資力算定ノ標準タル所得トス其ノ所得ニシテ分別シ難キモノアルトキハ關係市町村ニ平分ス

2 戸數割ヲ納ムル市町村以外ノ地ニ於ケル所得ハ納税義務者ノ資力算定ニ付住所地市町村ニ於ケル所得ト看做ス

3 前二項ニ規定スル所得計算ニ付關係市町村異議アル場合ニ於テ其ノ府縣内ニ止マルモノハ府縣知事、數府縣ニ渉ルモノハ内務大臣之ヲ定ム

第二十四條　所得ニ依ル資力算定方法ニ關シテハ第二十一條乃至前條ニ定ムルモノノ外内務大臣及大藏大臣之ヲ定ム

第二十五條　戸數割ノ賦課期日後納税義務ノ發生シタル者ニ對スル賦課額ハ大正十五年法律第二十四號第二十四條乃至第二十七條及本令第二十一條(又ハ附則第六項)乃至前條ノ規定ニ依リテ定マリタル他ノ納税義務者ノ賦課額ニ比準シテ之ヲ定ム

2 第十五條第一項、第二項及第五項ノ規定ハ戸數割ノ賦課ニ之ヲ準用ス但シ戸數割ノ賦課後納税義務消滅スルモ其ノ賦課額ハ之ヲ變更セズ

第二十六條　市町村長ハ其ノ市町村住民ニ非ザル者(法人ヲ除ク)ノ當該市町村内ニ於テ生ズル其ノ年度分所得及其ノ所得ノ基本タル事實ヲ毎年四月末日迄ニ其ノ住所地市町村長ニ通報スベシ但シ當該市町村ニ於テ其ノ者ニ戸數割ヲ賦課スルトキ又ハ其ノ住所地市町村ニ於テ戸數割ノ賦課ナキトキハ此ノ限ニ在ラズ

第二十七條　戸數割ハ左ノ制限ヲ超ユルコトヲ得ズ

一　市ニ在リテハ其ノ總額當該年度ニ於ケル市稅豫算總額ノ百分ノ三十七
二　町村ニ在リテハ其ノ總額當該年度ニ於ケル町村稅豫算總額ノ百分ノ六十
2　特別ノ必要アル場合ニ於テハ內務大臣及大藏大臣ノ許可ヲ受ケ前項ニ規定スル制限ヲ超過シテ課稅スルコトヲ得

第二十八條　本令中市町村ニ對スル許可ノ職權ハ內務大臣及大藏大臣ノ定ムル所ニ依リ之ヲ府縣知事ニ委任スルコトヲ得

第二十九條　本令中府縣、府縣知事、府縣條例又ハ町村ニ關スル規定ハ北海道ニ付テハ各北海道、北海道廳長官、北海道條例又ハ町村ニ準ズルモノニ之ヲ適用ス（昭和六年四月勅令第四十九號ヲ以テ第二項削除、七年同第三百二十四號改正）

第三十條　北海道移住民ニシテ主トシテ耕作又ハ牧畜ノ事業ニ引續キ從事シ移住ノ日ヨリ三年ヲ經過セザル者ニ對シテハ戶數割ヲ賦課スルコトヲ得ズ

附　則

1　本令ハ大正十六年度分ヨリ之ヲ適用ス
2　明治三十二年勅令第二百七十六號、府縣稅戶數割規則及大正十一年勅令第二百八十二號ハ大正十五年度分限リ之ヲ廢止ス
3　明治十三年第十七號布告第九條ノ規定ニ依リテ爲シタル處分ニシテ第十七條第一項ノ課目ニ該當セザルモノニ對スルモノハ本令施行ノ際內務大臣及大藏大臣ノ指定スル雜種稅ノ課目ニ對スルモノニ限リ之ヲ第十七條第三項ノ規定ニ依リテ爲シタル許可ト看做ス
4　本令施行ノ際現ニ府縣稅家屋稅附加稅ヲ賦課スル市町村ハ第十一條ノ規定ニ依ル承

認ヲ受ケタルモノト看做ス

5 市町村特別税家屋税及之ニ類スル特別税ニ關スル條例ニシテ本令施行ノ際內務大臣及大藏大臣ノ指定スルモノハ大正十五年度分限リ其ノ效力ヲ失フ

6 戶數割總額中納税義務者ノ資産ノ狀況ニ依リテ資力ヲ算定シ賦課スベキ額ハ特別ノ事情アル市町村ニ於テハ當分ノ間戶數割總額ノ十分ノ四迄ト爲スコトヲ得

附　則（昭和六年四月勅令第四十九號）

1 本令ハ昭和六年度分ヨリ之ヲ適用ス

2 昭和六年度分ニ付テハ第十六條第一項ノ改正規定中百分ノ九十トアルハ百分ノ八十九トス但シ營業税年額二十五圓ヲ超ユル金額ニ對シテハ百分ノ八十トス

3 市町村ノ內外ニ於テ營業所ヲ設ケ營業ヲ爲ス者ニシテ其ノ營業ニ對スル昭和六年度分營業税ヲ分別シテ納メザル場合ニ於テ其ノ營業税ノ年額二十五圓ヲ超ユルトキハ前項但書ノ規定ハ賦課ノ歩合ニ依リ算出シタル本税額ヨリ二十五圓ニ賦課ノ歩合ヲ乘ジテ得タル金額ヲ控除シタル殘額ニ付之ヲ適用ス

4 北海道、府縣ガ營業收益税附加税ノ制限外課税ヲ爲ス場合ニ於テ特別ノ必要アルトキハ昭和八年度分迄ニ限リ第十三條ノ制限ヲ超過シテ營業税ヲ賦課スルコトヲ得

5 前項制限外ノ賦課額ニ對シテハ附加税ヲ賦課スルコトヲ得ズ

6 第四項ノ場合ニ於テハ制限ヲ超過セザル營業税及第十二條ニ揭グル營業ニ對シ賦課スル營業税モ亦制限外ノ賦課ヲ爲スモノト看做シ其ノ制限外ノ賦課額ニ對シ前項ノ規定ヲ適用ス

7 第四項及前項ノ營業稅ノ制限外ノ賦課率又ハ賦課定額ハ之ヲ制限內ノ賦課率又ハ賦課定額ト區分シテ定ムベシ

8 昭和六年度乃至同八年度分ニ限リ營業稅ノ賦課率又ハ賦課定額ハ內務大臣及大藏大臣ノ許可ヲ受クベシ

附　則（昭和七年十月勅令第三百二十四號）

1 本令ハ昭和八年度分ヨリ之ヲ適用ス

2 本令施行後第一回ノ家屋賃貸價格ノ改訂ハ昭和八年度ニ於テ之ヲ行フ但シ府縣條例（府縣費ノ全部ノ分賦ヲ受ケタル市ニ在リテハ市條例）ノ定ムル所ニ依リ昭和七年度分家屋賃貸價格ヲ以テ第一回ノ改訂家屋賃貸價格ト爲スコトヲ妨ゲズ

3 前項但書ノ場合ニ於テハ第三條第一項ノ期間ハ昭和七年度ヨリ之ヲ起算ス

4 昭和八年度分ニ限リ第一回ノ改訂賃貸價格ヲ家屋稅ノ課稅標準トス

㊂雜種稅ノ課目指定（昭和二年一月二十六日內務、大藏省告示第一號）

大正十五年勅令第三百三十九號附則第三項ノ規定ニ依リ雜種稅ノ課目ヲ指定スルコト左ノ如シ

雜種稅課目

一　流木（木流、流材、流竹木、木材川下、木材川流等ヲ含ム）
一　立木伐採（立竹木伐採ヲ含ム）
一　橇（馬橇ヲ含ム）
一　煽風機（旋風器、扇風機等ヲ含ム）
一　俳人（雇俳ヲ含ム）
一　代書人（代書業、代書等ヲ含ム）

一　溫泉（鑛泉、鑛泉使用、鑛泉湯槽、溫泉場、鑛泉浴場、鑛泉溫泉、溫泉内湯、鑛泉場等ヲ含ム）
一　筏
一　玉突臺（球戲臺ヲ含ム）
一　廣告
一　鵜（鵜使ヲ含ム）
一　船舶取得
一　段別割
一　觀覽
一　游漁

◎地方税ニ關スル法律施行規則（大正十五年十一月二十七日内務、大藏省令）

第一條　大正十五年法律第二十四號第十一條各號ノ家屋ノ範圍ハ府縣ニ於テ之ヲ定ムベシ

第二條　營業税ハ營業ノ純益ヲ標準トシ又ハ營業ノ收入金額（賣上金額、請負金額、報償金額ノ類ヲ含ム）資本金額、營業用建物ノ賃貸價格若ハ從業者ノ數ヲ標準トシテ之ヲ賦課シ又ハ定額ヲ以テ之ヲ賦課ス

2前項ノ課税標準其ノ他營業税ノ賦課方法ニ付テハ當分ノ間内務大臣及大藏大臣ノ許可ヲ受クベシ

第三條　營業收益税法第七條ノ規定ハ營業税ノ賦課ニ之ヲ準用ス

2專ラ行商又ハ露店營業ヲ爲ス者ニ對シテハ營業税ヲ賦課スルコトヲ得ズ

3大正十五年法律第二十四號第十七條ノ規定ニ基キ營業税ヲ賦課スルヲ不適當トスルモノハ前二項ニ定ムルモノノ外府縣ニ於テ之ヲ定ムベシ

第四條　船ニ對シテハ主タル碇繫場所在ノ府縣ニ於テ其ノ所有者ニ雜種稅ヲ賦課ス
２前項ノ主タル碇繫場ナキトキ又ハ主タル碇繫場ノ所在地ニ付關係府縣ニ於テ異議アルトキハ內務大臣及大藏大臣之ヲ定ム
第五條　車ニ對シテハ主タル定置場所在ノ府縣ニ於テ其ノ所有者ニ雜種稅ヲ賦課ス
第六條　水車、電柱及金庫ニ對シテハ所在地府縣ニ於テ其ノ所有者ニ雜種稅ヲ賦課ス
第七條　市場ニ對シテハ所在地府縣ニ於テ其ノ經營者ニ雜種稅ヲ賦課ス
第八條　牛馬及犬ニ對シテハ飼育地府縣ニ於テ其ノ所有者ニ雜種稅ヲ賦課ス
第九條　狩獵ノ免許ヲ受クル者ニ對シテハ其ノ住所地府縣ニ於テ雜種稅ヲ賦課ス
第十條　屠畜ニ對シテハ屠殺地府縣ニ於テ其ノ家畜ノ所有者ニ雜種稅ヲ賦課ス
第十一條　不動產ヲ取得スル者ニ對シテハ其ノ不動產所在ノ府縣ニ於テ雜種稅ヲ賦課ス
第十二條　左ニ揭グル不動產ノ取得ニ對シテハ雜種稅ヲ賦課スルコトヲ得ズ
一　家督相續又ハ遺產相續ニ因ル不動產ノ取得
二　法人ノ合併ニ因ル不動產ノ取得
三　信託財產ニシテ委託者ガ信託行爲ニ依リ信託利益ノ全部ヲ享受スベキ不動產ヲ委託者ヨリ受託者ニ移ス場合ニ於ケル不動產ノ取得但シ當該不動產ニ付其ノ後受益者ヲ變更シタル場合及信託法第二十二條ノ規定ニ依リ固有財產ト爲シタル場合ニ於テハ其ノ時ニ不動產ノ取得アリタルモノト看做シ雜種稅ヲ賦課ス
四　信託ニ付受益者又ハ歸屬權利者ノ不動產ノ取得
五　信託ノ受託者交迭ノ場合ニ於ケル新受託者ノ不動產ノ取得
第十三條　漁業ニ對スル雜種稅ハ當分ノ間從來ノ例ニ依リ之ヲ賦課ス

2 新ニ漁業ニ對シ雜種稅ヲ賦課セントスルトキ又ハ其ノ賦課率若ハ賦課方法ノ變更ヲ爲サントスルトキハ内務大臣及大藏大臣ノ許可ヲ受クベシ但シ其ノ舊慣ヲ改メ其ノ他賦課方法ヲ變更スルコトナクシテ賦課率ヲ低減スル場合ハ此ノ限ニ在ラズ

第十四條 遊藝師匠、遊藝人、相撲、俳優、藝妓其ノ他之ニ類スル者ニ對シテハ其ノ住所地府縣ニ於テ雜種稅ヲ賦課ス其ノ住所地府縣ニ於テ之ヲ課セザルトキハ三月以上滯在ノ府縣ニ於テ之ヲ賦課ス

第十五條 同一人ニシテ遊藝師匠、遊藝人、相撲、俳優、藝妓其ノ他之ニ類スル者ノ二以上ニ該當スルトキハ其ノ一ニ就キ雜種稅ヲ賦課ス其ノ稅額異ルトキハ多キニ從フ

第十六條 演劇其ノ他ノ興行ヲ爲ス者及遊興ヲ爲ス者ニ對シテハ其ノ行爲地府縣ニ於テ雜種稅ヲ賦課ス

第十七條 遊興ニ對シ消費金額ノ全部ヲ標準トシテ賦課スル雜種稅ハ遊興者一人當一回ノ消費金額二圓ニ滿チザルモノニ之ヲ賦課スルコトヲ得ズ

第十八條 第四條乃至前條ニ定ムルモノノ外雜種稅ノ課稅標準及其ノ賦課率又ハ賦課額其ノ他賦課ニ關シ必要ナル事項ハ府縣ニ於テ之ヲ定ムベシ

第十九條 第三條第三項ノ規定ハ雜種稅ノ賦課ニ之ヲ準用ス

第二十條 戸數割納稅義務者ノ資力算定ノ標準タル所得額ハ左ノ各號ノ規定ニ依リ計算ス

一 營業ニ非ザル貸金ノ利子竝公債、社債、預金及貯金ノ利子ハ前年中ノ收入金額

二 山林ノ所得ハ前年中ノ總收入金額ヨリ必要ノ經費ヲ控除シタル金額

三　賞與又ハ賞與ノ性質ヲ有スル給與ハ前年三月一日ヨリ其ノ年二月末日迄ノ收入金額

四　法人ヨリ受クル利益若ハ利息ノ配當又ハ剩餘金ノ分配ハ前年三月一日ヨリ其ノ年二月末日迄ノ收入金額但シ無記名株式ノ配當ニ付テハ同期間內ニ於テ支拂ヲ受ケタル金額

株式ノ消却ニ因リ支拂ヲ受クル金額又ハ退社ニ因リ持分ノ拂戾トシテ受クル金額ガ其ノ株式ノ拂込濟金額又ハ出資金額ヲ超過スルトキハ其ノ超過金額ハ之ヲ法人ヨリ受クル利益ノ配當ト看做ス

五　俸給、給料、歲費、年金、恩給、退隱料及此等ノ性質ヲ有スル給與ハ前年中ノ收入金額但シ前年一月一日ヨリ引續キ支給ヲ受ケタルニ非ザルモノニ付テハ其ノ年ノ豫算年額

六　前各號以外ノ所得ハ前年中ノ總收入金額ヨリ必要ノ經費ヲ控除シタル金額但シ前年一月一日ヨリ引續キ有シタルニ非ザル資產、營業又ハ職業ノ所得ニ付テハ其ノ年ノ豫算年額

2　信託財產ニ付生ズル所得ニ關シテハ其ノ所得ヲ信託ノ利益トシテ享受スベキ受益者ガ信託財產ヲ有スルモノト看做シテ所得額ヲ計算ス

3　第一項第一號、第二號及第四號ノ所得ニ付テハ被相續人ノ所得ハ之ヲ相續人ノ所得ト看做シ第六號ノ所得ニ付テハ相續シタル資產又ハ營業ハ相續人ガ引續キ之ヲ有シタルモノト看做シテ其ノ所得額ヲ計算ス但シ被相續人ノ資力算定ノ標準タル所得額

ニ算入シタルモノハ此ノ限ニ在ラズ

4 年度開始ノ日ノ属スル年ノ翌年ニ戸数割ヲ賦課スル場合ニ於テハ最近ノ戸数割賦課ノ時ニ算定シタル所得額ヲ以テ其ノ資力算定ノ標準トス但シ未ダ其ノ所得ノ算定ナカリシ者ニ関シテハ年度開始ノ日ノ属スル年ヲ基準トシ前第一項各號ノ規定ニ依リ之ヲ算定ス

第二十一條　前條第一項第二號及第六號ノ規定ニ依リ總收入金額ヨリ控除スベキ經費ハ種苗蠶種肥料ノ購買費、家畜其ノ他ノモノノ飼養料、仕入品ノ原價、原料品ノ代價、場所物件ノ修繕料又ハ借入料、場所物件又ハ業務ニ係ル公課、雇人ノ給料其ノ他收入ヲ得ルニ必要ナルモノニ限ル但シ家事上ノ費用及之ニ關聯スルモノハ之ヲ控除セズ

第二十二條　第二十條第一項第六號ノ規定ニ依ル所得計算ニ付損失アルトキハ同條第一項第五號ノ規定ニ依ル所得ヨリ之ヲ差引キテ計算ス

第二十三條　第二十條乃至前條ノ規定ニ依リ算出シタル金額一萬二千圓以下ナルトキハ其ノ所得中俸給、給料、歳費、年金、恩給、退隱料、賞與及此等ノ性質ヲ有スル給與ニ付テハ其ノ十分ノ一、六千圓以下ナルトキハ同十分ノ二、三千圓以下ナルトキハ同十分ノ三、千五百圓以下ナルトキハ同十分ノ四、八百圓以下ナルトキハ同十分ノ五ニ相當スル金額ヲ控除ス

第二十四條　第二十條乃至前條ノ規定ニ依リ算出シタル金額三千圓以下ナル場合ニ於テ納稅義務者及之ト生計ヲ共ニスル同居者中年度開始ノ日ニ於テ年齢十四歳未滿若

ハ六十歳以上ノ者又ハ不具癈疾者アルトキハ納稅義務者ノ申請ニ依リ其ノ所得ヨリ左ノ各號ノ規定ニ依ル金額ヲ控除ス

一　所得千圓以下ナルトキ

年齡十四歳未滿若ハ六十歳以上ノ者又ハ不具癈疾者　一人ニ付　百圓以內

二　所得二千圓以下ナルトキ

同　一人ニ付　七十圓以內

三　所得三千圓以下ナルトキ

同　一人ニ付　五十圓以內

2　前項ノ不具癈疾者トハ心神喪失ノ常況ニ在ル者、聾者、啞者、盲者其ノ他重大ナル傷痍ヲ受ケ又ハ不治ノ疾患ニ罹リ常ニ介護ヲ要スル者ヲ謂フ

第二十五條　左ノ各號ノ一ニ該當スルモノハ戸數割納稅義務者ノ資力算定ノ標準タル所得額ニ之ヲ算入セズ

一　軍人從軍中ノ俸給及手當

二　扶助料及傷痍疾病者ノ恩給又ハ退隱料

三　旅費、學資金、法定扶養料及救助金

四　營利ノ事業ニ屬セザル一時ノ所得

五　日本ノ國籍ヲ有セザル者ノ外國ニ於ケル資産、營業又ハ職業ヨリ生ズル所得

第二十六條　戸數割納稅義務者第二十條第一項第五號及第六號ノ所得額二分ノ一以上

ヲ減損シタルトキハ年度開始ノ日ノ屬スル年ノ翌年一月三十一日迄ニ戸數割ノ賦課額ノ更訂ヲ請求スルコトヲ得但シ第二十條第四項但書ニ該當スル者ハ賦課後十四日迄ニ賦課額ノ更訂ヲ請求スルコトヲ得

2　市町村前項ノ請求ヲ受ケタルトキハ其ノ者ノ當該所得額ヲ査覈シ其ノ二分ノ一以上ノ減損アルトキハ所得額ヲ更訂シ之ヲ基準トシテ更ニ其ノ者ノ資力ヲ算定シ其ノ者ニ付テノミ戸數割ノ賦課額ヲ減ズルコトヲ得

3　年度開始ノ日ノ屬スル年ノ翌年ニ戸數割ヲ賦課スル場合ニ於テハ前二項ノ規定ニ依リ更訂シタル所得額ニ依リ其ノ者ノ資力ヲ算定シ戸數割賦課後前二項ノ事實ヲ生ジタルトキハ其ノ者ニ付テノミ戸數割ノ賦課額ヲ減ズルコトヲ得

第二十七條　大正十五年法律第二十四號第二十六條ノ規定ニ依リ戸數割ヲ賦課スルヲ不適當トスル者ハ市町村ニ於テ之ヲ定ムベシ

第二十八條　大正十五年勅令第三百三十九號第二十八條ノ規定ニ依リ左ニ掲グル事項ニ付テノ許可ノ職權ハ府縣知事ニ之ヲ委任ス

一　同令第十條第二項ノ規定ニ依リ制限ヲ超過シ課税スルコト

二　同令第十條第三項ノ規定ニ依リ同條第二項ノ制限ヲ超過シ同條第一項ノ制限率ノ百分ノ五十以内ニ於テ課税スルコト

三　同令第二十七條第二項ノ規定ニ依リ同條第一項ノ制限ヲ超過シ市ニ於テ戸數割總額ガ當該年度ノ市税豫算總額ノ百分ノ四十七以内ニ於テ課税スルコト

四　同令第二十七條第二項ノ規定ニ依リ同條第一項ノ制限ヲ超過シ町村ニ於テ戸數

割總額ガ當該年度ノ町村税豫算總額ノ百分ノ七十以内ニ於テ課税スルコト

第二十九條　本令中府縣、府縣知事又ハ町村ニ關スル規定ハ北海道ニ付テハ各北海道。北海道廳長官又ハ町村ニ準ズルモノニ之ヲ適用ス

附　則

1　本令ハ大正十六年度分ヨリ之ヲ適用ス

2　府縣税戸數割規則施行細則ハ大正十五年度分限リ之ヲ廢止ス

㊂營業收益税法（大正十五年三月二十七日法律第十一號）抄

第七條　左ニ掲クル營業ノ純益ニハ營業收益税ヲ課セス

一　政府ノ發行スル印紙切手類ノ賣捌

二　度量衡ノ製作、修覆又ハ販賣

三　自己ノ採掘シ又ハ採取シタル鑛物ノ販賣

四　新聞紙法ニ依ル出版

五　本法施行地外ニ在ル營業場ニ於テ爲ス營業

六　法人ノ漁業又ハ演劇興業

七　個人ノ自己ノ收穫シタル農産物、林産物、畜産物若ハ水産物ノ販賣又ハ之ヲ原料トスル製造

但シ特ニ營業場ヲ設ケテ爲ス販賣又ハ製造ヲ除ク

㊃信託法（大正十一年四月二十一日法律第六十二號）抄

第二十二條　受託者ハ何人ノ名義ヲ以テスルヲ問ハス信託財産ヲ固有財産ト爲シ又ハ之ニ付權利ヲ取得スルコトヲ得ス但シ已ムコトヲ得サル事由アル場合ニ於テ裁判所ノ許可ヲ受ケ信託財産ヲ固有財産ト爲スハ此ノ限ニ在ラス

2 前項ノ規定ハ受託者カ相續其ノ他包括名義ニ因リ信託財産ニ付權利ヲ承繼スルコトヲ妨ケス此場合ニ於テハ第十八條ノ規定ヲ準用ス

⊜地方税ニ關スル法律命令ノ施行ニ關スル件依命通牒

（昭和二年三月三十一日發地第三號地方、主税兩局長依命通牒）改正（昭和五年四月十八日發地第二九號）

地方税ニ關スル法律命令ノ施行ニ關シテハ特ニ別記ノ廉々御留意ノ上御措置相成度又同一課税目的ヲ有スル市町村特別税ニ付テモ別記ニ依リ取扱方夫々市町村ニ對シ御示達相成度

追而左記通牒ハ昭和二年度ヨリ廢止セラルヽ義ニ有之尙府縣税戸數割ニ關スル通牒及大正十三年三月三十一日發地第二一號信託ニ依ル不動產所有權ノ取得ニ對スル課税ノ件依命通牒ハ昭和二年度ヨリ自然消滅ト相成ベキ義ニ付爲念

左記

明治三十六年三月地甲第一二號依命通牒
明治四十一年九月十二日往第一〇九八一號市町村歩一税ノ標準改正ニ關スル件通牒
大正七年十月十一日發地第一七〇號傭人税設定ニ關スル件通牒
同八年七月七日藏地第八號私立學校ノ建物ニ關スル課税免除ノ件依命通牒
同九年四月十三日發地第八〇號建物建築税ノ件依命通牒
同十一年三月三十一日發地第一三八號遊興税ノ義ニ付依命通牒
同年七月十三日發地第六三號電柱税ニ關スル件依命通牒

同年九月二十九日京地第一九一號電柱稅ニ關スル件依命通牒
同十三年九月九日發地第六號遊興稅ノ件ニ付依命通牒

別　記

家屋稅ニ關スル事項

一　家屋稅ノ配當標準タル宅地地價トハ土地臺帳面ニ於テ宅地タルモノヽ地價ノ義ナルコト

二　家屋稅ノ配當標準タル戶數トハ現住戶數(構戶者ノ數)ノ義ニシテ戶數ニ含ムコトトセル法人ノ本店及支店トハ商法ノ規定ニ基キ登記ヲ爲シタル本店及支店ノ義ナルコト

三　戶數割ヲ賦課シ難キ市町村ハ戶數割ヲ賦課シ難キ事情アルコトニ關シ內務大臣及大藏大臣ノ承認ヲ受クルヲ要ス若シ其ノ承認ヲ受ケタル後戶數割ヲ賦課スルコトト爲サントスルトキハ別ニ手續ヲ要セザルモ更ニ又戶數割ヲ賦課シ難キ事情アルモノトシテ家屋稅附加稅ニ付特別ノ取扱ヲ受ケントスルトキハ新ニ內務大臣及大藏大臣ノ承認ヲ受クルヲ要スルコト

四　家屋稅ノ賦課ヲ不適當トスル家屋ノ範圍ハ施行規則第一條ノ規定ニ依リ各府縣ニ於テ適宜之ヲ定メ然ルベキモ農業倉庫業法ニ依リ經營スル農業倉庫(賃借ニ係ル建物ヲ除ク)及大正八年法律第三十八號(私立學校用地免租ニ關スル件)第一條第一號及第二號ニ揭グルモノノ用ニ供スル建物(賃借ニ係ル建物ヲ除ク)ニ對シテハ家屋稅ヲ賦課セザルコト

追テ地方稅ヲ免除スベキ私立學校ノ建物ハ法律第三十八號ニ依ル免租地ノ區域ニ

在ルモノニ付テハ賃借ニ係ル建物ヲ除キ其ノ全部、有租地ノ區域ニ在ルモノニ付テモ亦同様ノ趣旨ニ依リ同法第二條ノ範圍ニ於テ取計フコト

五　市町村ニ對スル家屋税ノ配當手續ハ賦課規則中ニ之ヲ規定シ一定ノ期日ニ配當ヲ行フコト

六　施行勅令第八條及第九條ノ規定ニ依ル許可稟請ニ際シテハ當該年度ノ歳出入豫算及別紙第一號様式ニ依ル調書ヲ添附スルコト

營業税ニ關スル事項

一　營業收益税法第八條ノ規定ニ依リ營業收益税ヲ免除セラレタル重要物産ノ製造業者ニ對シテハ營業税ヲ賦課セザルコト

二　營業税ノ課税標準ニ付テハ地方ノ實情ニ應ジ施行規則第二條ノ課税標準中適當ナルモノヲ選擇シテ内務大臣及大藏大臣ノ許可ヲ受クルコトヲ得ルモ營業税ノ配賦課税ハ然ルベカラザルコト

雜種税ニ關スル事項

第一　電柱税ニ關スル事項

一　電柱税ハ年額左ノ制限以内タルベキコト

（イ）　木柱本柱　一本ニ付　金七十錢

（ロ）　同　支柱　一本ニ付　木柱本柱ノ制限額ノ半額

（ハ）　鐵　柱　一本ニ付　木柱本柱ノ制限額ノ一倍半

（ニ）　鐵　塔　一基ニ付　木柱本柱ノ制限額ノ三倍

特別ノ事情アルトキハ内務大臣及大藏大臣ノ承認ヲ受ケ鐵塔ニ對シ前記制限ヲ超過シテ賦課シ得ルコト但シ現ニ兩大臣ノ許可ヲ受ケ前記制限ヲ超過シテ賦課セルモノハ其ノ許可年限間更ニ承認ヲ受クルヲ要セザルコト

二　市町村ニ於ケル電柱税附加税又ハ特別税電柱税ハ年額左ノ制限内タルベキコト

（イ）市　木柱本柱　一本ニ付　金三圓ニ相當スル額

（ロ）町村　同　一本ニ付　金一圓五十錢ニ相當スル額

（ハ）木柱支柱、鐵柱及鐵塔ニ對スル課税ノ制限ニ付テハ前項道府縣ノ電柱税ノ制限ヲ準用スルコト

特別ノ事情アルトキハ電柱税附加税ニ付テハ道廳長官、府縣知事ノ承認（雜種税附加税ノ不均一賦課ニ該當スル場合ニハ其ノ許可）ヲ受ケ又特別税ニ付テハ内務大臣及大藏大臣ノ許可ヲ受ケ鐵塔ニ對シ前記制限ヲ超過シテ賦課シ得ルコト但シ現ニ兩大臣ノ許可ヲ受ケ前記制限ヲ超過シテ賦課セルモノハ其ノ許可年限間更ニ許可ヲ受クルヲ要セザルコト

三　既ニ許可ヲ受ケテ賦課セル電柱税又ハ電柱税附加税ニシテ前二項ノ制限ヲ超過セルモノハ機會ヲ見計ヒ相當低減スベキコト

四　木柱控柱ノ類ニ對シテハ課税セザルコト

五　鐵筋「コンクリート」ノ電柱ニ對シテハ其ノ形狀ニ應ジ鐵柱又ハ鐵塔ニ準ジテ課税シ得ルコト

六　府縣費ノ全部ノ分賦ヲ受ケタル市ニ於テハ前記府縣ト市トノ電柱税制限額ヲ合

算シタルモノニ相當スル額迄賦課シ得ルコト

七 賦課期日ノ直前一ケ年分ノ事業年度ノ利益配當年六分未滿ナルトキハ課稅セザルコト

八 道府縣ガ電柱稅ヲ賦課スル場合ニ於テハ市町村ハ特別稅電柱稅條例ノ施行ヲ停止シ其ノ許可ヲ受ケタルト同額迄附加稅トシテ賦課スベキコト

第二 狩獵稅ニ關スル事項

狩獵稅ハ左ノ制限以內タルベキコト

一 狩獵法第八條ニ規定スル一等及二等ニ該當スルモノ　國稅一圓ニ付　金十三錢

二 同三等ニ該當スルモノ　國稅一圓ニ付　金十錢

第三 不動產取得稅ニ關スル事項

一 不動產取得稅ノ課率ハ不動產價格千分ノ七以內タルベキコト

特別ノ事情アルトキハ內務大臣及大藏大臣ノ承認ヲ受ケ不動產價格千分ノ十二迄賦課シ得ルコト但シ現ニ兩大臣ノ許可ヲ受ケ賦課セルモノハ其ノ許可年限間更ニ承認ヲ受クルヲ要セザルコト

二 市町村ニ於ケル不動產取得稅附加稅又ハ特別稅不動產取得稅ハ不動產價格千分ノ十ニ相當スル課率以下タルベキコト

特別ノ事情アルトキハ不動產取得稅附加稅ニ付テハ道廳長官、府縣知事ノ承認（雜種稅ノ不均一賦課ニ該當スル場合ニハ其ノ許可）ヲ受ケ又特別稅ニ付テハ內務大臣及大藏大臣ノ許可ヲ受ケ不動產價格千分ノ二十ニ相當スル課率迄賦課シ得ルコ

ト但シ現ニ兩大臣ノ許可ヲ受ケ賦課セルモノハ其ノ許可年限間更ニ許可ヲ受クルヲ要セザルコト

三　電柱税ニ關スル事項(六)及(八)ハ不動產取得税及特別税不動產取得税ニ之ヲ準用スルコト

四　住宅ノ改良又ハ其ノ供給緩和ノ目的ヲ以テ小住宅ヲ建築スル場合ニハ課税セザルコト

第四　遊興税ニ關スル事項

一　遊興税ノ課税標準ハ之ヲ消費金額ノ全部ト爲スカ又ハ其ノ一部(花代ノ類)ト爲スカハ任意ナルモ同一團體ノ課税標準トシテハ其ノ一ニ依ルベキコト

二　遊興税ハ左ノ制限以內タルベキコト

(甲)　消費金額ノ全部ヲ課税標準ト爲ス場合

道府縣　　消費金額百分ノ五

市町村

(イ)　道府縣ニ於テ遊興税ヲ賦課セザルトキ　消費金額百分ノ十

(ロ)　市町村ガ北海道地方税又ハ府縣税ノ附加税トシテ賦課スルトキ

北海道地方税又ハ府縣税ノ課率ト通算シ　消費金額百分ノ十

(乙)　消費金額ノ一部(花代ノ類)ヲ課税標準ト爲ス場合

道府縣　　消費金額百分ノ七

市町村

（イ）道府縣ニ於テ遊興税ヲ賦課セザルトキ　消費金額百分ノ十四
（ロ）市町村ガ北海道地方税又ハ府縣税ノ附加税トシテ賦課スルトキ
北海道地方税又ハ府縣税ノ課率ト通算シ　消費金額百分ノ十四
（丙）道府縣ガ消費金額ノ全部ヲ課税標準ト爲ス場合ニ於テ市町村ガ消費金額ノ一部ヲ課税標準ト爲シ又ハ道府縣ガ消費金額ノ一部ヲ課税標準ト爲ス場合ニ於テ市町村ガ消費金額ノ全部ヲ課税標準ト爲ストキハ市町村ノ遊興税ハ道府縣ノ遊興税ノ課率ト通算シ消費金額ノ全部又ハ一部ノ百分ノ十二以内タルベキコト

三　消費金額ノ一部（花代ノ類）ヲ課税標準トシテ課税スル場合ニ於テハ免税點ヲ設ケザルモ差支ナキコト

四　道府縣ガ遊興税ヲ賦課スル場合ニ於テハ市町村ハ特別税遊興税條例ノ施行ヲ停止シ附加税トシテ賦課スベキコト但シ市町村ノ遊興税ガ道府縣ノ遊興税ト課税標準ヲ異ニスル場合ニ於テハ此ノ限ニ在ラザルコト

五　道府縣ノ遊興税ト市町村ノ遊興税ト免税點ヲ異ニスル場合ニ於テハ市町村ハ道府縣ノ遊興税ノ免税點以下ノ部分ニ付テノミ特別税遊興税ヲ賦課シ得ルコト

六　北海道地方税又ハ府縣税ノ徴收義務者ヲ定メタル場合ニ於テハ市町村長ヲシテ徴收金ノ拂込ヲ受ケシメ之ヲ取纏メテ北海道地方費又ハ府縣ノ金庫ニ拂込マシムルガ如キ規定ヲ設ケ得ザルコト

七　徴收義務者ヲ定メタルトキハ遊興税ノ拂込ハ證紙ヲ以テスルコトト爲スヲ得ザルコト

第五　前掲以外ノ雜種税ニ關スル事項

一　施行勅令第十七條第三項ノ規定ニ依リ設定シタル雜種税ニ付課税標準ヲ變更スルコトナク單ニ其ノ課率ノ低減ヲ爲ス場合ニ於テハ内務大臣及大藏大臣ノ許可ヲ受クルヲ要セザルコト

二　觀覽税ハ入場料一人一回金拾五錢以上ノモノニ限リ賦課シ得ベク其ノ課率ノ制限ニ關シテハ遊興税ノ制限(甲)ヲ準用スルコト但シ地方競馬ニ關スル觀覽税ハ左ノ制限以内トシ競馬法ニ依ル競馬ニ付テハ課税セザルコト(昭和五年四月地發第二十九號但書追加)

道府縣　　入場料金額ノ百分ノ三

市町村

(イ)　道府縣ニ於テ觀覽税ヲ賦課セザルトキ　入場料金ノ百分ノ五

(ロ)　市町村ガ北海道地方税又ハ府縣税ノ附加税トシテ賦課スルトキ

北海道地方税又ハ府縣税ノ課率ト通算シ　入場料金額百分ノ五

三　傭人税ノ課税標準タルベキモノハ家事用ノ僕婢ニ限リ從業者又ハ作男ノ如キ專ラ營業若ハ職業ニ從事スル者竝家事ト營業若ハ職業トニ兼ネ從事スル者ハ課税標準ト爲スベカラザルコト

戸數割及戸數割ヲ賦課セザル市町村ノ家屋税附加税ニ關スル事項

一　施行勅令第二十三條第二項ノ適用ニ關シ必要アルニ依リ府縣ハ毎年二月末日迄ニ翌年度ニ於テ戸數割ヲ賦課セザル市町村名ヲ取調ベ内務大臣ニ報告スルコト

二　資産ノ狀況ニ依ル資力ノ算定ニ付テハ之ガ利用ヲ誤リテ負擔ノ不均衡ヲ惹起スコ

トナキ樣嚴密ニ監督スルコト

三　資力算定ノ標準タル所得額ノ計算上職工其ノ他勞役者ノ賃銀等ハ其ノ者ガ獨立ノ企業者ニ非ズシテ專ラ雇傭關係ニ依リ收得スルモノナルニ於テハ假令日給ノモノト雖モ其ノ名稱ノ如何ヲ問ハズ所謂勤勞所得トシテ取扱フベキコト

四　施行勅令第二十六條ノ規定ニ依リ市町村長ニ於テ通報義務ヲ有スル所得ノ範圍ハ其ノ市町村住民ニ非ザル者ガ當該市町村ニ於テ土地家屋物件ヲ所有シ使用シ若ハ占有シ又ハ營業所ヲ定メテ營業ヲ爲シ依テ生ズル所得ニシテ此ノ通報ノ遲速ハ他市町村ノ戶數割ノ賦課ニ至大ノ關係ヲ有スルヲ以テ通報期限ヲ嚴守スル樣充分ニ監督スルコト尙所得ノ基本タル事實ヲモ併セテ通報セシムルハ之ヲ受ケタル市町村ニ於テ資力算定ノ標準タル資產狀況ヲ測定スル場合ノ參考ニ資スルガ爲(例ヘバ田畑山林ノ所得、家屋又ハ營業ノ所得等其ノ所得ノ基本タル事實ヲ知ルヲ得シムル趣旨)ナルニ付特ニ注意セシムルコト

五　戶數割ノ制限外課稅ヲ爲サントスル場合及戶數割ヲ賦課セザル市町村ニ於テ家屋稅附加稅ノ制限外課稅ヲ爲サントスル場合ニ於テハ各國稅附加稅及特別地稅附加稅ハ所定ノ制限率迄之ヲ賦課シタルコトヲ要スルコト

六　戶數割ノ制限外課稅ヲ爲サントスル場合及戶數割ヲ賦課セザル市町村ニ於テ家屋稅附加稅ノ制限外課稅ヲ爲サントスル場合ニ於テハ基本財產(特別基本財產ヲモ含ム)ノ蓄積又ハ積戾ハ其ノ財源ヲ指定寄附又ハ財產ヨリ生ズル收入ニ求ムルモノヲ除クノ外之ヲ停止シ負擔輕減ノ資ニ充ツルコト但シ追加賦課ノ爲メ制限外課稅ヲ爲サント

スル場合ニ於テ從前議決ニ基キ既ニ蓄積ヲ施行シタルモノハ此ノ限ニ在ラザルコト

七　戶數割ノ制限外課税ノ許可稟請及戶數割ヲ賦課セザル市町村ニ於ケル家屋税附加税ノ制限外課税ノ許可稟請ニ付テハ昭和二年三月三十一日內務大藏省訓令第三三四號訓令市町村其ノ他公共團體ニ於ケル課税等ニ關スル議決ノ許可稟請ニ添附スベキ書類調製樣式ノ件ニ準ジ調製シタル書類及別紙第二號樣式ニ依ル調書ヲ添附スルコト

八　前項制限外課税ノ許可稟請ニ際シテハ左記ノ廉ニ付特ニ注意スルコト

（イ）歲入一覽表及歲出一覽表ハ訓令所定ノ通調製シ不備ナキヲ期スルコト

（ロ）歲入ニ公債ヲ計上シタル場合ニ於テハ其ノ起債許可ノ稟請ヲ同時ニ提出セシムルコト若シ委任許可債ナルトキハ許否ノ見込ヲ稟請書ニ附記スルコト

（ハ）歲出ニ國ノ事業ニ對スル寄附金ヲ計上シタル場合ニ於テ內務省ニ內申ヲ要スルモノナルトキハ其ノ內申書ヲ同時ニ提出スルコト

（ニ）歲出中相當多額ノ寄附金又ハ補助金ノ計上アル場合ニ於テハ其ノ內容及必要ナル事由ヲ稟請書ニ附記スルコト

（ホ）基本財產蓄積費ヲ豫算ニ計上シタル場合ニ於テハ蓄積ノ財源ヲ稟請書ニ明記スルコト仍ホ從前議決ニ基キ既ニ執行濟ノモノナルトキハ其ノ旨ヲ附記スルコト

（ヘ）戶數割ノ制限外課税ノ許可及戶數割ヲ賦課セザル市町村ニ於ケル家屋税附加税ノ制限外課税ノ許可ハ賦課スベキ豫算ノ總額ヲ許可スルモノナルヲ以テ假令課率ヲ增加セズ自然增收ノ爲メ豫算ノ追加又ハ更正ヲ爲ス場合ニ於テモ苟モ當初許可ヲ受ケタル賦課スベキ豫算總額ヲ超ユル場合ハ更ニ許可ヲ要スルコト但シ他ノ

九　市町村税ニ於テ追加ヲ爲シ戸數割及家屋税附加税ノ額ガ法定ノ制限割合ヲ超過セザルトキハ此ノ限ニ在ラザルコト
施行規則第二十八條ノ規定ニ依リ戸數割ノ制限外課税ノ許可ヲ爲シタルトキハ別紙第三號樣式ニ依ル報告書ヲ内務大臣ニ提出スルコト

第一號樣式

家屋税參考表

種目	本年度		前年度	
府縣税豫算總額	円	厘	円	厘
家屋税額				
府縣税總額ニ對スル家屋税ノ百分比				
地租附加税課率　宅地				
地租附加税課率　其ノ他				
特別地税課率				
營業收益税附加税課率				
所得税附加税課率				

備考

一、當初課税ノ稟請ヲ爲サントスルトキハ前年度欄ニハ當初豫算（同時議決ノ追加豫算ヲ合算ス）ニ依リ記入スルコト但シ昭和二年度ニ限リ家屋税額ニ付テハ戸數割税額（家屋税ヲ賦課シタルモノアルトキハ之ヲ合算シタル額）營業收益税附加税課率ニ付テハ營業税附加税課率ヲ記載スルコト

一、同一年度内ニ於テ數度許可稟請ヲ爲サントスルトキハ二回目以後ニ於テハ稟請當時ノ現在ニ依リ相當欄ニ記入シ前年度欄ノ記載ハ之ヲ要セザルコト

一、府縣費ノ全部ノ分賦ヲ受ケタル市ニ於ケル家屋税ニ付テハ本樣式ニ準ジ調書ヲ作製スルコト

第二號樣式

戸數割制限外課税參考表

種目	本年度	前年度
市町村税豫算總額	円　厘	円　厘
戸數割税額		
市町村税豫算總額ニ對スル戸數割税額ノ百分比		
制限額 税總額ノ百分ノ二十三 三十七又ハ六十		
戸數割納税義務者一人當		

地租附加税課率	宅地				
	其ノ他				
特別地税附加税課率					
營業收益税附加税課率					
「所得税附加税課率」					

備考

一、當初課税ノ稟請ヲ爲サントスルトキハ前年度欄ニハ追加ヲ合算シタル豫算ニ依リ記入スルコト但シ昭和二年度ニ限リ營業收益税附加税課率ニ付テハ營業税附加税課率ヲ記載スルコト

一、同一年度内ニ於テ數度許可稟請ヲ爲サントスルトキハ二回目以後ニ於テハ稟請當時ノ現在ニ依リ相當欄ニ記入シ前年度欄ノ記載ヲ要セザルコト

一、戸數割ヲ賦課セザル市町村ニ於ケル家屋税附加税ノ制限外課税ニ付テハ本樣式ニ準ジ調書ヲ作製スルコト但シ納税義務者一人當ハ之ヲ記載スルコトヲ要セズ

第三號樣式

戸數割制限外課税許可報告

昭和何年度 自何月 至何月　何道府縣

税目	市町村税豫算總額 圓	戸數割税額 圓	戸數割制限外課税額 圓	制限外課税額ノ費途 圓
戸數割				土木費 教育費 衛生費 何々

許可件數　何件
許可團體數　何市（町村）

備考

一、本件報告ハ一年度分ヲ二期ニ分チ四月ヨリ九月迄ノ分ヲ十月末日迄ニ、十月ヨリ三月迄ノ分ヲ四月末日迄ニ報告スルコト
二、市ノ分ト町村ノ分トハ各別表ニ之ヲ調製スルコト
三、「許可團體數」後半期分ニ在リテハ前半期ニ於テ許可シタル團體ト重複スルモノアルトキハ其ノ數ヲ附記スルコト

◉營業稅ニ關スル件依命通牒（昭和三年八月四日發地第一七號地方、主稅兩局長）

營業稅ノ課稅標準其ノ他營業稅ノ賦課方法ニ付テハ地方稅ニ關スル法律施行規則第二條第二項ニ依リ內務大藏兩大臣ノ許可ヲ要スル義ニ有之候處課稅標準ヲ變更スルコトナク單ニ其ノ課率ノ低減ヲ爲ス場合ニ於テハ爾今許可ヲ要セサルコトニ決定相成候條御了知相成度

◉電柱稅ノ賦課ニ關スル件依命通牒（昭和六年九月三日發地第七一號地方、主稅兩局長）

電柱稅ノ賦課ニ關シテハ昭和二年三月三十一日發地第三號ヲ以テ賦課期日直前一ケ年

分ノ事業年度ノ利益配當六分未滿ナルトキハ課税スヘカラサル旨通牒ノ次第モ有之候處現下事業界ノ實情ニ鑑ミ財政上已ムヲ得サル場合ニ於テハ當分ノ間賦課期日ノ直前一ケ年分ノ事業年度ノ利益配當年四分未滿ノモノヲ除キテハ課税スルモ支障無之尤モ六分未滿ノモノニ對シテ課税スル場合ハ六分以上ノモノト六分未滿ノモノトノ間ニ賦課額ニ區分ヲ設ケ六分未滿ノモノニ對スル賦課額ハ六分以上ノモノニ對スル賦課額ニ比シ三割以上ノ低減（六分以上ノモノナキ爲六分未滿ノモノノミニ對シ賦課スル場合ハ其ノ賦課額ハ六分以上ノモノニ對スル制限額ノ七割ヲ超ユルコトヲ得サルコト）ヲ爲スヲ要スルコトニ決定相成候條御了知相成度尚管下市町村ニ對シテモ同樣御示達相成度

◎電柱税ノ賦課ニ關スル件依命通牒（昭和七年七月十五日發地第五三號地方、主税兩局長）

電柱税賦課ノ制限ニ關シテハ客年九月三日發地第七一號ヲ以テ通牒ノ次第モ有之候處地方財政竝事業界ノ現狀ニ鑑ミ財政上已ムヲ得ザル場合ニ於テハ當分ノ間賦課期日ノ直前一ケ年分事業年度ノ利益配當四分未滿三分以上ノモノニ對シテモ課税スルモ差支無之尤モ之ガ課税ニ付テハ左記ニ依ルコトニ決定相成候條御了知相成度尚管下市町村ニ對シテモ同樣御示達相成度

追テ利益配當四分以上六分未滿ノモノニ對スル課税ニ付テハ客年九月三日發地第七一號通牒ニ依ル義ニ有之爲念

記

一　利益配當四分未滿三分以上ノモノニ對スル課税ハ前年度賦課期日ノ直前一ケ年

分ノ事業年度ニ於ケル納税者ノ利益配當ガ年四分以上ナリシ爲之ガ電柱ニ對シ課税スルモノトシテ當該公共團體ニ於ケル昭和七年度以降ノ歳入豫算中ニ之ガ收入ヲ見込ミ居リタル場合ニ於テ其ノ後ノ事業年度分利益配當ガ年四分未滿トナリタル爲不課税トナルコトニ依リ相當多額ノ歳入缺陷ヲ生ジ經理上已ムヲ得ザル公共團體ニ限リ課税シ得ルコト但シ附加税ニ付テハ此ノ限ニ在ラズ

二　利益配當四分未滿三分以上ノモノニ對スル賦課額ハ六分以上ノモノニ對スル賦課額ニ比シ四割以上ノ低減（賦課條例中六分以上ノモノニ對スル賦課額ノ定メナキトキハ六分未滿四分以上ノモノニ對スル賦課額ニ比シ一割四分以上ノ低減）ヲ爲スコト

◉制限外課税委任許可報告ノ件依命通牒（昭和二年三月三十一日發地第六號、內務大藏兩次官）

大正九年勅令第二百八十二號、大正十五年勅令第百四十三號及大正十五年內務大藏省令地方税ニ關スル法律施行規則第二十八條ノ規定ニ依リ地方長官ニ委任セラレタル地租、營業收益税、所得税ノ附加税、特別地税若ハ其ノ附加税及家屋税附加税ノ制限外課税ノ許可ニ關シテハ昭和二年度以降左ノ趣旨ニ依リ御處理相成度

追而大正九年八月二十日發地第百七十一號及大正十五年六月三日發地第三十三號通牒ハ昭和元年度限リ廢止セラレタル義ニ付爲念

記

一　委任勅令ニ該當スル課税ト然ラザルモノト一ノ決議ナル場合ニ於テハ總テ內務

大臣及大藏大臣ノ許可ヲ受クルコト

二　委任勅令ニ該當スル課税ト委任範圍外ノ段別割條例（北海道二級町村ニ在リテハ其ノ議決）ノ許可トヲ併セ請フモノハ内務大臣及大藏大臣ノ許可ヲ受クルコト

三　各年度ノ歳出ニ著シキ異動ナシト認メラルルモノニ對シテハ五年度ヲ限リ繼續課税ノ許可ヲ爲スヲ妨ゲザルモ此ノ場合ニ於テハ稟請年度ノ課率ヲ以テ最高限度トスルコト

四　委任許可事項ハ臺帳ヲ設ケ之ヲ登錄スルコト

五　委任許可ニ付テハ毎年度二回別記樣式ニ依ル報告書ヲ内務大臣ニ提出スルコト

樣式

制限外課税許可報告　昭和何年度自何月至何月　何道府縣

税目	制限外税額 第一項該當	制限外税額 第二項該當	制限外税額 計	制限外課税ヲ爲シ得ル費用額 費途	制限外課税ヲ爲シ得ル費用額 金額
地租附加税	円	円	円	許可債元利償還費	
特別地税又ハ其ノ附加税				非常災害復舊費	
段別割				水利ノ費用	
營業收益税附加税				傳染病豫防費	

所得税附加税				
家屋税附加税				
計				
特別ノ必要アルモノ	何々費			
	……			
	……			
計				

許可件數　何件

許可團體數　何市(町村若ハ水利組合(土功組合))

備考

一、本件報告ハ一年度分ヲ二期ニ分チ四月ヨリ九月迄ノ分ヲ十月末日迄ニ、十月ヨリ三月迄ノ分ヲ四月末日迄ニ報告スルコト

二、市ノ分ト町村ノ分ト水利組合(土功組合)ノ分トハ各別表ニ之ヲ調製スルコト

三、「許可團體數」後半期分ニ在リテハ前半期ニ於テ許可シタル團體ト重複スルモノアルトキハ其ノ數ヲ附記スルコト

四、家屋税附加税ハ大正十五年勅令第三百三十九號第十條第二項ノ課税ヲ第一項該當欄ニ同條第三項ノ課税ヲ第二項該當欄ニ記載スルコト

◉府縣ニ於ケル費用ノ府縣負擔ニ關スル件

(大正十五年十一月十七日
勅令第三百三十八號)

法律勅令ニ規定アルモノノ外府縣ニ於ケル左ノ費用ハ之ヲ府縣ノ負擔トス

一　警察費
二　警察廳舍建築修繕費
三　土木費
四　衛生及病院費
五　教育費
六　救育費
七　諸達書及掲示諸費
八　勸業費
九　府縣廳舍建築修繕費

附　則

1　本令ハ大正十六年度分ヨリ之ヲ適用ス
2　休職ノ郡官吏ノ給與ニ關スル府縣ノ負擔ニ付テハ仍ホ從前ノ例ニ依ル

◉地方税ニ關スル法律第二十八條ニ依ル委任ノ件（大正十五年六月三日勅令第百四十三號）

大正十五年法律第二十四號第二十八條ノ規定ニ依リ左ニ掲クル事項ニ付テノ許可ノ職權ハ北海道廳長官又ハ府縣知事ニ之ヲ委任ス

一　同法第七條第一項ノ規定ニ依リ制限ヲ超過シ課税スルコト
二　同法第七條第二項ノ規定ニ依リ同法第七條第一項ノ制限ヲ超過シ同法第三條乃至第五條ニ規定スル制限率又ハ制限額ノ百分ノ五十以内ニ於テ課税スルコト

附　則

本令ハ大正十五年分ヨリ之ヲ適用ス

◉地方税制限ニ關スル法律（明治四十一年三月三十一日法律第三十七號）

改正（明治四十三年三月法律第二十七號、四十四年三月同第三十二號、大正九年八月同第三十七號、十二年三月同第三十號、十五年三月同第二十五號、昭和六年四月同第五十一號）

第一條 北海道、府縣其ノ他ノ公共團體ハ左ノ制限以内ノ地租附加税又ハ段別割ヲ課スルノ外土地ニ對シテ課税スルコトヲ得ス

一 北海道、府縣

附加税ノミヲ課スルトキ　地租百分ノ八十二

段別割ノミヲ課スルトキ　一段歩ニ付　毎地目平均金一圓

附加税及段別割ヲ併課スル場合ニ於テハ段別割ノ總額ハ其ノ地目ノ地租額百分ノ八十二ト附加税額トノ差額ヲ超ユルコトヲ得ス（大正十二年三月法律第三十號、昭和六年四月同第五十一號改正）

二 其ノ他ノ公共團體

附加税ノミヲ課スルトキ　地租百分ノ六十六

段別割ノミヲ課スルトキ　一段歩ニ付　毎地目平均金一圓

附加税及段別割ヲ併課スル場合ニ於テハ段別割ノ總額ハ其ノ地目ノ地租額百分ノ六十六ト附加税額トノ差額ヲ超ユルコトヲ得ス（明治四十四年三月法律第三十二號）

（大正九年同第三七號、昭和六年四月同第五十一號改正）

第二條　北海道、府縣其ノ他ノ公共團體ハ左ノ制限以內ノ營業收益稅附加稅ヲ課スルノ外營業收益稅ヲ納ムル者ノ營業ニ對シ課稅スルコトヲ得ス（明治四十三年法律第二十七號、大正九年同第三十七號、十二年同第三十號、十五年三月同第二十五號、昭和六年四月同第五十一號改正）

一　北海道、府縣　營業收益稅百分ノ四十六半

二　其ノ他ノ公共團體　營業收益稅百分ノ六十六

2　營業收益稅附加稅ノ賦課ニ付テハ營業收益稅法第十條第二項ノ規定ニ依ル資本利子稅額ノ控除ヲ爲サザルモノヲ以テ營業收益稅額ト看做ス（十五年三月法律第二十五號追加）

第三條　北海道、府縣ハ所得稅百分ノ二十四以內ノ所得稅附加稅ヲ課スルノ外所得稅ヲ納ムル者ノ所得ニ對シ課稅スルコトヲ得ス（同上改正）

2　北海道府縣以外ノ公共團體ハ府縣費ノ全部又ハ一部ノ分賦ヲ受ケタル場合ヲ除クノ外所得稅ヲ納ムル者ノ所得ニ對シ課稅スルコトヲ得ス（同上追加）

3　戶數割ヲ賦課シ難キ市町村ニ於テハ前項ノ規定ニ拘ラス內務大藏兩大臣ノ許可ヲ受ケ所得稅附加稅ヲ課スルコトヲ得但シ其ノ賦課率ハ所得稅百分ノ七ヲ超ユルコトヲ得ス（同上）

4　所得稅附加稅ノ賦課ニ付テハ所得稅法第二十一條第二項ノ規定ニ依ル第二種ノ所得稅額ノ控除ヲ爲サザルモノヲ以テ第一種ノ所得稅額ト看做ス（同上）

5　第二種ノ所得ニ對シテハ附加稅ヲ課スルコトヲ得ス（同上改正）

第四條　府縣費ノ全部ヲ市ニ分賦シタル場合ニ於テハ市ハ前三條ノ市稅制限ノ外其ノ

2 分賦金額以內ニ限リ府縣稅制限ニ達スル迄課稅スルコトヲ得

府縣費ノ一部ヲ市町村ニ分賦シタル場合ニ於テハ市町村ハ前三條ノ市町村稅制限ノ外其ノ分賦金額以內ニ限リ課稅スルコトヲ得但シ府縣ノ賦課額ト市町村ノ賦課額トノ合算額ハ府縣稅ノ制限ヲ超過スルコトヲ得ス

第五條　特別ノ必要アル場合ニ於テハ內務大藏兩大臣ノ許可ヲ受ケ第一條乃至第三條ノ制限ヲ超過シ其ノ百分ノ十二以內ニ於テ課稅スルコトヲ得

2 左ニ揭クル場合ニ於テハ特ニ內務大藏兩大臣ノ許可ヲ受ケ前項ノ制限ヲ超過シテ課稅スルコトヲ得

一 內務大藏兩大臣ノ許可ヲ受ケテ起シタル負債ノ元利償還ノ爲費用ヲ要スルトキ

二 非常ノ災害ニ因リ復舊工事ノ爲費用ヲ要スルトキ

三 水利ノ爲費用ヲ要スルトキ

四 傳染病豫防ノ爲費用ヲ要スルトキ

3 前二項ニ依リ制限ヲ超過シテ課稅スルハ第一條乃至第三條ニ定メタル各稅目ニ對スル賦課カ各其ノ制限ニ達シタルトキニ限ル但シ地租附加稅及段別割ヲ倂課シタル場合ニ於テハ一地目ニ對スル賦課カ制限ニ達シタルトキハ附加稅カ制限ニ達シタルモノト看做ス其ノ段別割ノミヲ賦課シタル場合ニ於テ一地目ニ對スル賦課カ制限ニ達シタルトキ亦同シ

4 前三項ノ規定ハ前條ノ場合ニ之ヲ準用ス

第六條　北海道府縣以外ノ公共團體ニ對スル前條ノ許可ノ職權ハ勅令ノ定ムル所ニ依

リ之ヲ地方長官ニ委任スルコトヲ得（大正九年八月法律第三十七號改正）

第七條　本法ノ規定ハ特ニ賦課率ヲ定メタル特別法令ノ適用ヲ妨ケス

附　則

1 本法ハ明治四十一年度ヨリ之ヲ施行ス

2 非常特別税法中地租、營業税及所得税ノ地方税制限ニ關スル規定ハ之ヲ廢止ス

附　則（大正九年八月法律第三十七號）

1 本法ハ大正九年度分ヨリ之ヲ適用ス

2 大正八年法律第二十九號ハ大正八年度分限リ其ノ效力ヲ失フ

3 大正九年七月三十一日迄ニ制限外課税ノ許可ヲ受ケタル大正九年度分ノ地租附加税、營業税附加税、所得税附加税又ハ段別割ノ賦課率又ハ賦課額ハ從前ノ規定ニ依ル制限率又ハ制限額ヲ通シテ本法ニ依ル制限ヲ超過セサルトキハ之ヲ制限内ノ賦課率又ハ賦課額ト看做シ其ノ制限ヲ超過スルトキハ其ノ超過部分ニ限リ之ヲ本法ニ依リ許可ヲ受ケタル制限外ノ賦課率又ハ賦課額ト看做ス但シ大正八年法律第二十九號ニ依リ制限外課税ノ許可ヲ受ケタル所得税附加税ニ付テハ前項ノ規定ヲ適用ス

附　則（大正十二年三月法律第三十號）

1 本法ハ大正十二年度分ヨリ之ヲ適用ス

2 本法公布ノ日迄ニ北海道、府縣其ノ他ノ公共團體カ營業税附加税ニ付制限外課税ノ許可ヲ受ケタル場合ニ於テ其ノ制限外ノ賦課率ハ之ヲ本法ニ依リテ許可ヲ受ケタル制限外賦課率ト看做ス

附　則（大正十五年三月法律第二十九號）

1　本法ハ大正十六年度分ヨリ之ヲ適用ス但シ第三條第一項ノ改正規定中第四項ノ規定及附則第二項ノ規定ハ大正十五年度分ヨリ之ヲ適用ス

2　營業稅法廢止法律ニ依リテ免除セラルル營業稅額ハ大正十五年度分營業稅附加稅ノ賦課ニ付テハ免除セラレサルモノト看做ス

附　則（昭和六年四月法律第五十一號）

1　本法ハ昭和六年度分ヨリ之ヲ適用ス但シ第一條ノ改正規定ハ昭和七年度分ヨリ之ヲ適用ス

2　昭和六年度分ニ付テハ第一條ノ改正規定中百分ノ八十二トアルハ百分ノ七十九、百分ノ六十六トアルハ百分ノ六十三トス

3　昭和六年度分ニ限リ勅令ノ定ムル所ニ依リ從前ノ地租ヲ標準トシ從前ノ規定ニ依リ地租附加稅ヲ賦課スルコトヲ得此ノ場合ニ於テ段別割ヲ併課スルトキハ段別割ノ總額ノ制限ハ從前ノ規定ニ依ル

4　北海道、府縣其ノ他ノ公共團體ニ於ケル改正制限率ニ依リ賦課スルコトヲ得ベキ地租附加稅額ト特別地稅額又ハ其ノ附加稅額トノ合算額ガ從前ノ地租又ハ地價ヲ標準トシ從前ノ制限率ニ依リ賦課スルコトヲ得ベキ地租附加稅額ト特別地稅額又ハ其ノ附加稅額トノ合算額ニ達セザル場合ニ於テ特別ノ必要アルトキハ昭和十二年度分迄ニ限リ勅令ノ定ムル所ニ依リ其ノ差額ノ範圍內ニ於テ內務大藏兩大臣ノ許可ヲ受ケ第一條又ハ第四條ノ制限及第五條第一項ノ制限ヲ超過シテ課稅スルコトヲ得

5 北海道、府縣其ノ他ノ公共團體ニ於ケル改正制限率ニ依リ賦課スルコトヲ得ベキ地租附加税額ト特別地税額又ハ其ノ附加税額トノ合算額ガ從前ノ地租又ハ地價ヲ標準トシ從前ノ制限率ニ依リ賦課スルコトヲ得ベキ地租附加税額ト特別地税額又ハ其ノ附加税額トノ合算額ヲ超ユル場合ニ關シテハ昭和十二年度分迄ニ限リ勅令ヲ以テ第一條及第四條ノ制限內ニ於テ之ニ代ルベキ課税ノ制限ヲ定ムルコトヲ得

6 前二項ニ掲グル地租附加税額、特別地税額及其ノ附加税額ノ算定ニ關シテハ內務大藏兩大臣ノ定ムル所ニ依ル

7 北海道、府縣其ノ他ノ公共團體ニ於テ段別割ノミヲ賦課スル場合ニ於テハ前三項ノ規定ヲ適用セズ

8 昭和六年度分ニ限リ個人ニ對スル營業收益税附加税ノ賦課ニ付テハ從前ノ税率ニ依リ算出シタルモノヲ以テ營業收益税額ト看做ス

9 北海道府縣以外ノ公共團體ニ對スル第四項ノ許可ノ職權ハ勅令ノ定ムル所ニ依リ之ヲ地方長官ニ委任スルコトヲ得

◉昭和六年地方税ニ關スル法律中、地方税制限ニ關スル法律中及都市計畫法中改正法律施行令（昭和六年四月一日勅令第五十號）

第一條　市町村長ハ昭和七年三月三十一日迄ノ間從前ノ地租名寄帳ニ依リ從前ノ地價及地租ヲ整理スベシ

第二條　昭和七年三月三十一日迄ノ間ニ於テ分筆又ハ合筆シタル土地アルトキハ市町

村長ハ地租法第三十三條ノ規定ニ準ジ地價ヲ定ムベシ

第三條 昭和六年法律第五十一號附則第三項ノ規定ニ依リ地租附加稅ヲ賦課スルトキハ地租法ニ依リ昭和六年分ノ地租ヲ徵收スル土地ニ對シ之ヲ賦課スベシ

第四條 昭和六年法律第五十號附則第二項ノ規定ニ依リ特別地稅又ハ其ノ附加稅ヲ賦課スルトキハ地租法第七十條ノ規定ニ依リテ昭和六年分ノ地租ヲ免除セラレタル田畑ニ對シ之ヲ賦課スベシ

第五條 第三條又ハ前條ノ規定ハ昭和六年法律第三十號附則第三項ノ規定ニ依リ地租割又ハ特別地稅ヲ賦課スル場合ニ之ヲ準用ス

第六條 昭和六年法律第五十一號附則第四項及同年法律第五十號附則第三項ノ規定ニ依リ制限ヲ超過シテ課稅スルコトヲ得ベキ制限外賦課率ハ左ノ各號ニ掲グル比率ノ範圍內トス

一 昭和六年度分ハ地租附加稅ニ在リテハ法律ニ規定スル差額ノ地租額ニ對スル比率、特別地稅ニ在リテハ其ノ比率ノ千分ノ四十、特別地稅附加稅ニ在リテハ其ノ比率ノ三十一分ノ四十

二 昭和七年度分ハ地租附加稅ニ在リテハ法律ニ規定スル差額ノ七分ノ六ノ地租額ニ對スル比率、特別地稅ニ在リテハ其ノ比率ノ千分ノ三十八、特別地稅附加稅ニ在リテハ其ノ比率ノ三十一分ノ三十八

三 昭和八年度分以降ハ前號ノ比率ヨリ其ノ六分ノ一ヲ每年度遞減シタル比率

2 前項ノ規定ニ依リ課稅スルハ營業收益稅附加稅、所得稅附加稅、特別地稅又ハ其ノ附

加税ノ賦課ガ明治四十一年法律第三十七號第五條第一項及大正十五年法律第二十四號第七條第一項ノ制限ニ達シタルトキニ限ル但シ特別地税又ハ其ノ附加税ト段別割トヲ併課シタル場合ニ於テ一地目ニ對スル賦課ガ制限ニ達シタルトキハ特別地税又ハ其ノ附加税ガ制限ニ達シタルモノト看做ス

第七條　昭和六年法律第五十一號附則第五項及同年法律第五十號附則第四項ニ該當スル場合ニ於テハ左ノ各號ニ掲グル比率ヲ以テ明治四十一年法律第三十七號第一條又ハ第四條及大正十五年法律第二十四號第三條乃至第五條ノ制限ニ代ルベキ制限トス

一　昭和六年度分ハ地租附加税ニ在リテハ從前ノ地租又ハ地價ヲ標準トシ從前ノ制限率ニ依リ賦課スルコトヲ得ベキ地租附加税額ト特別地税額又ハ其ノ附加税額トノ合算額ノ地租額ニ對スル比率、特別地税ニ在リテハ其ノ比率ノ千分ノ四十、特別地税附加税ニ在リテハ其ノ比率ノ三十一分ノ四十

二　昭和七年度分以降ハ地租附加税ニ在リテハ前號ノ比率ノ三十八分ノ四十ニ法律ニ規定スル超過額ノ七分ノ一ノ地租額ニ對スル比率ヲ毎年度遞増シタル比率、特別地税ニ在リテハ各年度分ノ比率ノ千分ノ三十八、特別地税附加税ニ在リテハ各年度分ノ比率ノ三十一分ノ三十八

2　前項ニ依リ算出シタル比率ハ地租附加税ニ付テハ百分位未滿ノ端數ハ之ヲ四捨五入シ特別地税又ハ其ノ附加税ニ付テハ千分位又ハ百分位未滿ノ端數ハ之ヲ切捨ツ

第八條　第六條及第七條ノ地租額ノ算定ニ關シテハ内務大臣及大藏大臣ノ定ムル所ニ依ル

第九條　北海道府縣以外ノ公共團體ニ對スル昭和六年法律第五十一號附則第四項及同

年法律第五十號附則第三項ノ規定ニ依ル許可ノ職權ハ之ヲ北海道廳長官又ハ府縣知事ニ委任ス但シ明治四十一年法律第三十七號第五條第二項又ハ大正十五年法律第二十四號第七條第二項ノ規定ニ依リ制限外課稅ヲ爲ス場合ニ於テ其ノ制限外課稅ガ制限率ノ百分ノ五十ヲ超ユルトキハ此ノ限ニ在ラズ

第十條 市町村ノ廢置分合又ハ境界變更等ニ依リ本令ニ據リ難キ事項ニ付テハ北海道廳長官又ハ府縣知事ハ內務大臣及大藏大臣ノ許可ヲ得テ別段ノ定ヲ爲スコトヲ得

第十一條 市制第六條又ハ第八十二條第三項ノ市ニ於テハ第一條又ハ第二條中市長ニ關スル規定ハ區長ニ之ヲ適用ス

2 町村組合ニシテ町村ノ事務ノ全部又ハ役場事務ヲ共同處理スルモノハ第一條又ハ第二條中町村長ニ關スル規定ハ組合管理者ニ之ヲ適用ス

3 町村制ヲ施行セザル地ニ於テハ第一條又ハ第二條中町村長ニ關スル規定ハ町村長ニ準ズベキモノニ之ヲ適用ス

附　則

本令ハ昭和六年度分ヨリ之ヲ適用ス

◎昭和六年地方稅ニ關スル法律中及地方稅制限ニ關スル法律中改正法律施行規則（昭和六年四月一日 內務、大藏省令）

第一條 昭和六年法律第五十一號附則第四項及第五項並同年法律第五十號附則第三項及第四項ニ揭グル地租附加稅額、特別地稅額又ハ其ノ附加稅額ハ昭和六年四月一日

現在ニ於ケル昭和六年分ノ地租ヲ徴收スベキ土地(災害免租地、自作農免租地及地租法第七十三條ノ規定ニ依リ地租ヲ徴收セザル土地ヲ含ム)ノ地租額又ハ從前ノ地租額ニ付左ノ規定ニ依リ算定ス

一　改正制限率ニ依リ賦課スルコトヲ得ベキ地租附加税額、特別地税額又ハ其ノ附加税額ハ昭和六年度分ニ付テハ地租額ニ、同七年度分ニ付テハ其ノ地租額ノ四十分ノ三十八ニ地租附加税ノ各改正制限率ヲ乘ジテ得タル金額トス

二　從前ノ制限率ニ依リ賦課スルコトヲ得ベキ地租附加税額、特別地税額又ハ其ノ附加税額ハ從前ノ地租額ニ地租附加税ノ從前ノ制限率ヲ乘ジテ得タル金額トス

第二條　昭和六年法律第五十一號、同年法律第五十號及同年法律第三十號施行令第六條第一項第一號及同第七條第一項第一號ノ地租額ハ前條第一號ノ地租額ノ合計額、同第六條第一項第二號及同第七條第一項第二號ノ地租額ハ其ノ合計額ノ四十分ノ三十八トス

第三條　市町村長ハ第一條ノ土地ノ賃貸價格及地租額竝從前ノ地價及地租額(宅地地租ト其ノ他ノ土地地租ニ區分スベシ)ノ各總額ヲ北海道廳長官又ハ府縣知事ニ報告スベシ

2　昭和六年法律第五十一號、同年法律第五十號及同年法律第三十號施行令第十一條第二項及第三項ノ規定ハ前項ノ適用ニ付之ヲ準用ス

附　則

本令ハ昭和六年度分ヨリ之ヲ適用ス

◉地方稅關係改正法令ノ施行ニ關スル件依命通牒

（昭和六年四月七日發地第四九號 道府縣長官宛、地方、主稅兩局長）

今回明治四十一年法律第三十七號中改正法律、大正十五年法律第二十四號中改正法律、都市計畫法中改正法律及之ガ施行ニ關スル勅令竝省令及大正十五年勅令第三百三十九號中改正勅令夫々公布相成候處之ガ施行ニ關シテハ特ニ別記事項御留意ノ上御措置相成度尙市町村其ノ他ノ公共團體ニ對シテハ同樣別記ニ依リ取扱方御示達相成度

第一 地租附加稅、特別地稅、同附加稅竝都市計畫特別稅地租割及特別地稅ニ關スル事項

昭和六年度分地租附加稅又ハ都市計畫特別稅地租割ニ付テハ改正地租ヲ標準トスルトキハ手續上六年度ノ後半ニ至ルニ非ザレバ之ヲ賦課シ難キヲ以テ斯クテハ當該團體ノ財政經理上支障ヲ生ズル虞アルニ付從前ノ地租ヲ標準トシテ賦課シ得ルノ途ヲ認メラレタルモノナルコト、而シテ同一團體ニ於テハ地租附加稅又ハ都市計畫特別稅地租割ヲ從前ノ地租ヲ標準トシテ賦課スル場合ハ特別地稅、同附加稅又ハ都市計畫特別稅特別地稅ハ必ズ從前ノ地價ヲ標準トシテ之ヲ賦課スベキコトニ定メラレタルコト、尙此ノ場合ニ於テハ單ニ課稅ノ標準ヲ從前ノ地租又ハ地價ニ求ムルニ過ギザルヲ以テ從前ノ地租ヲ標準トシ從前ノ規定ニ依リ地租附加稅ヲ賦課スル場合ト雖其ノ課稅ハ地租法ニ依リ昭和六年分ノ地租ヲ徵收スル土地ニ對シ之ヲ行フベク（施行令第三條）又從前ノ地價ヲ標準トシ從前ノ規定ニ依リ特別

地稅ヲ賦課スル場合ニ於テモ其ノ課稅ハ地租法第七十條ノ規定ニ依リテ昭和六年分ノ地租ヲ免除セラレタル田畑ニ對シ之ヲ行フベキコト(施行令第四條)

二 從前ノ地租又ハ地價ヲ標準トシ昭和六年度分ノ地租附加稅又ハ特別地稅、同附加稅ヲ賦課スル場合ニ於テ既ニ制限外課稅ノ許可ヲ受ケタルモノハ課率ヲ變更セザル限リ更ニ制限外課稅ノ許可ヲ受クルヲ要セザルコト

三 同一納稅義務者ニ付同一市町村內ニ於ケル同一地目ノ賃貸價格ノ合計金額ガ一圓ニ滿タザルトキハ地租ヲ徵收セザルニ付(地租法第七十三條)地租附加稅モ亦之ヲ賦課シ得ザルコト

四 地租法第七十三條ノ規定ニ依リ免租トナル田畑ニ對シテハ自作農地ト雖特別地稅及其ノ附加稅ハ之ヲ賦課シ得ザルコト

五 施行令第七條ノ規定ニ依リ大正十五年法律第二十四號第三條第一項ノ特別地稅ノ制限ニ代ルベキ制限ヲ定メラレタル道府縣內ノ市町村等ニ於テモ同條第二項ノ特別地稅附加稅ノ制限ハ法律ニ規定スル通リ賃貸價格百分ノ三・一ノ百分ノ八十ナルコト

六 昭和六年法律第五十一號附則第四項又ハ同年法律第五十號附則第三項ノ規定ニ依ル制限外課稅ト明治四十一年法律第三十七號第五條第二項又ハ大正十五年法律第二十四號第七條第二項ノ規定ニ依ル制限外課稅トハ當該團體ニ於ケル營業收益稅附加稅及所得稅附加稅ノ負擔狀況等ニ鑑ミ適宜其ノ一ヲ行フモ又二者併セ行フモ支障ナキコト

七　施行令第六條ノ制限外賦課ノ限度ハ昭和七年度以降每年度遞減スベキモ之ガ減收ノ補塡ニ付テハ努メテ經費ノ整理節約ニ依ルコトトシ他ノ稅ノ增徵ハ出來得ル限リ之ヲ避クベキコト

八　施行令第七條ノ法律ノ制限ニ代ルベキ制限ノ限度ハ昭和七年度以降每年度遞增スベキモ實際賦課率ノ決定ニ方リテハ納稅者ノ負擔ノ增加ニ充分ノ考慮ヲ拂フト共ニ賦課率ノ增加ニ因ル增收額ハ必ズ之ヲ國稅附加稅、特別地稅又ハ其ノ附加稅等ノ制限外課稅ノ輕減ニ充ツルカ又ハ家屋稅、同附加稅又ハ戶數割其ノ他當該團體ニ於テ比較的負擔ノ重キ稅ノ輕減ニ充ツルコト

九　施行規則第一條ノ規定ニ依ル地租附加稅額、特別地稅額又ハ其ノ附加稅額ノ算定ニ付テハ自作農免租地ノ區分明ナラザル場合ニ於テハ一括シテ地租附加稅額トシテ算定スルモ支障ナキコト

十　各公共團體ニ於ケル昭和六年度分乃至同十二年度分ノ施行令第六條ノ制限外賦課率及同第七條ノ法律ノ制限率ニ代ルベキ制限率ハ貴官ニ於テ遲クモ昭和六年中ニ算定シ之ヲ管下各公共團體ニ通達スルト共ニ道府縣及市町村ノ分ニ付テハ之ヲ取纏メ別記樣式ニ依リ地方局長ニ報告スルコト

第二　營業收益稅附加稅ニ關スル事項

道府縣ニ於ケル營業收益稅附加稅ノ制限ハ營業稅ノ輕減財源ニ充ツル爲昭和七年度以降本稅ノ百分ノ一・五ヲ特ニ引上ゲラレタルモノナルヲ以テ其ノ趣旨ニ依リ措置スルコト

第二　營業稅及雜種稅ニ關スル事項

一　個人ニ對スル營業收益稅ノ稅率ハ昭和六年分ニ付テハ純益千圓以下ノ金額ニ對シ(純益總額千圓ヲ超ユル場合ニ於テモ共ノ千圓迄ノ金額)百分ノ二・八ヲ百分ノ二・五ニ、又昭和七年分以降ニ付テハ純益千圓以下ノ金額ニ對シ百分ノ二・二ニ同千圓ヲ超ユル金額ニ對シ百分ノ二・八ヲ百分ノ二・六ニ輕減セラルルヲ以テ營業稅ニ付テモ總テ右營業收益稅ノ輕減ニ倣ヒ之ト同一程度ノ負擔割合迄輕減ヲナスコト、此ノ場合ニ於テ營業純益ヲ標準トセザル營業稅ノ賦課率又ハ賦課定額ハ反證ナキ限リ營業純益ニ對シ百分ノ二・八ノ割合ニ相當スル賦課率又ハ賦課定額ト看做シ之ガ輕減ヲ行フコト

二　大正十五年勅令第三百三十九號第十二條ニ揭グル營業ニ對スル營業稅ニシテ營業純益ヲ標準トセザルモノノ輕減ニ付テハ收入金額等ヲ標準トスル場合ニ在リテハ營業純益千圓ニ相當スベキ收入金額等ヲ求メテ其ノ限度ニ依リ賦課率ヲ區分シ又定額ヲ以テスル場合ニ在リテハ純益千圓以下ノ金額ニ對スル營業收益稅ノ稅率ニ依リ算出シタル金額ニ相當スル定額ヲ定メ若シ其ノ定額ニ依リ算出シタル稅ノ年額ガ昭和六年度分ニ付テハ二十五圓、昭和七年度分以降ニ付テハ二十二圓ヲ超ユルトキハ其ノ稅額ニ超過額ノ二十五分ノ三又ハ二十二分ノ四ヲ加フルガ如キ方法ヲ採ルコトトシ以テ營業收益稅ノ輕減ト均衡ヲ得シムルコト

三　昭和六年勅令第四十九號附則第四項ノ規定ニ依ル營業稅ノ制限外課稅ハ營業稅輕減ノ爲道府縣ニ於テ一時ニ財源ヲ失フコトハ財政上困難ノ場合アルベキコトヲ

慮リ特ニ三年度間ヲ限リ認メラレタルモノニシテ又同第六項ノ規定ハ右ノ場合ニ於ケル負擔ノ均衡ヲ保タシムル必要上設ケラレタルモノナルヲ以テ制限外課税ヲ爲ス場合ニ於テハ努メテ經費ノ整理節約ヲ圖リ制限外ノ課税額ハ漸次遞減ノ方針ヲ採リ且國税營業者ニ比シ負擔ノ均衡ヲ失スルコトナキヲ期スルコト

四 營業税ノ制限外賦課額ハ賦課率又ハ賦課定額ノ孰レヲ以テ定ムルモ差支ナキモ小營業者ニ對スル制限外課税ノ割合ガ大トナルガ如キコトナキヲ期スルコト

五 昭和六年度乃至同八年度分營業税ノ賦課率又ハ賦課定額ハ勿論制限外課税賦課率又ハ賦課定額モ亦昭和六年勅令第四十九號附則第八項ノ規定ニ依リ內務大藏兩大臣ノ許可ヲ受クルコト

六 雜種税中營業税的性質ヲ有スルモノニ付テハ營業税ノ輕減トノ權衡ヲ失セザル樣相當考慮スルコト

第四 營業税附加税

營業税ノ輕減ニ伴ヒ附加税ノ制限ハ之ヲ引上ゲラレタルモ尙減收ヲ生ズルトキハ努メテ經費ノ整理節約ヲ以テ之ヲ補塡シ之ガ爲制限外課税ヲ爲スガ如キコトナキヲ期スルコト

施行令第六條ノ制限外賦課率調

公共團體	從前ノ地租額 宅地	從前ノ地租額 其ノ他	從前ノ地租額 計	改正地租額 昭和六年分	改正地租額 同七年分	從前ノ規定ニ依ル制限額	改正規定ニ依ル制限額 昭和六年度分	改正規定ニ依ル制限額 同七年度分	差額 昭和六年度分	差額 同七年度分	制限外賦課率 昭和六年度	制限外賦課率 同七年度	制限外賦課率 同八年度	制限外賦課率 同九年度	制限外賦課率 同十年度	制限外賦課率 同十一年度	制限外賦課率 同十二年度

—	—	—	—	—	—	—	—	—	—	—	—	—	—	—	—	—
—	—	—	—	—	—	—	—	—	—	—	—	—	—	—	—	—

備考

一　本調ハ施行令第六條、施行規則第一條及第二條ニ依リ算定スルコト

二　制限額ハ地租附加税ト特別地税又ハ其ノ附加税トノ合算額トス

三　制限外賦課率欄ニハ右方ニ地租附加税、左方ニ特別地税又ハ其ノ附加税ノ分ヲ記載シ小數點以下六位迄算定スルコト

施行令第七條ノ制限率調

公共團體	従前ノ地租額 宅地	従前ノ地租額 其ノ他	従前ノ地租額 計	改正地租額 昭和六年分	改正地租額 同七年分	従前ノ規定ニ依ル制限額	改正規定ニ依ル制限額 昭和六年度分	改正規定ニ依ル制限額 同七年度分	超過額 昭和六年度分	超過額 同七年度分	制限率 昭和六年度	制限率 同七年度	制限率 同八年度	制限率 同九年度	制限率 同十年度	制限率 同十一年度	制限率 同十二年度
	—	—	—	—	—	—	—	—	—	—	—	—	—	—	—	—	—
	—	—	—	—	—	—	—	—	—	—	—	—	—	—	—	—	—

備考

一　本調ハ施行令第七條、施行規則第一條及第二條ニ依リ算定スルコト

二　制限額ハ地租附加税ト特別地税又ハ其ノ附加税トノ合算額トス

三　制限率欄ノ右方ニ地租附加税、左方ニ特別地税又ハ其ノ附加税ノ分ヲ記載スルコト

◉地租附加稅ノ不均一賦課ニ關スル件（昭和七年三月十八日勅令第二十六號）

1 北海道府縣ハ昭和十二年度分迄ニ限リ內務大臣及大藏大臣ノ許可ヲ受ケ宅地ト其ノ他ノ土地ト不均一ノ稅率ヲ以テ地租附加稅ヲ賦課スルコトヲ得

2 前項ノ場合ニ於テハ昭和六年法律第五十一號、同年法律第五十號及同年法律第三十號施行令第六條第一項第二號及第三號ノ比率ハ地租額（地租法第七十條ノ免租額ヲ含ム）ヲ以テ地租附加稅及特別地稅ノ制限外賦課額ノ合算額ヲ除シテ得タル平均率ニ付之ヲ適用ス此ノ場合ニ於テ特別地稅ニ關スル同號ノ規定ノ適用ニ付テハ其ノ制限外賦課率ハ田畑ニ對スル地租附加稅ノ制限外賦課率ノ千分ノ三十八以內トス

3 前項ノ平均率ノ算出ニ付テハ制限外賦課ヲ受ケザル土地アル場合ニ於テモ前項ノ地租額ニハ其ノ土地ニ對スル地租額ヲ算入ス

4 前二項ノ規定ハ市町村ガ宅地ト其ノ他ノ土地ト不均一ノ稅率ヲ以テ地租附加稅ヲ賦課スル場合ニ之ヲ準用ス此ノ場合ニ於テ特別地稅附加稅ニ關スル昭和六年法律第五十一號、同年法律第五十號及同年法律第三十號施行令第六條第一項第二號及第三號ノ規定ノ適用ニ付テハ其ノ制限外賦課率ハ田畑ニ對スル地租附加稅ノ制限外賦課率ノ三十一分ノ三十八以內トス

附　則

本令ハ昭和七年度ヨリ之ヲ適用ス

◎地租附加税不均一賦課ニ關スル件依命通牒（昭和七年三月十八日發地第二二號地方主税兩局長）

本日勅令第二六號ヲ以テ標記ノ件公布相成候處右ハ過般ノ地方税制ノ改正ニ伴ヒ宅地地租附加税ノ激增緩和ヲ講スルコトヲ得シメンカ爲ニ制定セラレタル義ニ有之之カ運用ニ付テハ左記ノ廉御留意相成度尚此ノ旨管下市町村ニモ御示達相成度

追テ勅令中制限外賦課額又ハ制限外賦課率ト稱スルハ改正法律附則ノ規定ニ依ル制限外賦課額又ハ制限外賦課率ヲ指シタル義ニ有之候爲念

記

一　宅地地租附加税賦課率（制限内及制限外ヲ通算ス）ニ對スル其ノ他ノ土地地租附加税賦課率ノ比ハ昭和七年度分ニ付テハ大體ニ於テ二倍二割爾後ハ之ヨリ毎年度約二割ヲ遞減シタル程度（即チ昭和八年度二倍、同九年度一倍八割以下之ニ倣フ）ヲ超エサルコト

二　宅地地租附加税賦課率ハ明治四十一年法律第三十七號第五條及改正法律附則ノ規定ニ依リ營業收益税附加税、所得税附加税又ハ其ノ他ノ土地地租附加税ノ制限外課税ヲ爲ス場合ニ在リテハ少クトモ制限率（法律ニ代ルヘキ制限アルトキハ其ノ制限率）ヲ下ルコトヲ得サルコト

三　地租附加税ト營業收益税附加税又ハ所得税附加税トノ負擔ノ均衡ニ關スル比率ノ計算ニ付テハ特殊ノ事情ナキ限リ平均賦課率ヲ標準トスルコト

◎地租附加税及特別地税同附加税ノ制限外課税ニ關スル件通牒（昭和六年十月二十四日發地第九二號地方、主税兩局長）

標記ノ件左記ノ通リ御取扱相成可然

記

明治四十一年法律第三十七號改正法律附則第五項ニ該當スル場合（地租附加税ノ制限額カ增加スル場合）ニ於ケル法第五條ノ制限外課税ハ附則第五項ニ依ル法律ニ代ルヘキ制限ヲ基準トスヘキヲ以テ附則第四項ニ該當スル場合（地租附加税ノ制限額カ減少スル場合）ニ於テモ同項ノ制限外課税ト法第五條第一項ノ制限外課税トヲ併用スルヲ必要トスルトキハ同項ノ規定ニ依ル制限外課率丈地租附加税ノ制限率カ擴張セラレタルモノトシテ地租附加税ノ賦課率ト營業收益税附加税又ハ所得税附加税ノ賦課率トノ各制限率ニ對スル比率ノ均衡ヲ保持スルコトニ取扱ヒ差支ナシ但シ附則第四項ノ制限外課税額カ基準トナレル制限外課税ニ付テハ法第五條第二項ノ適用ヲ受クヘキコトハ勿論トス特別地税及同附加税ニ付テモ右ニ同シ

◎災害免租地ニ對スル不課税ニ關スル件依命通牒（昭和六年八月十一日發地第六六號、地方、主税兩局長）

從來災害免租地ニ對シテモ地租附加税ハ之ヲ賦課シ得ルノ取扱例ニ有之候處右ハ適當ナラサルニ依リ今回此等ノ土地ニ對シテハ地租附加税ヲ賦課シ得サルコトニ取扱方ヲ

變更シ且特別地税、同附加税及段別割モ亦之ト同樣ノ取扱ヲ爲スノ要アルヲ以テ市制町村制施行令中改正勅令、北海道二級町村制中改正勅令公布相成候ニ就テハ之カ運用ニ關シテハ左記事項御留意相成度管下市町村共ノ他ノ公共團體ニ對シテモ同樣御示達相成度

記

一　地租法第六十五條ニ該當スル田畑ニ對シテハ納税義務者ノ申請アルトキハ自作農免租地ニ付テモ他ノ田畑ニ對スルト同樣税務署長ニ於テ免租處分ヲ行ハルルモノナルコト

二　市制町村制施行令第三十九條ノ三ノ規定ノ適用ニ關シテハ地租法第六十五條ノ規定ノ適用ノ例ニ準シ取扱フコト

三　市制町村制施行令第三十九條ノ二及第三十九條ノ三ノ規定ハ府縣税、北海道地方税、北海道一級町村税及水利組合費ノ賦課ニ付準用セラルルニ依リ災害免租地ニ對シテハ當然特別地税又ハ段別割ヲ賦課シ得サルコト又免租年期地ニシテ災害又ハ天候不順ニ因リ收穫皆無ニ歸シ納税義務者ノ申請アリタル田畑ニ對スル段別割モ亦同樣ナルコト

四　災害免租地及免租年期地ニ對スル北海道土功組合費ニ付テハ市制町村制施行令第三十九條ノ二及第三十九條ノ三ト同樣ノ規定ヲ組合規約中ニ設ケ同樣ノ取扱ヲ爲スコト

◎地方税制限ニ関スル法律第六條ニ依ル委任ノ件（大正九年八月二十日勅令第二百八十二號）

明治四十一年法律第三十七號第六條ノ規定ニ依リ左ニ掲クル事項ニ付テノ許可ノ職權ハ北海道廳長官又ハ府縣知事ニ之ヲ委任ス

一　同法第五條第一項ノ規定ニ依リ制限ヲ超過シ課税スルコト

二　同法第五條第二項ノ規定ニ依リ同法第五條第一項ノ制限ヲ超過シ同法第一條乃至第三條ニ規定スル制限率又ハ制限額ノ百分ノ五十以内ニ於テ課税スルコト

附　則

本令ハ公布ノ日ヨリ之ヲ施行ス

◎地方税制限法改正ノ件ニ付依命通牒（大正十二年五月十五日發地第三〇號地方、主税兩局長）

明治四十一年法律第三十七號地方税制限法中改正ノ件今般公布相成候處右ハ今回ノ營業税法改正ニ伴フ附加税ノ減收ヲ補塡シ以テ地方財源ノ缺陷ヲ補足スルト共ニ營業者ト營業者以外ノモノニ對スル從來ノ負擔ニ成ルヘク變動ヲ生セシメサルコトヲ期スル爲營業税附加税制限率ヲ擴張セラレタルモノニ候間改正法實施ニ付テハ左記ノ事項御

地方税制限ニ關スル法律第六條ニ依ル委任ノ件
地方税制限法改正ノ件ニ付依命通牒

承知置相成度

記

一　市町村ニ付テハ改正率ニ依ルモ従前ノ制限率ニ依リ徴収シ得ヘキ額ニ對シ市町村ヲ通シテ猶二百六十餘萬圓ノ減收ヲ見ルヘキ計算トナルヲ以テ該減收ハ財政緊縮ニ依リテ生スル餘裕ヲ以テ補塡シ之カ減收ノ補塡ヲ他ノ税ニ求ムルカ如キコトナカラシムルコト

一　改正法附則第二項ノ規定ハ從前ノ規定ニ依ル制限率ヲ超エタル賦課率ヲ改正法ニ依ル制限率ニ合算シタル賦課率ニ付許可ヲ受ケタルモノト看做スノ趣旨ナルヲ以テ其ノ課率ハ之ヲ更正スルコト

一　營業税附加税ヲ除キ他ノ附加税ニ付テノミ制限外課税ノ許可ヲ受ケタルモノニ在リテハ營業税附加税ノ課率ハ之ヲ改正制限率ニ更正スルコト

一　前二項ノ課率更正ニ依リ歳入ニ餘裕ヲ生スル場合ニ於テハ可成之ヲ減税ノ資ニ充テ之ヲ財源トシテ新事業等ヲ起サヽルコト

◎家屋賃貸價格調査令（昭和四年十二月二十九日勅令第四百三號）改正（昭和七年十月二十九日勅令第三百二十五號）

第一章　家屋稅調査委員

第一條　大正十五年法律第二十四號ニ規定スル家屋稅調査委員ハ第一次家屋稅調査委員、第二次家屋稅調査委員及特別家屋稅調査委員トス（昭和七年十月勅令第三百二十五號改正）

第二章　第一次家屋稅調査委員

第二條　第一次家屋稅調査委員（以下本章ニ於テ之ヲ調査委員ト稱ス）ハ各市町村ノ區域ニ之ヲ置キ市町村長及家屋稅調査員（以下本令ニ於テ之ヲ調査員ト稱ス）ヲ以テ之ヲ組織ス

2　調査員ハ市町村ノ區域ニ於テ其ノ被選擧權アル者ニ就キ選擧人之ヲ選擧ス

第三條　各市町村ノ區域ニ於ケル調査員ノ定數左ノ如シ

一　人口五千未滿ノ市町村　六人
二　人口五千以上一萬未滿ノ市町村　九人
三　人口一萬以上二萬未滿ノ市町村　十二人
四　人口二萬以上五萬未滿ノ市町村　十五人
五　人口五萬以上十萬未滿ノ市町村　十八人
六　人口十萬以上ノ市町村　二十人

2　人口十萬ヲ超ユル市町村ニ於テハ人口十萬、人口五十萬ヲ超ユル市町村ニ於テハ人口二十萬ヲ加フル毎ニ調査員二人ヲ增加ス

3調査員ノ定數ハ人口ニ增減アルモ總選擧ヲ行フ場合ニ非ザレバ之ヲ增減セズ

第四條　府縣知事特別ノ事情アリト認ムルトキハ區劃ヲ定メテ投票分會ヲ設クルコトヲ得

2前項ノ規定ニ依リ投票分會ヲ設ケタルトキハ府縣知事ハ直ニ其ノ區劃ヲ告示スベシ

第五條　調査員ノ總選擧ハ家屋賃貸價格ヲ改訂スベキ年度ノ四月一日ノ屬スル年ニ之ヲ行フ（昭和七年十月勅令第三百二十五號本條改正）

2調査員ハ其ノ區域ノ屬スル區域ニ於ケル第二次家屋税調査委員ノ會議ノ閉會ニ依リ其ノ任ヲ終ル

第六條　市町村內ノ家屋ニ付家屋税ヲ納ムル者ハ當該市町村ノ區域ニ於テ調査員ノ選擧權ヲ有ス但シ左ノ各號ノ一ニ該當スル者ハ此ノ限ニ在ラズ

一　破產者ニシテ復權ヲ得ザル者

二　租税滯納處分中ノ者

三　六年ノ懲役若ハ禁錮以上ノ刑ニ處セラレ又ハ舊刑法ノ重罪ノ刑ニ處セラレタル者

四　六年未滿ノ懲役又ハ禁錮ノ刑ニ處セラレ其ノ刑ノ執行ヲ終リ又ハ執行ヲ受クルコトナキニ至ル迄ノ者

第七條　市町村內ニ住所ヲ有シ且其ノ市町村ノ區域ニ於テ選擧權ヲ有スル年齡二十五年以上ノ者ハ當該市町村ノ區域ニ於テ調査員ノ被選擧權ヲ有ス但シ禁治產者及準禁治產者ハ此ノ限ニ在ラズ

第八條　調査員ニ缺員ヲ生ジタルトキハ第三十一條ノ例ニ依リ之ヲ補充スベキ當選者ヲ定ムベシ（昭和七年十月勅令第三百二十五號ヲ以テ第三項削除）

2前項ノ規定ニ依リ當選者ヲ定ムルモ仍缺員アル場合ニ於テ其ノ缺員ガ當該市町村ノ區域ニ於ケル調査員ノ定數ノ三分ノ一ヲ超ユルトキ又ハ府縣知事ニ於テ必要ト認ムルトキハ補缺選擧ヲ行フベシ

第九條　市町村長ハ選擧期日前四十日目ヲ期トシ其ノ日ノ現在ニ依リ選擧人名簿ヲ調製スベシ

第十條　市町村長ハ選擧期日前二十日目ヲ期トシ其ノ日ヨリ七日間市役所、町村役場又ハ其ノ指定シタル場所ニ於テ選擧人名簿ヲ關係者ノ縱覽ニ供スベシ

2縱覽ノ場所ハ縱覽開始ノ日前三日目迄ニ之ヲ告示スベシ

第十一條　選擧人名簿ニ關シ關係者ニ於テ異議アルトキハ縱覽期間內ニ之ヲ市町村長ニ申立ツルコトヲ得此ノ場合ニ於テハ市町村長ハ其ノ申立ヲ受ケタル日ヨリ五日內ニ之ヲ決定シ名簿ノ修正ヲ要スルトキハ直ニ之ヲ修正スベシ

2市町村長前項ノ決定ヲ爲シタルトキハ直ニ申立人ニ理由ヲ附シタル決定書ヲ交付シ併セテ其ノ要領ヲ告示スベシ

3第一項ノ決定ニ不服アル者ハ其ノ決定書ノ交付ヲ受ケタル者ニ在リテハ其ノ受ケタル日ヨリ、其ノ他ノ者ニ在リテハ告示アリタル日ヨリ十日內ニ府縣知事ニ訴願スルコトヲ得

第十二條　選擧人名簿ハ選擧期日ノ前三日目ヲ以テ確定ス

2確定名簿ハ其ノ確定シタル日ヨリ一年內ニ於テ行フ選擧ニ之ヲ用フ

3前條第三項ノ場合ニ於テ裁決アリタルニ依リ名簿ノ修正ヲ要スルトキハ市町村長ハ直ニ之ヲ修正シ併セテ其ノ旨ヲ告示スベシ

第十三條　第十一條ノ場合ニ於テ決定確定シ又ハ裁決アリタルニ依リ選擧人名簿無效ト爲リタルトキハ更ニ名簿ヲ調製スベシ
2天災事變等ノ爲必要アルトキハ更ニ名簿ヲ調製スベシ
3前二項ノ規定ニ依ル名簿ノ調製、縱覽、確定及異議決定ニ關スル期日及期間ハ府縣知事ノ定ムル所ニ依ル
4前項ノ規定ニ依リ期日及期間ヲ定メタルトキハ府縣知事ハ直ニ之ヲ告示スベシ
5名簿調製後ニ於テ選擧期日ヲ變更スルコトアルモ其ノ名簿ヲ用ヒ縱覽、確定及異議ノ決定ニ關スル期日及期間ハ前選擧期日ニ依リ之ヲ算定ス
6投票分會ヲ設ケタル場合ニ於ケル選擧人ノ所屬及選擧人名簿ノ抄本ノ調製ニ關シ必要ナル事項ハ主務大臣ノ定ムル所ニ依ル

第十四條　府縣知事ハ選擧ノ期日前七日目迄ニ選擧ヲ行フベキ區域、投票ヲ行フベキ日時及選擧スベキ調査員ノ員數ヲ告示スベシ
2天災事變等ノ爲投票ヲ行フコトヲ得ザルトキ又ハ更ニ投票ヲ行フノ必要アルトキハ府縣知事ハ當該市町村ノ區域又ハ投票分會ノ區劃ニ付投票ヲ行フベキ日時ヲ定メ投票ノ期日前七日目迄ニ之ヲ告示スベシ

第十五條　市町村長ハ選擧ノ期日前五日目迄ニ選擧會場（投票分會場ヲ含ム以下之ニ同ジ）ヲ告示スベシ

第十六條　市町村長ハ選擧長ト爲リ選擧會ヲ開閉シ其ノ取締ニ任ズ
2市町村長ハ選擧人名簿ニ登錄セラレタル者ニシテ被選擧權ヲ有スル者ノ中ヨリ二人

ノ選擧立會人ヲ選任スベシ
3 投票分會ニ於テハ市町村長ノ指定シタル吏員投票分會長ト爲リ之ヲ開閉シ其ノ取締ニ任ズ
4 市町村長ハ投票分會ニ於テ投票スベキ選擧人ニシテ被選擧權ヲ有スル者ノ中ヨリ二人ノ投票立會人ヲ選任スベシ
第十七條 選擧ハ無記名投票ヲ以テ之ヲ行フ
2 投票ハ一市町村ノ區域ニ付テハ一人一票ニ限ル
3 選擧人ハ選擧ノ當日投票時間内ニ自ラ選擧會場ニ到リ選擧人名簿又ハ其ノ抄本ノ對照ヲ經テ投票ヲ爲スベシ
4 投票時間内ニ選擧會場ニ入リタル選擧人ハ其ノ時間ヲ過グルモ投票ヲ爲スコトヲ得
5 選擧人ハ選擧會場ニ於テ投票用紙ニ自ラ被選擧人一人ノ氏名ヲ記載シテ投函スベシ
6 自ラ被選擧人ノ氏名ヲ書スルコト能ハザル者ハ投票ヲ爲スコトヲ得ズ
7 投票用紙ハ府縣知事ノ定ムル所ニ依リ一定ノ式ヲ用フベシ
8 投票分會ニ於テ爲シタル投票ハ投票分會長少クトモ一人ノ投票立會人ト共ニ投票函ノ儘之ヲ選擧長ニ送致スベシ
第十八條 確定名簿ニ登錄セラレザル者ハ投票ヲ爲スコトヲ得ズ但シ選擧人名簿ニ登錄セラルベキ確定決定書又ハ裁決書ヲ所持シ選擧ノ當日選擧會場ニ到ル者ハ此ノ限ニ在ラズ
2 確定名簿ニ登錄セラレタル者選擧人名簿ニ登錄セラルルコトヲ得ザル者ナルトキハ

投票ヲ爲スコトヲ得ズ選擧ノ當日選擧權ヲ有セザル者ナルトキ亦同ジ

第十九條　投票ノ拒否ハ選擧立會人之ヲ決定ス可否同數ナルトキハ選擧長又ハ投票分會長之ヲ決スベシ

2 投票分會ニ於テ投票拒否ノ決定ヲ受ケタル選擧人不服アルトキハ投票分會長ハ假ニ投票ヲ爲サシムベシ

3 前項ノ投票ハ選擧人ヲシテ之ヲ封筒ニ入レ封緘シ表面ニ自ラ其ノ氏名ヲ記載シ投函セシムベシ

第二十條　第三十五條ノ選擧及補缺選擧ヲ同時ニ行フ場合ニ於テハ一ノ選擧ヲ以テ合併シテ之ヲ行フ

第二十一條　市町村長ハ豫メ開票ノ日時ヲ告示スベシ

第二十二條　選擧長ハ投票ノ日又ハ其ノ翌日（投票分會ヲ設ケタルトキハ總テノ投票函ノ送致ヲ受ケタル日又ハ其ノ翌日）選擧立會人立會ノ上投票函ヲ開キ投票ノ總數ト投票人ノ總數トヲ計算スベシ

2 前項ノ計算終リタルトキハ選擧長ハ先ヅ第十九條第二項ノ投票ヲ調査スベシ其ノ投票ノ受理如何ハ選擧立會人之ヲ決定ス可否同數ナルトキハ選擧長之ヲ決スベシ

3 選擧長ハ選擧立會人ト共ニ投票ヲ點檢スベシ

4 天災事變等ノ爲開票ヲ行フコト能ハザルトキハ市町村長ハ更ニ開票ノ日時ヲ定ムベシ此ノ場合ニ於テ選擧會場ノ變更ヲ要スルトキハ豫メ更ニ其ノ場所ヲ告示スベシ

第二十三條　選擧人ハ其ノ選擧會ノ參觀ヲ求ムルコトヲ得但シ開票開始前ハ此ノ限ニ

在ラズ

第二十四條 府縣知事特別ノ事情アリト認ムルトキハ區劃ヲ定メテ開票分會ヲ設クルコトヲ得

2 前項ノ規定ニ依リ開票分會ヲ設クル場合ニ於テ必要ナル事項ハ主務大臣ノ定ムル所ニ依ル

第二十五條 左ノ投票ハ之ヲ無效トス

一 成規ノ用紙ヲ用ヒザルモノ

二 現ニ調査員ノ職ニ在ル者ノ氏名ヲ記載シタルモノ

三 一投票中二人以上ノ被選擧人ノ氏名ヲ記載シタルモノ

四 被選擧人ノ何人タルカヲ認メ難キモノ

五 被選擧權ナキ者ノ氏名ヲ記載シタルモノ

六 被選擧人ノ氏名ノ外他事ヲ記入シタルモノ但シ爵位、職業、身分、住所又ハ敬稱ノ類ヲ記入シタルモノハ此ノ限ニ在ラズ

七 被選擧人ノ氏名ヲ自書セザルモノ

第二十六條 投票ノ效力ハ選擧立會人之ヲ決定ス可否同數ナルトキハ選擧長之ヲ決スベシ

第二十七條 調査員ノ選擧ハ有效投票ノ最多數ヲ得タル者ヲ以テ當選者トス得票ノ數同ジキトキハ年長者ヲ取リ年齡同ジキトキハ選擧長抽籤シテ之ヲ定ムベシ

第二十八條 當選者選擧ノ期日後ニ於テ被選擧權ヲ有セザルニ至リタルトキハ當選ヲ

失フ

第二十九條　選擧長ハ選擧錄ヲ作リ選擧會ニ關スル顚末ヲ記載シ之ヲ朗讀シ選擧立會人ト共ニ之ニ署名スベシ

2投票分會長ハ投票錄ヲ作リ投票ニ關スル顚末ヲ記載シ之ヲ朗讀シ投票立會人ト共ニ之ニ署名スベシ

3投票分會長ハ投票函ト同時ニ投票錄ヲ選擧長ニ送致スベシ

4選擧錄及投票錄ハ投票、選擧人名簿其ノ他ノ關係書類ト共ニ調査員ノ任期間市町村長ニ於テ之ヲ保存スベシ

第三十條　當選者定マリタルトキハ市町村長ハ直ニ當選者ニ當選ノ旨ヲ告知シ同時ニ當選者ノ住所氏名ヲ告示スベシ當選者ナキトキ又ハ當選者其ノ選擧ニ於テ選擧スベキ調査員ノ員數ニ達セザルトキハ直ニ其ノ旨ヲ告示シ併セテ之ヲ府縣知事ニ報告スベシ

2當選者當選ノ告知ヲ受ケタルトキハ十日內ニ其ノ當選ヲ承諾スルヤ否ヲ市町村長ニ申立ツベシ

3當選者前項ノ申立ヲ其ノ期間內ニ爲サザルトキハ當選ヲ辭シタルモノト看做ス

4市町村長第二項ノ規定ニ依ル申立ヲ受ケタルトキハ直ニ其ノ旨ヲ府縣知事ニ報告スベシ

5當選者ナキニ至リタルトキ又ハ當選者其ノ選擧ニ於テ選擧スベキ調査員ノ員數ニ達セザルニ至リタルトキハ市町村長ハ直ニ其ノ旨ヲ告示シ併セテ之ヲ府縣知事ニ報告

スベシ

第三十一條　當選者左ニ揭グル事由ノ一ニ該當スル場合ニ於テ他ノ得票者ニシテ當選者ト爲ラザリシ者アルトキハ直ニ選擧會ヲ開キ其ノ者ノ中ニ就キ當選者ヲ定ムベシ

一　當選ヲ辭シタルトキ又ハ死亡者ナルトキ

二　第二十八條ノ規定ニ依リ當選ヲ失ヒタルトキ

三　第三十四條ノ規定ニ依ル異議申立又ハ訴願ノ結果當選無效ト爲リタルトキ

2前項ノ場合ニ於テ當選者ト爲ラザリシ者選擧ノ期日後ニ於テ被選擧權ヲ有セザルニ至リタルトキハ之ヲ當選者ト定ムルコトヲ得ズ

3第一項ノ場合ニ於テハ市町村長ハ豫メ選擧會ノ場所及日時ヲ告示スベシ

第三十二條　當選者當選ヲ承諾シタルトキハ府縣知事ハ直ニ當選證書ヲ付與シ併セテ其ノ住所氏名ヲ告示スベシ

第三十三條　選擧ノ規定ニ違反スルコトアルトキハ選擧ノ結果ニ異動ヲ生ズルノ虞アル場合ニ限リ其ノ選擧ノ全部又ハ一部ヲ無效トス但シ當選ニ異動ヲ生ズルノ虞ナキ者ヲ區分シ得ルトキハ其ノ者ニ限リ當選ヲ失フコトナシ

第三十四條　選擧人選擧又ハ當選ノ效力ニ關シ異議アルトキハ選擧ニ關シテハ選擧ノ日ヨリ、當選ニ關シテハ第三十條第一項又ハ第五項ノ告示ノ日ヨリ七日內ニ之ヲ市町村長ニ申立ツルコトヲ得此ノ場合ニ於テハ市町村長ハ其ノ申立ヲ受ケタル日ヨリ十四日內ニ之ヲ決定スベシ

2前項ノ決定ニ關シテハ第十一條第二項及第三項ノ規定ヲ準用ス

3 第八條第二項又ハ第三十五條ノ選舉ハ之ニ關係アル選舉又ハ當選ニ關スル異議申立期間、異議ノ決定確定セザル間又ハ訴願ノ裁決アル迄ハ之ヲ行フコトヲ得ズ
4 選舉又ハ當選ニ關スル異議ノ決定確定シ又ハ訴願ノ裁決アル迄ハ調査員ハ會議ニ列席シ議事ニ參與スルノ權ヲ失ハズ

第三十五條　選舉無效ト確定シタルトキ、當選者ナキトキ又ハ當選者ナキニ至リタルトキハ更ニ選舉ヲ行フベシ當選者其ノ選舉ニ於テ選舉スベキ調査員ノ員數ニ達セザルトキ又ハ員數ニ達セザルニ至リタルトキ其ノ不足ノ員數ニ付亦同ジ

第三十六條　調査員被選舉權ヲ有セザル者ナルトキハ其ノ職ヲ失フ其ノ被選舉權ノ有無ハ市町村長之ヲ決定ス
2 市町村長前項ノ決定ヲ爲シタルトキハ直ニ本人ニ理由ヲ附シタル決定書ヲ交付スベシ
3 第一項ノ決定ヲ受ケタル者不服アルトキハ其ノ決定書ノ交付ヲ受ケタル日ヨリ十日内ニ府縣知事ニ訴願スルコトヲ得
4 第三十四條第四項ノ規定ハ第一項及前項ノ場合ニ之ヲ準用ス

第三十七條　調査委員ハ市町村内ノ家屋ノ賃貸價格ヲ調査ス但シ大正十五年勅令第三百三十九號第四條第一項及第五條ノ規定ニ依リ定ムル家屋ノ賃貸價格ニ付テハ此ノ限ニ在ラズ（昭和七年十月勅令第三百二十五號但書追加）
2 調査委員ハ其ノ調査員中ヨリ第二次家屋税調査委員ヲ組織スベキ者ヲ選舉スベシ
3 前項ノ規定ニ依リ選舉スベキ調査員ノ定數ハ人口十萬以上ノ市町村ノ區域ニ於ケル調査委員ニ在リテハ三人、人口二萬以上ノ市町村ノ區域ニ於ケル調査委員ニ在リテ

ハ二人、其ノ他ノ調査委員ニ在リテハ一人トス
4 前項ノ定數ハ人口ニ增減アルモ第一次家屋稅調査委員ヲ組織スベキ調査員ノ定數ヲ變更スル場合ニ非ザレバ之ヲ增減セズ
5 第二項ノ規定ニ依リ第二次家屋稅調査委員ヲ組織スベキ者ヲ選擧シタルトキハ議長ハ直ニ其ノ氏名ヲ府縣知事ニ報告スベシ
第三十八條 調査委員ハ市町村長ヲ以テ議長トス
第三十九條 調査委員ノ會議ハ府縣知事之ヲ招集ス
2 招集及會議ノ事件ハ開會ノ日前三日目迄ニ府縣知事市町村長ヲシテ之ヲ告知セシムベシ
3 調査委員ノ會議ハ市町村長之ヲ開閉ス
4 調査委員ノ會議ノ開會日數ハ府縣知事之ヲ定ム
第四十條 調査委員ハ調査員定數ノ半數以上出席スルニ非ザレバ會議ヲ開クコトヲ得ズ但シ同一ノ事件ニ付招集再回ニ至ルモ仍半數ニ滿タザルトキ又ハ招集ニ應ズルモ出席調査員定數ヲ缺キ議長ニ於テ出席ヲ催告シ仍半數ニ滿タザルトキハ此ノ限ニ在ラズ
第四十一條 調査委員ノ議事ハ調査員ノ過半數ヲ以テ決ス可否同數ナルトキハ議長ノ決スル所ニ依ル
2 議長ハ其ノ職務ヲ行フ場合ニ於テモ之ガ爲調査員トシテ議決ニ加ハルノ權ヲ失ハズ
第四十二條 第三十七條第二項ノ規定ニ依リ調査委員ニ於テ行フ選擧ニ付テハ第十七

條、第二十五條及第二十七條ノ規定ヲ準用ス其ノ投票ノ效力ニ關シ異議アルトキハ調査委員之ヲ決定ス
2 前項ノ選擧ニ付テハ調査委員ハ調査員ニ於テ異議ナキ場合ニ限リ指名推選ノ法ヲ用ヒ全員ノ同意ヲ得タル被指名者ヲ以テ當選者ト定ムルコトヲ得
第四十三條　議長ハ會議ヲ總理シ會議ノ順序ヲ定メ其ノ日ノ會議ヲ開閉シ議場ノ秩序ヲ保持ス
第四十四條　調査委員ニ書記ヲ置キ議長之ヲ任免ス
2 書記ハ議長ノ命ヲ承ケ庶務ニ從事ス
第四十五條　議長ハ書記ヲシテ會議録ヲ調製シ會議ノ顚末及出席者ノ氏名ヲ記載セシムベシ
2 會議録ハ議長及調査員二人以上之ニ署名スルコトヲ要ス其ノ調査員ハ調査委員ニ於テ之ヲ定ムベシ
3 議長ハ會議録ノ寫ヲ添ヘ會議ノ結果ヲ府縣知事ニ報告スベシ
第四十六條　市町村長ハ市町村内ノ家屋ノ賃貸價格ニ關スル下調書ヲ調製シ之ヲ調査委員ニ提出スベシ但シ大正十五年勅令第三百三十九號第四條第一項及第五條ノ規定ニ依リ定ムル家屋ノ賃貸價格ニ關スル下調書ハ之ヲ特別家屋税調査委員ニ提出スベシ（昭和七年十月勅令第三百二十五號但書追加）
2 調査委員前項ノ下調書ヲ受ケタルトキハ家屋ノ賃貸價格ヲ調査シ其ノ調査書ヲ作製シ直ニ第二次家屋税調査委員ニ之ヲ送付スベシ（同上改正）

第三章　第二次家屋税調査委員

第四十七條　第二次家屋税調査委員(以下本章ニ於テ之ヲ調査委員ト稱ス)ハ數市町村ノ區域ヲ合セタル區域ニ之ヲ置キ府縣知事ノ指定シタル官吏又ハ吏員一人及第一次家屋税調査委員ニ於テ選擧シタル調査員ヲ以テ之ヲ組織ス

2 前項ノ區域ハ府縣知事之ヲ定ム

第四十八條　調査委員ハ其ノ區域内ノ家屋ノ賃貸價格ヲ調査ス但シ大正十五年勅令第三百三十九號第四條第一項及第五條ノ規定ニ依リ定ムル家屋ノ賃貸價格ニ付テハ此ノ限ニ在ラズ(昭和七年十月勅令第三百二十五號改正)

第四十九條　調査委員ハ第四十七條第一項ノ規定ニ依リ府縣知事ノ指定シタル官吏又ハ吏員ヲ以テ議長トス

第五十條　調査委員ノ會議ハ府縣知事之ヲ招集ス

2 招集及會議ノ事件ハ開會ノ日前十日目迄ニ府縣知事之ヲ告示スベシ

3 調査委員ノ會議ハ府縣知事之ヲ開閉ス

4 調査委員ノ會議ノ開會日數ハ府縣知事之ヲ定ム

第五十一條　第四十條、第四十一條及第四十三條乃至第四十五條ノ規定ハ調査委員ニ之ヲ準用ス

第五十二條　第四十六條第二項ノ規定ニ依ル調査書ノ送付ナキトキハ調査委員ハ市町村長ニ同條第一項ノ下調書ノ送付ヲ求ムベシ(昭和七年十月勅令第三百二十五號改正)

第四章　家屋ノ賃貸價格ノ決定

第五十三條　府縣知事ハ第二次家屋稅調査委員ノ調査ノ結果ニ依リ家屋ノ賃貸價格ヲ決定スベシ但シ第二次家屋稅調査委員ノ調査完了セザルトキ又ハ其ノ調査ヲ不當ナリト認ムルトキハ第五十四條ノ特別家屋稅調査委員ノ調査ノ結果ニ依リ之ヲ決定スベシ（昭和七年十月勅令第三百二十五號但書中改正、同號ヲ以テ第二項削除）

第五十四條　大正十五年勅令第三百三十九號第四條第一項及第五條ノ規定ニ依リ定ムル家屋ノ賃貸價格ニ付テハ前條ノ規定ニ拘ラズ府縣知事ハ其ノ指定シタル官吏又ハ吏員三人乃至五人ヲ以テ組織シタル特別家屋稅調査委員ノ調査ノ結果ニ依リ之ヲ決定スベシ（同上本條改正）

2 特別家屋稅調査委員ノ調査ノ方法ニ關シテハ府縣知事ノ定ムル所ニ依ル

第五章　補則

第五十五條　市町村ノ廢置分合又ハ境界變更アリタル場合ニ於テ府縣知事必要ト認ムルトキハ次ノ總選擧ニ至ル迄ノ間第三條第三項ノ規定ニ拘ラズ市町村ノ區域ニ於ケル調査員ノ定數ヲ增減スルコトヲ得

2 前項ノ場合ニ於テ選擧人名簿竝ニ調査員及第二次家屋稅調査委員ヲ組織スベキ調査

員ノ選擧、解任等ニ關シ必要ナル事項ハ主務大臣ノ定ムル所ニ依ル

第五十六條　第三條第一項及第二項並ニ第三十七條第三項ノ人口ハ主務大臣ノ定ムル所ニ依ル

第五十七條　法人タル選擧人ハ主務大臣ノ定ムル所ニ依リ代人ヲ以テ投票ヲ行フ此ノ場合ニ於テハ第十七條第三項乃至第六項、第十九條第二項及第三項並ニ第二十三條ノ規定ハ其ノ代人ニ之ヲ適用ス

2　禁治産者、準禁治産者及未成年者タル選擧人ニ關シテハ前項ノ規定ヲ準用ス

第五十八條　市制第六條及第八十二條第三項ノ市ニ於テハ本令中市ニ關スル規定ハ區ニ、市長ニ關スル規定ハ區長ニ、市役所ニ關スル規定ハ區役所ニ之ヲ適用ス

第五十九條　府縣知事特別ノ事情アリト認ムルトキハ第二條ノ規定ニ拘ラズ市ノ區域ヲ數區域ニ分チ其ノ區域毎ニ第一次家屋税調査委員ヲ置クコトヲ得此ノ場合ニ關シテハ左ノ規定ニ依ル

一　第二條、第三條第一項及第二項、第六條、第七條、第八條第二項、第十四條第二項、第十七條第二項、第三十七條第一項及第三項、第四十六條第一項、第四十七條第一項並ニ第五十五條ノ規定ノ適用ニ關シテハ市町村又ハ市町村ノ區域トアルハ市ノ區域ヲ分チタル區域トス

二　選擧人名簿ハ市ノ區域ヲ分チタル區域毎ニ之ヲ調製スベシ

三　選擧長ハ府縣知事ノ指定シタル市吏員トシ第二十一條、第二十二條第四項、第三十條第一項第二項第四項及第五項並ニ第三十一條第三項ノ規定ニ依ル市長ノ職務

ハ選擧長之ヲ行フ

四　第二條及第三十八條ノ規定ノ適用ニ關シテハ市町村長トアルハ府縣知事ノ指定シタル市吏員トス

第六十條　府縣費ノ全部ノ分賦ヲ受ケタル市ニ關シテハ左ノ規定ニ依ル（昭和七年十月勅令第三百二十五號改正）

一　第三十條第一項第四項及第五項、第三十七條第五項、第四十五條第三項竝ニ第五十一條ノ規定ニ依ル報告又ハ送付ハ市長ニ對シ之ヲ爲スベシ（同上）

二　第四條、第八條第二項、第十三條第三項及第四項、第十四條、第十七條第七項、第二十四條第一項、第三十二條、第三十九條第一項第二項及第四項、第四十七條、第五十條、第五十三條、第五十四條、第五十五條第一項竝ニ前條ノ規定ニ依ル府縣知事ノ職務ハ市長之ヲ行フ

第六十一條　削除（昭和七年十月勅令第三百二十五號）

第六十二條　府縣費ノ全部ノ分賦ヲ受ケタル市ガ府縣費ノ全部ノ分賦ヲ受ケザルニ至リタル場合ニ於テハ其ノ市ノ家屋税ノ調査員ハ之ヲ府縣ノ家屋税ノ調査員トス

2　前項ノ場合ニ於テ第六十條ノ規定ニ依リ市長ノ分チタル區域ハ之ヲ第五十九條ノ規定ニ依リ府縣知事ノ分チタル區域ト看做ス（昭和七年十月勅令第三百二十五號改正）

第六十三條　北海道ニ於テハ本令中府縣又ハ府縣知事ニ關スル規定ハ北海道又ハ北海道廳長官ニ、町村、町村長又ハ町村役場ニ關スル規定ハ町村、町村長又ハ町村役場ニ準ズベキモノニ之ヲ適用ス

（改四）

第六十四條　町村組合ニシテ町村ノ事務ノ全部又ハ役場事務ヲ共同處理スルモノハ本令ノ適用ニ付テハ之ヲ一町村、其ノ組合管理者ハ之ヲ町村長、其ノ組合役場ハ之ヲ町村役場ト看做ス

第六十五條　交通至難ノ島嶼其ノ他ノ地ニ於テ本令ヲ適用シ難キ事項ニ付テハ府縣知事ハ主務大臣ノ許可ヲ受ケ特別ノ規定ヲ設クルコトヲ得

附　則

本令ハ公布ノ日ヨリ之ヲ施行ス

附　則（昭和七年十月勅令第三百二十五號）

本令ハ昭和八年四月一日ヨリ之ヲ施行ス但シ第五條、第八條及第六十二條ノ改正規定ハ次ノ總選擧ヨリ之ヲ施行ス

◉家屋賃貸價格調査令施行規則（昭和四年十二月二十九日內務、大藏省令）

第一條 家屋賃貸價格調査令第三條第一項及第二項ノ人口ハ市制町村制施行規則第一條ノ規定ニ依ル人口トス但シ市制第八十二條第三項ノ市ノ區及家屋賃貸價格調査令第五十九條又ハ第六十條ノ規定ニ依リ市ノ區域ヲ分チタル區域ノ人口ニ付テハ府縣知事ノ告示シタル人口トス

2 家屋賃貸價格調査令第三十七條第三項ノ人口ハ市町村ノ區域ニ於ケル家屋税調査員ノ定數ノ標準ト爲リタル人口トス

第二條 家屋賃貸價格調査令第四條第一項ノ規定ニ依リ投票分會ヲ設ケタル場合ニ於テハ左ノ規定ニ依ル

一 選擧人名簿調製ノ期日ニ於テ投票分會ノ區劃內ニ住所ヲ有シタル選擧人ハ投票分會ニ於テ、其ノ他ノ選擧人ハ選擧會ニ於テ投票ヲ行フベシ

二 市町村長ハ必要アルトキハ選擧人名簿ニ依リ投票分會ノ區劃每ニ名簿ノ抄本ヲ調製スベシ

第三條 市町村ノ廢置分合アリタル場合ニ於テハ從前ノ市町村ノ市町村長（又ハ市町村長ノ職務ヲ行フ者）タリシ者ハ直ニ其ノ地域ノ新ニ屬シタル市町村ノ市町村長ニ選擧人名簿ヲ送付スベシ但シ名簿ヲ分割スルニ非ザレバ送付スルコト能ハザルトキ又ハ關係市町村ニ於ケル名簿ガ同一期日ニ依リ調製シタルモノニ非ザルトキハ此ノ限ニ在ラズ

2 市町村長選擧人名簿ノ送付ヲ受ケタルトキハ直ニ其ノ旨ヲ告示シ併セテ之ヲ府縣知事ニ報告スベシ

第四條 前條ノ規定ニ依リ送付ヲ受ケタル選擧人名簿ハ市町村ノ廢置分合ニ係ル地域ノ新ニ屬シタル市町村ニ於ケル選擧人名簿ト看做ス

第五條 第三條ノ規定ニ依リ送付ヲ受ケタル選擧人名簿確定前ナルトキハ名簿ノ縱覽、確定及異議ノ決定ニ關スル期日及期間ハ府縣知事（府縣費ノ全部ノ分賦ヲ受ケタル市ニ在リテハ市長）ノ定ムル所ニ依ル

2 前項ノ規定ニ依リ期日及期間ヲ定メタルトキハ府縣知事（府縣費ノ全部ノ分賦ヲ受ケタル市ニ在リテハ市長）ハ直ニ之ヲ告示スベシ

第六條 家屋賃貸價格調査令第五十七條ノ規定ニ依ル代人ハ左ニ掲グル者トス

一 會社ニ在リテハ業務ヲ執行スル社員、役員、其ノ他ノ法人ニ在リテハ之ニ準ズル者

二 禁治産者ニ在リテハ後見人、準禁治産者ニ在リテハ保佐人、未成年者ニ在リテハ法定代理人

2 代人ハ其ノ代人タルコトヲ證スベキ書面ヲ選擧長、開票分會長又ハ投票分會長ニ差出スベシ

第七條 選擧長（又ハ投票分會長）ハ選擧立會人（又ハ投票立會人）ノ面前ニ於テ選擧人ヲ選擧人名簿（又ハ選擧人名簿ノ抄本）ニ對照シタル後投票用紙（假ニ投票ヲ爲サシムベキ選擧人ニ對シテハ併セテ封筒）ヲ交付スベシ

第八條　選擧人誤リテ投票ノ用紙又ハ封筒ヲ汚損シタルトキハ其ノ引換ヲ請求スルコトヲ得
第九條　選擧人投票前選擧會場（又ハ投票分會場）外ニ退出シ又ハ退出ヲ命ゼラレタルトキハ選擧長（又ハ投票分會長）ハ投票用紙（交付シタル封筒アルトキハ併セテ封筒）ヲ返付セシムベシ
第十條　家屋賃貸價格調査令第二十四條第一項ノ規定ニ依リ開票分會ヲ設クル場合ニ於テハ左ノ規定ニ依ル
一　府縣知事ハ開票分會ヲ設ケタルトキハ直ニ其ノ區劃ヲ告示スベシ
二　開票分會ニ於テハ市町村長ノ指定シタル吏員開票分會長ト爲リ之ヲ開閉シ其ノ取締ニ任ズ
三　市町村長ハ豫メ開票分會場ヲ告示スベシ
四　開票分會ノ區劃内ノ投票分會ニ於テ爲シタル投票ハ投票分會長少クトモ一人ノ投票立會人ト共ニ投票函ノ儘投票錄及選擧人名簿ノ抄本（又ハ選擧人名簿）ト併セテ之ヲ開票分會長ニ送致スベシ
五　投票ノ點檢ヲ終リタルトキハ開票分會長ハ直ニ其ノ結果ヲ選擧長ニ報告スベシ
六　開票分會長ハ開票錄ヲ作リ開票ニ關スル顚末ヲ記載シ之ヲ朗讀シ開票立會人ト共ニ之ニ署名シ直ニ投票錄及投票ト併セテ之ヲ選擧長ニ送致スベシ
七　選擧長ハ總テノ開票分會長ヨリ第五號ノ報告ヲ受ケタル日若ハ其ノ翌日（又ハ

總テノ投票函ノ送致ヲ受ケタル日若ハ其ノ翌日）選擧會ニ於テ選擧立會人立會ノ上其ノ報告ヲ調査シ家屋賃貸價格調査令第二十二條第三項ノ規定ニ依リ爲シタル點檢ノ結果ト併セテ各被選擧人ノ得票總數ヲ計算スベシ

八 選擧ノ一部無效ト爲リ更ニ選擧ヲ行ヒタル場合ニ於テハ選擧長ハ前號ノ規定ニ準ジ其ノ部分ニ付前號ノ手續ヲ爲シ他ノ部分ニ於ケル各被選擧人ノ得票數ト併セテ其ノ得票總數ヲ計算スベシ

九 家屋賃貸價格調査令第十六條第四項ノ規定ハ開票立會人ニ、同令第二十二條、第二十三條及第二十六條ノ規定ハ開票分會ニ於ケル開票ニ之ヲ準用ス

第十一條 市町村ノ廢置分合又ハ境界變更アリタル場合ニ於テ廢置分合又ハ境界變更ニ係ル地域ノ從前屬シタル市町村ノ區域ニ於ケル家屋税調査員其ノ地域ノ新ニ屬シタル市町村ノ區域ニ於テ被選擧權ヲ有スル者ナルトキハ之ヲ當該市町村ノ區域ニ於ケル家屋税調査員トス

2 市町村ノ廢置分合又ハ境界變更アリタル場合ニ於テ廢置分合又ハ境界變更ニ係ル地域ノ新ニ屬シタル市ガ府縣費ノ全部ノ分賦ヲ受ケタル市ナル場合ニ於テ前項ノ規定ニ依リ其ノ市ノ家屋税調査員ト爲リタル者ハ當該市ノ總選擧ニ依リ選擧セラレタル調査員ノ任期滿了ノ日迄在任ス

3 第一項ノ家屋税調査員第二次家屋税調査委員ヲ組織スル者ナルトキハ之ヲ當該市町村ノ區域ニ於ケル第一次家屋税調査委員ニ於テ選擧セラレタル者ト看做ス

第十二條 市町村ノ廢置分合又ハ境界變更アリタル場合ニ於テ家屋税調査員ノ定數ニ

異動ヲ生ジタル爲解任ヲ要スル者アルトキハ市町村長抽籤シテ之ヲ定ム但シ缺員アルトキハ其ノ缺員ヲ以テ之ニ充ツベシ

2　前條第一項及第三項ノ場合ニ於テ家屋税調査員又ハ第二次家屋税調査委員ヲ組織スル家屋税調査員家屋賃貸價格調査令第三條第一項又ハ第三十七條第三項ノ定數ヲ超ユルニ至リタルトキハ前項ノ例ニ依ル

第十三條　市町村ノ廢置分合又ハ境界變更アリタル場合ニ於テ家屋税調査員ノ定數ニ異動ヲ生ジタル爲調査員其ノ定數ニ滿タザルニ至リタルトキ府縣知事（府縣費ノ全部ノ分賦ヲ受ケタル市ニ在リテハ市長）必要アリト認ムルトキハ其ノ不足ノ員數ニ付選擧ヲ行フベシ

2　前項ノ選擧ハ家屋賃貸價格調査令第三十五條ノ選擧又ハ補缺選擧ト同時ニ之ヲ行フ場合ニ於テハ一ノ選擧ヲ以テ合併シテ之ヲ行フ

3　第一項ノ選擧ニ依リ選擧セラレタル家屋税調査員ハ總選擧ニ依リ選擧セラレタル調査員ノ任期滿了ノ日迄在任ス

第十四條　家屋賃貸價格調査令第五十八條、第六十三條及第六十四條ノ規定ハ本令ノ適用ニ付之ヲ準用ス

第十五條　第三條第二項ノ規定ニ依ル報告ハ府縣費ノ全部ノ分賦ヲ受ケタル市ガ市制第六條又ハ第八十二條第三項ノ市ナル場合ニ於テハ市長ニ對シ之ヲ爲シ其ノ他ノ市ナル場合ニ於テハ之ヲ爲スコトヲ要セズ

第十六條　家屋賃貸價格調査令第五十九條又ハ第六十條ノ規定ニ依リ其ノ區域ヲ數區

域ニ分チタル市ニ於テハ本令中市町村ニ關スル規定ハ市ノ區域ヲ分チタル區域ニ之ヲ適用ス

附　則

本令ハ公布ノ日ヨリ之ヲ施行ス

㊟家屋賃貸價格調査令竝ニ同施行規則ニ關スル件

（昭和五年一月二十一日發地第一號各地方長官宛、地方、主税兩局長依命通牒）

客年十二月二十九日勅令第四百三號竝ニ内務大藏省令ヲ以テ家屋稅調査委員ノ組織竝ニ家屋ノ賃貸價格ノ調査決定ニ關シ規定公布相成候ニ付テハ左記事項御了知ノ上之ガ實施ニ當リ萬遺漏ナキヲ期セラレ度

追テ今回家屋稅調査員ノ總選擧ヲ行ヒタルトキハ別記第一號表乃至第四號表ニ依リ其ノ結果御報告相成度

左　記

一　家屋稅調査員ノ選擧事務ニ關シテハ勅令及内務大藏省令ニ定ムルモノノ外必要ト認ムル事項ニ付テハ市町村會議員又ハ府縣會議員ノ選擧事務ニ關スル取扱ノ例ニ準ジ可然之ヲ定メラルルコト

二　家屋稅調査員ノ選擧ハ家屋ノ賃貸價格ノ調査ヲ遷延セシメ之ガ爲昭和五年度家屋稅ノ賦課徵收ニ支障ヲ來スガ如キコトナキ樣之ヲ行フベキコト

三　勅令第四十七條ノ規定ニ依リ第二次家屋税調査委員ヲ置クベキ區域ヲ定ムルニ當リテハ從前郡長若ハ島司ノ管轄シタル區域又ハ税務署ノ管轄區域等ヲ參酌シ市町村相互ノ間ニ於ケル賃貸價格ノ衡平ナル調査ヲ爲スニ適切便宜ナル樣之ヲ定メラルルコト

四　勅令第四十七條、第五十九條及第六十條ノ規定ニ依リ第二次家屋税調査委員ヲ置クベキ區域ヲ定メタルトキハ其ノ區域竝ニ各區域內ニ於ケル第一次家屋税調査委員ノ數ヲ報告セラルルコト

五　勅令第五十三條、第五十四條、第六十條又ハ第六十一條ノ規定ニ依リ臨時家屋税調査委員ヲ設ケタルトキハ理由ヲ具シ報告セラルルコト

六　勅令第五十九條ノ規定ハ市ノ人口多ク從テ家屋ノ數著シク多キニ上リ市ノ區域ヲ數區域ニ分ツニ非ザレバ調査上支障アルガ如キ場合ニ處スル爲定メラレタルモノナルコト

七　勅令第五十九條及第六十條ノ規定ニ依リ市ノ區域ヲ數區域ニ分チタルトキハ其ノ事由竝ニ區域ノ數ヲ報告セラルルコト

八　立會人竝ニ家屋税調査員ノ職務ノ爲要スル費用辨償額竝ニ其ノ支給方法ハ貴官（府縣費ノ全部ノ分賦ヲ受ケタル市ニ在リテハ市）ニ於テ之ヲ定メラルルコト

九　選擧ノ爲要スル費用ハ從來府縣會議員選擧ニ於ケル費用ノ負擔區分ノ例ニ準ジ之ヲ取扱フコト

十　家屋ノ賃貸價格ノ調査ノ爲ニ要シタル費用ハ別記第五號表ニ依リ報告セラルルコ

ト

別記

第一號表（以下各表別紙トスルコト）

家屋税調査員選擧人調（一）　　何府縣

區分	戸數	家屋税ノ課税標準タル家屋ノ數	人口	選擧人數 男	選擧人數 女	選擧人數 法人	選擧人數 計	選擧人人口千人ニ對スル割合	選擧人家屋ノ數千ニ對スル割合
市									
町村									
計									

備考

一　本表ハ市ト町村ニ區分シ之ニ計ヲ附スルコト

二　府縣費ノ全部ノ分賦ヲ受ケタル市ニ於ケルモノモ總テ之ヲ加算スルノ外仍便宜該當欄ニ脇書スルコト

三　戸數及人口ハ最近ノ調査ニ據ルコト

四　選擧人ハ延人員（一人ニシテ數市町村ニ選擧權ヲ有スルモノ在ルニ由ル）ナルコト

五　家屋ノ數ハ一棟ニ付調査スルコト

家屋賃貸價格調査令竝ニ同施行規則ニ關スル件

家屋税調査員選擧人調（二）　何府縣

區分	代人ヲ以テ投票ヲ行フベキ選擧人ノ數	同上内譯 法人 會社	同上内譯 法人 其ノ他	同上内譯 禁治產者	同上内譯 準禁治產者	同上内譯 未成年者
市						
町村						
計						

備考
前表ニ準ズルコト

第二號表

投票ニ關スル調（一）　何府縣

區分	選擧人數	投票セシ者 有效	投票セシ者 無效	投票セシ者 計	投票セザリシ者	同上選擧人總數ニ對スル割合
市						

町村					
計					

備考

第一號表ニ準ズルコト

投票ニ關スル調(二)

何府縣

區分	代人ヲ以テ投票ヲ行フベキ選擧人ノ數	投票ヲ爲シタル者ノ數 禁治産者	投票ヲ爲シタル者ノ數 準禁治産者	投票ヲ爲シタル者ノ數 未成年者	投票ヲ爲シタル者ノ數 法人
市					
町村					
計					

備考

前表ニ同ジ

第三號表

選擧費用調

何府縣

立會人費用辨償ノ額	投票用紙其ノ他諸用紙ノ調製ノ爲要シタル費用ノ額	選擧ノ爲要シタル旅費ノ額	其ノ他ノ諸費	計
圓	圓	圓	圓	圓

備考

一　本表ハ道府縣費ニ付調査スルコト

二　立會人ニ給與スベキ費用辨償額ハ備考トシ附記スルコト

三　府縣費ノ全部ノ分賦ヲ受ケタル市ニ於テ要シタル費用ニ付テハ本表該當欄ニ脇書スルコト

第四號表

當選人調

何府縣

區分	家屋稅調査員ノ數	同上内譯 男	同上内譯 女	市町村長ニシテ當選シタル者ノ數	市町村ノ數
市					
町村					
計					

備考

一　勅令第五十九條及第六十條ノ規定ニ依リ市ノ區域ヲ分チタル區域ノ數及市制第六條ノ市又ハ第八十二條第三項ノ市ノ區ノ數ハ之ヲ備考トシ附記スルコト

二　本表中「市」、「市町村長」及「市町村」ノ內ニハ前項ノ「區域」、「區」及「區長」ヲ含ムモノトス

三　區長ニシテ當選シタル者ノ數ハ加算スルノ外仍該當欄ニ脇書スルコト

第五號表

調査ニ要シタル費用調　何府縣

區分	調査員ノ費用辨償ノ爲要シタル費用額	調査委員ノ書記ニ支給シタル費用額	旅費其ノ他ノ諸費	計	市町村ニ於ケル下調書ノ調製其ノ他ノ事務ノ爲要シタル市町村費ノ額	計
第一次家屋税調査委員						
第二次家屋税調査委員						

備考

一　調査員ノ費用辨償額竝ニ調査委員ノ書記ノ給料額ハ之ヲ備考トシ附記スルコト

二　本表ハ其ノ年度ニ於ケルモノヲ調査シ翌年四月中ニ之ヲ報告スルコト

◉大正十五年勅令第三百三十九號（地方税ニ關スル法律施行ニ關スル件）中竝家屋賃貸價格調査令中改正ニ關スル件依命通牒（昭和七年十一月十五日發地第九八號地方、主税兩局長）

今般標記改正勅令公布相成候處之カ運用ニ關シテハ左記事項御留意ノ上遺憾ナキヲ期セラレ度

記

一　大正十五年勅令第三百三十九號第三條第一項但書ノ規定ニ依リ特別ノ事情アルトキハ府縣條例ノ定ムル所ニ依リ改訂期間ヲ短縮スルコトヲ得ルモ之カ短縮ハ府縣（府縣費ノ全部ノ分賦ヲ受ケタル市ニ在リテハ市）ノ全區域ニ亙リ同一ニ取扱フヲ要スルコト

二　同條第二項ノ規定ニ依ル家屋賃貸價格ノ改訂ニ付テハ家屋其ノモノハ改訂期日ノ現狀ニ依ルヘキハ勿論ナルモ其ノ他ノ評價基準ニ付テハ必スシモ同期日ノ現狀ニ依ルヲ要セサルモ府縣ニ於テ之ヲ統一シ不公平ナキヲ期スルコト

三　同第四條第一項ニ所謂家屋ニ異動アリタルニ因リ家屋ノ賃貸價格ニ著シキ增減ヲ生シタルトキニ於ケル認定標準ハ府縣ニ於テ之ヲ統一シ不公平ナキヲ期スルコト

四　同第五條ニ該當スル場合ニ於テ其ノ事實ノ發生シタル年度カ第三條第一項ノ改訂年度ナルトキハ當該年度ノ課税標準ト爲スヘキ賃貸價格ト翌年度以降五年度間ノ課税標準ト爲スヘキ賃貸價格トノ二ノ賃貸價格ヲ設定スルヲ要スルコト

五　家屋賃貸價格調査令中改正勅令ハ昭和八年四月一日ヨリ（選擧ニ關スル改正規定

ヲ除キ）施行セラルルヲ以テ昭和七年度分以前ニ屬スル賃貸價格ニシテ昭和八年三月三十一日迄ニ決定ヲ了セサルモノハ總テ特別家屋稅調査委員ノ調査ニ依リ決定スルコト

●市町村其ノ他公共團體ノ起債ニ關シ依命通牒

（大正十二年三月八日發地第二三號地方、理財兩局長）

近時市町村其ノ他公共團體ニ於テ事業ヲ經營スルニ當リ其ノ財源ノ全部若ハ一部ヲ起債ニ依ルコトトシ內務、大藏兩大臣ニ對シ起債ノ許可稟請ヲ爲シタル場合未タ許可ノ指令ニ接セサル以前ニ於テ其ノ工事ニ著手スルモノ有之ヤニ見受ラレ候處右ハ不可然義ニ有之若シ其ノ起債カ詮議相成サル場合ハ當該團體ノ財政ニ支障ヲ來サシムル場合モ可有之甚タ憂慮ニ不堪義ト存候就テハ爾今各公共團體ニ於テ起債ニヨリ事業ヲ爲サムトスル場合ニ於テハ必ス起債許可後財源ノ確定ヲ俟テ事業ニ著手スル樣嚴ニ御監督相成度

●市町村ノ廳舍、公會堂、中等學校校舍等ニ關スル起債ノ件依命通牒

（昭和四年四月十一日發地第三三號道廳府縣長官宛地方局長）

地方債ニ付テハ曩ニ屢々訓令通牒ノ次第モ有之候處近時市町村ニ於テ廳舍、公會堂、中等學校校舍等ニ關スル建築費用地費等ノ財源ヲ起債ニ求ムルノ計畫ヲ以テ之カ稟請ヲ爲ス向不尠モ此ノ種ノ起債ニ付テハ眞ニ緊急已ムヲ得サルモノニ非サレハ容易ニ詮議難相成候條貴管下公共團體ニ對シ此ノ旨御示達相成度

◎自作農創設維持竝住宅建設資金起債ニ關スル件通牒

（大正十三年十二月九日發乙第二三九號各地方長官宛、地方局長通牒）

道府縣又ハ市町村ニ於テ標記起債稟請ノ際本年三月二十七日發地第一五號依命通牒ニ依ル調書ノ外爾今左記調書添附相成度

追而他ノ團體ニ轉貸ノ目的ヲ以テ起債ヲ爲サムトスルトキハ當該團體ニ付取調相成度尚大正十二年五月四日發乙第六二號通牒ニ係ル調書ハ爾今添附ニ及ハス候

府縣

自作農創設維持資金ニ關スル調

府縣　郡　町村

町村總戸口	戸 人	農業戸口	（專業）戸 人

種別	耕作地所有者	自作	耕作者 自作兼小作
十町歩以上			
五町歩以上	人		
三町歩以上	人		
一町歩以上	人		
五段歩以上	人		
五段歩未滿	人		
計	人		

（業種）	
戸 人	小作

既往五ケ年間ニ於ケル耕地所有者ノ状況 年別	十町歩以上	五町歩以上	三町歩以上	一町歩以上	五段歩以上	五段歩未満	計
大正　年	人	人	人	人	人	人	人
大正　年							
大正　年							
大正　年							
大正　年							

自作農創設維持ヲ必要トスル理由
本欄ニハ地主小作人トノ關係ヲモ詳記シ尚小作爭議ノ發生セルモノニ付テハ其顛末ヲモ詳細ニ記入ノコト

耕地所有者中耕地購入ノ爲ニ負債ヲ有スル者 種別	人員	負債額	借入利率	借替ヲ必要トスルモノ 人員	金額
一町歩以上所有者			高 低		
一町歩未満所有者			〃		

本欄ニハ今回資金ノ貸付ヲ爲サムトスル者ニ付調査ノコト

種別	要項						
自作農タラムトスル希望アル者	人員	所要段別	購入價格 一段當	購入價格 總額	貸付見込額 一段當	貸付見込額 總額	購入セムトスル土地一段ヨリ生スル一ケ年ノ純益	一段當負債償還年額
	本欄ニハ今回資金貸付ヲ為サムトスル者ニ付調査記入ノコト							
今回貸付計畫ノ大要	本欄ニハ貸付ノ計畫竝耕地購入先等ヲ詳記スルノ外貸付規程ノ定メアルモノハ添附ノコト							
從前貸付ノ實施成績	本欄ニハ從前貸付セル人員、貸付金額、購入段別、負債償還ノ狀況等詳細ニ記入ノコト（既ニ提出ノ調査ニ依リ判明スルモノニ付テハ其後ノ實施ニ付テノミ調査記入ノコト）							

住宅建設資金ニ關スル調

道府縣　郡市　町村

種別	要項
戸數人口	現在戸數、人口ノ外既往五ケ年間ニ於ケル増加ノ趨勢ヲモ記入ノコト
住宅需給ノ現況	本欄ニハ住宅需給ノ關係（築造家屋増加ノ趨勢ヲモ記入ノコト）ヲ詳記シ尚其不足戸數ヲ職業別ニ記入ノコト

區分	項目	細目	
建設セムトスル住宅（各構造）	棟數及戸數		
	總建坪		
	一戸ノ建坪		
事業費	費額	建築費	
		敷地買收費	
		監督費	
		何々	
		計	
	財源	各財源毎ニ金額記入ノコト	
	一戸當建設費		
	建坪一坪當建設費		
住宅料	今回建設セムトスル住宅	（各構造別ニ記入ノコト）	
	附近類似ノ住宅		
建築用地	從前所有地	面積	
		一戸當	
	借地	面積　總面積	
		面積　一戸當	
		借地料　坪當	
		借地料　總額	
		附近ノ借地料ト比較	
	買收地	面積　總面積	
		面積　一戸當	
		買收價格　坪當	
		買收價格　總額	
		附近ノ地價ト比較	

	坪 坪 坪 坪 厘 匹
	坪 坪 錢 圓
工事著手及竣工豫定年月日	工事著手　大正　年　月　日 竣工　大正　年　月　日
從前建設セシモノノ實積	本欄ニハ從前建設住宅ニ付其ノ貸付ヲ受クル者ノ職業別異動狀況、住宅料納付ノ狀況住宅經費ニ當リ特ニ困難ナル事情ノ有無等詳記ノコト（既ニ提出ノ調書ニ依リ判明スルモノニ付テハ其ノ後ノ實積ニ付テノミ詳査記入ノコト）
此際本事業ノ實施ヲ爲ササル可ラサル理由	本欄ニハ特ニ市町村等ノ團體ニ於テ爲ササル可ラサル理由詳記ノコト
本建設住宅ノ貸付計畫ノ大要	本欄ニハ本建設住宅ノ配當狀況及貸付ノ方法詳記ノコト若シ貸付規程ノ定メアルモノハ添附ノコト

負債期間内ニ於ケル收支計算

年度別	收入			支出				
	住宅料	何々	計	償還費	借地料	修繕費	何々	計
何年度		費目記入ノコ					費目記入ノコ	

何年度		ト		ト	

收入支出ノ計算ノ基礎ヲ備考ニ記入ノコト

備考 一 府縣ニ於テ起債シ産業組合又ハ住宅組合ニ轉貸ノ場合ハ貸付條件ヲ詳記シ尙ホ貸付ヲ受クヘキ組合ノ定款ヲ添附スルコト

◉基本財産ノ蓄積積戻停止ニ關スル件（昭和二年六月九日地發乙第一三九號地方、主税兩局長通牒）

戸數割及戸數割ヲ賦課シ難キ市町村ノ家屋税附加税ノ制限外課税ヲ爲サムトスル場合ニ於ケル基本財産ノ蓄積又ハ積戻ノ停止ニ關シテハ本年三月三十一日發地第三號ヲ以テ及通牒置候處將來左記ノ場合ニ於テハ蓄積又ハ積戻ノ停止ヲ爲スヲ要セザルコトニ御取扱相成度

記

一 戸數割ニ付貴官許可權ノ範圍內ニ屬スル制限外課税ヲ爲ス場合

二 戸數割ヲ賦課シ難キ市町村ノ家屋税附加税ニ付各制限ヲ超過シ豫算總額百分ノ十以內ノ制限外課税ヲ爲ス場合

◉制限外課税、特別税新設增額變更等許可稟請書ニ添附樣式ノ件（昭和二年三月三十一日內務大藏省訓令第三百三十四號）

市町村其ノ他公共團體ニ於ケル制限外課税、特別税新設增額變更等ノ許可稟請書ニ添附スベキ樣式ノ件左ノ通定ム

基本財産ノ蓄積積戻停止ニ關スル件
課制限外税、特別税新設增額變更等許可稟請書ニ添附樣式ノ件

制限外課税、特別税新設增額變更等許可稟請書ニ添附樣式ノ件

市町村其ノ他ノ公共團體ニ於ケル地租、營業收益税、所得税ノ附加税、特別地税若ハ其ノ附加税、段別割及家屋税附加税（戸數割ヲ賦課スル市町村ノモノニ限ル）ノ制限外課税若ハ間接國税附加税ノ賦課又ハ特別税ノ新設增額變更ニ關スル議決ノ許可稟請書ニ添附スベキ書類ハ別紙樣式ニ準據シ調製セシムベシ

一 歳入一覽表（別紙第一號樣式）

一 歳出一覽表（別紙第二號樣式）

歳出一覽表ハ經濟ヲ異ニスルモノニ在リテハ各別ニ之ヲ調製スベシ第二回目以後ノ稟請ニハ前回稟請ノ際ニ添附シタル歳出一覽表ハ之ヲ添附スルヲ要セズ

財源ヲ特定シタル費目ニ付テハ摘要欄內ニ其ノ財源ヲ附記スベシ

一 地租、營業收益税、所得税ノ附加税、特別地税若ハ其ノ附加税、段別割及戸數割ヲ賦課スル市町村ニ於ケル家屋税ノ附加税ノ制限外課税若ハ間接國税附加税ノ賦課又ハ特別税ノ新設增額變更ニ關スル議決書ノ謄本及議決ノ理由書

議決書ハ別紙第三號樣式ニ依リ調製シ特別税ノ新設增額變更ニ在リテハ其ノ旨ヲ明記スベシ

第一號

何道（府縣）何郡（市）町（村）「昭和」何年度歳入一覽表

△（第一例）

△印ハ朱書

費途		
附加税	地租	
	特別地税	
	家屋税	
	營業收益税	
	何々	
特別税	戸數割	
	段別割	
	何々	
其ノ他ノ收入		
合計		

計	本市（町村）費	何町村外何ヶ町村組合費	△本町村何區費	△何々
（甲號）宅地地租金若干 地租一圓ニ付金若干 内許可濟金若干 此賦課金若干 其他地租金若干 地租一圓ニ付	〇、〇〇〇円			
田畑地價若干 地價〇、〇三七ノ若干	〇、〇〇〇円			
家屋稅 本稅一圓ニ付金若干 此賦課金若干	〇、〇〇〇円			
營業收益稅金若干 本稅一圓ニ付金若干	〇、〇〇〇円			
	〇、〇〇〇円			
納稅義務者總數何人 一人當金若干	〇、〇〇〇円			
田何町歩一段ニ付金若干 此賦課金若干 地租金若干 一圓ニ付金若干 （此例ニ依リ各地目別ニ記載スルコト不	〇、〇〇〇円			
	〇、〇〇〇円			
財產ヨリ生ズル收入金若干 使用料及手數料金若干 何々金若干 縣補助金若干 内傳染病豫防費補助金若干	〇、〇〇〇円			
	〇、〇〇〇円			

金若干
内許可濟金若干
此賦課金若干
（乙號）
今回議決ノ分宅地地租金若干
地租一圓ニ付金若干
此賦課金若干
（其ノ他ハ此ノ例ニ依リ記載スルコト）
從前議決ノ分宅地地租金若

均一ノ税率ナルモノハ其ノ税率ニ依リ内譯ヲ掲グルモノトス上欄ノ各課目モ同例トス）

（欵ヲ以テ記入シ明治四十一年法律第三十七號第五條第一項第二項大正十五年法律第二十四號第七條第一項第二項大正十五年勅令第三百三十九號第十條第二項第三項ノ費用ニ對スル

干 地租一圓ニ付金若干内許可済金若干稟請中金若干此ノ賦課金若干（其ノ他ハ此ノ例ニ依リ記載スルコト）
収入ハ内譯ニ記載スルコト

備考

凡例

一、豫算ノ議決二回以上ニ渉リタルトキハ今回議決ニ係ル分ヲ墨書シ従前ノ議決ニ係ル分ヲ朱書スベシ

一、其ノ他ノ収入欄ニハ課税外一切ノ収入即財産ヨリ生ズル収入、使用料及手數料、國庫及府縣交付金、雑収入等ヲ合計シ附記ニ其ノ内譯ヲ記載スベシ

一、地租附加税ノ附記ハ第一回議決ノトキハ甲號ニ依リ第二回目以後議決ノトキハ乙號ニ依ル但シ従前ノ議決二回以上ニ渉リタル場合ニ於テ前後地租額ヲ異ニスルトキハ附記ヲ各別ニ記載シ

其ノ事由ヲ備考ニ記載スベシ今回ノ議決ト從前ノ議決ト地租額ヲ異ニスル場合其ノ事由ノ記載方ニ付亦同ジ

一、營業收益税、所得税、戸數割ヲ賦課スル市町村ニ於ケル家屋税ノ附加税又ハ間接國税附加税ノ附記モ亦地租附加税ノ例ニ依ル

一、市町村内ノ各部賦課ノ率ヲ異ニシ又ハ負擔ノ區域ヲ異ニスルトキハ歲入一覽表ハ第一例ニ依リ負擔ノ同ジキ區域每ニ調製スベシ

一、一部賦課及不均一課率ノ賦課ニ付許可ヲ受クルコトヲ要スルモノ及起債ニシテ府縣知事ノ許可ヲ受クルモノニアリテハ其ノ許可ヲ受ケタル旨及其ノ年月日ヲ備考ニ記載スベシ

第一號

△（第二例）

何道府縣何郡（市）何町村「昭和」何年度歲入一覽表

費途	附加税					特別税			其ノ他ノ收入	合計
	地租	特別地税	家屋税	營業收益税	何々	戸數割	段別割	何々		
△何區費 本市町村費 計	（附記）記載方第一例ニ同ジ									
△何區費 本市町村費 計										

△何區費	
本市町村費計	
合計	

備考

第二號　何道府縣何郡(市)何町村「昭和」何年度歳出一覽表

經常費		
科目	金額	摘要
神社費	○○○○円	神饌幣帛料
會議費		議員實費辨償額、書記給料、印刷料、筆工料、消耗品費、雇給、通信費
役所(役場)費		給料、雜給、需要費、常時修繕費、通信運搬費、備品費、消耗品費
土木費		道路、橋梁各修繕費、堤防修繕費何圓、用惡水路修繕費何圓、樋門修繕費何圓
教育費		教員給料、同恩給金、備品費、消耗品費、修繕費

衛生費			種痘費何圓　傳染病豫防費何圓、何々何圓
勸業費			害蟲驅除費、勸業會費
救助費			貧困者救助費、罹災救助費
警備費			消防費、水防費何圓
基本財産造成費			基本財産造成費、小學校（何學校）基本財産造成費
財産費			管理費、何
諸税及負擔			地租、地租附加税、何町村組合費負擔何圓
何々			何々何圓
豫備費			豫算外ノ費用又ハ豫算超過ノ費用ニ充ツベキ分
計			
臨時費			
教育費			何小學校營繕費、何々
土木費			道路橋梁費、何々何圓
公債費			某年度起債ノ內本年度償還元利金何圓
何々			何々何圓
合計			

一、明治四十一年法律第三十七號第五條第一項第二項、大正十五年法律第二十四號第七條第一項第二項、大正十五年勅令第三百三十九號第十條第二項第三項ニ依リ制限外課税ヲ爲シ得ベキ費目ニ付テハ其ノ豫算ノ金額ヲ摘要欄ニ記載スベシ

一、追加豫算ノ分ハ別ニ調製スベシ

第三號

何道府縣何市（何市何區／何郡何町（村））（何郡何町（村）何區）會議決書謄本

本市（町村區本市／（町村）何區）費支辨ノ爲左ノ課率ヲ以テ（左ノ課率ノ範圍内ニ於テ別ニ議決ノ上）地租附加税、特別地税（特別地税附加税）、段別割、營業收益税附加税、所得税附加税及家屋税附加税ヲ賦課（追加賦課）スルモノトス

一地租附加税　宅地地租金一圓ニ付金若干（以内）
　其ノ他地租金一圓ニ付金若干（以内）

一特別地税（特別地税附加税）地價〇、〇三七ノ百分ノ若干（以内）

一段別割　田（畑）一段歩ニ付金若干（以内）
　何々一段歩ニ付金若干（以内）

一營業收益税附加税　本税一圓ニ付金若干（以内）

一所得税附加税　本税一圓ニ付金若干（以内）

一家屋税附加税　本税一圓ニ付金若干（以内）

但シ昭和何年度分（自昭和何年度至何年度何年度分）

制限外課税、特別税新設増額變更等許可稟請書ニ添附樣式ノ件

昭和何年何月何日議決

凡例

一、課率ハ厘位以下忽位ニ止ラザルトキハ四捨五入ノ法ヲ以テ忽位ニ止ムルモノトス

一、一部賦課ニ在リテハ賦課ノ區域及課率ヲ、不均一課率ノ賦課ニ在リテハ其ノ課率ヲ明記スルモノトス

◎市町村其ノ他公共團體ノ課税許可稟請書ニ添附スベキ書類ノ件依命通牒（昭和二年三月三十一日發地第四號地方、主税兩局長依命通牒）

市町村其ノ他公共團體ニ於ケル課税許可稟請書ニ添附スベキ書類樣式ノ件本日訓令第三三四號ヲ以テ訓令相成候處明治四十三年六月十六日訓第二百九十一號訓令制限外課税特別税新設變更等稟請書ニ添附スベキ樣式ノ件ハ昭和元年度限リ廢止セラレタル義ニ付御了知相成度

追而明治四十三年六月地第三四一四號地方局長通牒ニ依ル地益調、負債調、特別税ニ關スル收支調等ハ尚從前ノ通添附ヲ要スル義ニ付爲念

◎市町村其ノ他公共團體ノ課税許可稟請書ニ添附ス可キ書類ノ件通牒（明治四十三年六月十六日地第三四一四號地方局長）

市町村其ノ他公共團體ノ課税許可稟請書ニ添附スヘキ書類樣式改正ノ件本日訓令相成候處左記ノ書類ハ從前ノ通添附ヲ要シ候儀ニ付爲念此段及通牒候也

一　地益調

一　負債調
一　特別税ニ關スル收支調

◉地益調添附方及樣式ノ件（明治四十三年十一月二十八日地第六〇九三號地方、主税兩局長通牒）

市町村水利組合ノ禀請ニシテ左ノ各號ノ一ニ該ルモノハ別紙樣式ニ依リ調製シタル地益調ヲ添附セシメ其調査ノ正否ハ貴官ニ於テ篤ト審査ノ上進達相成度

一　免租又ハ除租中ノ土地ニ對シ段別割ヲ併課スルトキ
二　地租附加税又ハ段別割若シクハ地租附加税及段別割ヲ併課シタル場合ニ於ケル課率（段別割ニ付テハ地租一圓當リニ換算シタルモノ）カ地租一圓ニ付キ一圓ヲ超ユルモノ（大正九年五月十二日發地第九六號內務省地方局長大藏省主税局長ヨリ地方長官ニ依命通牒ヲ以テ改正）
三　地益ヲ增加スヘキ事業ノ爲メ起債セムトスルトキ（事業施行前ノ地益調ト事業成功後ノ見込地益調トヲ添附スルコト）

地益調　一段步當

地目	收穫物 種類	收穫物 數量	收穫物ノ價格又ハ收得金	石代又ハ單價	地租	府縣稅	市町村稅	水利組合費其他	耕作費等	純益
田			圓 0,000	圓 0,000	圓 0,000	圓 0,000	圓 0,000	圓 0,000	圓 0,000	圓 0,000
畑										

宅地	何々

一　賦課ノ等差ヲ設クルモノニアリテハ其ノ等級別ニ記載スルコト

一　收穫物ノ種類ハ主要ナルモノヲ揭クルコト但シ田ニシテ二毛作ヲ爲ス爲收穫物ノ種類ヲ異ニスルトキハ各別ニ之ヲ揭記スルコト

一　宅地ノ如キ收穫物ナキモノハ賃貸價格ヲ記載スルコト

一　牧場ノ收得金ノ如キハ算出ノ基礎ヲ備考ニ記載スルコト

一　收穫物ノ數量、價格及收得金、石代又ハ單價、耕作費等ハ前三年ノ平均額ヲ揭クルコト

一　耕作費等ハ勞銀、種子代、牛馬使用ノ費用、肥料、農具代等ヲ揭クルコト

一　稅額ハ總テ當該年度ノ賦課額ヲ揭上スルコト

一　耕地整理組合費用ノ負擔アルトキハ水利組合費其ノ他ノ欄ニ之ヲ合記シ其ノ由ヲ備考ニ記載スルコト

一　收穫物又ハ收得金、經費ニ關スル計算ハ關係地ノ平均ニ依ルコト

◉起債稟請ノ場合添附スヘキ書類（明治二十六年十一月十八日訓第六九二號內務大藏兩大臣訓令）

（上略）自今公債募集ノ議決ヲ爲シ許可稟請スルニ當テハ募集及償還ノ方法ニ就キ精

覈調査ヲ遂ケ其事業ノ緩急負擔ノ堪否ニ付テハ詳細意見ヲ具陳シ尙（中略）左ノ事項ヲモ無洩記載シ進達スヘキ義ト心得ラルヘシ

一 公債並ニ利子償還ノ財源但將來收入ヲ生スヘキ事業ノ爲公債ヲ起シ其ノ收入ヲ以テ償還ニ充テントスルトキハ償還期限ノ終リマテ毎年收入ノ年次見込書ヲ添附スヘキハ勿論ナリトス

一 公債元利償還ノ年次表（第一表）

一 當該年度歲入歲出豫算表

一 當該年度諸税負擔一覽表（第二表）

一 基本財産ノ有無並ニ其額

負債償還年次表（第一表）

年度	償還元金	利子（割合）	計
何年度	0,000円	0,000円	0,000円
同	0,000	0,000	0,000

諸税負擔一覽表（第二表）

税目	金額	納税者總數ニ對スル平均一人當	總人口ニ對スル平均一人當	總戸數ニ對スル平均一戸當
直接國税	0,000円	0,000円	0,000円	0,000円

府縣税	0,000	0,000	0,000	0,000
市町村税	0,000	0,000	0,000	0,000

總人口總戸數及納税者ノ總數（納税者ノ總數ハ一人ニシテ直接國税府縣税市町村税ヲ納ムルモノモ或ハ其内一税又ハ二税ノミヲ納ムルモノモ凡テ一人ニ算シタル總人員ヲ云フ）ヲ備考トシテ掲載スヘシ

水利組合ニ於テ要スル負債ニ付テハ水利組合區域内ヨリ納ムヘキ諸税目ヲ前表ニ準シ調製シ尚左表ヲ添附スヘシ

費目	金額	附記
水利組合費	0,000圓	普通水利組合ニ於テハ組合内ノ總段別總地價及地價平均壹圓當竝ニ出費人一人ノ平均負擔額
	0,000	水害豫防組合ニ於テハ組合内家屋ノ總數土地ノ總段別竝ニ出費人一人ノ平均負擔額

◎起債ニ依ル事業費ノ精算報告ノ件依命通牒（大正十二年五月三十日發地第六十號地方局長）

市町村ニ於テ起債ヲ全部又ハ一部ノ財源トスル事業竣功シタルトキハ遲滯ナク別紙樣式ニ依リ精算書ヲ報告セシメラレ度

追テ本件ハ大正十一年度ニ竣功シタル事業ヨリ報告セシメラレ度尚委任許可債ニ付

テハ報告ニ及ハス候

（改一）

何々事業費精算報告

收入（支出）

款 項	豫定				精算			
	何年度	何年度	何年度	計	何年度	何年度	何年度	計
計								

備考

一 豫定ト精算ト異ナルモノニ付テハ其ノ事由ヲ記載スルコト

二 精算ニ於テ收支殘金ヲ生シタルトキハ其ノ處分方法ヲ記載スルコト

三 竣工シタル事業ノ概樣ヲ記載スルコト若シ當初ノ事業計畫ト異ナルトキハ其ノ事由ヲ記載スルコト

◉起債ニ依ル事業費精算ノ件ニ付通牒

（大正十二年十一月十三日地發第一七九號地方、理財兩局長）

市町村ニ於テ起債ヲ全部又ハ一部ノ財源トシ事業ヲ施行シ之カ事業費精算ノ結果豫算剩餘ヲ生シタル場合ハ借入金ノ減額ヲ爲シ又ハ繰上償還ノ資ニ充當シ當初ノ起債計畫ニ基キ適當ナル措置ヲ講スルハ勿論ノ義ニ有之候處最近市町村ヨリ提出スル起債ニ依ル事業費精算報告ニ依レハ往々ニシテ借入金ノ減額ヲ爲シ得ヘキニ拘ハラス之ヲ爲サス或ハ之ヲ繰上償還ノ資ニ充テスシテ濫リニ他ノ費用ニ支出シタル向有之右ハ甚タ不都合ノ義ニ付將來監督上特ニ御留意可相成而シテ財政上已ムヲ得サル事情ノ爲前段ニ據リ難キ場合ハ左ノ各項ニ依リ相當措置セシメラレ度

記

一　借入金ニ依リ事業費ノ全部ヲ支辨シ仍ホ剩餘ヲ生シタル場合之ヲ他ノ費途ニ充當セントスルトキハ更ニ許可ヲ受クルコト

一　事業費精算ノ結果借入金ノ減額又ハ繰上償還ヲ爲スヘキニ拘ハラス之ヲ爲サス之カ爲生シタル借入金以外ノ豫定財源ノ餘裕金ヲ他ノ費用ニ支出セントスル場合ハ其ノ事情ヲ具シ承認ヲ受クルコト

尙委任許可債ニ關シテモ本文ノ趣旨ニ依リ監督相成樣致度右爲念

◎地租法（昭和六年三月三十一日法律第二十八號）

第一章　總則

第一條　本法施行地ニ在ル土地ニハ本法ニ依リ地租ヲ課ス

第二條　左ニ掲グル土地ニハ地租ヲ課セズ但シ有料借地ナルトキハ此ノ限ニ在ラズ

一　國、府縣、市町村其ノ他勅令ヲ以テ指定スル公共團體ニ於テ公用又ハ公共ノ用ニ供スル土地

二　府縣、市町村其ノ他勅令ヲ以テ指定スル公共團體ニ於テ公用又ハ公共ノ用ニ供スルモノト決定シタル其ノ所有地但シ其ノ決定ヲ爲シタル日ヨリ一年内ニ公用又ハ公共ノ用ニ供セザルモノヲ除ク

三　府縣社地、鄕村社地、招魂社地

四　墳墓地

五　公衆用道路、鐵道用地、軌道用地、運河用地

六　用惡水路、溜池、堤塘、井溝

七　保安林

第三條　土地ニハ一筆毎ニ地番ヲ附シ其ノ地目、地積及賃貸價格（無租地及免租年期地ニ付テハ賃貸價格ヲ除ク）ヲ定ム

第四條　稅務署ニ土地臺帳ヲ備ヘ左ノ事項ヲ登錄ス

一　土地ノ所在
二　地番
三　地目
四　地積
五　賃貸價格
六　所有者ノ住所及氏名又ハ名稱
七　質權又ハ百年ヨリ長キ存續期間ノ定アル地上權ノ目的タル土地ニ付テハ其ノ質權者又ハ地上權者ノ住所及氏名又ハ名稱
2本法ニ定ムルモノノ外土地臺帳ニ關シ必要ナル事項ハ命令ヲ以テ之ヲ定ム
第五條　地番ハ市町村、大字、字又ハ之ニ準ズベキ地域ヲ以テ地番區域トシ其ノ區域毎ニ起番シテ之ヲ定ム
第六條　有租地ノ地目ハ土地ノ種類ニ從ヒ左ノ如ク區別シテ之ヲ定ム
第一類地　田、畑、宅地、鹽田、鑛泉地
第二類地　池沼、山林、牧場、原野、雜種地
2無租地ノ地目ハ第二條第三號乃至第七號ノ土地ニ在リテハ各其ノ區別ニ依リ、其ノ他ノ土地ニ在リテハ其ノ現況ニ依リ適當ニ區別シテ之ヲ定ム
第七條　地積ハ左ノ各號ノ規定ニ依リ之ヲ定ム
一　宅地及鑛泉地ノ地積ハ平方メートルヲ單位トシテ之ヲ定メ一平方メートルノ百分ノ一未滿ノ端數ハ之ヲ切捨ツ

二　宅地及鑛泉地以外ノ土地ノ地積ハアールヲ單位トシテ之ヲ定メ一アールノ百分ノ一未滿ノ端數ハ之ヲ切捨ツ但シ一筆ノ地積一アールノ百分ノ一未滿ナルモノニ付テハ一アールノ一萬分ノ一未滿ノ端數ヲ切捨ツ

第八條　地租ノ課税標準ハ土地臺帳ニ登錄シタル賃貸價格トス

2　賃貸價格ハ貸主ガ公課、修繕費其ノ他土地ノ維持ニ必要ナル經費ヲ負擔スル條件ヲ以テ之ヲ賃貸スル場合ニ於テ貸主ノ收得スベキ一年分ノ金額ニ依リ之ヲ定ム

第九條　賃貸價格ハ十年每ニ一般ニ之ヲ改訂ス第一回ノ改訂ハ昭和十三年ニ於テ之ヲ行フ

2　前項ノ改訂ニ關スル事項ハ其ノ都度別ニ之ヲ定ム

3　土地ノ異動ニ因リ賃貸價格ヲ設定シ又ハ修正スル必要アルトキハ類地ノ賃貸價格ニ比準シ其ノ土地ノ品位及情況ニ應ジ之ヲ定ム

第十條　地租ノ税率ハ百分ノ三・八トス

第十一條　地租ハ每年左ノ納期ニ於テ之ヲ徵收ス

一　宅地租

第一期　其ノ年七月一日ヨリ三十一日限　年額ノ二分ノ一

第二期　翌年一月一日ヨリ三十一日限　年額ノ二分ノ一

二　田租

第一期　翌年一月一日ヨリ三十一日限　年額ノ四分ノ一

第二期　翌年二月一日ヨリ末日限　年額ノ四分ノ一

第三期　翌年三月一日ヨリ三十一日限　年額ノ四分ノ一
第四期　翌年五月一日ヨリ三十一日限　年額ノ四分ノ一

三　其ノ他
第一期　其ノ年九月一日ヨリ三十日限　年額ノ二分ノ一
第二期　其ノ年十一月一日ヨリ三十日限　年額ノ二分ノ一

2 特別ノ事情アル地方ニシテ前項ノ納期ニ依リ難キモノニ付テハ勅令ヲ以テ特別ノ納期ヲ定ムルコトヲ得

第十二條　地租ハ納期開始ノ時ニ於テ土地臺帳ニ所有者トシテ登錄セラレタル者ヨリ之ヲ徵收ス但シ質權ノ目的タル土地又ハ百年ヨリ長キ存續期間ノ定アル地上權ノ目的タル土地ニ付テハ土地臺帳ニ質權者又ハ地上權者トシテ登錄セラレタル者ヨリ之ヲ徵收ス

第十三條　土地ノ異動アリタル場合ニ於テハ地番、地目、地積及賃貸價格ハ土地所有者ノ申告ニ依リ、申告ナキトキ若ハ申告ヲ不相當ト認ムルトキ又ハ申告ヲ要セザルトキハ稅務署長ノ調査ニ依リ稅務署長之ヲ定ム

第二章　土地ノ異動

第一節　有租地及無租地ノ轉換

第十四條　本法ニ於テ無租地ト稱スルハ地租ヲ課セザル土地（免租年期地、災害免租地及自作農免租地ヲ含マズ）ヲ謂ヒ有租地ト稱スルハ其ノ他ノ土地ヲ謂フ

第十五條　無租地ガ有租地ト爲リタルトキ又ハ有租地ガ無租地ト爲リタルトキハ土地所有者ハ三十日內ニ之ヲ稅務署長ニ申告スベシ但シ有租地ガ無租地ト爲リタル場合ニ於テ之ニ關シ豫メ政府ノ許可ヲ受ケ若ハ申告ヲ爲シタルモノ又ハ官公署ニ於テ公示シタルモノニ付テハ此ノ限ニ在ラズ

第十六條　新ニ土地臺帳ニ登錄スベキ土地ヲ生ジタルトキハ當該地番區域內ニ於ケル最終ノ地番ヲ追ヒ順次其ノ地番ヲ定ム但シ特別ノ事情アルトキハ適宜ノ地番ヲ定ムルコトヲ得

第十七條　新ニ土地臺帳ニ登錄スベキ土地ヲ生ジタルトキハ直ニ其ノ地目ヲ設定ス

2　土地臺帳ニ登錄セラレタル無租地ガ有租地ト爲リ又ハ有租地ガ無租地ト爲リタルトキハ直ニ其ノ地目ヲ修正ス

第十八條　新ニ土地臺帳ニ登錄スベキ土地ヲ生ジタルトキハ直ニ之ヲ測量シテ其ノ地積ヲ定ム

2　土地臺帳ニ登錄セラレタル無租地ガ有租地ト爲リタルトキハ直ニ其ノ地積ヲ改測ス但シ其ノ地積ニ異動ナシト認ムルトキハ之ヲ省略スルコトヲ得

第十九條　國有財産法第二十一條ノ規定ニ依リ賣拂又ハ讓與ノ豫約ヲ爲シタル土地ニシテ開拓ノ事業成功ニ因リ賣拂又ハ讓與ヲ受ケ有租地ト爲リタルモノニ付テハ土地所有者ノ申請ニ依リ有租地ト爲リタル年及其ノ翌年ヨリ二十年ノ開拓減租年期ヲ許可シ年期中ハ其ノ原地（開拓前ノ土地）相當ノ賃貸價格ニ依リ地租ヲ徵收ス

2　前項ノ年期滿了スルモ尙地味成熟セザル土地ニ付テハ更ニ十年內ノ年期延長ヲ許可

スルコトヲ得

第二十條　國有財產法第二十一條ノ規定ニ依リ賣拂又ハ讓與ノ豫約ヲ爲シタル土地ニシテ埋立(干拓ヲ含ム)ノ事業成功ニ因リ賣拂又ハ讓與ヲ受ケ有租地ト爲リタルモノ又ハ公有水面埋立法第二十四條若ハ第五十條ノ規定ニ依リ埋立地ノ所有權ヲ取得シ有租地ト爲リタル土地ニ付テハ土地所有者ノ申請ニ依リ有租地ト爲リタル年及其ノ翌年ヨリ六十年ノ埋立免租年期ヲ許可ス

2　前項ノ年期滿了スルモ尙地味成熟セザル土地ニ付テハ更ニ十年内ノ年期延長ヲ許可スルコトヲ得

第二十一條　前二條ノ規定ニ依リ開拓減租年期又ハ埋立免租年期ノ許可ヲ受ケントスル者ハ有租地ト爲リタル日ヨリ六十日內ニ、開拓減租年期又ハ埋立免租年期延長ノ許可ヲ受ケントスル者ハ年期ノ滿了スル年ノ六月三十日迄ニ稅務署長ニ申請スベシ

第二十二條　開拓減租年期中ニ於テ地類變換ヲ爲シタルトキハ開拓減租年期ハ消滅ス

2　開拓減租年期中ニ於テ地目變換ヲ爲シタルトキハ其ノ地目ヲ修正スルモ其ノ賃貸價格ハ之ヲ修正セズ

3　埋立免租年期中ニ於テ地目變換、地類變換又ハ開墾ニ該當スル土地ノ異動アルモ地目變換、地類變換又ハ開墾ナキモノト看做ス此ノ場合ニ於テハ免租年期ノ滿了スル年ニ於テ其ノ地目ヲ修正ス

第二十三條　開拓減租年期地又ハ埋立免租年期地ニ付テハ土地所有者ハ年期ノ滿了スル年ノ六月三十日迄ニ年期滿了申告書ヲ稅務署長ニ提出スベシ

第二十四條　無租地ガ有租地ト爲リタルトキハ直ニ其ノ賃貸價格ヲ設定ス
2 開拓減租年期地ニ付テハ有租地ト爲リタルトキ直ニ原地相當ノ賃貸價格ヲ設定シ開拓減租年期ノ滿了スル年ニ於テ其ノ賃貸價格ヲ修正ス
3 埋立免租年期地ニ付テハ其ノ年期ノ滿了スル年ニ於テ其ノ賃貸價格ヲ設定ス
第二十五條　開拓減租年期又ハ埋立免租年期ノ滿了ニ因リ賃貸價格ヲ設定シ又ハ修正スル場合ニ於テ必要アリト認ムルトキハ其ノ地積ヲ改測ス
第二十六條　無租地ガ有租地ト爲リタルトキハ賃貸價格ヲ設定（第二十四條第三項ノ設定ヲ含ム）シタル年ノ翌年分ヨリ地租ヲ徵收ス
2 開拓減租年期ノ滿了ニ因リ賃貸價格ヲ修正シタル土地ニ付テハ其ノ修正ヲ爲シタル年ノ翌年分ヨリ修正賃貸價格ニ依リ地租ヲ徵收ス
第二十七條　有租地ガ無租地ト爲リタルトキハ其ノ申告ヲ要スルモノニ付テハ申告アリタル後ニ開始スル納期ヨリ、其ノ申告ヲ要セザルモノニ付テハ稅務署長ガ其ノ事實ヲ認メタル後ニ開始スル納期ヨリ地租ヲ徵收セズ

第二節　分筆及合筆

第二十八條　本法ニ於テ分筆ト稱スルハ一筆ノ土地ヲ數筆ノ土地ト爲スヲ謂ヒ合筆ト稱スルハ數筆ノ土地ヲ一筆ノ土地ト爲スヲ謂フ
第二十九條　分筆又ハ合筆ヲ爲サントスルトキハ土地所有者ハ之ヲ稅務署長ニ申告スベシ
第三十條　一筆ノ土地ノ一部ガ左ノ各號ノ一ニ該當スルニ至リタルトキハ前條ノ申告

ナキ場合ニ於テモ税務署長ハ其ノ土地ヲ分筆ス
一　別地目ト爲ルトキ
二　無租地ガ有租地ト爲リ又ハ有租地ガ無租地ト爲ルトキ
三　所有者ヲ異ニスルトキ
四　質權又ハ百年ヨリ長キ存續期間ノ定アル地上權ノ目的ト爲ルトキ
五　地番區域ヲ異ニスルトキ

第三十一條　分筆シタル土地ニ付テハ分筆前ノ地番ニ符號ヲ附シテ各筆ノ地番ヲ定ム
2合筆シタル土地ニ付テハ合筆前ノ地番中ノ首位ノモノヲ以テ其ノ地番トス
3特別ノ事情アルトキハ前二項ノ規定ニ拘ラズ適宜ノ地番ヲ定ムルコトヲ得

第三十二條　分筆ヲ爲シタルトキハ測量シテ各筆ノ地積ヲ定ム
2合筆ヲ爲シタルトキハ合筆前ノ各筆ノ地積ヲ合算シタルモノヲ以テ其ノ地積トス

第三十三條　分筆ヲ爲シタルトキハ各筆ノ品位及情況ニ應ジ分筆前ノ賃貸價格ヲ配分シテ其ノ賃貸價格ヲ定ム
2合筆ヲ爲シタルトキハ合筆前ノ各筆ノ賃貸價格ヲ合算シタルモノヲ以テ其ノ賃貸價格トス

第三節　開墾

第三十四條　本法ニ於テ開墾ト稱スルハ第二類地ヲ第一類地ト爲スヲ謂フ

第三十五條　開墾成功シタルトキハ土地所有者ハ三十日內ニ之ヲ税務署長ニ申告スベシ

第三十六條　開墾ニ著手シタル土地ニ付テハ土地所有者ノ申請ニ依リ開墾著手ノ年及其ノ翌年ヨリ二十年ノ開墾減租年期ヲ許可シ年期中ハ原地（開墾前ノ土地）相當ノ賃貸價格ニ依リ地租ヲ徵收ス但シ地類變換ヲ爲シタル後五年內ニ開墾ニ著手シタル土地ニ付テハ之ヲ許可セズ
2　二十年內ニ成功シ能ハザル開墾地ニ付テハ前項ノ年期ハ開墾著手ノ年及其ノ翌年ヨリ四十年トス
3　前項ノ年期滿了スルモ尙地味成熟セザル土地ニ付テハ更ニ十年內ノ年期延長ヲ許可スルコトヲ得
4　宅地又ハ鑛泉地ト爲ス開墾地ニ付テハ其ノ情況ニ依リ稅務署長ハ開墾減租年期ヲ短縮スルコトヲ得
第三十七條　前條ノ規定ニ依リ開墾減租年期ノ許可ヲ受ケントスル者ハ開墾著手ノ日ヨリ三十日內ニ、開墾減租年期延長ノ許可ヲ受ケントスル者ハ年期ノ滿了スル年ノ六月三十日迄ニ稅務署長ニ申請スベシ
第三十八條　開墾減租年期中ニ於テ開墾成功シタルトキ又ハ其ノ成功地ニ付地目變換ヲ爲シタルトキハ其ノ地目ヲ修正スルモ其ノ賃貸價格ハ之ヲ修正セズ
2　開墾減租年期中ニ於テ其ノ原地ニ付地目變換ヲ爲シタルトキ又ハ其ノ成功地ニ付地類變換ヲ爲シタルトキハ開墾減租年期ハ消滅ス
第三十九條　開墾減租年期地ニ付テハ土地所有者ハ年期ノ滿了スル年ノ六月三十日迄ニ年期滿了申告書ヲ稅務署長ニ提出スベシ

第四十條　開墾成功シタルトキハ（開墾減租年期中ナルト否トヲ問ハズ）直ニ其ノ地目ヲ修正ス

第四十一條　開墾成功シタルトキハ開墾減租年期地ヲ除クノ外直ニ其ノ賃貸價格ヲ修正ス

2　開墾減租年期地ニ付テハ其ノ年期ノ滿了スル年ニ於テ其ノ賃貸價格ヲ修正ス但シ年期滿了スルモ尙開墾成功セザル土地ニ付テハ開墾成功シタルトキ直ニ其ノ賃貸價格ヲ修正ス

第四十二條　開墾ニ因リ賃貸價格ヲ修正スル場合ニ於テハ其ノ地積ヲ改測ス但シ其ノ地積ニ異動ナシト認ムルトキハ之ヲ省略スルコトヲ得

第四十三條　開墾ニ因リ地目又ハ賃貸價格ヲ修正シタル土地ニ付テハ其ノ修正ヲ爲シタル年ノ翌年分ヨリ修正地目又ハ修正賃貸價格ニ依リ地租ヲ徵收ス

第四節　地目變換及地類變換

第四十四條　本法ニ於テ地目變換ト稱スルハ第一類地中又ハ第二類地中ノ各地目ヲ變更スルヲ謂ヒ地類變換ト稱スルハ第一類地ヲ第二類地ト爲スヲ謂フ

第四十五條　地目變換又ハ地類變換ヲ爲シタルトキハ土地所有者ハ三十日內ニ之ヲ稅務署長ニ申告スベシ

第四十六條　二十年內ニ成功シ能ハザル地目變換地ニ付テハ土地所有者ノ申請ニ依リ地目變換著手ノ年及其ノ翌年ヨリ四十年ノ地目變換減租年期ヲ許可シ年期中ハ原地（變換前ノ土地）相當ノ賃貸價格ニ依リ地租ヲ徵收ス

2前項ノ年期滿了スルモ尚地味成熟セザル土地ニ付テハ更ニ十年內ノ年期延長ヲ許可スルコトヲ得
3宅地又ハ鑛泉地ニ變換スル土地ニ付テハ其ノ情況ニ依リ稅務署長ハ地目變換減租年期ヲ短縮スルコトヲ得
第四十七條 前條ノ規定ニ依リ地目變換減租年期ノ許可ヲ受ケントスル者ハ地目變換著手ノ日ヨリ三十日內ニ、地目變換減租年期延長ノ許可ヲ受ケントスル者ハ年期ノ滿了スル年ノ六月三十日迄ニ稅務署長ニ申請スベシ
第四十八條 地目變換減租年期中ニ於テ其ノ原地又ハ變換地ニ付地目變換ヲ爲シタルトキハ其ノ地目ヲ修正スルモ其ノ賃貸價格ハ之ヲ修正セズ
2地目變換減租年期中ニ於テ地類變換ヲ爲シタルトキハ地目變換減租年期ハ消滅ス
第四十九條 地目變換減租年期地ニ付テハ土地所有者ハ年期ノ滿了スル年ノ六月三十日迄ニ年期滿了申告書ヲ稅務署長ニ提出スベシ
第五十條 地目變換又ハ地類變換ヲ爲シタルトキハ(地目變換減租年期中ナルト否トヲ問ハズ)直ニ其ノ地目ヲ修正ス
第五十一條 地目變換又ハ地類變換ヲ爲シタルトキハ地目變換減租年期地ヲ除クノ外直ニ其ノ賃貸價格ヲ修正ス
2地目變換減租年期地ニ付テハ其ノ年期ノ滿了スル年ニ於テ其ノ賃貸價格ヲ修正ス但シ年期滿了スルモ尚地目變換セザル土地ニ付テハ地目變換シタルトキ直ニ其ノ賃貸價格ヲ修正ス

第五十二條　地目變換又ハ地類變換ニ因リ賃貸價格ヲ修正スル場合ニ於テ必要アリト認ムルトキハ其ノ地積ヲ改測ス

第五十三條　地目變換又ハ地類變換ニ因リ地目又ハ賃貸價格ヲ修正シタル土地ニ付テハ其ノ修正ヲ爲シタル年ノ翌年分ヨリ修正地目又ハ修正賃貸價格ニ依リ地租ヲ徴收ス

第五節　荒地免租

第五十四條　本法ニ於テ荒地ト稱スルハ災害ニ因リ地形ヲ變ジ又ハ作土ヲ損傷シタル土地ヲ謂フ

第五十五條　荒地ニ付テハ納稅義務者ノ申請ニ依リ荒地ト爲リタル年及其ノ翌年ヨリ十五年內ノ荒地免租年期ヲ許可ス

2　前項ノ年期滿了スルモ尙荒地ノ形狀ヲ存スルモノニ付テハ更ニ十五年內ノ年期延長ヲ許可スルコトヲ得

3　海、湖又ハ河川ノ狀況ト爲リタル荒地ニ付テハ前項ノ延長年期ハ二十年內トス其ノ年期滿了スルモ尙海、湖又ハ河川ノ狀況ニ在ルモノハ本法ノ適用ニ付テハ海、湖又ハ河川ト爲リタルモノト看做ス

第五十六條　前條ノ規定ニ依リ荒地免租年期ノ許可ヲ受ケントスル者ハ稅務署長ニ申請スベシ

2　荒地免租年期延長ノ許可ヲ受ケントスル者ハ年期ノ滿了スル年ノ六月三十日迄ニ稅務署長ニ申請スベシ

第五十七條 荒地免租年期地ニ付テハ免租年期許可ノ申請アリタル後ニ開始スル納期ヨリ地租ヲ徴收セズ

第五十八條 荒地免租年期中ノ土地ガ再ビ荒地ト爲リ免租年期ノ許可ヲ受ケタルトキハ前ノ年期ハ消滅ス

第五十九條 開拓減租年期、埋立免租年期、開墾減租年期又ハ地目變換減租年期中ノ土地ニ付荒地免租年期ヲ許可シタルトキハ其ノ許可ヲ爲シタル年ヨリ荒地免租年期滿了ニ至ル迄ハ開拓減租年期、埋立免租年期、開墾減租年期又ハ地目變換減租年期ハ其ノ進行ヲ止ム

2 前項ノ規定ハ他ノ法律ニ依リ一定ノ期間地租ノ全部又ハ一部ヲ免除シタル土地ニ付荒地免租年期ヲ許可シタル場合ニ之ヲ準用ス

第六十條 荒地免租年期中ニ於テ地目變換、地類變換又ハ開墾ニ該當スル土地ノ異動アルモ地目變換、地類變換又ハ開墾ナキモノト看做ス此ノ場合ニ於テハ免租年期ノ滿了スル年ニ於テ其ノ地目ヲ修正ス

第六十一條 荒地免租年期地ニ付テハ納稅義務者ハ年期ノ滿了スル年ノ六月三十日迄ニ年期滿了申告書ヲ稅務署長ニ提出スベシ

第六十二條 荒地免租年期地ニ付テハ其ノ年期ノ滿了スル年ニ於テ其ノ賃貸價格ヲ設定ス

第六十三條 荒地免租年期ノ滿了ニ因リ賃貸價格ヲ設定スル場合ニ於テ必要アリト認ムルトキハ其ノ地積ヲ改測ス

第六十四條　荒地免租年期ノ滿了ニ因リ賃貸價格ヲ設定シタル土地ニ付テハ其ノ設定ヲ爲シタル年ノ翌年分ヨリ地租ヲ徵收ス

第三章　災害地免租

第六十五條　北海道又ハ府縣ノ全部又ハ一部ニ亙ル災害又ハ天候不順ニ因リ收穫皆無ニ歸シタル田畑ニ付テハ納稅義務者ノ申請ニ依リ其ノ年分地租ハ之ヲ免除ス

第六十六條　地目變換若ハ開墾成功ノ申告アリタル土地又ハ耕地整理工事完了シ賃貸價格配賦ノ申出アリタル土地ニシテ未ダ土地臺帳ヲ更正セザルモノニ付テハ其ノ成功地目ガ田畑ナルトキハ命令ノ定ムル所ニ依リ前條ノ規定ヲ準用ス

第六十七條　前二條ノ規定ニ依リ地租ノ免除ヲ受ケントスル者ハ被害現狀ノ存スル間ニ於テ其ノ事實ヲ明ニシテ稅務署長ニ申請スベシ

第六十八條　前條ノ申請アリタルトキハ被害ノ調査中其ノ年分地租ノ徵收ヲ猶豫スルコトヲ得

第六十九條　第六十五條又ハ第六十六條ノ規定ニ依リ免除シタル地租ハ法律上總テノ納稅資格中ヨリ之ヲ控除セズ

第四章　自作農地免租

第七十條　田畑地租ノ納期開始ノ時ニ於テ納稅義務者（法人ヲ除ク）ノ住所地市町村及隣接市町村內ニ於ケル田畑賃貸價格ノ合計金額ガ其ノ同居家族ノ分ト合算シ二百圓未滿ナルトキハ納稅義務者ノ申請ニ依リ其ノ田畑ノ當該納期分地租ハ命令ノ定ムル所ニ依リ之ヲ免除ス但シ小作ニ付シタル田畑ニ付テハ此ノ限ニ在ラズ

2民法施行前ヨリ引續キ存スル永小作權ニ付其ノ設定ノ當時舊來ノ慣行ニ依リテ小作料支拂ノ外當該田畑ノ地租ノ全額ヲ永小作權者ニ於テ負擔スルコトヲ約シタル田畑ニ關シテハ命令ノ定ムル所ニ依リ永小作權者ヲ所有者ト看做シテ前項ノ規定ヲ適用ス

第七十一條　前條ノ規定ニ依リ地租ノ免除ヲ受ケントスル者ハ毎年三月中ニ住所地市町村ヲ經由シ税務署長ニ申請スベシ

2前項ノ申請期間經過後新ニ前條ノ規定ニ該當スルニ至リタル田畑ニ付テハ次ノ納期開始前ニ於テ前項ノ申請ヲ爲スコトヲ得

第五章　地租徴收

第七十二條　税務署長ハ土地ノ異動其ノ他地租徴收ニ關シ必要ト認ムル事項ヲ市町村ニ通知スベシ

第七十三條　地租ハ各納税義務者ニ付同一市町村内ニ於ケル同一地目ノ賃貸價格ノ合計金額ニ依リ算出シ之ヲ徴收ス但シ賃貸價格ノ合計金額ガ一圓ニ滿タザルトキハ地租ヲ徴收セズ

2田、畑、宅地以外ノ土地ハ之ヲ同一地目ノ土地ト看做シテ前項ノ規定ヲ適用ス

第七十四條　市町村ハ地租ノ納期毎ニ其ノ納期開始前十五日迄ニ賃貸價格及地租ノ總額竝ニ其ノ各納期ニ於ケル納額ヲ税務署長ニ報告スベシ但シ前報告後異動ナキトキハ此ノ限ニ在ラズ

2前項ノ報告後納期開始迄ニ報告事項ニ異動ヲ生ジタルトキハ直ニ其ノ異動額ヲ税務

署長ニ報告スベシ
第七十五條　市町村ハ第七十條ノ規定ニ依リ地租ヲ免除スル田畑ノ賃貸價格ノ總額ヲ前條ノ例ニ準ジ税務署長ニ報告スベシ
第七十六條　大藏大臣ハ税務署長又ハ其ノ代理官ヲシテ隨時市町村ニ於ケル國税徵收ニ關スル事務ヲ監督セシムベシ

第六章　雜則

第七十七條　他ノ法律ニ依リ一定ノ期間地租ヲ免除シタル土地ニ付テハ別段ノ規定アル場合ヲ除クノ外第五十七條及第六十條乃至第六十四條ノ規定ヲ準用ス
第七十八條　税務署長土地ノ異動ニ因リ地番、地目、地積又ハ賃貸價格ヲ土地臺帳ニ登錄シタルトキ又ハ登錄ヲ變更シタルトキハ土地所有者及納税義務者ニ通知スベシ
第七十九條　納税義務者其ノ土地所在ノ市町村内ニ現住セザルトキハ地租ニ關スル事項ヲ處理セシムル爲其ノ市町村内ニ現住スル者ニ就キ納税管理人ヲ定メ當該市町村長ニ申告スベシ
第八十條　土地所有者ニ變更アリタル場合ニ於テハ舊所有者ガ爲スベカリシ申告ハ所有者ノ變更アリタル日ヨリ三十日内ニ新所有者ヨリ之ヲ爲スベシ
第八十一條　本法ニ依リ土地所有者ヨリ爲スベキ申告又ハ申請ハ質權ノ目的タル土地又ハ百年ヨリ長キ存續期間ノ定アル地上權ノ目的タル土地ニ付テハ土地臺帳ニ登錄セラレタル質權者又ハ地上權者ヨリ之ヲ爲スコトヲ得
第八十二條　本法ニ依リ申告ヲ爲スベキ義務ヲ有スル者其ノ申告ヲ爲サザルトキハ五

十圓以下ノ過料ニ處ス
２非訟事件手續法第二百六條乃至第二百八條ノ規定ハ前項ノ過料ニ付之ヲ準用ス
第八十三條 詐僞其ノ他不正ノ行爲ニ依リ地租ヲ逋脫シタル者ハ其ノ逋脫シタル稅金ノ五倍ニ相當スル罰金又ハ科料ニ處シ直ニ其ノ地租ヲ徵收ス但シ自首シタル者又ハ稅務署長ニ申出デタル者ハ其ノ罪ヲ問ハズ
２前項ノ罪ヲ犯シタル者ニハ刑法第三十八條第三項但書、第三十九條第二項、第四十條、第四十一條、第四十八條第二項、第六十三條及第六十六條ノ例ヲ用ヒズ
第八十四條 本法ニ依リ申告ヲ爲スベキ義務ヲ有スル者其ノ申告ヲ爲サズ仍テ地租ニ不足額アルトキハ直ニ之ヲ徵收ス
第八十五條 前二條ノ規定ニ依リ地租ヲ徵收スル場合ニ於テハ第七十三條ノ規定ニ拘ラズ當該土地一筆每ニ其ノ地租ヲ算出ス
第八十六條 稅務署長又ハ其ノ代理官ハ土地ノ檢查ヲ爲シ又ハ土地ノ所有者、質權者、地上權者其ノ他利害關係人ニ對シ必要ナル事項ヲ質問スルコトヲ得
２前項ノ場合ニ於テ土地ノ檢査ヲ拒ミ又ハ之ヲ妨ゲタル者ハ百圓以下ノ罰金ニ處ス
第八十七條 市制第六條又ハ第八十二條第三項ノ市ニ於テハ本法中市ニ關スル規定ハ區ニ、市長ニ關スル規定ハ區長ニ之ヲ適用ス
２町村制ヲ施行セザル地ニ於テハ本法中町村ニ關スル規定ハ町村ニ準ズベキモノニ、町村長ニ關スル規定ハ町村長ニ準ズベキモノニ之ヲ適用ス
第八十八條 本法ハ國有地ニ之ヲ適用セズ

第八十九條　府縣、市町村其ノ他ノ公共團體ハ第二條ノ規定ニ依リ地租ヲ課セザル土地ニ租稅其ノ他ノ公課ヲ課スルコトヲ得ズ但シ所有者以外ノ者同條第一號又ハ第二號ノ土地ヲ使用收益スル場合ニ於テ其ノ土地ニ付使用者ニ租稅其ノ他ノ公課ヲ課スルハ此ノ限ニ在ラズ

附　則

第九十條　本法ハ昭和六年四月一日ヨリ之ヲ施行ス但シ昭和六年分地租ニ限リ第十條ノ規定中百分ノ三・八トアルハ百分ノ四、第十一條ノ規定中宅地租第一期其ノ年七月一日ヨリ三十一日限トアルハ其ノ年十一月一日ヨリ三十日限、其ノ他第一期其ノ年九月一日ヨリ三十日限トアルハ翌年一月一日ヨリ三十一日限、其ノ他第二期其ノ年十一月一日ヨリ三十日限トアルハ翌年三月一日ヨリ三十一日限、第七十一條第一項ノ規定中三月中トアルハ十二月中トス

第九十一條　左ノ法律ハ之ヲ廢止ス但シ昭和五年分以前ノ地租ニ關シテハ仍舊法ニ依ル

地租條例
災害地地租免除法
宅地地價修正法
明治七年第百二十號布告地所名稱區別
明治三十四年法律第三十號
明治三十四年法律第三十一號

明治三十七年法律第十二號
明治三十七年法律第十六號
大正十五年法律第四十七號

第九十二條 土地賃貸價格調査法ニ依リ賃貸價格ノ調査ヲ爲シタル土地ニ付テハ同法ニ依リ調査シタル賃貸價格ヲ以テ本法施行ノ際ニ於ケル賃貸價格トス但シ其ノ賃貸價格ニ依リ算出シタル本法ノ地租額ガ從前ノ地價ニ依リ算出シタル舊法ノ地租額ノ三倍八割ヲ超ユル土地ニ在リテハ舊法ノ地租額ノ三倍八割ニ相當スル金額ヲ百分ノ三・八ヲ以テ除シタル金額ヲ以テ其ノ賃貸價格トス

第九十三條 大正十五年四月一日後本法施行前ニ於テ地價ヲ設定シ又ハ修正シタル土地(免租年期又ハ低價年期ノ滿了ニ因リ原地價ニ復シタルモノヲ含ム)ニ付テハ第九條第三項ノ例ニ準ジ其ノ賃貸價格ヲ定ム

2 大正十五年四月一日後本法施行前ニ於テ分筆又ハ合筆ヲ爲シタル土地ニ付テハ第三十三條ノ例ニ準ジ前條ノ賃貸價格ヲ配分又ハ合算シテ其ノ賃貸價格ヲ定ム

第九十四條 舊法ニ依リ低價年期ノ許可ヲ受ケタル土地ニシテ本法施行ノ際未ダ原地價ニ復セザルモノニ付テハ第九條第三項ノ例ニ準ジ其ノ賃貸價格ヲ定ム

第九十五條 前三條ノ規定ニ依リ賃貸價格ヲ定メタル土地ニ付テハ昭和六年分ヨリ本法ニ依リ地租ヲ徴收ス

第九十六條 本法施行前ニ於ケル土地ノ異動中本法施行ノ際未ダ舊法ニ依リ地價ノ設定又ハ修正其ノ他ノ處分ヲ爲サザルモノニシテ本法中之ニ相當スル規定アルモノニ

關シテハ本法ヲ適用ス但シ第九十一條但書ノ規定ノ適用ヲ妨ゲズ
第九十七條　舊法ニ依ル屆出又ハ申請ニシテ本法中之ニ相當スル規定アルモノハ之ヲ本法ニ依ル申告又ハ申請ト看做ス
第九十八條　舊法ニ依リ開墾ノ屆出アリタル土地ニシテ本法施行ノ際開墾著手後未ダ二十年ヲ經過セザルモノハ第三十六條第一項ノ規定ニ依リ開墾減租年期ヲ許可セラレタルモノト看做ス但シ地類變換ヲ爲シタル後五年内ニ開墾ヲ爲シタル土地ニ付テハ此ノ限ニ在ラズ
第九十九條　舊法ニ依リ免租年期、鍬下年期又ハ地價据置年期ノ許可ヲ受ケタル土地ニシテ本法施行ノ際未ダ其ノ年期ノ滿了セザルモノハ左ノ區分ニ從ヒ本法ニ依リ免租年期又ハ減租年期ヲ許可セラレタルモノト看做ス
一　地租條例第十六條第三項ノ鍬下年期ハ第三十六條第二項ノ開墾減租年期トス
二　地租條例第十六條第四項ノ鍬下年期ハ第十九條第一項ノ開拓減租年期トス
三　地租條例第十六條第五項ノ新開免租年期ハ第二十條第一項ノ埋立免租年期トス
四　地租條例第十六條第六項ノ地價据置年期ハ第四十六條第一項ノ地目變換減租年期トス
五　明治三十四年法律第三十號ノ年期延長ハ前各號ノ例ニ準ジ第十九條第二項、第二十條第二項、第三十六條第三項又ハ第四十六條第二項ノ年期延長トス
六　地租條例第二十條ノ荒地免租年期ハ第五十五條第一項ノ荒地免租年期トス
七　地租條例第二十三條又ハ第二十四條ノ免租繼年期ハ荒地ノ種類ニ從ヒ第五十五

條第二項又ハ第三項ノ年期延長トス
2 前項ノ年期ハ舊法ニ依リ許可セラレタル年期ノ殘年期間ノ經過スル年ノ翌年ニ於テ滿了ス

第百條 地積ハ第七條ノ規定ニ拘ラズ當分ノ內左ノ各號ノ規定ニ依リ之ヲ定ム
一 宅地及鑛泉地ノ地積ハ六尺平方ヲ坪、坪ノ十分ノ一ヲ合、合ノ十分ノ一ヲ勺トシテ之ヲ定メ勺未滿ノ端數ハ之ヲ切捨ツ
二 宅地及鑛泉地以外ノ土地ノ地積ハ六尺平方ヲ步、三十步ヲ畝、十畝ヲ段、十段ヲ町トシテ之ヲ定メ步未滿ノ端數ハ之ヲ切捨ツ但シ一筆ノ地積一步未滿ナルモノニ付テハ步ノ十分ノ一ヲ合、合ノ十分ノ一ヲ勺トシテ之ヲ定メ勺未滿ノ端數ハ之ヲ切捨ツ

第百一條 舊法ノ土地臺帳ハ之ヲ本法ノ土地臺帳ト看做ス

第百二條 小笠原島及伊豆七島ノ地租ニ付テハ當分ノ內仍從前ノ例ニ依ル

◎地租法施行規則（昭和六年四月一日勅令第四十七號）

第一章 總則

第一條 地租法第二條第一號及第二號ノ規定ニ依リ左ノ公共團體ヲ指定ス
一 府縣組合、市町村組合、町村組合、市町村內ノ區、北海道地方費

二　市町村學校組合、町村學校組合、學區
三　水利組合、水利組合聯合、北海道土功組合
第二條　土地ノ所有權、質權又ハ地上權ノ得喪變更ニ關スル事項ハ登記所ヨリ通知アルニ非ザレバ土地臺帳ニ之ヲ登錄セズ但シ左ノ場合ニ於テハ此ノ限ニ在ラズ
一　新ニ土地臺帳ニ登錄スベキ土地ヲ生ジタルトキ
二　未登記ノ土地ガ土地臺帳ニ登錄ヲ要セザル土地ト爲リタルトキ
三　未登記ノ土地ガ收用セラレタルトキ
第三條　土地臺帳ニ登錄セラレタル土地所有者、質權者又ハ地上權者其ノ住所ニ異動ヲ生ジタルトキ又ハ其ノ氏名若ハ名稱ヲ改メタルトキハ遲滯ナク之ヲ稅務署長ニ申告スベシ
第四條　土地臺帳謄本ノ交付ヲ受ケントスル者ハ土地一筆ニ付十錢ノ手數料ヲ納メ稅務署長ニ之ヲ請求スベシ
2　前項ノ手數料ハ收入印紙ヲ以テ之ヲ納ムベシ
3　謄本ハ送付ニ要スル郵便切手ヲ提供シテ之ガ郵送ヲ求ムルコトヲ得
4　國有地又ハ御料地ノ拂下又ハ讓與ニ係ル土地ニシテ未登記ノモノニ付テハ謄本ノ交付ヲ請求スルコトヲ得ズ
5　土地臺帳謄本ノ書式ハ大藏大臣之ヲ定ム
第五條　北海道、鹿兒島縣大島郡及沖繩縣ニ於ケル地租ハ左ノ納期ニ於テ之ヲ徵收ス
北海道

一　宅地租
第一期　其ノ年八月一日ヨリ三十一日限　年額ノ二分ノ一
第二期　翌年二月一日ヨリ末日限　年額ノ二分ノ一
二　其ノ他
第一期　其ノ年十一月一日ヨリ三十日限　年額ノ二分ノ一
第二期　翌年五月一日ヨリ三十一日限　年額ノ二分ノ一
鹿兒島縣大島郡十島村
翌年五月一日ヨリ八月三十一日限　年額全部
鹿兒島縣大島郡（十島村ヲ除ク）
翌年五月一日ヨリ三十一日限　年額全部
沖繩縣那覇市、首里市、島尻郡、中頭郡、國頭郡
一　宅地租及田租
其ノ年八月一日ヨリ三十一日限　年額全部
二　其ノ他
翌年五月一日ヨリ三十一日限　年額全部
沖繩縣宮古郡平良村字鏖川、仲筋、水納、八重山郡八重山村字波照間、與那國
翌年五月一日ヨリ七月三十一日限　年額全部
沖繩縣宮古郡（平良村字鏖川、仲筋、水納ヲ除ク）、八重山郡（八重山村字波照間、與那國ヲ除ク）

一　宅地租　翌年三月一日ヨリ三十一日限　年額全部
二　田租　其ノ年七月一日ヨリ三十一日限　年額全部
三　其ノ他　翌年五月一日ヨリ三十一日限　年額全部

第二章　土地ノ異動

第六條　土地ノ異動ニ關スル申告書（年期滿了申告書ヲ含ム）ニハ異動ノ種類ヲ表示シ原地ノ所在、地番、地目、地積及賃貸價格（無租地及免租年期地ニ付テハ賃貸價格ヲ除ク）並ニ異動シタル地番、地目、地積及賃貸價格ヲ記載スベシ

2　前項ノ申告書中新ニ土地臺帳ニ登錄スベキ土地ニ關スル申告書又ハ分筆ノ申告書ニハ地積ノ測量圖ヲ添附スベシ其ノ他ノ申告書ニシテ之ニ記載シタル異動地ノ地積ガ其ノ原地ノ地積ト同一ナラザルモノニ付亦同ジ

第七條　減租年期又ハ免租年期ノ申請書ニハ年期ノ種類ヲ表示シ土地ノ所在、地番、地目、地積及賃貸價格（無租地及免租年期地ニ付テハ賃貸價格ヲ除ク）ヲ記載シ尚左ノ事項ヲ附記スベシ

一　開拓減租年期又ハ埋立免租年期ニ付テハ有租地ト為リタル事由
二　二十年ノ開墾減租年期ニ付テハ開墾ノ豫定地目及著手ノ日

三　四十年ノ開墾減租年期又ハ地目變換減租年期ニ付テハ開墾又ハ變換ノ豫定地目、著手ノ日及事業計畫
四　荒地免租年期ニ付テハ荒地ト爲リタル事由、被害ノ狀況及許可ヲ受ケントスル年期
五　前各號ノ年期ノ延長ニ付テハ土地ノ狀況及許可ヲ受ケントスル年期

第八條　開墾減租年期又ハ地目變換減租年期ノ許可ヲ受ケタル土地ニ付開墾若ハ變換ノ豫定地目ヲ變更シ又ハ開墾若ハ變換ヲ廢止シタルトキハ遲滯ナク稅務署長ニ之ヲ申告スベシ

第三章　災害地免租

第九條　災害地免租ノ申請書ニハ收穫皆無ニ歸シタル事由、被害ノ狀況、土地ノ所在、地番、地目、地積及賃貸價格ヲ記載スベシ

第十條　災害地免租ノ申請ヲ爲ス者ハ稅務署長ノ承認ヲ受クル迄收穫皆無ノ事實ヲ證スルニ足ルベキ作毛ヲ存置スベシ

第十一條　地租法第六十六條ノ規定ニ依ル地租ノ免除ハ左ノ各號ノ定ムル所ニ依ル
一　地目變換地又ハ開墾地ニ在リテハ原地(變換又ハ開墾前ノ土地)ノ地租ヲ免除ス
二　耕地整理地ニ在リテハ收穫皆無ニ歸シタル換地ニ相當スル從前ノ土地ノ地租ヲ免除ス

第四章　自作農地免租

第十二條　地租法第七十條第二項ニ規定スル永小作權者ニシテ同條第一項ノ規定ノ適

用ヲ受ケントスル者ハ毎年三月中ニ左ノ事項ヲ田畑所在ノ市町村長ニ申告スベシ
一　永小作權ノ目的タル田畑ノ所在、地番、地目、地積及賃貸價格
二　田畑所有者ノ住所及氏名
三　永小作權設定ノ年月日
2　前項ノ申告期間經過後新ニ地租法第七十條第一項ノ規定ニ該當スルニ至リタル場合ニ於テハ次ノ納期開始前ニ於テ前項ノ申告ヲ爲スコトヲ得
第十三條　市町村長ニ於テ必要アリト認ムルトキハ前條ノ申告ヲ爲シタル者ニ對シ永小作權ノ設定ヲ證スベキ證書其ノ他必要ナル書類ノ呈示又ハ提出ヲ求ムルコトヲ得
第十四條　第十二條ノ申告ヲ爲シタル永小作權者ハ地租法第七十條第一項ノ規定ノ適用ニ關シテハ之ヲ當該田畑ノ所有者ト看做ス
第十五條　地租法第七十一條ノ規定ニ依ル地租免除ノ申請書ニハ土地ノ所在、地番及地目ヲ記載スベシ但シ申請者ガ其ノ住所地及隣接市町村內ニ於ケル自己ノ田畑ノ全部ニ付申請ヲ爲ス場合ニ於テハ其ノ旨ヲ記載シ各筆ノ記載ヲ省略スルコトヲ得
第十六條　市町村ハ其ノ市町村內ニ於ケル田畑ニ付地租ヲ納ムベキ者（地租法第七十條第二項ノ規定ニ依リ所有者ト看做サレタル永小作權者ヲ含ム）ノ住所ガ隣接市町村內ニ在ルトキハ各人別田畑ノ賃貸價格合計金額ヲ毎年三月中ニ其ノ住所地市町村ニ通知スベシ
2　前項ノ通知後田畑地租ノ各納期開始迄ニ通知事項ニ異動ヲ生ジタルトキハ直ニ之ヲ住所地市町村ニ通知スベシ

第十七條　市町村ハ隣接市町村内ノ田畑ニ付地租法第七十一條ノ申請ヲ受ケタル場合ニ於テ申請者ノ住所地市町村及隣接市町村内ニ於ケル田畑賃貸價格ノ合計金額ガ其ノ同居家族ノ分ト合算シ二百圓未滿ナルトキハ其ノ旨ヲ田畑所在ノ市町村ニ通知スベシ

2　前項ノ通知後田畑地租ノ各納期開始ノ時迄ニ通知事項ニ異動ヲ生ジタルトキハ之ヲ田畑所在ノ市町村ニ通知スベシ

第五章　地租徵收

第十八條　市町村ハ其ノ市町村内ノ田畑ニ付地租法第七十一條ノ申請又ハ前條ノ通知ヲ受ケタルトキハ同法第七十條ノ規定ニ依リ地租ヲ免除スル田畑ヲ調査シ同法第七十五條ノ報告ヲ爲スベシ

第十九條　市町村ハ其ノ市町村内ノ土地ニ付土地臺帳ノ副本及地租名寄帳ヲ設備スベシ

2　地租名寄帳ニ關シ必要ナル事項ハ大藏大臣之ヲ定ム

第六章　雜　則

第二十條　地租法以外ノ法律ニ依リ一定ノ期間地租ノ全部又ハ一部ヲ免除スル土地ニ付テハ別段ノ規定アル場合ヲ除クノ外第六條及第七條ノ規定ヲ準用ス

第二十一條　地租法第七十八條ノ規定ニ依ル通知及減租又ハ免租ノ申請ニ對スル許否ノ通知ハ土地所在ノ市町村ヲ經由スベシ

第二十二條　市制第六條又ハ第八十二條第三項ノ市ニ於テハ本令中市ニ關スル規定ハ

區ニ、市長ニ關スル規定ハ區長ニ之ヲ適用ス
2 町村制ヲ施行セザル地ニ於テハ本令中町村ニ關スル規定ハ町村ニ準ズベキモノニ、町村長ニ關スル規定ハ町村長ニ準ズベキモノニ之ヲ適用ス

附　則

1 本令ハ公布ノ日ヨリ之ヲ施行ス但シ昭和六年分地租ニ限リ第五條ノ規定中北海道宅地租第一期其ノ年八月一日ヨリ三十一日限トアルハ其ノ年十一月一日ヨリ三十日限、其ノ他第一期其ノ年十一月一日ヨリ三十日限トアルハ翌年一月一日ヨリ三十一日限、沖繩縣那覇市、首里市、島尻郡、中頭郡、國頭郡宅地租及田租其ノ年八月一日ヨリ三十一日限トアルハ翌年一月一日ヨリ三十一日限、沖繩縣宮古郡(平良村字鹽川、仲筋、水納ヲ除ク)八重山郡(八重山村字波照間、與那國ヲ除ク)田租其ノ年七月一日ヨリ三十一日限トアルハ翌年一月一日ヨリ三十一日限、第十六條第一項ノ規定中三月中トアルハ十二月中トス
2 地租條例施行規則、土地臺帳規則、明治三十八年勅令第百五十九號及明治四十四年勅令第九十二號ハ之ヲ廢止ス但シ昭和五年分以前ノ地租ニ關シテハ仍從前ノ例ニ依ル

◉地租法施行細則（昭和六年四月一日大藏省令第六號）

第一條　土地臺帳ハ第一號書式ニ依リ之ヲ調製スベシ
第二條　土地臺帳ノ謄本ハ第二號書式ニ依リ之ヲ調製スベシ
第三條　地租名寄帳ハ第三號書式ニ依リ之ヲ調製スベシ

第四條 地租法第七十四條及第七十五條ノ規定ニ依ル報告書ハ第四號書式ニ依リ之ヲ調製スベシ

附 則

1 本令ハ公布ノ日ヨリ之ヲ施行ス
2 土地臺帳規則施行細則、大正三年大藏省令第五號、明治二十二年大藏省訓令第四十九號ハ之ヲ廢止ス
3 土地臺帳(副本ヲ含ム)及地租名寄帳ノ書式ニ付テハ當分ノ内從前ノ例ニ準ズルコトヲ得
4 明治三十八年大藏省令第五十號中第二號ヲ削リ第三號ヲ第二號ニ改ム

(書式)略

◉震災被害者ニ對スル租税ノ減免猶豫等ニ關スル法律(昭和六年四月一日法律第四十六號)

第一條 政府ハ震災(昭和五年十一月二十六日ノ震災及之ニ伴フ火災ヲ含ム以下同ジ)ニ因ル被害者ノ震災地ニ於テ納付スベキ昭和五年分ノ第三種所得税第三期分、同第四期分、個人ノ營業收益税第二期分及乙種資本利子税第二期分ニ付命令ノ定ムル所ニ依リ之ヲ輕減又ハ免除スルコトヲ得

第二條 政府ハ震災ニ因リ著シク利用ヲ妨ゲラレタル土地ニ付命令ノ定ムル所ニ依リ其ノ地租ヲ免除スルコトヲ得

第三條　政府ハ震災地ニ於テ納付スベキ昭和六年分ノ第三種所得税、個人ノ營業收益税及乙種資本利子税ニ限リ課税ニ關スル申告及申請竝ニ課税標準ノ決定ニ關シ命令ヲ以テ特例ヲ設クルコトヲ得

第四條　政府ハ第一條又ハ第二條ノ規定ニ依リ輕減又ハ免除セラルル租税ニ付其ノ處分ノ確定スルニ至ル迄税金ノ徵收ヲ猶豫スルコトヲ得

第五條　第一條及第三條ノ震災地ハ命令ヲ以テ之ヲ定ム

第六條　第一條又ハ第二條ノ規定ニ依リ輕減又ハ免除セラルル租税ハ法令上ノ納税資格要件ニ關シテハ輕減又ハ免除セラレザルモノト看做ス

2　前項ノ規定ハ直接縣税ニシテ震災ニ因リ輕減又ハ免除セラルルモノニ付之ヲ準用ス

附　則

本法ハ公布ノ日ヨリ之ヲ施行ス

◉震災被害者ニ對スル租税ノ減免猶豫等ニ關スル法律施行方（昭和六年四月一日大藏省令第十一號）抄

第二條　自己（同居ノ戸主又ハ家族ヲ含ム）ノ所有ニ係ル其ノ住宅、家財又ハ所得ノ基因タル家屋其ノ他ノ築造物、機械、器具、商品、原料品等ガ震災（昭和五年十一月二十六日ノ震災及之ニ伴フ火災ヲ含ム以下同ジ）ニ因リ滅失又ハ毀損シタルトキハ其ノ損害見積金額ヲ震災地ニ於テ納付スベキ昭和五年分第三種所得税ノ所得金額（同居ノ戸主又ハ家族ノ分トノ合算額）ヨリ控除シ其ノ殘額ニ付所得税法第二十三條ノ

規定ニ準ジテ算出シタル金額ト震災地ニ於テ納付スベキ昭和五年分第三種所得税額トノ差額ニ相當スル所得税ヲ免除ス但シ免除スベキ税額ハ震災地ニ於テ納付スベキ昭和五年分第三種所得税ノ第三期分及第四期分ノ合算額ヲ超ユルコトヲ得ズ

2 前項ノ場合ニ於テ昭和五年分第三種所得税ノ所得金額ニ付所得税法第六十五條ノ規定ヲ適用シタルモノニ付テハ商品又ハ原料品ニ對スル損害見積金額ハ之ヲ控除セズ

3 前二項ノ場合ニ於テ同居者一人毎ノ控除額ハ各其ノ所得金額ニ案分シテ之ヲ計算ス

4 同一人ニシテ山林ノ所得ト山林以外ノ所得トヲ有スル場合ニ於テ前三項ノ規定ニ依ル控除ハ先ヅ山林以外ノ所得ニ付之ヲ爲シ不足アルトキハ山林ノ所得ニ及ブ

第四條 震災ニ因リ著シク利用ヲ妨ゲラレタル土地(荒地ト爲リタル土地ヲ除ク)ニシテ左ノ各號ノ一ニ該當スルニ至リタルモノニ付テハ被害ノ實況ニ應ジ宅地ニ在リテハ昭和六年ヨリ二年内、其ノ他ノ土地ニ在リテハ昭和六年ヨリ四年内其ノ地租ヲ免除ス

一 水路若ハ溜池ノ破壞又ハ井戸ノ湧水涸渇等ニ因リ灌漑又ハ排水ノ便ヲ失シ收穫ヲ減損スルニ至リタル田畑

二 地下ノ變動等ニ因リ水持ヲ害シ又ハ濕地ト爲リ收穫ヲ減損スルニ至リタル田畑

三 建物ノ過半ガ滅失又ハ倒壞シタル宅地

四 其ノ他震災ニ因リ著シク利用ヲ妨ゲラレタル土地

◉震災被害者ニ對スル租稅ノ免除猶豫等ニ關スル法律（昭和八年三月二十七日法律第十三號）抄

第一條 政府ハ震災（昭和八年三月三日ノ震災及之ニ伴フ火災又ハ海嘯ヲ含ム以下同ジ）ニ因ル被害者ノ震災地ニ於テ納付スベキ昭和七年分第三種所得稅第四期分ニ付命令ノ定ムル所ニ依リ之ヲ免除スルコトヲ得

第四條 政府ハ震災地ニ於テ昭和八年三月三日以後ニ納付スベキ租稅ニ付命令ノ定ムル所ニ依リ其ノ徵收ヲ猶豫スルコトヲ得

◉震災被害者ニ對スル租稅ノ免除猶豫等ニ關スル件施行方（昭和八年三月二十七日大藏省令第六號）抄

第二條 震災（昭和八年三月三日ノ震災及之ニ伴フ火災又ハ海嘯ヲ含ム以下同ジ）ニ因リ自己（同居ノ戶主又ハ家族ヲ含ム）ノ所有ニ係ル其ノ住宅若ハ家財又ハ其ノ漁業ニ必要ナル漁船及漁具ニ付著シキ損害ヲ受ケタル者ノ震災地ニ於テ納付スベキ昭和七年分第三種所得稅第四期分ハ之ヲ免除ス

2 前項ノ規定ニ依ル免除ヲ受ケントスル者ハ被害ノ狀況ヲ記載シタル申請書ヲ昭和八年五月三十一日迄ニ所轄稅務署ニ提出スベシ

3 被害ノ事實顯著ナル者ニ付テハ前項ノ申請ナキ場合ト雖モ稅務署長ハ其ノ認ムル所ニ依リ第一項ノ規定ニ依ル免除ヲ爲スコトヲ得

第三條 震災ニ因リ著シク利用ヲ妨ゲラレタル土地（荒地ト爲リタル土地ヲ除ク）ニシ

（改五）

テ左ノ各號ノ一ニ該當スルニ至リタルモノニ付テハ被害ノ實況ニ應ジ宅地ニ在リテハ昭和八年ヨリ三年以内、其ノ他ノ土地ニ在リテハ昭和八年ヨリ五年以内其ノ地租ヲ免除ス

一　水路若ハ溜池ノ破壊又ハ井戸ノ湧水涸渇等ニ因リ灌漑又ハ排水ノ便ヲ失シ收穫ヲ減損スルニ至リタル田畑

二　地下ノ變動等ニ因リ水持ヲ害シ又ハ濕地ト爲リ收穫ヲ減損スルニ至リタル田畑

三　建物ノ過半ガ滅失又ハ倒壊シタル宅地

四　其ノ他震災ニ因リ著シク利用ヲ妨ゲラレタル土地

2　前項ノ規定ニ依ル免除ヲ受ケントスル者ハ土地一筆毎ニ被害ノ狀況ヲ記載シタル申請書ヲ昭和八年六月三十日迄ニ納税地ノ市町村ヲ經由シテ所轄税務署ニ提出スベシ

第四條　震災ニ因リ荒地ト爲リタル爲昭和八年六月三十日迄ニ免租年期許可ノ申請ヲ爲シ其ノ許可ヲ受ケタル土地又ハ前條ノ規定ノ適用ヲ受クル土地ノ地租ニ付テハ昭和八年三月一日以後ニ開始スル納期分ヨリ其ノ地租ヲ徴收セズ

第十一條　震災地ニ於テ納付スベキ所得税、地租、營業收益税、相續税、酒造税及清涼飲料税ニ付テハ左ノ期限迄其ノ徴收ヲ猶豫スルコトヲ得

一　所得税

昭和八年三月二日迄ニ終了シタル事業年度分ノ第一種所得税
昭和九年四月十五日限

昭和七年分第三種所得税第四期分
昭和九年四月十五日限

二　地租
北海道
昭和七年分宅地租以外ノ地租第二期分　昭和九年四月十五日限
北海道以外ノ地方
昭和七年分田租第三期分　昭和八年十二月十五日限
昭和七年分田租第四期分　昭和九年四月十五日限

三　營業收益税
昭和八年三月二日迄ニ終了シタル事業年度分ノ法人ノ營業收益税　昭和九年四月十五日限

四　相續税
昭和八年三月二日迄ニ開始シタル相續ニ對スル相續税（延納年賦金ノ年割額ヲ含ム）　昭和九年四月十五日限

五　酒造税
昭和六酒造年度分酒造税第四期分　昭和九年四月十五日限

六　清涼飲料税
昭和八年二月分清涼飲料税　昭和八年十二月十五日限

◎砂防法（明治三十年三月三十日法律第二十九號）抄

第十一條　第二條ニ依リ主務大臣ノ指定シタル土地ニ對シテハ勅令ノ定ムル所ニ從ヒ（改五）

地租其ノ他ノ公課ヲ減免スルコトヲ得

◉砂防法第十一條ノ地租其ノ他ノ公課減免ニ關スル件（明治三十二年八月十六日勅令第三百七十四號）

改正（明治三十五年勅令第二百五十三號、四十三年同第七號、四十四年同第二百八十八號、大正七年同第三百五十一號、昭和六年四月同第五十一號）

第一條　砂防法ニ依リ一定ノ行爲ヲ禁止又ハ制限シタル土地ニ對シテハ其ノ所有者又ハ納税義務者ノ申請ニ依リ地租ヲ免除又ハ輕減スルコトヲ得

第二條　前條ニ依リ地租ヲ免除シタル土地ニ對シテハ地租以外ノ公課ヲ免除シ其ノ地租ヲ輕減シタル土地ニ對シテハ同一ノ割合ヲ以テ地租以外ノ公課ヲ輕減ス（明治四十四年勅令第二百八十八號改正）

第三條　第一條ノ規定ニ依リ地租ノ免除又ハ輕減ヲ受ケントスル者ハ土地ノ所在、地番、地目、地積、賃貸價格及地租ノ免除又ハ輕減ノ區分（輕減ニ付テハ其ノ程度共）ヲ記載シタル申請書ヲ税務署長ニ提出スベシ（明治四十四年勅令第二百八十八號、昭和六年同第五十一號改正）

第四條　第一條ノ規定ニ依リ地租ヲ輕減スベキ土地ニ付テハ其ノ賃貸價格ヨリ輕減地租額ニ相當スル賃貸價格ヲ控除シタルモノヲ賃貸價格トシ前條ノ申請アリタル後ニ開始スル納期ヨリ其ノ賃貸價格ニ依リ地租ヲ徴收ス（昭和六年勅令第五十一號改正）

第五條　第一條ノ規定ニ依リ地租ヲ輕減シタル土地ニ付一定ノ行爲ノ禁止又ハ制限ノ解除アリタルトキハ直ニ地租法第九條第三項ノ例ニ準ジ其ノ賃貸價格ヲ修正シ其ノ修正ヲ爲シタル年ノ翌年分ヨリ修正賃貸價格ニ依リ地租ヲ徴收ス（同上新設）

（附則略）

◉森林法（明治四十年四月二十三日法律第四十三號）抄

第十二條　本法施行以前ヨリ荒廢ニ屬シタル森林ニ付新ニ造林シタルトキハ其ノ納稅義務者ノ申請ニ依リ其ノ造林シタル部分ニ限リ三十年以內地租ヲ免スルコトヲ得
2 前項ノ規定ハ原野、山岳又ハ荒蕪地ニ新ニ造林シタル場合ニ之ヲ準用ス
3 府縣市町村其ノ他ノ公共團體ハ前二項ニ依リ地租ヲ免セラレタル土地ニ對シ租稅其ノ他ノ公課ヲ課スルコトヲ得ス

◉酒造稅法（明治二十九年三月二十八日法律第二十八號）抄

第三十五條　府縣及市町村ハ此ノ法律ニ依リ造石稅ヲ課スル酒類ニ對シ又ハ其ノ酒類ノ造石數若ハ造石稅ヲ標準トシテ府縣稅若ハ地方稅及市町村稅其ノ他如何ナル名義ヲ以テスルモ課稅スルコトヲ得ス

◉競馬法（大正十二年四月十日法律第四十七號）抄

第八條第五項　競馬場ノ開設又ハ維持、競走馬ノ出馬登錄又ハ出場、競馬ノ觀覽、勝馬投票券ノ發賣又ハ購買、拂戾金又ハ競馬賞金ノ交付又ハ受領其ノ他競馬ノ施行又ハ開催ニ關シテハ地方稅ヲ課スルコトヲ得ズ（昭和六年三月法律第三十三號追加）

◉鑛業法（明治三十八年三月八日法律第四十五號）抄

第八十八條　北海道、府縣及市町村ハ鑛業稅ニ對シ各左ノ制限內ノ附加稅ヲ課スルコトヲ得（昭和六年七月法律第六十五號改正）
一　北海道、府縣

試掘鑛區稅　千分ノ三十
採掘鑛區稅　千分ノ七十
鑛產稅　千分ノ二百

二　市町村

試掘鑛區稅　千分ノ三十
採掘鑛區稅　千分ノ七十
鑛產稅　千分ノ千二百

2　前項ノ附加稅ノ外北海道、府縣及市町村ハ鑛業ニ對シ又ハ鑛夫、鑛產物、鑛區若ハ直接鑛業用ノ工作物、器具、機械ヲ標準トシテ課稅スルコトヲ得ス

附　則（昭和六年七月法律第六十五號）

本法施行ノ期日ハ勅令ヲ以テ之ヲ定ム（昭和七年十一月勅令第三百五十二號ヲ以テ昭和六年法律第六十五號改正規定ハ昭和七年分ノ鑛業稅及之ニ對スル附加稅ヨリ施行）

◉鑛產稅附加稅ノ賦課步合算定標準ニ關スル件通牒

（昭和八年二月十四日發地第六號地方、主稅兩局長）

鑛產稅附加稅ノ賦課步合算定標準ニ付テハ大正元年十月二十五日內務省地第七三五號ノ內通牒ノ次第モ有之候處鑛山又ハ製錬所等所在公共團體ト其ノ他ノ營業所々在公共團體トノ間ニ於ケル鑛產稅附加稅ノ賦課步合ヲ定ムルニ當リ各營業所ノ經費ヲ標準トスルモノ多キ樣認メラレ候處經費ヲ標準トスル場合ニ於テハ經費對收益ノ關係ハ經費ノ種類ニ依リ必ズシモ同一ナラザル點ヲ斟酌スルト共ニ數箇ノ營業所ニ共通スル經費

ヲ一部ノ營業所經費ト看做スガ如キコトヲ避ケ以テ鑛山又ハ製煉所等以外ノ營業所ニ對シ過大ノ步合ヲ配當スル結果ヲ齎ラサザル樣御留意相成度尙經費以外ノモノヲ標準トスル場合ニ於テモ之ニ準ジ御取扱相成度

◎直接鑛業用工作物ニ對スル不動産取得稅賦課ニ關スル件依命通牒（昭和七年十二月一日發地第一一一號地方、主稅兩局長）

鑛業法第八十八條第二項ニ依ル直接鑛業用ノ工作物ニ對シ不動産取得稅ヲ賦課スル向アルモ右ハ昭和八年度以降之ヲ賦課セサルコトニ御取扱相成樣致度

追テ直接鑛業用ノ工作物ニ對スル不動産取得稅非課稅ニ因ル減收ニ付テハ鑛産稅ノ半額市町村移讓ニ依ル增收其ノ他一般歲入出ノ按配ニ依リ適當ニ經理セシメラルル樣致度爲念尙製鐵業奬勵法第七條ノ規定ニ依ル工作物ニ對スル不動産取得稅ニ付テモ本件ニ準シ御取扱相成樣致度

◎砂鑛法（明治四十二年三月二十五日法律第十三號）抄

第三十三條　鑛業法（中略）第八十七條乃至第八十九條（中略）ノ規定ハ砂鑛業ニ關シテ之ヲ準用ス

◎砂鑛區稅法（明治四十三年三月二十五日法律第九號）抄

第三條　北海道、府縣及市町村ハ砂鑛區稅ニ對シ百分ノ十以內ノ附加稅ヲ課スルコトヲ得

◎相續稅法（明治三十八年一月一日法律第十號）抄

第二十六條　府縣市町村其ノ他ノ公共團體ハ相續稅ノ附加稅ヲ課スルコトヲ得ス

◎郵便法（明治三十三年三月十三日法律第五十四號）抄

第七條第二項　郵便專用ノ物件ハ何等ノ賦課ヲ受クルコトナシ

◎電信法（明治三十三年三月十四日法律第五十九號）抄

第十一條　電信若ハ電話專用ノ物件又ハ現ニ其ノ用ニ供スル物件ハ之ヲ差押フルコトヲ得ス

2　前項專用ノ物件ハ何等ノ賦課ヲ受クルコトナシ

◎取引所稅法（大正三年三月三十一日法律第二十三號）抄

第二十二條　北海道府縣及市町村ハ取引所營業稅ニ對シ本稅百分ノ十以內ノ附加稅ヲ課スルノ外取引所ノ義務ニ對シ租稅其ノ他ノ公課ヲ課スルコトヲ得ス（昭和六年三月法律第十四號改正）

◎製鐵業獎勵法（大正十五年三月三十一日法律第四十九號）抄

第七條　北海道、府縣及市町村其ノ他之ニ準スヘキモノハ本法ニ依リ營業稅、營業收益稅及所得稅ヲ免除セラレタル製鐵事業者ニ對シ其ノ免除セラレタル部分ニ相當スル資本金額、從業者、營業用ノ工作物若ハ物件、使用動力又ハ收入ヲ標準トシテ課稅スルコトヲ得ス但シ市町村其ノ他之ニ準スヘキモノニシテ特別ノ事情ニ基キ主務官廳ノ認可ヲ受ケタル場合ハ此ノ限ニ在ラス

（参照）

第二條　主務官廳ノ認可ヲ受ケ一定ノ期間內ニ前條ニ規定スル設備ヲ新設シタル製鐵事業者ニハ設備完成ノ年及其ノ翌年ヨリ十五年間其ノ設備ヲ以テ營ム製鐵事業ニ付營業税、營業收益税及所得税ヲ免除ス

2　前項ノ製鐵事業者其ノ設備完成前其ノ設備ノ一部ヲ以テ製鐵事業ヲ營ム場合ニ於テモ其ノ事業ニ付營業税、營業收益税及所得税ヲ免除ス但シ前項ノ規定ニ依ル期間內ニ設備ヲ完成セサルトキハ此ノ限ニ在ラス

第三條　第一條ノ規定ニ該當セサル設備ヲ以テ製鐵事業ヲ營ム者主務官廳ノ認可ヲ受ケ一定ノ期間內ニ第一條ノ規定ニ該當スルニ至ルヘキ設備ヲ增設シタルトキハ其ノ增設シタル設備ヲ以テ營ム製鐵事業ニ付前條ノ規定ヲ準用ス

2　第一條ニ規定スル設備ヲ以テ製鐵事業ヲ營ム者作業上必要ナル場合ニ於テ主務官廳ノ認可ヲ受ケ一定ノ期間內ニ其ノ場所ニ於テ製銑又ハ製鋼ノ設備ヲ增設シタルトキ亦前項ニ同シ

第四條　主務官廳ノ認可ヲ受ケ一定ノ期間內ニ一ノ場所ニ於テ一年五千二百五十屯以上ノ製鋼能力ヲ有スル設備ヲ新設シタル鍛鋼品又ハ鑄鋼品製造事業者ニ付テハ第二條ノ規定ヲ準用ス

2　主務官廳ノ認可ヲ受ケ一定ノ期間內ニ一ノ場所ニ於テ一年二千五百屯以上ノ製銑能力又ハ製鋼能力ヲ有スル設備ヲ新設シタル低燐銑鐵製造事業者、坩堝製鋼事業者及電氣製鐵事業者ニ付亦前項ニ同シ

第六條　製鐵ノ事業ヲ繼續スル者又ハ其ノ事業ヲ繼續スルモノト認ムヘキ事實アル者ハ前事業者カ本法ニ依ル營業税、營業收益税及所得税免除期間內ニ在ルトキハ其ノ期間ヲ繼承ス

2　國ガ前項ノ前事業者ナル場合ニ於テ其ノ事業ガ第二條乃至第四條ノ製鐵事業ニ相當スルモノナルトキハ之ヲ本法ニ依リ營業税、營業收益税及所得税ノ免除ヲ受クル製鐵事業ト看做ス（昭和八年四月法律第四十八號追加）

府縣制

（明治三十二年三月十六日法律第六十四號）

改正（明治四十一年法律第二號、大正三年四月同第三十五號、十一年四月同第五十五號、十五年六月同第七十三號、昭和四年四月同第五十五號）

第一章　總則

第一條　府縣ハ從來ノ區域ニ依リ市町村及島嶼ヲ包括ス

第一條　府縣ハ從來ノ區域ニ依リ郡市及島嶼ヲ包括ス

第二條　府縣ハ法人トシ官ノ監督ヲ承ケ法律命令ノ範圍內ニ於テ其ノ公共事務竝從來法律命令又ハ慣例ニ依リ及將來法律勅令ニ依リ府縣ニ屬スル事務ヲ處理ス

第三條　府縣ノ廢置分合又ハ境界變更ヲ要スルトキハ法律ヲ以テ之ヲ定ム

2 府縣ノ境界ニ涉リテ市町村境界ノ變更アリタルトキハ府縣ノ境界モ亦自ラ變更ス所屬未定地ヲ市町村ノ區域ニ編入シタルトキ亦同シ

3 本條ノ處分ニ付財產處分ヲ要スルトキハ內務大臣ハ關係アル府縣參事會及市町村會ノ意見ヲ徵シテ之ヲ定ム但シ特ニ法律ノ規定アルモノハ此ノ限ニ在ラス

2 府縣ノ境界ニ涉リテ郡市町村境界ノ變更アリタルトキハ府縣ノ境界モ亦自ラ變更ス所屬未定地ヲ市町村ノ區域ニ編入シタルトキ亦同シ

3 本條ノ處分ニ付財產處分ヲ要スルトキハ內務大臣ハ關係アル府縣郡市參事會及町村會ノ意見ヲ徵シテ之ヲ定ム但シ特ニ法律ノ規定アルモノハ此ノ限ニ在ラス

第三條ノ二　府縣ハ府縣條例ヲ設クルコトヲ得（昭和四年四月法律第五十五號追加）

2 府縣ハ府縣ノ營造物ニ關シ府縣條例ヲ以テ規定スルモノノ外府縣規則ヲ設クルコトヲ得（同上）

3 府縣條例及府縣規則ハ一定ノ公告式ニ依リ之ヲ告示スベシ（同上）

第二章　府縣會

第一款　組織及選擧

第四條　府縣會議員ハ各選擧區ニ於テ之ヲ選擧ス

2 選擧區ハ市ノ區域又ハ從前郡長若ハ島司ノ管轄シタル區域ニ依ル但シ東京市京都市大阪市其ノ他勅令ヲ以テ指定シタル市ニ於テハ區ノ區域ニ依ル（大正十五年法律第七十三號改正）

3 府縣知事ハ府縣會ノ議決ヲ經內務大臣ノ許可ヲ受ケ前項ノ規定ニ依ル選擧區ヲ分チテ數選擧區ト爲スコトヲ得（大正十一年四月法律第五十五號追加）

4 前項ノ規定ニ依リ選擧區ヲ分ツ場合ニ付テ必要ナル規定ハ勅令ヲ以テ之ヲ定

第五條　府縣會議員ハ府縣ノ人口七十萬未滿ハ議員三十人ヲ以テ定員トシ七十萬以上百萬未滿ハ五萬ヲ加フル每ニ一人ヲ增シ百萬以上ハ七萬ヲ加フル每ニ一人ヲ增ス

2各選擧區ニ於テ選擧スヘキ府縣會議員ノ數ハ府縣條例ヲ以テ之ヲ規定スベシ
（昭和四年四月法律第五十五號改正）

3議員ノ配當ニ關シ必要ナル事項ハ內務大臣之ヲ定ム（大正三年法律第三十五號改正）

4議員ノ定數ハ總選擧ヲ行フ場合ニ非サレハ之ヲ增減セス（同上追加）

第六條　府縣內ノ市町村公民ハ府縣會議員ノ選擧權及被選擧權ヲ有ス

ム（同上）

2各選擧區ニ於テ選擧スヘキ府縣會議員ノ數ハ府縣會ノ議決ヲ經テ府縣知事之ヲ定ム（大正三年法律第三十五號改正）

第六條　府縣內ノ市町村公民ニシテ一年以來其ノ府縣內ニ於テ直接國稅ヲ納ムル者ハ府縣會議員ノ選擧權及被選擧權ヲ有ス（大正十一年四月法律五十五號改正）

2家督相續ニ依リ財產ヲ取得シタル者ニ付テハ其ノ財產ニ付被相續人ノ爲シタル納稅ヲ以テ其ノ者ノ爲シタル納稅ト看做ス（同上）

3確定名簿ニ登錄セラレタル者ハ其ノ名簿調製期日後選擧權ノ納稅要件ヲ闕クニ至リタル場合ト雖其ノ確定名簿据置

2 陸海軍軍人ニシテ現役中ノ者（未タ入營セサル者及歸休下士官兵ヲ除ク）及戰時若ハ事變ニ際シ召集中ノ者ハ選擧權及被選擧權ヲ有セス兵籍ニ編入セラレタル學生生徒（勅令ヲ以テ定ムル者ヲ除ク）及志願ニ依リ國民軍ニ編入セラレタル者亦同シ

3 市町村公民權停止中ノ者ハ選擧權及被選擧權ノ期間内仍選擧權ヲ有ス（同上追加）

4 府縣會議員ハ住所ヲ移シタル爲市町村ノ公民權ヲ失フコトアルモ其ノ住所同府縣内ニ在ルトキハ之カ爲其ノ職ヲ失フコトナシ

5 府縣會議員ノ選擧權及被選擧權ノ要件中其ノ年限ニ關スルモノハ府縣郡市町村ノ廢置分合若ハ境界變更ノ爲中斷セラルルコトナシ

6 陸海軍軍人ニシテ現役中ノ者及戰時又ハ事變ニ際シ召集中ノ者ハ府縣會議員ノ選擧權及被選擧權ヲ有セス（大正十一年四月法律第五十五號追加）

7 市町村公民權停止中ノ者ハ府縣會議員

選擧權ヲ有セス

4 在職ノ檢事、警察官吏及收稅官吏ハ被選擧權ヲ有セス

5 選擧事務ニ關係アル官吏及吏員ハ其ノ關係區域內ニ於テ被選擧權ヲ有セス

6 府縣ノ官吏及有給ノ吏員其ノ他ノ職員ノ選擧權及被選擧權ヲ有セス（同上）

8 左ニ揭クル者ハ府縣會議員ノ被選擧權ヲ有セス其ノ之ヲ罷メタル後一箇月ヲ經過セサル者亦同シ

一 其ノ府縣ノ官吏及有給吏員

二 檢事警察官吏及收稅官吏

三 神官神職僧侶其ノ他諸宗敎師（大正三年法律第三十五號改正）

四 小學校敎員

9 前項ノ外ノ官吏ニシテ當選シ之ニ應セントスルトキハ所屬長官ノ許可ヲ受クヘシ

10 選擧事務ニ關係アル官吏吏員ハ其ノ關係區域內ニ於テ被選擧權ヲ有セス其ノ之ヲ罷メタル後一箇月ヲ經過セサル者亦同シ

11 （第三十一條第七項參照）

12 （同條第八項參照）

ニシテ在職中ノ者ハ其ノ府縣ノ府縣會議員ト相兼ヌルコトヲ得ス

7衆議院議員ハ府縣會議員ト相兼ヌルコトヲ得ス

第七條　府縣會議員ハ名譽職トス

2議員ノ任期ハ四年トシ總選擧ノ日ヨリ之ヲ起算ス（大正三年法律第三十五號改正）

第八條　府縣會議員中闕員ヲ生シタルトキハ三箇月以內ニ補闕選擧ヲ行フヘシ但シ其ノ闕員ト爲リタル議員カ第三十一條第二項、第三項若ハ第六項ノ規定ニ依ル期限前ニ於テ闕員ト爲リタル者ナル場合ニ於テ第二十九條第一項但書ノ得票者ニシテ當選者ト爲ラサリシ者アルトキ又ハ其ノ期限經過後ニ於テ闕員ト爲リタル者ナル場合ニ於テ第二十九條第二項ノ規定ノ適用ヲ受ケタル得票者ニシテ當選者ト爲ラサリシ者アルトキハ直ニ選擧會ヲ開キ其ノ者ノ中ニ就キ當選者ヲ定ムヘシ此ノ場合ニ於テ

13府縣會議員ハ衆議院議員ト相兼ヌルコトヲ得ス

第八條　府縣會議員中闕員アルトキハ三箇月以內ニ補闕選擧ヲ行フヘシ（同上）

ハ第三十二條第三項ノ規定ヲ準用ス

2第三十二條第四項及第五項ノ規定ハ補闕選擧ニ之ヲ準用ス

3補闕議員ハ其ノ前任者ノ殘任期間在任ス

第九條　府縣會議員ノ選擧ハ其ノ府縣內ニ於ケル市町村會議員選擧人名簿ニ依リ之ヲ行フ

2議員闕員ト爲リタルトキ其ノ議員カ第二十九條第二項ノ規定ノ適用ニ依リ當選者ト爲リタル者ナル場合又ハ本條本項、第三十二條第一項但書若ハ第三十六條第一項但書ノ規定ニ依ル第二十九條第二項ノ規定ノ準用ニ依リ當選者ト爲リタル者ナル場合ニ於テハ選擧長ハ直ニ第二十九條第二項ノ規定ノ適用又ハ準用ヲ受ケタル他ノ得票者ニ就キ當選者ヲ定ムヘシ此ノ場合ニ於テハ第二十九條第二項及第三十一條ノ規定ヲ準用ス（大正十一年法律第五十五號追加）

第九條　町村長ハ毎年九月十五日ヲ期トシ其ノ日ノ現在ニ依リ其ノ町村內ノ選擧人名簿二本ヲ調製シ其ノ一本ヲ十月

2 町村制第三十八條ノ町村ニ於テハ同法第十八條乃至第十八條ノ五ノ規定ニ準シ選擧人名簿ヲ調製スヘシ

3 前項ノ選擧人名簿ハ之ヲ町村會議員選擧人名簿ト看做シ第一項ノ規定ヲ適用ス

第十條　削除

第十一條　削除

第十二條　削除

一日マテニ郡長ニ送付スヘシ

2 郡長ハ町村長ヨリ送付シタル名簿ヲ合シ毎年十月十五日マテニ其ノ選擧區ノ選擧人名簿ヲ調製スヘシ

第十條　市長ハ毎年九月十五日ヲ期トシ其ノ日ノ現在ニ依リ十月十五日マテニ其ノ選擧區ノ選擧人名簿ヲ調製スヘシ

第十一條　選擧人其ノ住所ヲ有スル市町村外ニ於テ直接國税ヲ納ムルトキハ命令ノ定ムル所ニ依リ其ノ證明ヲ得テ九月二十日マテニ其ノ住所地ノ市町村長ニ屆出ツヘシ其ノ期限内ニ屆出ヲ爲ササルトキハ其ノ納税ハ選擧人名簿ニ記載セラルヘキ要件ニ算入セス（大正十一年四月法律第五十五號改正）

第十二條　郡市町村長ハ十月二十日ヨリ十五日間其ノ郡市役所町村役場ニ於テ

選擧人名簿ヲ關係者ノ縱覽ニ供スヘシ
若關係者ニ於テ異議アルトキ又ハ正當ノ事故ニ依リ前條ノ手續ヲ爲スコト能ハスシテ名簿ニ登錄セラレサルトキハ縱覽期限內ニ之ヲ郡市長ニ申立ツルコトヲ得此ノ場合ニ於テハ郡市長ハ其ノ申立ヲ受ケタル日ヨリ十日以內ニ之ヲ決定スヘシ（同上）

2 前項郡市長ノ決定ニ不服アル者ハ府縣參事會ニ訴願シ其ノ裁決ニ不服アル者ハ行政裁判所ニ出訴スルコトヲ得

3 前項ノ裁決ニ關シテハ府縣知事郡市長ヨリモ亦訴訟ヲ提起スルコトヲ得

4 選擧人名簿ハ十二月十五日ヲ以テ確定期限トシ確定名簿ハ次年ノ十二月十四日マテ之ヲ据置クヘシ

5 府縣參事會ノ裁決確定シ又ハ訴訟ノ判決ニ依リ名簿ノ修正ヲ要スルトキハ郡市長ニ於テ直ニ之ヲ修正スヘシ

6本條ニ依リ郡市長ニ於テ名簿ヲ修正シタルトキハ其ノ要領ヲ告示シ郡長ハ本人住所地ノ町村長ニ通知シ町村長ハ名簿ヲ修正シ之ヲ告示スヘシ（大正十一年四月法律第五十五號改正）

7確定名簿ニ登録セラレサル者ハ選擧ニ參與スルコトヲ得ス但シ選擧人名簿ニ記載セラルヘキ確定裁決書若ハ判決書ヲ所持シ選擧ノ當日投票所ニ到ル者ハ此ノ限ニ在ラス

8確定名簿ニ登録セレタル者選擧權ヲ有セサルトキハ選擧ニ參與スルコトヲ得ス但シ名簿ハ之ヲ修正スル限ニ在ラス

9異議ノ決定若ハ訴願ノ裁決確定シ又ハ訴訟ノ判決アリタルニ依リ名簿無效トナリタルトキハ九月十五日ノ現在ニ依リ更ニ名簿ヲ調製スヘシ但シ名簿調製ノ期日マテニ選擧權ヲ失ヒタル者ハ名簿ニ登録スル限ニ在ラス

第十三條　府縣會議員ノ選擧ハ府縣知事ノ告示ニ依リ之ヲ行フ其ノ告示ニハ選擧ヲ行フヘキ選擧區投票ヲ行フヘキ日時及選擧スヘキ議員ノ員數ヲ記載シ選擧ノ期日前二十日目マテニ之ヲ發スヘシ

2　天災事變等ノ爲投票ヲ行フコトヲ得サルトキ又ハ更ニ投票ヲ行フノ必要アルトキハ府縣知事ハ當該選擧區又ハ投票

10　天災事變等ノ爲必要アルトキハ更ニ選擧人名簿ヲ調製シ又ハ之ヲ縱覽ニ供スヘシ（大正三年法律第三十五號本項追加）

11　前二項ノ名簿調製ノ期日縱覽修正及確定ニ關スル期限等ハ府縣知事ノ定ムル所ニ依ル（同上改正）

12　府縣郡市町村ノ廢置分合境界變更ノ場合ニ於ケル名簿ノ分合ニ關シテハ命令ヲ以テ之ヲ定ム（同上本項追加）

第十三條　府縣會議員ノ選擧ハ府縣知事ノ告示ニ依リ之ヲ行フ其ノ告示ニハ選擧ヲ行フヘキ選擧區投票ヲ行フヘキ日時及選擧スヘキ議員ノ員數ヲ記載シ選擧ノ日ヨリ少クトモ二十日前ニ之ヲ發スヘシ

2　天災事變等ノ爲投票ヲ行フコトヲ得サルトキ又ハ更ニ投票ヲ行フノ必要アルトキハ府縣知事ハ當該選擧區又ハ投票

區ニ付投票ヲ行フヘキ日時ヲ定メ投票ノ期日前七日目マテニ之ヲ告示スヘシ

第十三條ノ二　議員候補者タラムトスル者ハ選擧ノ期日ノ告示アリタル日ヨリ選擧ノ期日前七日目マテニ其ノ旨ヲ選擧長ニ屆出ツヘシ

2 選擧人名簿ニ登錄セラレタル者他人ヲ議員候補者ト爲サムトスルトキハ前項ノ期間內ニ其ノ推薦ノ屆出ヲ爲スコトヲ得

3 前二項ノ期間內ニ屆出アリタル議員候補者其ノ選擧ニ於ケル議員ノ定數ヲ超ユル場合ニ於テ其ノ期間ヲ經過シタル後議員候補者死亡シ又ハ議員候補者タルコトヲ辭シタルトキハ前二項ノ例ニ依リ選擧ノ期日ノ前日マテ議員候補者ノ屆出又ハ推薦屆出ヲ爲スコトヲ得

4 議員候補者ハ選擧長ニ屆出ヲ爲スニ非

區ニ付投票ヲ行フヘキ日時ヲ定メ少ク
トモ七日前ニ之ヲ告示スヘシ（大正三
年法律第三十五號本項追加）

サレハ議員候補者タルコトヲ辭スルコトヲ得ス

5 前四項ノ屆出アリタルトキ又ハ議員候補者ノ死亡シタルコトヲ知リタルトキハ選擧長ハ直ニ其ノ旨ヲ告示スヘシ

第十三條ノ三 議員候補者ノ屆出又ハ推薦屆出ヲ爲サムトスル者ハ議員候補者一人ニ付二百圓又ハ之ニ相當スル額面ノ國債證書ヲ供託スルコトヲ要ス

2 議員候補者ノ得票數其ノ選擧區ノ配當議員數ヲ以テ有效投票ノ總數ヲ除シテ得タル數ノ十分ノ一ニ達セサルトキハ前項ノ供託物ハ府縣ニ歸屬ス

3 議員候補者選擧ノ期日前十日以內ニ議員候補者タルコトヲ辭シタルトキハ前項ノ規定ヲ準用ス但シ被選擧權ヲ有セサルニ至リタル爲議員候補者タルコトヲ辭シタルトキハ此ノ限ニ在ラス

第十四條 市町村長ハ投票管理者ト爲リ

第十四條 府縣會議員ノ選擧ハ郡市長之

投票ニ關スル事務ヲ擔任ス

第十五條　投票區ハ市町村ノ區域ニ依ル

2 投票所ハ市役所、町村役場又ハ投票管理者ノ指定シタル場所ニ之ヲ設ク

3 投票管理者ハ選擧ノ期日前五日目マテニ投票所ヲ告示スヘシ

4 府縣知事特別ノ事情アリト認ムルトキハ市町村ノ區域ヲ分チテ數投票區ヲ設ケ又ハ數町村ノ區域ヲ合セテ一投票區ヲ設クルコトヲ得

5 前項ノ規定ニ依リ投票區ヲ設クル場合ニ於テ必要ナル事項ハ命令ヲ以テ之ヲ

ヲ管理ス

第十五條　投票區ハ市町村ノ區域ニ依ル但シ第四條第三項ノ規定ノ適用ニ依リ市ノ區域內ニ數選擧區アルトキハ其ノ選擧區ノ區域ニ依ル（大正十一年四月法律第五十五號改正）

2 府縣知事ハ命令ノ定ムル所ニ依リ前項ノ規定ニ依ル投票區ノ區域內ニ二箇以上ノ投票區ヲ設ケ又ハ數町村ノ區域ニ依リ一投票區ヲ設クルコトヲ得（同上）

3 投票所ハ市役所町村役場又ハ市町村長ノ指定シタル場所ニ之ヲ設ケ市町村長其ノ事務ヲ管理ス

4 投票所ハ市町村長ニ於テ選擧ノ日ヨリ少クトモ五日前ニ之ヲ告示スヘシ

5 第二項ノ場合ニ於テ投票ニ關シ本法ヲ適用シ難キトキハ命令ヲ以テ特別ノ規

定ム

第十六條　議員候補者ハ各投票區ニ於ケル選擧人名簿ニ登錄セラレタル者ノ中ヨリ本人ノ承諾ヲ得テ投票立會人一人ヲ定メ選擧ノ期日ノ前日マテニ投票管理者ニ屆出ツルコトヲ得但シ議員候補者死亡シ又ハ議員候補者タルコトヲ辭シタルトキハ其ノ屆出テタル投票立會人ハ其ノ職ヲ失フ

2　前項ノ規定ニ依ル投票立會人三人ニ達セサルトキ若ハ三人ニ達セサルニ至リタルトキ又ハ投票立會人ニシテ參會スル者投票所ヲ開クヘキ時刻ニ至リ三人ニ達セサルトキ若ハ其ノ後三人ニ達セサルニ至リタルトキハ投票管理者ハ其ノ投票區ニ於ケル選擧人名簿ニ登錄セラレタル者ノ中ヨリ三人ニ達スルマテノ投票立會人ヲ選任シ直ニ之ヲ本人ニ通知シ投票ニ立會ハシムヘシ

定ヲ設クルコトヲ得

第十六條　市町村長ハ臨時ニ其ノ管理スル投票區域內ニ於ケル選擧人中ヨリ投票立會人二名乃至四名ヲ選任スヘシ

3投票立會人ハ名譽職トス
4投票立會人ハ正當ノ事故ナクシテ其ノ職ヲ辭スルコトヲ得ス

2投票立會人ハ名譽職トス

第十七條　選擧人ニ非サル者ハ投票所ニ入ルコトヲ得ス但シ投票所ノ事務ニ從事スル者投票所ヲ監視スル職權ヲ有スル者又ハ警察官吏ハ此ノ限ニ在ラス（大正三年法律第三十五號改正）
2投票所ニ於テ演説討論ヲ爲シ若ハ喧擾ニ渉リ投票ニ關シ協議若ハ勸誘ヲ爲シ其ノ他投票所ノ秩序ヲ紊ス者アルトキハ投票管理者ハ之ヲ制止シ命ニ從ハサルトキハ之ヲ投票所外ニ退出セシムヘシ
3前項ノ規定ニ依リ退出セシメラレタル者ハ最後ニ至リ投票ヲ爲スコトヲ得但シ投票管理者投票所ノ秩序ヲ紊スノ虞ナシト認ムル場合ニ於テ投票ヲ爲サシムルヲ妨ケス

第十八條　選擧ハ投票ニ依リ之ヲ行フ
2投票ハ一人一票ニ限ル
3選擧人ハ選擧ノ當日投票時間內ニ自ラ投票所ニ到リ選擧人名簿ノ對照ヲ經又ハ確定裁決書若ハ判決書ヲ提示シテ投票ヲ爲スヘシ（大正三年法律第三十五號改正）
4投票時間內ニ投票所ニ入リタル選擧人ハ其ノ時間ヲ過クルモ投票ヲ爲スコトヲ得（同上追加）
5選擧人ハ投票所ニ於テ投票用紙ニ自ラ議員候補者一名ノ氏名ヲ記載シテ投函

5選擧人ハ投票所ニ於テ投票用紙ニ自ラ被選擧人一名ノ氏名ヲ記載シテ投函ス

スヘシ
6投票用紙ニハ選擧人ノ氏名ヲ記載スルコトヲ得ス
7投票ニ關スル記載ニ付テハ勅令ヲ以テ定ムル點字ハ之ヲ文字ト看做ス
8自ラ議員候補者ノ氏名ヲ書スルコト能ハサル者ハ投票ヲ爲スコトヲ得ス
9投票用紙ハ府縣知事ノ定ムル所ニ依リ一定ノ式ヲ用ウヘシ
10選擧人名簿調製ノ後選擧人其ノ投票區域外ニ住所ヲ移シタル場合ニ於テ仍選擧權ヲ有スルトキハ前住所地ノ投票所ニ於テ投票ヲ爲スヘシ
11第三十二條第一項若ハ第三十六條ノ選擧又ハ補闕選擧ヲ同時ニ行フ場合ニ於テハ一ノ選擧ヲ以テ合併シテ之ヲ行フ

第十八條ノ二　確定名簿ニ登錄セラレサル者ハ投票ヲ爲スコトヲ得ス但シ選擧人名簿ニ登錄セラルヘキ確定裁決書又

ヘシ
7自ラ被選擧人ノ氏名ヲ書スルコト能ハサル者ハ投票ヲ爲スコトヲ得ス
8投票用紙ハ府縣知事ノ定ムル所ニ依リ一定ノ式ヲ用ウヘシ
9選擧人名簿調製ノ後選擧人其ノ投票區域外ニ住所ヲ移シタル場合ニ於テ仍選擧權ヲ有スルトキハ前住所地ノ投票所ニ於テ投票ヲ爲スヘシ
10第三十二條第一項若ハ第三十六條ノ選擧又ハ補闕選擧ヲ同時ニ行フ場合ニ於テハ一ノ選擧ヲ以テ合併シテ之ヲ行フ
（大正三年法律第三十五號追加）

ハ判決書ヲ所持シ選擧ノ當日投票所ニ到ル者ハ此ノ限ニ在ラス
2 確定名簿ニ登錄セラレタル者選擧人名簿ニ登錄セラルルコトヲ得サル者ナルトキハ投票ヲ爲スコトヲ得ス選擧ノ當日選擧權ヲ有セサル者ナルトキ亦同シ
3 同府縣內ニ於ケル二以上ノ市町村ニ於テ公民權ヲ有スル者ハ住所地市町村ニ於テノミ投票ヲ爲スコトヲ得
第十九條　投票ノ拒否ハ投票立會人ノ意見ヲ聽キ投票管理者之ヲ決定スヘシ
2 前項ノ決定ヲ受ケタル選擧人不服アルトキハ投票管理者ハ假ニ投票ヲ爲サシムヘシ
3 前項ノ投票ハ選擧人ヲシテ之ヲ封筒ニ入レ封緘シ表面ニ自ラ其ノ氏名ヲ記載シ投函セシムヘシ
4 投票立會人ニ於テ異議アル選擧人ニ對

第十九條　投票ノ拒否ハ投票立會人之ヲ議決ス可否同數ナルトキハ市町村長之ヲ決スヘシ

シテモ亦前二項ニ同シ
第二十條　投票管理者ハ投票錄ヲ作リ投票ニ關スル顚末ヲ記載シ二人以上ノ投票立會人ト共ニ之ニ署名スヘシ
第二十一條　投票管理者ハ其ノ指定シタル投票立會人ト共ニ町村ノ投票區ニ於テハ投票ノ翌日マテニ、市ノ投票區ニ於テハ投票ノ當日投票函、投票錄及選擧人名簿ヲ選擧長ニ送致スヘシ
第二十二條　島嶼其ノ他交通不便ノ地ニ對シテハ府縣知事ハ適宜ニ其ノ投票期日ヲ定メ選擧會ノ期日マテニ其ノ投票函、投票錄及選擧人名簿ヲ送致セシムルコトヲ得
第二十三條　選擧長ハ市長又ハ府縣知事ノ指定シタル官吏ヲ以テ之ニ充ツ
2選擧長ハ選擧會ニ關スル事務ヲ擔任ス
3選擧會ハ市役所又ハ選擧長ノ指定シタル場所ニ之ヲ開ク

第二十條　市町村長ハ投票錄ヲ製シ投票ニ關スル顚末ヲ記載シ投票立會人ト共ニ之ニ署名スヘシ
第二十一條　投票ヲ終リタルトキハ町村長ハ其ノ指定シタル投票立會人ト共ニ直ニ投票函及投票錄ヲ選擧會場ニ送致スヘシ
第二十二條　島嶼其ノ他交通不便ノ地ニ對シテハ府縣知事ハ適宜ニ其ノ投票期日ヲ定メ選擧會ノ期日マテニ其ノ投票函ヲ送致セシムルコトヲ得
第二十三條　選擧會ハ郡役所、市役所又ハ郡市長ノ指定シタル場所ニ於テ之ヲ開ク

4選擧長ハ豫メ選擧會ノ場所及日時ヲ告示スヘシ

第二十三條ノ二　府縣知事特別ノ事情アリト認ムルトキハ區劃ヲ定メテ開票區ヲ設クルコトヲ得

2前項ノ規定ニ依リ開票區ヲ設クル場合ニ於テ必要ナル事項ハ命令ヲ以テ之ヲ定ム

第二十四條　第十六條ノ規定ハ選擧立會人ニ之ヲ準用ス

第二十五條　選擧長ハ總テノ投票函ノ送致ヲ受ケタル日ノ翌日選擧會ヲ開キ選擧立會人立會ノ上投票函ヲ開キ投票ノ總數ト投票人ノ總數トヲ計算スヘシ但シ場合ニ依リ投票函ノ送致ヲ受ケタル

開クヘシ

2前項選擧會ノ場所及日時ハ郡市長豫メ之ヲ告示スヘシ（大正十一年四月法律第五十五號改正）

第二十四條　郡市長ハ選擧人中ヨリ選擧立會人二名乃至六名ヲ選任スヘシ（大正十一年四月法律第五十五號改正）

2選擧立會人ハ名譽職トス

第二十五條　郡市長ハ選擧長ト爲リ郡ニ於テハ投票函ノ總テ到達シタル翌日市ニ於テハ投票ノ翌日選擧立會人立會ノ上投票函ヲ開キ投票ノ總數ト投票人ノ總數トヲ計算スヘシ若投票ト投票人ト

日選舉會ヲ開クコトヲ得

2 前項ノ計算終リタルトキハ選舉長ハ先ツ第十九條第二項及第四項ノ投票ヲ調査シ選舉立會人ノ意見ヲ聽キ其ノ受理如何ヲ決定スヘシ

3 選舉長ハ選舉立會人ト共ニ投票區毎ニ投票ヲ點檢スヘシ

4 天災事變等ノ爲選舉會ヲ開クコトヲ得サルトキハ選舉長ハ更ニ其ノ期日ヲ定ムヘシ

第二十六條 選舉人ハ其ノ選舉會ニ參觀ヲ求ムルコトヲ得

第二十六條ノ二 選舉會場ノ取締ニ付テハ第十七條第一項及第二項ノ規定ヲ準用ス

ノ總數ニ差異ヲ生シタルトキハ其ノ由ヲ選舉錄ニ記載スヘシ但シ場合ニ依リ選舉會ハ郡ニ於テハ投票函到達ノ日市ニ於テハ投票ノ日之ヲ開クコトヲ得

3 第一項ノ計算終リタルトキハ選舉長ハ選舉立會人ト共ニ投票ヲ點檢スヘシ

（同上改正）

2 天災事變等ノ爲所定ノ期日ニ選舉會ヲ開クコトヲ得サルトキハ郡市長ハ前項ノ規定ニ拘ラス更ニ其ノ期日ヲ定ムヘシ（大正十一年四月法律五十五號追加）

第二十七條　左ノ投票ハ之ヲ無效トス

一　成規ノ用紙ヲ用ヰサルモノ

二　議員候補者ニ非サル者ノ氏名ヲ記載シタルモノ

三　一投票中二人以上ノ議員候補者ノ氏名ヲ記載シタルモノ

四　被選擧權ナキ議員候補者ノ氏名ヲ記載シタルモノ

五　議員候補者ノ氏名ノ外他事ヲ記載シタルモノ但シ爵位、職業、身分、住所又ハ敬稱ノ類ヲ記入シタルモノハ此ノ限ニ在ラス

六　議員候補者ノ氏名ヲ自書セサルモノ

七　議員候補者ノ何人ヲ記載シタルカヲ確認シ難キモノ

八　府縣會議員ノ職ニ在ル者ノ氏名ヲ記載シタルモノ

二　一投票中二人以上ノ被選擧人ヲ記載シタルモノ

四　被選擧權ナキ者ノ氏名ヲ記載シタルモノ

五　被選擧人ノ氏名ノ外他事ヲ記入シタルモノ但シ爵位職業身分住所又ハ敬稱ノ類ヲ記入シタルモノハ此ノ限ニ在ラス

六　被選擧人ノ氏名ヲ自書セサルモノ（大正十一年四月法律第五十五號追加）

三　被選擧人ノ何人タルヲ確認シ難キモノ

七　現ニ府縣會議員ノ職ニ在ル者ノ氏名ヲ記載シタルモノ（同上改正）

2前項第八號ノ規定ハ第八條、第三十二條又ハ第三十六條ノ規定ニ依ル選擧ノ場合ニ限リ之ヲ適用ス

第二十八條　投票ノ效力ハ選擧立會人ノ意見ヲ聽キ選擧長之ヲ決定スヘシ

第二十九條　府縣會議員ノ選擧ハ有效投票ノ最多數ヲ得タル者ヲ以テ當選者トス但シ其ノ選擧區ノ配當議員數ヲ以テ有效投票ノ總數ヲ除シテ得タル數ノ五分ノ一以上ノ得票アルコトヲ要ス

（改四）

2前項第七號ノ規定ハ總選擧ノ場合ニ於テ第二十二條ノ規定ニ依リ投票期日ヲ定メタルトキハ之ヲ適用セス（大正十一年四月法律第五十五號追加）

第二十八條　投票ノ效力ハ選擧立會人之ヲ議決ス可否同數ナルトキハ選擧長之ヲ決スヘシ

第二十九條　府縣會議員ノ選擧ハ有效投票ノ最多數ヲ得タル者ヲ以テ當選者トス但シ其ノ選擧區ニ配當セラレタル議員定數ヲ以テ選擧人名簿ニ登錄セラレタル人員數ヲ除シテ得タル數ノ七分ノ一以上ノ得票アルコトヲ要ス

2當選者ヲ定ムルニ當リ得票ノ數同シキトキハ年長者ヲ取リ年齢同シキトキハ選擧長抽籤シテ之ヲ定ム（大正三年四月法律第三十五號改正）

第二十九條ノ二　當選者選擧ノ期日後ニ於テ被選擧權ヲ有セサルニ至リタルトキハ當選ヲ失フ此ノ場合ニ於テハ第三十七條第二項ノ規定ヲ準用ス

第二十九條ノ三　第十三條ノ二第一項乃至第三項ノ規定ニ依ル屆出アリタル議員候補者其ノ選擧ニ於ケル議員ノ定數ヲ超エサルトキハ其ノ選擧區ニ於テハ投票ヲ行ハス

2前項ノ規定ニ依リ投票ヲ行フコトヲ要セサルトキハ選擧長ハ直ニ其ノ旨ヲ投票管理者ニ通知シ併セテ之ヲ告示シ且府縣知事ニ報告スヘシ

3投票管理者前項ノ通知ヲ受ケタルトキハ直ニ其ノ旨ヲ告示スヘシ

4第一項ノ場合ニ於テハ選擧長ハ選擧ノ期日ヨリ五日以内ニ選擧會ヲ開キ議員候補者ヲ以テ當選者ト定ムヘシ

5前項ノ場合ニ於テ議員候補者ノ被選擧權ノ有無ハ選擧立會人ノ意見ヲ聽キ選擧長之ヲ決定スヘシ

第三十條　選擧長ハ選擧錄ヲ作リ選擧會ニ關スル顚末ヲ記載シ之ヲ朗讀シ二人

第三十條　選擧長ハ選擧錄ヲ製シテ選擧ノ顚末ヲ記載シ選擧ヲ終リタル後之ヲ

以上ノ選擧立會人ト共ニ之ニ署名スヘシ

2 選擧錄、投票錄、投票其ノ他ノ關係書類ハ選擧長（府縣知事ノ指定シタル官吏選擧長タル場合ニ於テハ府縣知事）ニ於テ、府縣會議員選擧ニ用ヰタル選擧人名簿ハ市町村長ニ於テ議員ノ任期間之ヲ保存スヘシ

第三十一條 當選者定マリタルトキハ選擧長ハ直ニ當選者ニ當選ノ旨ヲ告知シ同時ニ當選者ノ住所氏名ヲ告示シ且選擧錄及投票錄ノ寫ヲ添ヘ之ヲ府縣知事ニ報告スヘシ當選者ナキトキハ直ニ其ノ旨ヲ告示シ且選擧錄及投票錄ノ寫ヲ添ヘ之ヲ府縣知事ニ報告スヘシ

2 當選者當選ノ告知ヲ受ケタルトキハ十日以內ニ其ノ當選ヲ承諾スルヤ否ヲ府縣知事ニ申立ツヘシ

朗讀シ選擧立會人二名以上ト共ニ之ニ署名シ投票選擧人名簿其ノ他關係書類ト共ニ選擧及當選ノ效力確定スルニ至ルマテ之ヲ保存スヘシ（同上）

第三十一條 選擧ヲ終リタルトキハ選擧長ハ直ニ當選者ニ當選ノ旨ヲ告知シ同時ニ選擧錄ノ寫ヲ添ヘ當選者ノ住所氏名ヲ府縣知事ニ報告スヘシ（同上）

3 一人ニシテ數選擧區ノ選擧ニ當リタルトキハ最終ニ當選ノ告知ヲ受ケタル日ヨリ十日以内ニ何レノ選擧ニ應スヘキカヲ府縣知事ニ申立ツヘシ

4 前二項ノ申立ヲ其ノ期限内ニ爲ササルトキハ當選ヲ辭シタルモノト看做ス

5 第六條第六項ニ揭クル在職ノ官吏以外ノ官吏ニシテ當選シタル者ハ所屬長官ノ許可ヲ受クルニ非サレハ之ニ應スルコトヲ得ス

6 前項ノ官吏ニシテ當選シタル者ニ關シテハ本條ニ定ムル期間ヲ二十日以内トス

7 府縣ニ對シ請負ヲ爲シ又ハ府縣ニ於テ費用ヲ負擔スル事業ニ付府縣知事若ハ其ノ委任ヲ受ケタル者ニ對シ請負ヲ爲ス者若ハ其ノ支配人又ハ主トシテ同一ノ行爲ヲ爲ス法人ノ無限責任社員、役員若ハ支配人ニシテ當選シタル者ハ其ノ請負ヲ罷メ又ハ請負ヲ爲ス者ノ支配人若ハ主トシテ同一ノ行爲ヲ爲ス法人

---

5 第六條第九項ノ官吏ニシテ當選シタル者ニ關シテハ本條ニ定ムル期間ヲ二十日以内トス（大正十一年四月法律第五十五號改正）

第六條第十一項　府縣ニ對シ請負ヲ爲シ若ハ府縣ニ於テ費用ヲ負擔スル事業ニ付府縣知事又ハ其ノ委任ヲ受ケタル者ニ對シ請負ヲ爲ス者及其ノ支配人又ハ主トシテ同一ノ行爲ヲ爲ス法人ノ無限責任社員、役員及支配人ハ其ノ府縣ニ於テ被選擧權ヲ有セス（同上）

ノ無限責任社員、役員若ハ支配人タルコトナキニ至ルニ非サレハ當選ニ應スルコトヲ得ス

8 前項ノ役員トハ取締役、監査役及之ニ準スヘキ者竝淸算人ヲ謂フ

第三十一條ノ二　選擧長ハ前條第一項ノ報告ヲ爲シタルトキハ直ニ選擧人名簿ヲ町村長ニ返付スヘシ

第三十二條　當選者左ニ揭クル事由ノ一ニ該當スルトキハ三箇月以內ニ更ニ選擧ヲ行フヘシ但シ第二項ノ規定ニ依リ更ニ選擧ヲ行フコトナクシテ當選者ヲ定メ得ル場合ハ此ノ限ニ在ラス

一　當選ヲ辭シタルトキ

二　數選擧區ニ於テ選擧ニ當リタル場合ニ於テ第三十一條第三項ノ規定ニ依リ一ノ選擧區ノ選擧ニ應シタル爲他ノ選擧區ニ於テ當選者タラサルニ至リタルトキ

---

12 前項ノ役員トハ取締役、監査役及之ニ準スヘキ者竝淸算人ヲ謂フ（同上追加）

第三十二條　當選者當選ヲ辭シタルトキ、數選擧區ノ選擧ニ當リ前條第三項ノ規定ニ依リ一ノ選擧區ノ選擧ニ應シタル爲他ノ選擧區ニ於テ當選者タラサルニ至リタルトキ、死亡者ナルトキ又ハ選擧ニ關スル犯罪ニ依リ刑ニ處セラレ其ノ當選無效トナリタルトキハ更ニ選擧ヲ行フヘシ但シ其ノ當選者第二十九條第二項ノ規定ノ適用又ハ準用ニ依リ當選者ト爲リタル者ナル場合ニ於テハ第八條第二項ノ例ニ依ル（大正十一

三　第二十九條ノ二ノ規定ニ依リ當選ヲ失ヒタルトキ

四　死亡者ナルトキ

五　選擧ニ關スル犯罪ニ依リ刑ニ處セラレ當選無效ト爲リタルトキ但シ同一人ニ關シ前各號ノ事由ニ依ル選擧又ハ補闕選擧ノ告示ヲ爲シタル場合ハ此ノ限ニ在ラス

六　第三十四條ノ二ノ規定ニ依ル訴訟ノ結果當選無效ト爲リタルトキ

2前項ノ事由第三十一條第二項、第三項若ハ第六項ノ規定ニ依ル期限前ニ生シタル場合ニ於テ第二十九條第一項但書ノ得票者ニシテ當選者ト爲ラサリシ者アルトキ又ハ其ノ期限經過後ニ生シタル場合ニ於テ第二十九條第二項ノ規定ノ適用ヲ受ケタル得票者ニシテ當選者ト爲ラサリシ者アルトキハ直ニ選擧會ヲ開キ其ノ者ノ中ニ就キ當選者ヲ定ム

年四月法律第五十五號改正）

2當選者選擧ニ關スル犯罪ニ依リ刑ニ處セラレ其ノ當選無效トナリタルトキ其ノ前ニ其ノ者ニ關スル補闕選擧若ハ前項ノ選擧ノ告示ヲ爲シタル場合又ハ更ニ選擧ヲ行フコトナクシテ當選者ヲ定メタル場合ニ於テハ前項ノ規定ヲ適用セス（同上）

ヘシ

3 前項ノ場合ニ於テ第二十九條第一項但書ノ得票者ニシテ當選者ト爲ラサリシ者選擧ノ期日後ニ於テ被選擧權ヲ有セサルニ至リタルトキハ之ヲ當選者ト定ムルコトヲ得ス此ノ場合ニ於テハ第三十七條第二項ノ規定ヲ準用ス

4 第一項ノ期間ハ第三十四條第七項ノ規定ノ適用アル場合ニ於テハ選擧ヲ行フコトヲ得サル事由已ミタル日ノ翌日ヨリ之ヲ起算ス

5 第一項ノ事由議員ノ任期滿了前六箇月以内ニ生シタルトキハ第一項ノ選擧ハ之ヲ行ハス但シ議員ノ數其ノ定員ノ三分ノ二ニ滿チサルニ至リタルトキハ此ノ限ニ在ラス

第三十三條 當選者其ノ當選ヲ承諾シタルトキハ府縣知事ハ直ニ當選證書ヲ付與シ及其ノ住所氏名ヲ告示スヘシ

2 當選者ナキニ至リタルトキ又ハ當選者

其ノ選擧ニ於ケル議員ノ定數ニ達セサルニ至リタルトキハ府縣知事ハ直ニ其ノ旨ヲ告示スヘシ

第三十四條　選擧人又ハ議員候補者選擧又ハ當選ノ效力ニ關シ異議アルトキハ選擧ニ關シテハ選擧ノ日ヨリ當選ニ關シテハ第三十一條第一項又ハ前條第二項ノ告示ノ日ヨリ十四日以内ニ之ヲ府縣知事ニ申立ツルコトヲ得

2前項ノ異議申立アリタルトキハ府縣知事ハ七日以内ニ之ヲ府縣參事會ノ決定ニ付スヘシ

3府縣知事選擧又ハ當選ノ效力ニ關シ異議アルトキハ第一項申立ノ有無ニ拘ラス第三十一條第一項ノ報告ヲ受ケタル日ヨリ三十日以内ニ府縣參事會ノ決定ニ付スルコトヲ得

第三十四條　選擧人選擧若ハ當選ノ效力ニ關シ異議アルトキハ選擧ニ關シテハ選擧ノ日ヨリ當選ニ關シテハ前條告示ノ日ヨリ十四日以内ニ之ヲ府縣知事ニ申立ツルコトヲ得

2前項ノ異議ハ之ヲ府縣參事會ノ決定ニ付スヘシ

3府縣知事ニ於テ選擧若ハ當選ノ效力ニ關シ異議アルトキハ第一項申立ノ有無ニ拘ラス選擧ニ關シテハ第三十一條第一項ノ報告ヲ受ケタル日ヨリ當選ニ關シテハ同條第二項又ハ第三項ノ申立アリタル日ヨリ三十日以内ニ府縣參事會ノ決定ニ付スルコトヲ得

4前二項ノ場合ニ於テハ府縣參事會ハ其ノ送付ヲ受ケタル日ヨリ十四日以內ニ之ヲ決定スヘシ（大正三年法律第三十五號追加）

5本條府縣參事會ノ決定ニ不服アル者ハ行政裁判所ニ出訴スルコトヲ得

6前項ノ決定ニ關シテハ府縣知事又ハ選擧長ヨリモ亦訴訟ヲ提起スルコトヲ得

6前項ノ決定ニ關シテハ府縣知事郡市長ヨリモ亦訴訟ヲ提起スルコトヲ得

7第八條、第三十二條又ハ第三十六條第一項若ハ第三項ノ選擧ハ之ニ關係アル選擧又ハ當選ニ關スル異議申立期間、異議ノ決定確定セサル間又ハ訴訟ノ繫屬スル間之ヲ行フコトヲ得ス

7第八條、第三十二條又ハ第三十六條第二項ノ選擧ハ之ニ關係アル選擧又ハ當選ニ關スル異議申立期間、異議ノ決定確定セサル間又ハ訴訟ノ繫屬スル間之ヲ行フコトヲ得ス（大正十一年四月法律第五十五條追加）

8府縣會議員ハ選擧又ハ當選ニ關スル決定確定シ又ハ判決アルマテハ會議ニ參與スルノ權ヲ失ハス（大正十一年四月法律第五十五號追加）

第三十四條ノ二　衆議院議員選擧法第百十條ノ規定ノ準用ニ依リ當選ヲ無效ナリト認ムルトキハ選擧人又ハ議員候補者ハ當選者ヲ被告トシ第三十一條第一項告示ノ日ヨリ三十日以內ニ控訴院ニ

出訴スルコトヲ得

2 衆議院議員選擧法第百三十六條ノ規定ノ準用ニ依リ選擧事務長カ同法第百十二條又ハ第百十三條ノ規定ノ準用ニ依ル罪ヲ犯シ刑ニ處セラレタルニ因リ當選ヲ無效ナリト認ムルトキハ選擧人又ハ議員候補者ハ當選者ヲ被告トシ其ノ裁判確定ノ日ヨリ三十日以內ニ控訴院ニ出訴スルコトヲ得

3 前二項控訴院ノ判決ニ不服アル者ハ大審院ニ上告スルコトヲ得

4 衆議院議員選擧法第八十五條、第八十七條及第百四十一條ノ規定ハ前三項ノ規定ニ依ル訴訟ニ之ヲ準用ス

第三十五條　選擧ノ規定ニ違反スルコトアルトキハ選擧ノ結果ニ異動ヲ生スルノ虞アル場合ニ限リ其ノ選擧ノ全部又ハ一部ヲ無效トス但シ當選ニ異動ヲ生スルノ虞ナキ者ヲ區分シ得ルトキハ其

第三十五條　選擧ノ規定ニ違反スルコトアルトキハ選擧ノ結果ニ異動ヲ生スルノ虞アル場合ニ限リ其ノ選擧ノ全部又ハ一部ヲ無效トス（大正三年四月法律第三十五號改正）

ノ者ニ限リ當選ヲ失フコトナシ

第三十六條　選擧無效ト確定シタルトキハ三箇月以內ニ更ニ選擧ヲ行フヘシ

2 當選無效ト確定シタルトキハ直ニ選擧會ヲ開キ更ニ當選者ヲ定ムヘシ此ノ場合ニ於テハ第三十二條第三項ノ規定ヲ準用ス

3 當選者ナキトキ、當選者ナキニ至リタルトキ又ハ當選者其ノ選擧ニ於ケル議員ノ定數ニ達セサルトキ若ハ定數ニ達セサルニ至リタルトキハ三箇月以內ニ更ニ選擧ヲ行フヘシ

2 當選者ニシテ被選擧權ヲ有セサルトキハ其ノ當選ヲ無效トス

第三十六條　選擧若ハ當選無效ト確定シタルトキハ更ニ選擧ヲ行フヘシ但シ更ニ選擧ヲ行フコトナクシテ當選者ヲ定メ得ヘキ場合ニ於テハ第二十九條第二項及第三十一條ノ規定ヲ準用ス（大正十一年四月法律第五十五號改正）

2 議員ノ定數ニ足ル當選者ヲ得ルコト能ハサルトキハ其ノ不足ノ員數ニ付更ニ選擧ヲ行フヘシ此ノ場合ニ於テハ第二十九條第一項但書ノ規定ヲ適用セス（大正三年四月法律第三十五號追

4第三十二條第四項及第五項ノ規定ハ第一項及前項ノ選擧ニ之ヲ準用ス

第三十七條　府縣會議員被選擧權ヲ有セサル者ナルトキ又ハ第三十一條第七項ニ揭クル者ナルトキハ其ノ職ヲ失フ其ノ被選擧權ノ有無又ハ第三十一條第七項ニ揭クル者ニ該當スルヤ否ハ府縣會議員カ左ノ各號ノ一ニ該當スルニ因リ被選擧權ヲ有セサル場合ヲ除クノ外府縣參事會其ノ異議ヲ決定ス

一　禁治產者又ハ準禁治產者ト爲リタルトキ

二　破產者ト爲リタルトキ

三　禁錮以上ノ刑ニ處セラレタルトキ

四　選擧ニ關スル犯罪ニ依リ罰金ノ刑ニ處セラレタルトキ

2府縣會議員ハ住所ヲ移シタル爲被選擧權ヲ失フコトアルモ其ノ住所同府縣內ニ在ルトキハ之カ爲其ノ職ヲ失フコト

加）

第三十七條　府縣會議員ニシテ被選擧權ヲ有セサル者ハ其ノ職ヲ失フ其ノ被選擧權ノ有無ニ關シテハ府縣會議員カ左ノ各號ノ一ニ該當スルニ因リ被選擧權ヲ有セサル場合ヲ除クノ外府縣參事會其ノ異議ヲ決定ス（大正十一年四月法律第五十五號改正）

二　家資分散又ハ破產ノ宣告ヲ受ケ其ノ宣告確定シタルトキ

ナシ但シ同府縣內ニ於テ住所ヲ移シタル後被選擧權ヲ失フヘキ其ノ他ノ事由ニ該當スルニ至リタルトキハ此ノ限ニ在ラス

3 府縣會ニ於テ其ノ議員中被選擧權ヲ有セサル者又ハ第三十一條第七項ニ揭クル者アリト認ムルトキハ之ヲ府縣知事ニ通知スヘシ但シ議員ハ自己ノ資格ニ關スル會議ニ於テ辯明スルコトヲ得ルモ其ノ議決ニ加ハルコトヲ得ス

4 府縣知事ハ前項ノ通知ヲ受ケタルトキハ七日以內ニ之ヲ府縣參事會ノ決定ニ付スヘシ府縣知事ニ於テ被選擧權ヲ有セサル者又ハ第三十一條第七項ニ揭クル者アリト認ムルトキ亦同シ

5 第三十四條第四項ノ規定ハ前項ノ場合ニ之ヲ準用ス

6 本條府縣參事會ノ決定ニ不服アル者ハ

---

2 府縣會ニ於テ其ノ議員中被選擧權ヲ有セサル者アリト認ムルトキハ之ヲ府縣知事ニ通知スヘシ但シ議員ハ自己ノ資格ニ關スル會議ニ於テ辯明スルコトヲ得ルモ其ノ議決ニ加ハルコトヲ得ス

3 府縣知事ハ前項ノ通知ヲ受ケタルトキハ之ヲ府縣參事會ノ決定ニ付スヘシ府縣知事ニ於テ被選擧權ヲ有セサル者アリト認ムルトキ亦同シ

4 第三十四條第四項ノ規定ハ前項ノ場合ニ之ヲ準用ス（大正三年四月法律第三十五號改正）

5 本條府縣參事會ノ決定ニ不服アル者ハ

行政裁判所ニ出訴スルコトヲ得

7 前項ノ決定ニ關シテハ府縣知事ヨリモ亦訴訟ヲ提起スルコトヲ得

8 第三十四條第八項ノ規定ハ第一項及前二項ノ場合ニ之ヲ準用ス（昭和四年四月法律第五十五號改正）

第三十八條　本款ニ規定スル異議ノ決定及訴願ノ裁決ハ其ノ決定書若ハ裁決書ヲ交付シタルトキ直ニ之ヲ告示スヘシ

第三十九條　府縣會議員ノ選擧ニ付テハ衆議院議員選擧法第十章及第十一章並第百四十條第二項及第百四十二條ノ規定ヲ準用ス但シ議員候補者一人ニ付定ムヘキ選擧事務所ノ數、選擧委員及選擧事務員ノ數並選擧運動ノ費用ノ額ニ關シテハ勅令ノ定ムル所ニ依ル

行政裁判所ニ出訴スルコトヲ得

6 前項ノ決定ニ關シテハ府縣知事ヨリモ亦訴訟ヲ提起スルコトヲ得

8 府縣會議員ハ其ノ被選擧權ヲ有セストスル決定確定シ又ハ判決アルマテハ會議ニ參與スルノ權ヲ失ハス（大正十五年六月法律第七十三號改正）

第三十九條　第四條第二項但書ノ市ニ於テハ市長トアルハ區長又市トアルハ區、市役所トアルハ區役所ト看做シ本款ノ規定ヲ準用ス

2 町村組合ニシテ町村ノ事務ノ全部又ハ役場事務ヲ共同處理スルモノハ之ヲ一町村其ノ組合ノ管理者ハ之ヲ町村長ト

看做シ本款ノ規定ヲ準用ス（大正三年四月法律第三十五號改正）

第四十條　府縣會議員ノ選擧ニ付テハ衆議院議員選擧ニ關スル罰則ヲ準用ス

第二款　職務權限及處務規程

第四十一條　府縣會ノ議決スヘキ事件左ノ如シ

一　府縣條例及府縣規則ヲ設ケ又ハ改廢スルコト（昭和四年四月法律第五十五號追加）

二　歲入出豫算ヲ定ムル事（同上以下項順位繰下ゲ）

三　決算報告ニ關スル事

四　法律命令ニ定ムルモノヲ除ク外使用料手數料府縣稅及夫役現品ノ賦課徵收ニ關スル事

五　不動產ノ處分並買受讓受ニ關スル事

六　積立金穀等ノ設置及處分ニ關スル事

七　歲入出豫算ヲ以テ定ムルモノヲ除ク外新ニ義務ノ負擔ヲ爲シ及權利ノ抛棄ヲ爲ス事

八　財產及營造物ノ管理方法ヲ定ムル事但シ法律命令中別段ノ規定アルモノハ此ノ限ニ在ラス

九　其ノ他法律命令ニ依リ府縣會ノ權限ニ屬スル事項

第四十二條　府縣會ハ其ノ權限ニ屬スル事項ヲ府縣參事會ニ委任スルコトヲ得

第四十三條　府縣會ハ法律命令ニ依リ選擧ヲ行フヘシ

第四十四條　府縣會ハ府縣ノ公益ニ關スル事件ニ付意見書ヲ關係行政廳ニ呈出スルコトヲ得（昭和四年四月法律第五十五號改正）

第四十五條　府縣會ハ官廳ノ諮問アルトキハ意見ヲ答申スヘシ

2府縣會ノ意見ヲ徵シテ處分ヲ爲スヘキ場合ニ於テ府縣會招集ニ應セス若ハ成立セス又ハ意見ヲ呈出セサルトキハ當該官廳ハ其ノ意見ヲ俟タスシテ直ニ處分ヲ爲スコトヲ得

第四十六條　府縣會議員ハ選擧人ノ指示若ハ委囑ヲ受クヘカラス

第四十七條　府縣會ハ議員中ヨリ議長副議長各一名ヲ選擧スヘシ

2議長及副議長ノ任期ハ議員ノ任期ニ依ル（大正三年四月法律第三十五號改正）

第四十八條　議長故障アルトキハ副議長之ニ代ハリ議長副議長共ニ故障アルトキハ臨時ニ議員中ヨリ假議長ヲ選擧スヘシ

2前項假議長ノ選擧ニ付テハ年長ノ議員議長ノ職務ヲ代理ス年齡同シキトキハ抽籤ヲ以テ之ヲ定ム（大正三年四月法律第三十五號改正）

第四十九條　府縣知事及其ノ委任若ハ囑託ヲ受ケタル官吏吏員ハ會議ニ列席シテ議事ニ參與スルコトヲ得但シ議決ニ加ハルコトヲ得ス

2前項ノ列席者ニ於テ發言ヲ求ムルトキハ議長ハ直ニ之ヲ許スヘシ但シ之カ爲議員ノ演說ヲ中止セシムルコトヲ得ス

第五十條　府縣會ハ通常會及臨時會トス

2通常會ハ毎年一回之ヲ開ク其ノ會期ハ三十日以内トス臨時會ハ必要アル場合ニ於テ其ノ事件ニ限リ之ヲ開ク其ノ會期ハ七日以内トス

3府縣知事必要アリト認ムルトキハ前項ノ規定ニ拘ラズ三日以内府縣會ノ會期ヲ延長スルコトヲ得（昭和四年四月法律第五十五號改正）

4前項ノ規定ニ依リ府縣會ノ會期ヲ延長シタルトキハ府縣知事ハ直ニ之ヲ告示スベシ（同上追加）

5臨時會ニ付スベキ事件ハ府縣知事豫メ之ヲ告示スベシ（同上）

6臨時會開會中急施ヲ要スル事件アルトキハ第二項及前項ノ規定ニ拘ラズ直ニ之ヲ其ノ會議ニ付スルコトヲ得（同上）

第五十一條 府縣會ハ府縣知事之ヲ招集ス議員定員ノ三分ノ一以上ヨリ會議ニ付スベキ事件ヲ示シテ臨時會招集ノ請求アルトキハ府縣知事ハ之ヲ招集スベシ（同上改正）

3臨時會ニ付スヘキ事件ハ豫メ之ヲ告示スヘシ但シ其ノ開會中急施ヲ要スル事件アルトキハ府縣知事ハ直ニ之ヲ其ノ會議ニ付スルコトヲ得

第五十一條 府縣會ハ府縣知事之ヲ招集ス

2招集ハ開會ノ日前十四日目マテニ告示スヘシ但シ急施ヲ要スル場合ハ此ノ限ニ在ラス

2招集ハ開會ノ日ヨリ少クトモ十四日前ニ告示スヘシ但シ急施ヲ要スル場合ハ此ノ限ニ在ラス

3府縣會ハ府縣知事之ヲ開閉ス

第五十二條　府縣會ハ議員定員ノ半數以上出席スルニ非サレハ會議ヲ開クコトヲ得ス

第五十三條　府縣會ノ議事ハ過半數ヲ以テ決ス可否同數ナルトキハ議長ノ決スル所ニ依ル

2議長ハ其ノ職務ヲ行フ場合ニ於テモ之カ爲議員トシテ議決ニ加ハルノ權ヲ失ハス

第五十四條　議長及議員ハ自己又ハ父母祖父母妻子孫兄弟姉妹ノ一身上ニ關スル事件ニ付テハ其ノ議事ニ參與スルコトヲ得ス但シ府縣會ノ同意ヲ得タルトキハ會議ニ出席シ發言スルコトヲ得（大正三年四月法律第三十五號改正）

第五十五條　法令ニ依リ府縣會ニ於テ行フ選擧ニ付テハ第十八條、第二十七條及第二十九條ノ規定ヲ準用ス其ノ投票ノ效力ニ關シ異議アルトキハ府縣會之ヲ決定ス（昭和四年法律第五十五號改正）

第五十五條　法律命令ノ規定ニ依リ府縣會ニ於テ選擧ヲ行フトキハ本法中別段ノ規定アル場合ヲ除ク外一名毎ニ無記名投票ヲ爲シ有效投票ノ過半數ヲ得タル者ヲ以テ當選トス若過半數ヲ得タル者ナキトキハ最多數ヲ得タル者二名ヲ

2府縣會ハ議員中異議ナキトキハ前項ノ選擧ニ付指名推選ノ法ヲ用フルコトヲ得(同上)

3指名推選ノ法ヲ用フル場合ニ於テハ被指名者ヲ以テ當選者ト定ムベキヤ否ヲ會議ニ付シ議員全員ノ同意ヲ得タル者ヲ以テ當選者トス(同上)

4一ノ選擧ヲ以テ二人以上ヲ選擧スル場合ニ於テハ被指名者ヲ區分シテ前項ノ

取リ之ニ就キ決選投票ヲ爲サシム其ノ二名ヲ取ルニ當リ同數者アルトキハ年長者ヲ取リ年齡同シキトキハ議長抽籤シテ之ヲ定ム此ノ決選投票ニ於テハ最多數ヲ得タル者ヲ以テ當選トス若同數ナルトキハ年長者ヲ取リ年齡同シキトキハ議長抽籤シテ之ヲ定ム(同上本項改正)

2前項ノ場合ニ於テハ第十八條及第二十七條ノ規定ヲ準用ス其ノ投票ノ效力ニ關シ異議アルトキハ府縣會之ヲ議決ス

3第一項ノ選擧ニ付テハ府縣會ハ其ノ議決ヲ以テ指名推選ノ法ヲ用ウルコトヲ得

規定ヲ適用スルコトヲ得ズ(同上)

第五十六條 府縣會ノ會議ハ公開ス但シ左ノ場合ハ此ノ限ニ在ラス

一 府縣知事ヨリ傍聽禁止ノ要求ヲ受ケタルトキ

二 議長若ハ議員三名以上ノ發議ニ依リ傍聽禁止ヲ可決シタルトキ

2 前項議長若ハ議員ノ發議ハ討論ヲ須ヒス其ノ可否ヲ決スヘシ

第五十七條 議長ハ會議ノ事ヲ總理シ會議ノ順序ヲ定メ其ノ日ノ會議ヲ開閉シ議場ノ秩序ヲ保持ス

2 議員定員ノ半數以上ヨリ請求アルトキハ議長ハ其ノ日ノ會議ヲ開クコトヲ要ス此ノ場合ニ於テ議長仍會議ヲ開カサルトキハ第四十八條ノ例ニ依ル(大正三年四月法律第三十五號追加)

3 前項議員ノ請求ニ依リ會議ヲ開キタルトキ又ハ議員中異議アルトキハ議長ハ會議ノ議決ニ依ルニ非サレハ其ノ日ノ會議ヲ閉チ又ハ中止スルコトヲ得ス(同上)

第五十七條ノ二 府縣會議員ハ府縣會ノ議決スベキ事件ニ付府縣會ニ議案ヲ發スルコトヲ得但シ歳入出豫算ニ付テハ此ノ限ニ在ラズ(昭和四年四月法律第五十五號追加)

2 前項ノ規定ニ依ル發案ハ議員三人以上ヨリ文書ヲ以テ之ヲ爲スコトヲ要ス(同上)

第五十八條 府縣會議員ハ會議中無禮ノ語ヲ用ヰ又ハ他人ノ身上ニ渉リ言論スルコトヲ得ス

第五十九條 會議中此ノ法律若ハ會議規則ニ違ヒ其ノ他議場ノ秩序ヲ紊ル議員アルトキハ議長ハ之ヲ制止シ若ハ發言ヲ取消サシメ命ニ從ハサルトキハ議長ハ當日ノ會議ヲ終ルマテ發言ヲ禁止シ又ハ議場ノ外ニ退去セシメ必要ナル場合ニ於テハ警察官吏ノ處分ヲ求ムルコトヲ得

2 議場騷擾ニシテ整理シ難キトキハ議長ハ當日ノ會議ヲ中止シ又ハ之ヲ閉ツルコトヲ得

第六十條 傍聽人公然可否ヲ表シ又ハ喧騷ニ渉リ其ノ他會議ノ妨害ヲ爲ストキハ議長ハ之ヲ制止シ命ニ從ハサルトキハ之ヲ退場セシメ必要ナル場合ニ於テハ警察官吏ノ處分ヲ求ムルコトヲ得

2 傍聽席騷擾ナルトキハ議長ハ總テノ傍聽人ヲ退場セシメ必要ナル場合ニ於テハ警察官吏ノ處分ヲ求ムルコトヲ得

第六十一條 議場ノ秩序ヲ紊リ又ハ會議ノ妨害ヲ爲ス者アルトキハ議員若ハ第四十九條ノ列席者ハ議長ノ注意ヲ喚起スルコトヲ得

第六十二條 府縣會ニ書記ヲ置キ議長ニ隷屬シテ庶務ヲ處理セシム

2 書記ハ議長之ヲ任免ス

第六十三條 議長ハ書記ヲシテ會議錄ヲ製シ會議ノ顚末並出席議員ノ氏名ヲ記載セシムヘシ會議錄ハ議長及議員二名以上之ニ署名スルヲ要ス其ノ議員ハ府縣會ニ於テ之ヲ定ムヘシ

2議長ハ會議錄ヲ添ヘ會議ノ結果ヲ府縣知事ニ報告スヘシ

第六十四條　府縣會ハ會議規則及傍聽人取締規則ヲ設クヘシ

2會議規則ニハ此ノ法律竝會議規則ニ違背シタル議員ニ對シ府縣會ノ議決ニ依リ五日以內出席ヲ停止スル規定ヲ設クルコトヲ得

第三章　府縣參事會

第一款　組織及選擧

第六十五條　府縣ニ府縣參事會ヲ置キ議長及名譽職參事會員十人ヲ以テ之ヲ組織ス

2會議規則ハ內務大臣ノ許可ヲ受クルコトヲ要ス（大正三年法律第三十五號改正）

3會議規則ニハ此ノ法律竝會議規則ニ違背シタル議員ニ對シ府縣會ノ議決ニ依リ五日以內出席ヲ停止スル規定ヲ設クルコトヲ得

第六十五條　府縣ニ府縣參事會ヲ置キ府縣知事府縣高等官二名及名譽職參事會員ヲ以テ之ヲ組織ス

2府ノ名譽職參事會員ハ十名トシ縣ノ名譽職參事會員ハ七名トス（大正三年四月法律第三十五號改正）

3府縣高等官ニシテ府縣參事會員タルヘキ者ハ內務大臣之ヲ命ス

第六十六條　名譽職參事會員ハ府縣會ニ於テ議員中ヨリ之ヲ選擧スヘシ

2府縣會ハ名譽職參事會員ト同數ノ補充員ヲ選擧スヘシ
（昭和四年法律第五十五號ヲ以テ第三項削除）

3前二項ノ場合ニ於テハ第十八條第二十七條及第二十九條ノ規定ヲ準用ス其ノ投票ノ效力ニ關シ異議アルトキハ府縣會之ヲ議決ス

3名譽職參事會員中闕員アルトキハ府縣知事ハ補充員ノ中ニ就キ之ヲ補闕ス其ノ順序ハ選擧ノ時ヲ異ニスルトキハ選擧ノ前後ニ依リ選擧同時ナルトキハ得票數ニ依リ得票同數ナルトキハ年長者ヲ取リ年齡同シキトキハ抽籤ニ依ル仍闕員アル場合ニ於テハ臨時補闕選擧ヲ行フヘシ（同上以下項順位繰上ゲ）

4名譽職參事會員及其ノ補充員ハ隔年之ヲ選擧スヘシ
5名譽職參事會員ハ後任者ノ就任スルニ至ルマテ在任ス府縣會議員ノ任期滿了シタルトキ亦同シ
6名譽職參事會員ハ其ノ選擧ニ關スル第八十二條第一項又ハ第二項ノ處分確定シ又ハ判決アルマテハ會議ニ參與スルノ權ヲ失ハス（同上改正）

第六十七條　府縣參事會ハ府縣知事ヲ以

5名譽職參事會員及其ノ補充員ハ毎年之ヲ選擧スヘシ
6名譽職參事會員ハ後任者就任ノ前日マテ在任ス府縣會議員ノ任期滿了シタルトキ亦同シ（大正三年四月法律第三十五號改正）
7名譽職參事會員ハ其ノ選擧ニ關スル第八十二條第一項ノ處分確定シ又ハ判決アルマテハ會議ニ參與スルノ權ヲ失ハス（大正十五年六月法律第七十三號追加）

第六十七條　府縣參事會ハ府縣知事ヲ以

テ議長トス府縣知事故障アルトキハ其ノ代理者議長ノ職務ヲ代理ス

テ議長トス府縣知事故障アルトキハ高等官參事會員議長ノ職務ヲ代理ス

第二款　職務權限及處務規程

第六十八條　府縣參事會ノ職務權限左ノ如シ

一　府縣會ノ權限ニ屬スル事件ニシテ其ノ委任ヲ受ケタルモノヲ議決スル事

二　府縣會成立セザルトキ、招集ニ應ゼザルトキ、第五十四條ノ除斥ノ爲會議ヲ開クコト能ハザルトキ又ハ府縣知事ニ於テ府縣會ヲ招集スルノ暇ナシト認ムルトキ府縣會ノ權限ニ屬スル事件ヲ府縣會ニ代ハリテ議決スルコト（昭和四年法律第五十五號改正）

三　削除

二　府縣會ノ權限ニ屬スル事件ニシテ臨時急施ヲ要シ府縣知事ニ於テ之ヲ招集スルノ暇ナシト認ムルトキ府縣會ニ代テ議決スル事

三　府縣知事ヨリ府縣會ニ提出スル議案ニ付府縣知事ニ對シ意見ヲ述フル事

四　府縣會ノ議決シタル範圍內ニ於テ財產及營造物ノ管理ニ關シ重要ナル事項ヲ議決スル事

五　府縣費ヲ以テ支辨スヘキ工事ノ執行ニ關スル規定ヲ議決スル事但シ法律命令中

別段ノ規定アルモノハ此ノ限ニ在ラス

六　府縣ニ係ル訴願訴訟及和解ニ關スル事項ヲ議決スル事

七　其ノ他法律命令ニ依リ府縣參事會ノ權限ニ屬スル事項

第六十九條　府縣參事會ハ名譽職參事會員中ヨリ委員ヲ選擧シ之ヲシテ府縣ニ係ル出納ヲ檢査セシムルコトヲ得

2前項ノ檢査ニハ府縣知事又ハ其ノ指命シタル官吏若ハ吏員之ニ立會フコトヲ要ス

第七十條　第四十四條第四十五條第四十九條第五十一條第三項第五十五條第五十七條第一項第五十七條ノ二及第六十二條ノ規定ハ府縣參事會ニ之ヲ準用ス（大正三年四月法律第三十五號改正）（昭和四年四月法律第五十五號改正）

第七十一條　府縣參事會ハ府縣知事之ヲ招集ス名譽職參事會員定員ノ半數以上ヨリ會議ニ付スベキ事件ヲ示シテ府縣參事會招集ノ請求アルトキハ府縣知事ハ府縣參事會ヲ招集スヘシ（昭和四年四月法律第五十五號改正）

第七十一條　府縣參事會ハ府縣知事之ヲ招集ス若名譽職參事會員半數以上ノ請求アル場合ニ於テ相當ノ理由アリト認ムルトキハ府縣知事ハ府縣參事會ヲ招集スヘシ

2府縣參事會ノ會期ハ府縣知事之ヲ定ム

第七十二條　府縣參事會ノ會議ハ傍聽ヲ許サス

第七十三條　府縣參事會ハ議長又ハ其ノ代理者及名譽職參事會員定員ノ半數以上出席スルニ非サレハ會議ヲ開クコトヲ得ス

2府縣參事會ノ議事ハ名譽職參事會員ノ過半數ヲ以テ決ス可否同數ナルトキハ議長ノ決スル所ニ依ル

3會議ノ顚末ハ之ヲ會議錄ニ記載シ議長及參事會員二名以上之ニ署名スヘシ

第七十四條　第五十四條ノ規定ハ議長、其ノ代理者及名譽職參事會員ニ之ヲ準用ス但シ同條ノ規定ニ依リ會員ノ數減少シテ前條第一項ノ數ヲ得サルトキハ府縣知事ハ補充員ニシテ其ノ事件ニ關係ナキ者ヲ以テ第六十六條第三項ノ順序ニ依リ臨時之ニ充テ仍其ノ數ヲ得サルトキハ府縣會議員ニシテ其ノ事件ニ關係ナキ者ヲ臨時ニ指名シ其ノ闕員ヲ補充スヘシ（大正十五年法律第七十三號改正）（昭和四年法律第五十五號本項中第四項ヲ第三項ニ改ム）

2第六十八條第二ノ議決ヲ爲ストキハ府縣知事高等官參事會員ハ其ノ議決ニ加ハルコトヲ得ス

3府縣參事會ノ議事ハ過半數ヲ以テ決ス可否同數ナルトキハ議長ノ決スル所ニ依ル

4會議ノ顚末ハ之ヲ會議錄ニ記載シ議長及參事會員二名以上之ニ署名スヘシ

第七十四條　第五十四條ノ規定ハ府縣參事會員ニ之ヲ準用ス但シ同條ノ規定ニ依リ會員ノ數減少シテ前條第一項ノ數ヲ得サルトキハ府縣知事ハ補充員ニシテ其ノ事件ニ關係ナキ者ヲ以テ第六十六條第四項ノ順序ニ依リ臨時之ニ充テ仍其ノ數ヲ得サルトキハ府縣會議員ニシテ其ノ事件ニ關係ナキ者ヲ臨時ニ指名シ其ノ闕員ヲ補充スヘシ（大正三年四月法律第三十五號改正）

2議長及其ノ代理者共ニ除席セラレタルトキハ年長ノ會員ヲ以テ假議長ト爲スヘシ

第四章　府縣行政

第一款　府縣吏員ノ組織及任免

第七十五條　府縣ニ有給ノ府縣吏員ヲ置クコトヲ得

2前項ノ府縣吏員ハ府縣知事之ヲ任免ス

第七十六條　府縣ニ府縣出納吏ヲ置キ官吏吏員ノ中ニ就キ府縣知事之ヲ命ス

第七十七條　府縣ハ府縣條例ヲ以テ臨時若ハ常設ノ委員ヲ置クコトヲ得（昭和四年四月法律第五十五號改正）

2委員ハ名譽職トス

3委員ノ組織選任任期等ニ關スル事項ハ第一項ノ府縣條例中ニ之ヲ規定スベシ

（同上）

第七十七條　府縣ハ府縣會ノ議決ヲ經テ臨時若ハ常設ノ委員ヲ置クコトヲ得

（大正十一年四月法律第五十五號改正）

3委員ノ組織選任任期等ニ關スル事項ハ府縣會ノ議決ヲ經テ府縣知事之ヲ定ム

（同上）

第二款　府縣官吏府縣吏員ノ職務權限及處務規程

第七十八條　府縣知事ハ府縣ヲ統轄シ府縣ヲ代表ス

2府縣知事ノ擔任スル事務ノ概目左ノ如シ

一　府縣費ヲ以テ支辨スヘキ事件ヲ執行スル事

二　府縣會及府縣參事會ノ議決ヲ經ヘキ事件ニ付其ノ議案ヲ發スル事

三　財產及營造物ヲ管理スル事但シ特ニ之カ管理者アルトキハ其ノ事務ヲ監督スル事

四　收入支出ヲ命令シ及會計ヲ監督スル事
五　證書及公文書類ヲ保管スル事
六　法律命令又ハ府縣會若ハ府縣參事會ノ議決ニ依リ使用料手數料府縣稅及夫役現品ヲ賦課徵收スル事
七　其ノ他法律命令ニ依リ府縣知事ノ職權ニ屬スル事項

第七十九條　削除

第八十條　府縣知事ハ府縣ノ行政ニ關シ其ノ職權ニ屬スル事務ノ一部ヲ市町村吏員ニ補助執行セシメ若ハ委任スルコ

第七十九條　府縣知事ハ議案ヲ府縣會ニ提出スル前之ヲ府縣參事會ノ審査ニ付シ若府縣參事會ト其ノ意見ヲ異ニスルトキハ府縣參事會ノ意見ヲ議案ニ添ヘ府縣會ニ提出スヘシ

2　前項ノ規定ニ依リ府縣參事會ノ審査ニ付シタル場合ニ於テ府縣參事會意見ヲ述ヘサルトキハ府縣知事ハ其ノ意見ヲ俟タスシテ議案ヲ府縣會ニ提出スルコトヲ得　（大正十一年四月法律第五十五號本項追加）

第八十條　府縣知事ハ府縣ノ行政ニ關シ其ノ職權ニ屬スル事務ノ一部ヲ郡島ノ官吏吏員又ハ市町村吏員ニ補助執行セ

トヲ得

シメ若ハ委任スルコトヲ得

2府縣知事ハ府縣ノ行政ニ關シ其ノ職權ニ屬スル事務ノ一部ヲ府縣ノ官吏吏員ニ委任シ又ハ府縣吏員ニ臨時代理セシムルコトヲ得（大正十一年法律第五十五號改正）

第八十一條 府縣知事ハ府縣吏員ヲ監督シ懲戒處分ヲ行フコトヲ得其ノ懲戒處分ハ譴責二十五圓以下ノ過怠金及解職トス

2府縣知事ハ府縣吏員ノ懲戒處分ヲ行ハントスル前其ノ吏員ノ停職ヲ命シ並給料ヲ支給セサルコトヲ得

3懲戒ニ依リ解職セラレタル者ハ二年間北海道府縣、市町村其ノ他之ニ準ズベキモノノ公職ニ就クコトヲ得ズ（昭和四年四月法律第五十五號改正）

第八十二條 府縣會又ハ府縣參事會ノ議決又ハ選擧其ノ權限ヲ越エ又ハ法令若ハ會議規則ニ背クト認ムルトキハ府縣知事ハ其ノ意見ニ依リ又ハ內務大臣ノ指揮ニ依リ理由ヲ示シテ之ヲ再議ニ付シ又ハ再選擧ヲ行ハシムベシ但シ特別ノ事由アリト認ムルトキハ府縣知事ハ之ヲ再議ニ付セズ又ハ再選擧ヲ行ハシ

3懲戒ニ依リ解職セラレタル者ハ二年間其ノ府縣ノ公職ニ選擧セラレ若ハ任命セラルルコトヲ得ス

第八十二條 府縣會若ハ府縣參事會ノ議決若ハ選擧其ノ權限ヲ越エ又ハ法律命令若ハ會議規則ニ背クト認ムルトキハ府縣知事ハ自己ノ意見ニ依リ又ハ內務大臣ノ指揮ニ依リ理由ヲ示シテ直ニ其ノ議決若ハ選擧ヲ取消シ又ハ議決ニ付テハ再議ニ付シタル上仍其ノ議決ヲ改メサルトキハ之ヲ取消スヘシ（大正三年

メズシテ直ニ取消スコトヲ得（同上）

2 前項ノ規定ニ依リ爲シタル府縣會又ハ府縣參事會ノ議決又ハ選擧仍其ノ權限ヲ越エ又ハ法令若ハ會議規則ニ背クト認ムルトキハ府縣知事ハ之ヲ取消スベシ（同上）

3 前二項ノ取消處分ニ不服アル府縣會又ハ府縣參事會ハ行政裁判所ニ出訴スルコトヲ得（同上）

4 第一項及第二項ノ取消處分ハ府縣會又ハ府縣參事會開會中ニ非ザルトキハ府縣知事ハ直ニ之ヲ告示スベシ（同上）

第八十三條　府縣會又ハ府縣參事會ノ議決明ニ公益ヲ害スト認ムルトキハ府縣知事ハ其ノ意見ニ依リ又ハ內務大臣ノ指揮ニ依リ理由ヲ示シテ之ヲ再議ニ付スベシ但シ特別ノ事由アリト認ムルトキハ府縣知事ハ之ヲ再議ニ付セズシテ直ニ內務大臣ノ指揮ヲ請フコトヲ得

四月法律第三十五號改正）

3 第一項ノ取消處分ニ不服アル府縣會若ハ府縣參事會ハ行政裁判所ニ出訴スルコトヲ得（大正十一年法律第五十五號追加）

2 前項ノ取消處分ハ府縣會又ハ府縣參事會開會中ニ非サルトキハ之ヲ告示スヘシ（同上改正）

4 府縣會若ハ府縣參事會ノ議決公益ニ害アリト認ムルトキハ府縣知事ハ自己ノ意見ニ依リ又ハ內務大臣ノ指揮ニ依リ理由ヲ示シテ之ヲ再議ニ付シ仍其ノ議決ヲ改メサルトキハ內務大臣ニ具狀シテ指揮ヲ請フヘシ

（同上改正）

2 前項ノ規定ニ依リ為シタル府縣會又ハ府縣參事會ノ議決仍明ニ公益ヲ害スト認ムルトキハ府縣知事ハ内務大臣ノ指揮ヲ請フベシ（同上）

3 府縣會又ハ府縣參事會ノ議決收支ニ關シ執行スルコト能ハザルモノアリト認ムルトキハ前二項ノ例ニ依ル左ニ揭グル費用ヲ削除シ又ハ減額シタル場合ニ於テ其ノ費用及之ニ伴フ收入ニ付亦同ジ（同上）

一 法令ニ依リ負擔スル費用、當該官廳ノ職權ニ依リ命ズル費用其ノ他ノ府縣ノ義務ニ屬スル費用

二 非常ノ災害ニ因ル應急又ハ復舊ノ施設ノ為ニ要スル費用、傳染病豫防ノ為ニ要スル費用其ノ他ノ緊急避クベカラザル費用

第八十四條 削除（同上）

第八十三條 府縣會若ハ府縣參事會ニ於テ府縣ノ收支ニ關シ不適當ノ議決ヲ為シタルトキハ府縣知事ハ自己ノ意見ニ依リ又ハ内務大臣ノ指揮ニ依リ理由ヲ示シテ之ヲ再議ニ付シ仍其ノ議決ヲ改メサルトキハ内務大臣ニ具狀シテ指揮ヲ請フヘシ但シ場合ニ依リ再議ニ付セスシテ直ニ内務大臣ノ指揮ヲ請フコトヲ得

第八十四條 府縣知事ハ期日ヲ定メテ府

縣會ノ停會ヲ命スルコトヲ得

第八十五條　府縣會成立セザルトキ、招集ニ應ゼザルトキ、第五十四條ノ除斥ノ爲會議ヲ開クコト能ハザルトキ又ハ府縣知事ニ於テ府縣會ヲ招集スルノ暇ナシト認ムルトキハ府縣知事ハ府縣會ノ權限ニ屬スル事件ヲ府縣參事會ノ議決ニ付スルコトヲ得（同上改正）

2 府縣參事會成立セザルトキ、招集ニ應ゼザルトキ又ハ第七十四條第一項但書ノ場合ニ於テ仍會議ヲ開クコト能ハザルトキハ府縣知事ハ內務大臣ノ指揮ヲ請ヒ其ノ議決スベキ事件ヲ處分スルコトヲ得（同上）

3 府縣會又ハ府縣參事會ニ於テ其ノ議決スベキ事件ヲ議決セザルトキハ前項ノ例ニ依ル（同上）

4 府縣參事會ノ決定、裁決又ハ裁定スベキ事件ニ關シテハ前二項ノ例ニ依ル此

第八十五條　府縣會若ハ府縣參事會招集ニ應セス又ハ成立セサルトキハ府縣知事ハ內務大臣ニ具狀シテ指揮ヲ請ヒ其ノ議決スヘキ事件ヲ處分スルコトヲ得

第五十四條第七十四條ノ場合ニ於テ會議ヲ開クコト能ハサルトキ亦同シ

2 府縣會又ハ府縣參事會ニ於テ其ノ議決スヘキ事件ヲ議決セサルトキハ前項ノ例ニ依ル（大正三年法律第三十五號改正）

3 府縣參事會ノ決定若ハ裁決スヘキ事項ニ關シテハ本條第一項第二項ノ例ニ依

ノ場合ニ於ケル府縣知事ノ處分ニ關シテハ各本條ノ規定ニ準ジ訴願又ハ訴訟ヲ提起スルコトヲ得（同上）

5前四項ノ規定ニ依ル處置ニ付テハ府縣知事ハ次回ノ會議ニ於テ之ヲ府縣會又ハ府縣參事會ニ報告スベシ（同上）

ル此ノ場合ニ於ケル府縣知事ノ處分ニ關シテハ各本條ノ規定ニ準シ訴願及訴訟ヲ提起スルコトヲ得

4本條ノ處分ハ次ノ會期ニ於テ之ヲ府縣會若ハ府縣參事會ニ報告スヘシ

第八十六條　府縣參事會ノ權限ニ屬スル事件ニシテ臨時急施ヲ要シ府縣知事ニ於テ之ヲ招集スルノ暇ナシト認ムルトキハ府縣知事ハ專決處分シ次ノ會期ニ於テ其ノ處分ヲ府縣參事會ニ報告スヘシ

2前項ノ規定ニ依リ府縣知事ノ爲シタル處分ニ關シテハ各本條ノ規定ニ準ジ訴願又ハ訴訟ヲ提起スルコトヲ得（昭和四年四月法律第五十五號追加）

第八十七條　府縣會及府縣參事會ノ權限ニ屬スル事項ハ其ノ議決ニ依リ府縣知事ニ於テ專決處分スルコトヲ得（同上改正）

第八十七條　府縣參事會ノ權限ニ屬スル事項ハ其ノ議決ニ依リ府縣知事ニ於テ專決處分スルコトヲ得

第八十八條　官吏ノ府縣行政ニ關スル職務關係ハ此ノ法律中規定アルモノヲ除ク外國ノ行政ニ關スル其ノ職務關係ノ例ニ依ル

第八十九條　府縣出納吏ハ出納事務ヲ掌ル

第九十條　府縣吏員ハ府縣知事ノ命ヲ承ケ事務ニ從事ス

第九十一條　委員ハ府縣知事ノ指揮監督ヲ承ケ財産若ハ營造物ヲ管理シ其ノ他府縣行政事務ノ一部ヲ調査シ又ハ一時ノ委託ニ依リ事務ヲ處辨ス

第九十二條　府縣ノ事務ニ關スル處務規程ハ府縣知事之ヲ定ム

第三款　給料及給與

第九十三條　有給府縣吏員ノ給料額竝旅費額及其ノ支給方法ハ府縣條例ヲ以テ之ヲ規定スベシ（昭和四年四月法律第五十五號改正）

第九十三條　有給府縣吏員ノ給料額竝旅費額及其ノ支給方法ハ府縣知事之ヲ定ム

第九十四條　府縣會議員名譽職參事會員其ノ他名譽職員ハ職務ノ爲要スル費用ノ辨償ヲ受クルコトヲ得

2費用辨償額及其ノ支給方法ハ府縣條例ヲ以テ之ヲ規定スベシ（昭和四年四月法律第五十五號改正）

2費用辨償額及其ノ支給方法ハ府縣會ノ議決ヲ經テ府縣知事之ヲ定ム（大正三年四月法律第三十五號改正）

第九十五條　有給府縣吏員ノ退隱料退職給與金死亡給與金遺族扶助料及其ノ支給方法ハ前條第二項ノ例ニ依リテ之ヲ定ム（大正三年四月法律第三十五號改正）

第九十六條　退隱料退職給與金死亡給與金遺族扶助料及費用辨償ノ給與ニ關シ異議アルトキハ之ヲ府縣知事ニ申立ツルコトヲ得

2前項ノ異議ノ申立アリタルトキハ府縣

2前項ノ異議ハ之ヲ府縣參事會ノ決定ニ

知事ハ七日以內ニ之ヲ府縣參事會ノ決定ニ付スヘシ其ノ決定ニ不服アル者ハ行政裁判所ニ出訴スルコトヲ得

付スヘシ其ノ決定ニ不服アル者ハ行政裁判所ニ出訴スルコトヲ得

3 前項ノ決定ニ關シテハ府縣知事ヨリモ亦訴訟ヲ提起スルコトヲ得

第九十七條 給料旅費退隱料退職給與金死亡給與金遺族扶助料費用辨償其ノ他諸給與ハ府縣ノ負擔トス（大正三年四月法律第三十五號改正）

第五章 府縣ノ財務

第一款 財產營造物及府縣稅

第九十八條 府縣ハ積立金穀等ヲ設クルコトヲ得

第九十九條 府縣ハ營造物若ハ公共ノ用ニ供シタル財產ノ使用ニ付使用料ヲ徵收シ又ハ特ニ一個人ノ爲ニスル事務ニ付手數料ヲ徵收スルコトヲ得

第百條 使用料及手數料ニ關スル事項ニ付テハ府縣條例ヲ以テ之ヲ規定スベシ（昭和四年四月法律第五十五號改正）

第百條 本法中別ニ規定アルモノヲ除ク外使用料手數料ニ關スル細則ハ府縣會ノ議決ヲ經テ府縣知事之ヲ定ム（大正十五年六月法律第七十三號改正）

第百一條 府縣ハ其ノ公益上必要アル場合ニ於テハ寄附若ハ補助ヲ爲スコトヲ得

第百二條 府縣ハ其ノ必要ナル費用及法律勅令又ハ從來ノ慣例ニ依リ府縣ノ負擔ニ屬スル費用ヲ支辨スル義務ヲ負フ

第百三條 府縣稅及其ノ賦課徵收方法ニ關シテハ法律ニ規定アルモノヲ除ク外勅令ノ

定ムル所ニ依ル

2 府縣ハ勅令ノ定ムル所ニ依リ其ノ費用ヲ市町村ニ分賦スルコトヲ得

第百四條　府縣內ニ住所ヲ有スル者ハ府縣稅ヲ納ムル義務ヲ負フ

第百五條　三箇月以上府縣內ニ滯在スル者ハ其ノ滯在ノ初ニ遡リ府縣稅ヲ納ムル義務ヲ負フ

第百六條　府縣內ニ住所ヲ有セス又ハ三箇月以上滯在スルコトナシト雖府縣內ニ於テ土地家屋物件ヲ所有シ使用シ若ハ占有シ又ハ營業所ヲ定メテ營業ヲ爲シ又ハ府縣內ニ於テ特定ノ行爲ヲ爲ス者ハ其ノ土地家屋物件營業若ハ其ノ收入ニ對シ又ハ行爲ニ對シテ賦課スル府縣稅ヲ納ムル義務ヲ負フ（大正十一年四月法律第五十五號改正）

第百六條ノ二　合併後存續スル法人又ハ合併ニ因リ設立シタル法人ハ合併ニ因リ消滅シタル法人ニ對シ其ノ合併前ノ事實ニ付賦課セラルベキ府縣稅ヲ納ムル義務ヲ負フ（昭和四年四月法律第五十五號追加）

2 相續人又ハ相續財團ハ勅令ノ定ムル所ニ依リ被相續人ニ對シ其ノ相續開始前ノ事實ニ付賦課セラルベキ府縣稅ヲ納ムル義務ヲ負フ（同上）

第百七條　納稅者ノ府縣外ニ於テ所有シ使用シ占有スル土地家屋物件若ハ其ノ收入又ハ府縣外ニ於テ營業所ヲ定メタル營業若ハ其ノ收入ニ對シテハ府縣稅ヲ賦課スルコトヲ得ス

2住所滯在同時ニ府縣ノ內外ニ涉ル者ノ前項以外ノ收入ニ對シ府縣稅ヲ賦課スルトキハ其ノ收入ヲ各府縣ニ平分シ其ノ一部ニノミ賦課スヘシ（大正三年四月法律第三十五號改正）

第百八條　府縣ノ內外ニ涉リ營業所ヲ定メテ爲ス營業又ハ其ノ收入ニ對シ本稅ヲ分別シテ納メサル者ニ對シ關係府縣ニ於テ營業稅附加稅所得稅附加稅又ハ鑛產稅附加稅ヲ賦課スルトキハ關係府縣知事協議ノ上其ノ步合ヲ定ム若協議調ハサルトキハ內務大臣及大藏大臣之ヲ定ム

2鑛區又ハ砂鑛區カ府縣ノ內外ニ涉ル場合ニ於テ鑛區稅又ハ砂鑛區稅ノ附加稅ヲ賦課スルトキハ鑛區又ハ砂鑛區ノ屬スル地表ノ面積ニ依リ本稅額ヲ分割シ其ノ一部ニノミ賦課スヘシ（大正三年四月法律第三十五號改正）

第百九條　府縣稅賦課ノ細目ニ係ル事項ハ府縣會ノ議決ニ依リ關係市町村會ノ議決ニ付スルコトヲ得

2市町村會ニ於テ府縣會ノ議決ニ依リ定マリタル期限內ニ其ノ議決ヲ爲ササルトキ若ハ不適當ノ議決ヲ爲シタルトキハ府縣參事會之ヲ議決スヘシ

第百十條　府縣稅ヲ賦課スルコトヲ得サルモノニ關シテハ法律勅令ヲ以テ別段ノ規定ヲ設クルモノヲ除ク外市町村稅ノ例ニ依ル

2府縣ハ公益上其ノ他ノ事由ニ因リ課稅ヲ不適當トスル場合ニ於テハ命令ノ定ムル所ニ依リ府縣稅ヲ課セサルコトヲ得

第百十一條　府縣內ノ一部ニ對シ特ニ利益アル事件ニ關シテハ府縣ハ不均一ノ賦課ヲ爲シ又ハ府縣ノ一部ニ對シ賦課ヲ爲スコトヲ得

第百十一條　府縣內ノ一部ニ對シ特ニ利益アル事件ニ關シテハ勅令ノ定ムル所ニ依リ不均一ノ賦課ヲ爲スコトヲ得

第百十二條　府縣ハ其ノ必要ニ依リ夫役及現品ヲ府縣內一部ノ市町村其ノ他公共團體若ハ一部ノ納稅義務者ニ賦課スルコトヲ得但シ學藝美術及手工ニ關スル勞役ヲ課スルコトヲ得ス

2夫役及現品ハ急迫ノ場合ヲ除ク外金額ニ算出シテ賦課スヘシ

3夫役ヲ課セラレタル者ハ其ノ便宜ニ從ヒ本人自ラ之ニ當リ又ハ適當ノ代人ヲ出スコトヲ得又夫役及現品ハ急迫ノ場合ヲ除ク外金錢ヲ以テ之ニ代フルコトヲ得

第百十三條　府縣稅ノ減免若ハ納稅ノ延期ハ特別ノ事情アル者ニ限リ府縣知事ハ府縣參事會ノ議決ヲ經テ之ヲ許スコトヲ得

第百十四條　詐僞其ノ他ノ不正ノ行爲ニ依リ使用料ノ徵收ヲ免レ又ハ府縣稅ヲ逋脫シタル者ニ付テハ府縣條例ヲ以テ

第百十四條　詐僞其ノ他ノ不正ノ行爲ニ依リ使用料ノ徵收ヲ免レ又ハ府縣稅ヲ逋脫シタル者ニ付テハ府縣知事ハ府縣

其ノ徴收ヲ免レ又ハ逋脱シタル金額ノ三倍ニ相當スル金額（其ノ金額五圓未滿ナルトキハ五圓）以下ノ過料ヲ科スル規定ヲ設クルコトヲ得（昭和四年四月法律第五十五號改正）

2 前項ニ定ムルモノヲ除ク外使用料、手數料及府縣税ノ賦課徴收ニ關シテハ府縣條例ヲ以テ五圓以下ノ過料ヲ科スル規定ヲ設クルコトヲ得財産又ハ營造物ノ使用ニ關シ亦同シ（同上改正）

會ノ議決ヲ經テ其ノ徴收ヲ免レ又ハ逋脱シタル金額ノ三倍ニ相當スル金額（其ノ金額五圓未滿ナルトキハ五圓）以下ノ過料ヲ科スル規定ヲ設クルコトヲ得（大正十五年六月法律第七十三號改正）

2 前項ニ定ムルモノヲ除ク外使用料、手數料及府縣税ノ賦課徴收ニ關シテハ府縣知事ハ府縣會ノ議決ヲ經テ五圓以下ノ過料ヲ科スル規定ヲ設クルコトヲ得財産又ハ營造物ノ使用ニ關シ又同シ（同上）

3 過料ヲ科シ及之ヲ徴收スルハ府縣知事之ヲ掌ル其ノ處分ニ不服アル者ハ行政裁判所ニ出訴スルコトヲ得（大正十五年六月法律第七十三號改正）

第百十五條 府縣税ノ賦課ヲ受ケタル者其ノ賦課ニ付違法若ハ錯誤アリト認ムルトキハ徴税令書又ハ徴税傳令書ノ交付後三箇月以内ニ府縣知事ニ異議ノ申立ヲ爲スコトヲ得

2 第百三條第二項ノ場合ニ於テ市町村ハ府縣費ノ分賦ニ關シ違法若ハ錯誤アリト認ムルトキハ其ノ告知ヲ受ケタル時ヨリ三箇月以内ニ府縣知事ニ異議ノ申立ヲ爲スコトヲ得

3前二項ノ異議ノ申立アリタルトキハ府縣知事ハ七日以內ニ之ヲ府縣參事會ノ決定ニ付スヘシ其ノ決定ニ不服アル者ハ行政裁判所ニ出訴スルコトヲ得

3前二項ノ異議ハ之ヲ府縣參事會ノ決定ニ付スヘシ其ノ決定ニ不服アル者ハ行政裁判所ニ出訴スルコトヲ得

4使用料及手數料ノ徴收並夫役及現品ノ賦課ニ關シテモ亦第一項及第三項ノ例ニ依ル
（大正十一年法律第五十五號改正）

5本條ノ決定ニ關シテハ府縣知事、其ノ委任ヲ受ケタル官吏吏員又ハ市町村吏員ヨリモ亦訴訟ヲ提起スルコトヲ得

5本條ノ決定ニ關シテハ府縣知事郡島ノ官吏吏員市町村吏員ヨリモ亦訴訟ヲ提起スルコトヲ得

第百十六條　府縣稅ノ賦課ニ關シ必要アル場合ニ於テハ當該行政廳ハ日出ヨリ日沒マデノ間營業者ニ關シテハ仍其ノ營業時間家宅若ハ營業所ニ臨檢シ又ハ帳簿物件ノ檢査ヲ爲スコトヲ得（大正十一年四月法律第五十五號改正）

2府縣稅、使用料、手數料、夫役又ハ現品ニ代フル金錢、過料其ノ他ノ府縣ノ收入ヲ定期內ニ納メサル者アルトキハ期限ヲ指定シテ之ヲ督促スヘシ（同上）

3急迫ノ場合ニ於テ夫役又ハ現品ノ賦課ヲ受ケタル者其ノ履行ヲ爲ササルトキハ更ニ之ヲ金額ニ換算シ期限ヲ指定シテ其ノ納付ヲ命スヘシ（同上）

4第二項ノ規定ニ依ル督促又ハ前項ノ規定ニ依ル命令ヲ受ケタル者其ノ指定ノ期限マテニ完納セサルトキハ國稅滯納處分ノ例ニ依リ處分スヘシ（同上）

5第二項及第三項ニ規定スル府縣ノ徴收金ノ先取特權ノ順位ハ國ノ徴收金ニ次クモノ

トス（同上）

6府縣ノ收入金及支拂金ニ關スル時效ニ付テハ國ノ收入金及支拂金ノ例ニ依ル（同上）

7府縣知事ノ委任ヲ受ケタル官吏吏員カ第四項ノ規定ニ依リ爲シタル處分ニ不服アル者ハ府縣參事會ニ訴願シ其ノ裁決又ハ府縣知事ノ處分ニ不服アル者ハ行政裁判所ニ出訴スルコトヲ得（同上）

8前項ノ裁決ニ關シテハ府縣知事又ハ其ノ委任ヲ受ケタル官吏吏員ヨリモ亦訴訟ヲ提起スルコトヲ得（同上）

9第四項ノ規定ニ依ル處分ニ係ル差押物件ノ公賣ハ處分ノ確定ニ至ルマテ執行ヲ停止ス（同上）

第百十七條　府縣ハ其ノ負債ヲ償還スル爲又ハ府縣ノ永久ノ利益ト爲ルヘキ支出ヲ要スル爲又ハ天災事變等ノ爲必要アル場合ニ限リ府縣會ノ議決ヲ經テ府縣債ヲ起スコトヲ得

2府縣債ヲ起スニ付府縣會ノ議決ヲ經ルトキハ併セテ起債ノ方法利息ノ定率及償還ノ方法ニ付議決ヲ經ヘシ

3府縣ハ豫算內ノ支出ヲ爲ス爲本條ノ例ニ依ラス府縣參事會ノ議決ヲ經テ一時ノ借入金ヲ爲スコトヲ得

第二款　歲入出豫算及決算

第百十八條　府縣知事ハ每會計年度歲入出豫算ヲ調製シ年度開始前府縣會ノ議決ヲ經ヘシ

2　府縣ノ會計年度ハ政府ノ會計年度ニ同シ

3　豫算ヲ府縣會ニ提出スルトキハ府縣知事ハ併セテ財産表ヲ提出スヘシ

第百十九條　府縣知事ハ府縣會ノ議決ヲ經テ既定豫算ノ追加若ハ更正ヲ爲スコトヲ得

第百二十條　府縣費ヲ以テ支辨スル事件ニシテ數年ヲ期シテ施行スヘキモノ又ハ數年ヲ期シテ其ノ費用ヲ支出スヘキモノハ府縣會ノ議決ヲ經テ其ノ年期間各年度ノ支出額ヲ定メ繼續費ト爲スコトヲ得

第百二十一條　豫算外ノ支出若ハ豫算超過ノ支出ニ充ツル爲豫備費ヲ設クヘシ但シ府縣會ノ否決シタル費途ニ充ツルコトヲ得ス

2　特別會計ニハ豫備費ヲ設ケサルコトヲ得（大正十一年四月法律第五十五號本項追加）

第百二十二條　豫算ハ議決ヲ經タル後直ニ之ヲ内務大臣ニ報告シ竝其ノ要領ヲ告示スヘシ

第百二十三條　府縣ハ府縣會ノ議決ヲ經テ特別會計ヲ設クルコトヲ得（昭和四年四月法律第五十五號改正）

第百二十四條　決算ハ翌翌年ノ通常會ニ於テ之ヲ府縣會ニ報告スヘシ

2　府縣知事ハ決算ヲ府縣會ニ報告スル前府縣參事會ノ審査ニ付スヘシ若府縣知事ト府縣參事會ト意見ヲ異ニスルトキハ府縣知事ハ府縣參事會ノ意見ヲ決算ニ添ヘ府縣會ニ提出スヘシ

2 決算ハ之ヲ内務大臣ニ報告シ並其ノ要領ヲ告示スヘシ

3 第七十九條第二項ノ規定ハ前項ノ場合ニ之ヲ準用ス（大正十一年四月法律第五十五號追加）

4 決算ハ之ヲ内務大臣ニ報告シ並其ノ要領ヲ告示スヘシ

第百二十五條 豫算調製ノ式並費目流用其ノ他財務ニ關スル必要ナル規定ハ内務大臣之ヲ定ム

第百二十六條 府縣出納吏及府縣吏員ノ身元保證及賠償責任ニ關スル規定ハ勅令ヲ以テ之ヲ定ム（大正三年四月法律第三十五號改正）

第五章ノ二 府縣組合（大正三年四月法律第三十五號ヲ以テ本章追加）

第百二十六條ノ二 府縣ハ其ノ事務ノ一部ヲ共同處理スル爲其ノ協議ニ依リ規約ヲ定メ内務大臣ノ許可ヲ得テ府縣組合ヲ設クルコトヲ得

2 府縣組合ハ法人トス

第百二十六條ノ三 府縣組合ノ規約ニハ其ノ名稱組合ヲ組織スル府縣組合ノ共同事務組合會ノ組織事務ノ管理費用ノ支辨方法其ノ他必要ナル事項ヲ定ムヘシ

2 府縣組合ノ事務ハ内務大臣ノ指定シタル府縣知事之ヲ管理ス

第百二十六條ノ四 府縣組合ノ組合府縣數ヲ增減シ共同事務ノ變更ヲ爲シ其ノ他規約ヲ變更セムトスルトキ又ハ府縣

第百二十六條ノ四 府縣組合ノ組合府縣數ヲ增減シ共同事務ノ變更ヲ爲シ其ノ他規約ヲ變更セムトスルトキ又ハ府縣

組合ヲ解カムトスルトキハ關係府縣ノ協議ニ依リ內務大臣ノ許可ヲ受クヘシ此ノ場合ニ於テ財産處分ヲ要スルトキハ關係府縣ノ協議ニ依リ之ヲ定ム

第百二十六條ノ五　前三條ノ場合ニ於テハ府縣會ノ議決ヲ經ルコトヲ要ス（昭和四年四月法律第五十五號改正）

組合ヲ解カムトスルトキハ關係府縣ノ協議ニ依リ內務大臣ノ許可ヲ受クヘシ此ノ場合ニ於テ財産處分ヲ要スルトキハ其ノ財産處分ニ付亦同シ

第百二十六條ノ五　前三條ノ場合ニ於テハ府縣知事ハ府縣會ノ議決ヲ經ルコトヲ要ス

第百二十六條ノ六　公益上必要アル場合ニ於テハ內務大臣ハ關係アル府縣會ノ意見ヲ徵シ府縣組合ヲ設ケ若ハ之ヲ解キ組合規約ヲ定メ若ハ之ヲ變更シ又ハ財産處分ノ方法ヲ定ムルコトヲ得

第百二十六條ノ七　府縣組合ニ關シテハ法律勅令中別段ノ規定アル場合ヲ除ク外府縣ニ關スル規定ヲ準用ス但シ府縣組合ニハ參事會ヲ置カス其ノ權限ニ屬スヘキ事項ハ組合事務ヲ管理スル府縣知事之ヲ行フ

第六章　府縣行政ノ監督

第百二十七條　府縣ノ行政ハ內務大臣之ヲ監督ス

第百二十八條　異議ノ申立又ハ訴願ノ提起ハ處分ヲ受ケ又ハ決定書若ハ裁決書ノ交付ヲ受ケタル日ヨリ二十一日以內ニ之ヲ爲スヘシ但シ本法中別ニ期間ヲ定メタルモノハ此ノ限ニ在ラス

2　行政訴訟ノ提起ハ處分ヲ受ケ又ハ決定書若ハ裁決書ノ交付ヲ受ケタル日ヨリ三十日

以内ニ之ヲ爲スヘシ但シ第八十二條第四項ノ規定ニ依リ告示ヲ爲シタル場合ニ於テハ告示ノ日ヲ以テ處分ヲ受ケタル日ト看做ス（昭和四年四月法律第五十五號改正）

3 決定書又ハ裁決書ノ交付ヲ受ケサル者ニ關シテハ前二項ノ期間ハ告示ノ日ヨリ起算ス

4 異議ノ申立ニ關スル期間ノ計算ニ付テハ訴願法ノ規定ニ依ル

5 異議ノ申立ハ期限經過後ニ於テモ宥恕スヘキ事由アリト認ムルトキハ仍之ヲ受理スルコトヲ得

6 異議ノ決定ハ文書ヲ以テ之ヲ爲シ其ノ理由ヲ附シ之ヲ申立人ニ交付スヘシ

7 異議ノ申立アルモ處分ノ執行ハ之ヲ停止セス但シ行政廳ハ其ノ職權ニ依リ又ハ關係者ノ請求ニ依リ必要ト認ムルトキハ之ヲ停止スルコトヲ得（大正三年四月法律第三十五號改正）

第百二十八條ノ二 異議ノ決定ハ本法中別ニ期間ヲ定メタルモノヲ除ク外其ノ決定ニ付セラレタル日ヨリ三箇月以内ニ之ヲ爲スヘシ

2 府縣參事會訴願ヲ受理シタルトキハ其ノ日ヨリ三箇月以内ニ之ヲ裁決スヘシ

第百二十九條 内務大臣ハ府縣行政ノ法律命令ニ背戾セサルヤ又ハ公益ヲ害セサルヤ否ヲ監視スヘシ内務大臣ハ之カ爲行政事務ニ關シテ報告ヲ爲サシメ書類帳簿ヲ徵シ竝實地ニ就キ事務ヲ視察シ出納ヲ檢閲スルノ權ヲ有ス

2 内務大臣ハ府縣行政ノ監督上必要ナル命令ヲ發シ處分ヲ爲スノ權ヲ有ス

第百三十條　削除（昭和四年四月法律第五十五號）

第百三十一條　內務大臣ハ府縣會ノ解散ヲ命スルコトヲ得（同上改正）

2府縣會解散ノ場合ニ於テハ三箇月以內ニ議員ヲ選擧スヘシ

3解散後始メテ府縣會ヲ招集スルトキハ府縣知事ハ第五十條第二項ノ規定ニ拘ラス別ニ會期ヲ定ムルコトヲ得（同上）

4第五十條第三項及第四項ノ規定ハ前項ノ府縣會ニ之ヲ準用ス（同上追加）

第百三十二條　府縣吏員ノ服務紀律ハ內務大臣之ヲ定ム

第百三十三條　左ニ揭グル事件ニシテ勅令ヲ以テ定ムルモノハ內務大臣ノ許可ヲ受クベシ（昭和四年法律第五十五號改正）

一　使用料ヲ新設シ又ハ變更スルコト

第百三十條　內務大臣ハ府縣ノ豫算中不適當ト認ムルモノアルトキハ之ヲ削減スルコトヲ得

第百三十一條　內務大臣ハ勅裁ヲ經テ府縣會ノ解散ヲ命スルコトヲ得

3解散後始メテ府縣會ヲ招集スルトキハ府縣知事ハ第五十條第二項ノ規定ニ拘ラス內務大臣ノ許可ヲ得テ別ニ會期ヲ定ムルコトヲ得

第百三十三條　左ニ揭クル事件ハ內務大臣ノ許可ヲ受クルコトヲ要ス

二　使用料ヲ新設シ增額シ又ハ變更スル事（大正十一年法律第五十五號改正）

四　第百十一條ノ規定ニ依リ不均一ノ

賦課ヲ爲シ又ハ府縣ノ一部ニ對シ賦課ヲ爲スコト（同上）

六　繼續費ヲ定メ若ハ變更スル事

二　繼續費ヲ定メ又ハ變更スルコト

第百三十四條　府縣債ヲ起シ又ハ起債ノ方法利息ノ定率若ハ償還ノ方法ヲ定メ若ハ變更セムトスルトキハ內務大臣及大藏大臣ノ許可ヲ受クヘシ但シ第百十七條第三項ノ借入金ハ此ノ限ニ在ラス（大正三年四月法律第三十五號改正）

第百三十五條　府縣ノ行政ニ關シ主務大臣ノ許可ヲ要スヘキ事項ニ付テハ主務大臣ハ許可申請ノ趣旨ニ反セスト認ムル範圍內ニ於テ更正シテ許可ヲ與フルコトヲ得

第百三十六條　府縣ノ行政ニ關シ主務大臣ノ許可ヲ要スヘキ事項中其ノ輕易ナルモノハ勅令ノ規定ニ依リ許可ヲ經スシテ處分スルコトヲ得

第七章　附　則

第百三十七條　此ノ法律ハ明治二十三年法律第三十五號府縣制ヲ施行シタル府縣ニハ明治三十二年七月一日ヨリ之ヲ施行シ其ノ他ノ府縣ニ關スル施行ノ【時期】ハ府縣知事ノ具申ニ依リ內務大臣之ヲ定ム

第百三十八條　島嶼ニ關スル府縣ノ行政ニ付テハ勅令ヲ以テ特例ヲ設クルコトヲ得

2　町村制ヲ施行セサル島嶼ヨリ選出スヘキ府縣會議員ノ選擧ニ關スル事項ハ勅令ノ定ムル所ニ依ル

3　沖繩縣ニ於テハ第十三條中二十日トアルハ三十日、七日トアルハ十日、第十五條中五日トアルハ十日、第三十一條中十日トアルハ二十日、二十日トアルハ三十日、第

三十四條及第五十一條中十四日トアルハ二十五日トス（大正十一年四月法律第五十五號改正）

第百三十九條　町村制ヲ施行セサル地ニ於テハ本法中町村ニ關スル規定ハ町村ニ準スヘキモノニ、町村長ニ關スル規定ハ町村長ニ準スヘキモノニ、町村吏員ニ關スル規定ハ町村吏員ニ準スヘキモノニ、町村役場ニ關スル規定ハ町村役場ニ準スヘキモノニ之ヲ準用ス

第百三十九條　島司ヲ置ク地ニ於テハ本法中郡ニ關スル規定ハ島嶼ニ、郡長ニ關スル規定ハ島司ニ、郡役所ニ關スル規定ハ島廳ニ之ヲ適用ス（同上）

2 町村制ヲ施行セサル地ニ於テハ本法中町村ニ關スル規定ハ町村ニ準スヘキモノニ、町村長ニ關スル規定ハ町村長ニ準スヘキモノニ、町村吏員ニ關スル規定ハ町村吏員ニ準スヘキモノニ、町村役場ニ關スル規定ハ町村役場ニ準スヘキモノニ之ヲ準用ス（同上）

第百三十九條ノ二　第四十九條及第七十六條ノ規定ニ依ル府縣知事ノ職權ハ東京府ニ在リテハ警視總監亦之ヲ行フ

第百四十條　從前郡市經濟ヲ異ニシタル府縣ノ財產處分ニ關スル規定ハ內務大臣之ヲ定ム

2 特別ノ事情アル府縣ニ於テハ勅令ノ定ムル所ニ依リ市部郡部ノ經濟ヲ分別シ市部會郡部會市部參事會郡部參事會ヲ置キ其ノ他必要ナル事項ニ關シ別段ノ規定ヲ設クル

コトヲ得

第百四十一條 【明治二十三年法律第八十八號府縣稅徵收法及】地方稅ニ關スル從前ノ規定ハ此ノ法律ニ依リ變更シタルモノヲ除ク外勅令ヲ以テ別段ノ規定ヲ設クルマテ其ノ效力ヲ有ス

第百四十二條 本法中官吏ニ關スル規定ハ待遇官吏ニ之ヲ適用ス

第百四十三條 第四條第二項但書ノ市ニ於テハ第二章第一款中市ニ關スル規定ハ區ニ、市長ニ關スル規定ハ區長ニ、市役所ニ關スル規定ハ區役所ニ之ヲ適用ス

第百四十四條 町村組合ニシテ町村ノ事

第百四十二條 明治二十三年法律第三十五號府縣制ノ規定ニ依リ選擧セラレタル府縣會議員府縣參事會員ハ此ノ法律施行ノ日ヨリ其ノ職ヲ失フ

2 本法發布後施行ノ日ニ至ルマテノ間ニ明治二十三年法律第三十五號府縣制ヲ施行シタル府縣ニ於テハ府縣會議員ノ改選ヲ要スルコトアルモ其ノ改選ヲ行ハス議員ハ本法施行ノ日マテ在任ス

第百四十三條 此ノ法律施行ノ際府縣會及府縣參事會ノ職務ニ屬スル事項ニシテ急施ヲ要スルモノハ其ノ成立ニ至ルマテノ間府縣知事之ヲ行フ

第百四十四條 此ノ法律施行ノ際議員ヲ

務ノ全部又ハ役場事務ヲ共同處理スルモノハ本法ノ適用ニ付テハ之ヲ一町村、其ノ組合管理者ハ之ヲ町村長、其ノ組合吏員ハ之ヲ町村吏員、其ノ組合役場ハ之ヲ町村役場ト看做ス

第百四十五條　從前郡長又ハ島司ノ管轄シタル區域內ニ於テ市ノ設置アリタルトキ又ハ其ノ區域ノ境界ニ涉リテ市町村ノ境界ノ變更アリタルトキハ其ノ區域モ亦自ラ變更シタルモノト看做ス

2　從前郡長又ハ島司ノ管轄シタル區域ノ境界ニ涉リテ町村ノ設置アリタル場合ニ於テハ本法ノ適用ニ付其ノ町村ノ屬スヘキ區域ハ內務大臣之ヲ定ム

第百四十六條　明治十三年第十五號布告府縣會規則明治十四年第八號布告區郡部會規則明治二十二年法律第六號府縣會議員選擧規則其ノ他此ノ法律ニ牴觸スル法規ハ此ノ法律施行ノ府縣ニ於テハ其ノ效力ヲ失フ

第百四十七條　此ノ法律ヲ施行スル爲必要ナル事項ハ命令ヲ以テ之ヲ定ム

選擧スルニ必要ナル選擧人名簿ノ調製ニ限リ第九條乃至第十二條ノ期日及期間ハ勅令ヲ以テ別ニ之ヲ定ムルコトヲ得但シ其ノ選擧人名簿ハ翌年調製スル選擧人名簿確定ノ日マテ其ノ效力ヲ有ス

第百四十五條　此ノ法律ニ定ムル直接稅ノ種類ハ內務大臣及大藏大臣之ヲ告示ス

附　則（大正三年四月法律第三十五號）

1 本法施行ノ期日ハ勅令ヲ以テ之ヲ定ム（大正三年勅令第百二十八號ヲ以テ同年七月一日ヨリ施行）

2 名譽職參事會員及其ノ補充員ノ任期ニ關シテハ次ノ總選擧マテ仍從前ノ規定ニ依ル

附　則（大正十一年四月法律第五十五號）

1 本法中選擧ニ關スル規定ハ次ノ總選擧ヨリ之ヲ施行シ其ノ他ノ規定ノ施行ノ期日ハ勅令ヲ以テ之ヲ定ム（大正十一年五月勅令第二百五十五號ヲ以テ選擧ニ關スル規定以外ノ規定ハ同年五月十五日ヨリ施行）

2 大正十年法律第五十八號又ハ法律第五十九號中公民權ニ關スル規定ハ之ヲ施行セサル市町村ニ於テハ府縣制中市町村公民ニ關スル規定ノ適用ニ付之ヲ施行シタルモノト看做ス

3 本法ニ依リ初テ議員ヲ選擧スルニ必要ナル選擧人名簿ニ關シ第九條乃至第十二條ニ規定スル期日又ハ期間ニ依リ難キトキハ勅令ヲ以テ別ニ期日又ハ期間ヲ定ム但シ其ノ選擧人名簿ハ次ノ選擧人名簿確定ノ日迄其ノ效力ヲ有ス

附　則（大正十五年六月法律第七十三號）

1 本法中議員選擧ニ關スル規定ハ次ノ總選擧ヨリ之ヲ施行シ其ノ他ノ規定ノ施行ノ期日ハ勅令ヲ以テ之ヲ定ム（大正十五年六月勅令第二百三號ヲ以テ議員選擧ニ關スル規定ヲ除クノ外同年七月一日ヨリ施行）

2 次ノ總選擧ニ至ルマテノ間從前ノ第九條、第十二條、第十四條、第二十一條、第二十三

條乃至第二十五條、第三十條及第三十四條ノ規定ニ依リ難キ事項ニ付テハ勅令ヲ以テ特別ノ規定ヲ設クルコトヲ得

3大正十五年市制中改正法律又ハ町村制中改正法律中公民權ニ關スル規定ハ之ヲ施行セサル市町村ニ於テハ府縣制中市町村公民ニ關スル規定ノ適用ニ付之ヲ施行シタルモノト看做ス此ノ場合ニ於テ議員ノ選擧ニ必要ナル選擧人名簿ニ關シテハ命令ヲ以テ特別ノ規定ヲ設クルコトヲ得

4大正十五年市制中改正法律又ハ町村制中改正法律中公民權ニ關スル規定ハ之ヲ施行シタル市町村ニ於テハ府縣制中市町村公民ニ關スル規定ノ適用ニ付次ノ總選擧ニ至ルマテノ間未タ之ヲ施行セサルモノト看做ス

5本法施行ノ際大正十四年法律第四十七號衆議院議員選擧法未タ施行セラレサル場合ニ於テハ本法ノ適用ニ付テハ同法ハ既ニ施行セラレタルモノト看做ス

6本法施行ノ際必要ナル規定ハ命令ヲ以テ之ヲ定ム

附　則（昭和四年四月法律第五十五號）

1本法施行ノ期日ハ勅令ヲ以テ之ヲ定ム（昭和四年六月勅令第百七十九號ヲ以テ同年七月一日ヨリ施行）

2本法施行ノ際必要ナル規定ハ命令ヲ以テ之ヲ定ム

◉府縣制施行令（大正十五年六月二十四日勅令第二百號）

改正（昭和二年三月勅令第三十六號、四年六月同第百八十號、八年十月二十四日同第二百八十五號）

第一章　府縣會議員ノ選擧

第一條　府縣制第六條第二項ノ規定ニ依リ除外スベキ學生生徒左ノ如シ

一　陸軍各部依託學生生徒

二　海軍軍醫學生藥劑學生主計學生造船學生造機學生造兵學生竝ニ海軍豫備生徒及海軍豫備練習生

第二條　府縣制第十五條第四項ノ規定ニ依リ市町村ノ區域ヲ分チテ數投票區ヲ設ケ又ハ數町村ノ區域ヲ合セテ一投票區ヲ設ケタルトキハ府縣知事ハ直ニ其ノ區劃ヲ告示スベシ

第三條　府縣制第十五條第四項ノ規定ニ依リ市町村ノ區域ヲ分チテ數投票區ヲ設ケタル場合ニ於テハ左ノ規定ニ依ル

一　投票管理者ハ投票區ノ一ニ於テハ市町村長トシ其ノ他ノ投票區ニ於テハ市町村長ノ指定シタル市町村吏員ヲ以テ之ニ充ツ

二　市町村長ハ其ノ指定シタル市町村吏員投票管理者タル投票區（投票區ノ區域ト同一ノ區域ニ依リ分綴セラレタル選擧人名簿アル投票區ヲ除ク）毎ニ選擧人名簿ニ依リ名簿ノ抄本ヲ調製スベシ（昭和四年六月勅令第百八十號改正）

三　市町村長ハ選擧期日ノ告示アリタルトキハ直ニ選擧人名簿ノ抄本（投票區ノ區域ト同一ノ區域ニ依リ分綴セラレタル選擧人名簿アル投票區ニ付テハ選擧人名簿）ヲ關係投票管理者ニ送付スベシ（同上追加）

四　市町村長ノ指定シタル市町村吏員投票管理者タル投票區（投票區ノ區域ト同一ノ區域ニ依リ分綴セラレタル選擧人名簿アル投票區ヲ除ク）ニ於テハ府縣制第十八條第三項及第二十一條竝ニ本令第八條中選擧人名簿トアルハ選擧人名簿ノ抄本トス（同上改正）

五　選擧人名簿ノ抄本ハ市町村長ニ於テ議員ノ任期間之ヲ保存スベシ

第四條　府縣制第十五條第四項ノ規定ニ依リ數町村ノ區域ヲ合セテ一投票區ヲ設ケタル場合ニ於テハ左ノ規定ニ依ル

一　投票管理者ハ府縣知事ニ於テ關係町村長ノ中ニ就キ之ヲ指定ス

二　町村長ハ選擧ノ期日ノ告示アリタルトキハ直ニ選擧人名簿ヲ投票管理者ニ送付スベシ

三　町村費ヲ以テ支辨スベキ投票所ノ費用ハ之ヲ關係町村ニ平分スベシ

第五條　府縣制第十八條第七項ノ規定ニ依リ盲人ガ投票ニ關スル記載ニ使用スルコトヲ得ル點字ハ市制町村制施行令別表ノ定ムル所ニ依ル

2　點字ニ依リ投票ヲ爲サントスル選擧人ハ投票管理者ニ對シ其ノ旨ヲ申立ツベシ、此ノ場合ニ於テハ投票管理者ハ投票用紙ニ點字投票ナル旨ノ印ヲ押捺シテ交付スベシ

3　點字ニ依ル投票ノ拒否ニ付テハ府縣制第十九條ノ例ニ依ル、此ノ場合ニ於テハ封筒ニ點字投票ナル旨ノ印ヲ押捺シテ交付スベシ

4　前項ノ規定ニ依リ假ニ爲サシメタル投票ハ府縣制第二十五條第二項及第三項ノ規定

ノ適用ニ付テハ同法第十九條第二項及第四項ノ投票ト看做ス

第六條 府縣制第二十三條ノ二ノ規定ニ依リ開票區ヲ設ケタルトキハ府縣知事ハ直ニ其ノ區劃ヲ告示スベシ

第七條 開票管理者ハ府縣知事ノ指定シタル官吏又ハ吏員ヲ以テ之ニ充ツ

2 開票管理者ハ開票ニ關スル事務ヲ擔任ス

3 開票所ハ開票管理者ノ指定シタル場所ニ之ヲ設ク

4 開票管理者ハ豫メ開票ノ場所及日時ヲ告示スベシ

第八條 開票區ノ區劃内ノ投票管理者ハ其ノ指定シタル投票立會人ト共ニ町村ノ投票區ニ於テハ投票ノ翌日迄ニ、市ノ投票區ニ於テハ投票ノ當日投票函、投票錄及選擧人名簿ヲ開票管理者ニ送致スベシ

第九條 投票ノ點檢終リタルトキハ開票管理者ハ直ニ其ノ結果ヲ選擧長ニ報告スベシ

第十條 開票管理者ハ開票錄ヲ作リ開票ニ關スル顚末ヲ記載シ之ヲ朗讀シ二人以上ノ開票立會人ト共ニ之ニ署名シ直ニ投票錄及投票ト併セテ之ヲ選擧長ニ送致スベシ

第十一條 開票管理者ハ第九條ノ報告ヲ爲シタルトキハ直ニ選擧人名簿（選擧人名簿ノ抄本アルトキハ併セテ其ノ抄本）ヲ町村長ニ返付スベシ

第十二條 選擧長ハ總テノ開票管理者ヨリ第九條ノ報告ヲ受ケタル日若ハ其ノ翌日（又ハ總テノ投票函ノ送致ヲ受ケタル日若ハ其ノ翌日）選擧會ニ於テ選擧立會人立會ノ上其ノ報告ヲ調査シ府縣制第二十五條第三項ノ規定ニ依リ爲シタル點檢ノ結果ト併セテ各議員候補者ノ得票總數ヲ計算スベシ

第十三條　選擧ノ一部無效ト爲リ更ニ選擧ヲ行ヒタル場合ニ於テハ選擧長ハ前條ノ規定ニ準ジ其ノ部分ニ付前條ノ手續ヲ爲シ他ノ部分ニ於ケル各議員候補者ノ得票數ト併セテ其ノ得票總數ヲ計算スベシ

第十四條　開票區ヲ設ケタル場合ニ於テハ選擧長ハ府縣制第三十一條第一項ノ報告ニ開票錄ノ寫ヲ添附スベシ

第十五條　第四條第一號若ハ第七條第一項又ハ府縣制第二十三條第一項ノ規定ニ依リ投票管理者、開票管理者又ハ選擧長ヲ指定シタルトキハ府縣知事ハ直ニ之ヲ告示スベシ

2前項ノ規定ハ第三條第一號ノ規定ニ依リ市町村長ニ於テ投票管理者ヲ指定シタル場合ニ之ヲ準用ス

第十六條　府縣制第十六條ノ規定ハ開票立會人ニ、同法第十七條第一項及第二項ノ規定ハ開票所ニ、同法第二十二條、第二十五條、第二十六條及第二十八條ノ規定ハ開票所ニ於ケル開票ニ之ヲ準用ス

第二章　府縣會議員ノ選擧運動及其ノ費用竝ニ公立學校等ノ設備ノ使用

第十七條　選擧事務所ハ議員候補者一人ニ付選擧區ノ配當議員數ヲ以テ選擧人名簿確定ノ日ニ於テ之ニ登錄セラレタル者ノ總數ヲ除シテ得タル數一萬以上ナルトキハ三箇所ヲ、一萬未滿ナルトキハ二箇所ヲ超ユルコトヲ得ズ

2 選擧ノ一部無效ト爲リ更ニ選擧ヲ行フ場合又ハ府縣制第十三條第二項ノ規定ニ依リ投票ヲ行フ場合ニ於テハ選擧事務所ハ前項ノ規定ニ依ル數ヲ超エザル範圍內ニ於テ府縣知事（東京府ニ於テハ警視總監）ノ定メタル數ヲ超ユルコトヲ得ズ

3 府縣知事（東京府ニ於テハ警視總監）ハ選擧ノ期日ノ告示アリタル後直ニ前二項ノ規定ニ依ル選擧事務所ノ數ヲ告示スベシ

第十八條 選擧委員及選擧事務員ハ議員候補者一人ニ付選擧區ノ配當議員數ヲ以テ選擧人名簿確定ノ日ニ於テ之ニ登錄セラレタル者ノ總數ヲ除シテ得タル數一萬以上ナルトキハ通ジテ二十人ヲ、一萬未滿ナルトキハ通ジテ十五人ヲ超ユルコトヲ得ズ

2 前條第二項及第三項ノ規定ハ選擧委員及選擧事務員ニ之ヲ準用ス

第十九條 選擧運動ノ費用ハ議員候補者一人ニ付左ノ各號ノ額ヲ超ユルコトヲ得ズ

一 選擧區ノ配當議員數ヲ以テ選擧人名簿確定ノ日ニ於テ之ニ登錄セラレタル者ノ總數ヲ除シテ得タル數ヲ四十錢ニ乘ジテ得タル額

二 選擧ノ一部無效ト爲リ更ニ選擧ヲ行フ場合ニ於テハ選擧區ノ配當議員數ヲ以テ選擧人名簿確定ノ日ニ於テ關係區域ノ選擧人名簿ニ登錄セラレタル者ノ總數ヲ除シテ得タル數ヲ四十錢ニ乘ジテ得タル額

三 府縣制第十三條第二項ノ規定ニ依リ投票ヲ行フ場合ニ於テハ前號ノ規定ニ準ジテ算出シタル額但シ府縣知事（東京府ニ於テハ警視總監）必要アリト認ムルトキハ之ヲ減額スルコトヲ得

2 府縣知事（東京府ニ於テハ警視總監）ハ選擧ノ期日ノ告示アリタル後直ニ前項ノ規定

ニ依ル額ヲ告示スベシ

第二十條　衆議院議員選擧法施行令第八章、第九章及第十二章ノ規定ハ府縣會議員ノ選擧ニ之ヲ準用ス

第三章　府縣出納吏及府縣吏員ノ身元保證及賠償責任

第二十一條　府縣出納吏其ノ管掌ニ屬スル現金、證券其ノ他ノ財產ヲ亡失又ハ毀損シタルトキハ府縣知事ハ期間ヲ指定シ其ノ損害ヲ賠償セシムベシ但シ避クベカラザル事故ニ原因シタルトキ又ハ他ノ者ノ使用ニ供シタル場合ニ於テ合規ノ監督ヲ怠ラザリシトキハ府縣參事會ノ議決ヲ經テ其ノ賠償ノ責任ヲ免除スベシ

第二十二條　府縣出納吏以外ノ吏員其ノ執務上必要ナル物品ノ交付ヲ受ケ故意又ハ怠慢ニ因リ之ヲ亡失又ハ毀損シタルトキハ府縣知事ハ期間ヲ指定シ其ノ損害ヲ賠償セシムベシ

第二十三條　前二條ノ處分ヲ受ケタル者其ノ處分ニ不服アルトキハ府縣知事ニ異議ノ申立ヲ爲スコトヲ得

2 前項ノ異議ノ申立アリタルトキハ府縣知事ハ七日以內ニ之ヲ府縣參事會ノ決定ニ付スベシ、府縣參事會ハ其ノ送付ヲ受ケタル日ヨリ三月以內ニ之ヲ決定スベシ

3 前項ノ決定ニ不服アル者ハ行政裁判所ニ出訴スルコトヲ得

4 第二項ノ決定ニ付テハ府縣知事ヨリモ訴訟ヲ提起スルコトヲ得

5 府縣制第三十八條及第百二十八條ノ規定ハ本條ノ規定ノ適用ニ付之ヲ準用ス

第二十四條　賠償金ノ徴收ニ付テハ府縣制第百十六條ノ例ニ依ル

第二十五條　府縣出納吏ニ對シ身元保證ヲ徴スルノ必要アリト認ムルトキハ府縣知事ハ其ノ種類、價格、程度其ノ他必要ナル事項ヲ定ムベシ

第四章　府縣費ノ分賦

第二十六條　府縣ハ臨時少額ノ費用ノ爲特ニ賦課徴收ヲ爲スヲ要スル場合ニ於テハ當該年度ノ府縣稅既定豫算額ノ十分ノ一ノ範圍内ニ於テ其ノ費用ヲ府縣内市町村ニ分賦スルコトヲ得

第二十七條　前條分賦ノ割合ハ豫算ノ屬スル年度ノ前前年度ニ於ケル市町村ノ直接國稅及直接府縣稅ノ賦課額ニ依ル但シ本條ノ分賦方法ニ依リ難キ事情アルトキハ府縣知事ハ府縣會ノ議決ヲ經内務大臣ノ許可ヲ受ケ特別ノ分賦方法ヲ設クルコトヲ得

第二十八條　市部會及郡部會ヲ設ケタル府縣ニ於テハ府縣會ノ議決ヲ經テ其ノ市部ニ屬スル部分ニ賦課スベキ額ヲ市ニ分賦スルコトヲ得

第二十九條　第二十七條ニ規定スル直接國稅及直接府縣稅ノ種類左ノ如シ

國　稅

地租　所得稅（所得稅法第三條第一種ニ係ル所得稅ヲ除ク）　營業稅　營業收益稅

鑛業稅　砂鑛區稅　取引所營業稅

府　縣　稅

特別地稅　戶數割　家屋稅　營業稅　雜種稅（遊興稅及觀覧稅ヲ除ク）

第五章　府縣稅ノ賦課徵收

第三十條　府縣ノ內外ニ涉リ營業所ヲ定メテ爲ス營業ニ付營業收益稅ヲ分別シテ納メザル者ニ對スル營業收益稅附加稅ノ賦課ニ關シテハ府縣制第百八條第一項ノ例ニ依ル

第三十一條　市町村ハ其ノ市町村內ノ府縣稅ヲ徵收シ之ヲ府縣ニ納入スルノ義務ヲ負フ

2府縣ハ前項徵收ノ費用トシテ地租附加稅及特別地稅ニ對シテハ其ノ徵收金額ノ千分ノ七、其ノ他ノ府縣稅ニ對シテハ其ノ徵收金額ノ百分ノ四ヲ其ノ市町村ニ交付スベシ

第三十二條　市町村ハ避クベカラザル災害ニ因リ既收ノ稅金ヲ失ヒタルトキハ其ノ稅金納入義務ノ免除ヲ府縣知事ニ申請スルコトヲ得

2府縣知事前項ノ申請ヲ受ケタルトキハ七日以內ニ之ヲ府縣參事會ノ決定ニ付スベシ、府縣參事會ハ其ノ送付ヲ受ケタル日ヨリ三月以內ニ之ヲ決定スベシ

3前項ノ決定ニ不服アル者ハ內務大臣ニ訴願スルコトヲ得

4第二項ノ決定ニ付テハ府縣知事ヨリモ訴願ヲ提起スルコトヲ得

5府縣制第三十八條及第百二十八條ノ規定ハ本條ノ規定ノ適用ニ付之ヲ準用ス

第三十三條　府縣稅ヲ徵收セントスルトキハ府縣知事又ハ其ノ委任ヲ受ケタル官吏吏員ハ市町村ニ對シ徵稅令書ヲ發シ市町村長ハ徵稅令書ニ依リ徵稅傳令書ヲ調製シ之

ヲ納稅人ニ交付スベシ
2 府縣知事又ハ其ノ委任ヲ受ケタル官吏吏員ハ直ニ納稅人ニ對シ徵稅令書ヲ發スルコトヲ得
3 府縣ハ內務大臣及大藏大臣ノ許可ヲ得タル場合ニ限リ前二項ノ規定ニ依ラズ其ノ府縣ニ於テ發行スル證紙ヲ以テ府縣稅ヲ納入セシムルコトヲ得
第三十四條 徵稅傳令書ヲ受ケタル納稅人ハ其ノ稅金ヲ市町村ニ拂込ミ其ノ領收證ヲ得テ納稅ノ義務ヲ了ス
2 徵稅令書ヲ受ケタル納稅人ハ其ノ稅金ヲ府縣金庫ニ拂込ミ其ノ領收證ヲ得テ納稅ノ義務ヲ了ス但シ府縣知事ハ市町村吏員ヲシテ納稅人ニ對シ徵稅令書ヲ發セシムル場合ニ於テハ前項ノ例ニ依ラシムルコトヲ得
3 市町村ハ其ノ徵收シタル府縣稅ヲ府縣金庫ニ拂込ミ其ノ領收證ヲ得テ稅金納入ノ義務ヲ了ス
4 稅金ノ拂込又ハ其ノ拂込金ノ納入ニ付郵便振替貯金ノ方法ニ依リタル場合ニ於テハ納稅人又ハ市町村ハ稅金ヲ郵便官署ニ拂込ミ又ハ納入スルニ依リテ其ノ義務ヲ了ス
第三十五條 第三十三條第二項ノ規定ニ依リ市町村吏員ヲシテ徵稅令書ヲ發セシメタル場合ニ於テハ府縣條例ノ規定スル所ニ依リ其ノ市町村ニ對シ取扱費ヲ交付スルコトヲ得（昭和四年六月勅令第百八十號改正）
第三十六條 徵稅令書又ハ徵稅傳令書ヲ受ケタル納稅人期限內ニ稅金ヲ完納セザルトキハ府縣知事又ハ其ノ委任ヲ受ケタル官吏吏員ハ直ニ督促狀ヲ發スベシ

2督促狀ニハ府縣知事ノ定メタル期間內ニ於テ相當ノ期限ヲ指定スベシ
第三十七條　督促狀ヲ發シタルトキハ手數料ヲ徵收ス
2手數料ノ額ハ府縣條例ヲ以テ之ヲ規定スベシ（昭和四年六月勅令第百八十號改正）
3市町村吏員ヲシテ督促狀ヲ發セシメタル場合ニ於ケル手數料ハ其ノ市町村ノ收入トス
4府縣知事ノ委任ヲ受ケタル官吏吏員ガ第一項ノ規定ニ依リ爲シタル處分ニ不服アル者ハ府縣參事會ニ訴願シ其ノ裁決又ハ府縣知事ノ處分ニ不服アル者ハ行政裁判所ニ出訴スルコトヲ得（昭和八年十月勅令第二百八十五號追加）
5前項ノ裁決ニ付テハ府縣知事又ハ其ノ委任ヲ受ケタル官吏吏員ヨリモ訴訟ヲ提起スルコトヲ得（同上）
6府縣制第三十八條、第百二十八條及第百二十八條ノ二ノ規定ハ本條ノ規定ノ適用ニ付之ヲ準用ス（同上）

第三十八條　市制町村制施行令第四十五條乃至第五十二條ノ規定ハ府縣稅ノ賦課徵收ニ之ヲ準用ス

第三十九條　府縣ハ內務大臣及大藏大臣ノ指定シタル府縣稅ニ付テハ第三十一條第一項ノ規定ニ拘ラズ其ノ徵收ノ便宜ヲ有スル者ヲシテ之ヲ徵收セシムルコトヲ得
2前項ノ府縣稅ノ徵收ニ付テハ第三十三條ノ規定ニ依ラザルコトヲ得

第四十條　前條第一項ノ規定ニ依リ府縣稅ヲ徵收セシムル場合ニ於テハ納稅人ハ其ノ稅金ヲ徵收義務者ニ拂込ムニ依リテ納稅ノ義務ヲ了ス

第四十一條 第三十九條第一項ノ規定ニ依ル徴收義務者ハ徴收スベキ府縣稅ヲ府縣知事ノ指定シタル期日迄ニ府縣金庫又ハ郵便官署ニ拂込ムベシ其ノ期日迄ニ拂込マザルトキハ府縣知事ハ相當ノ期限ヲ指定シ督促狀ヲ發スベシ

第四十二條 第三十一條第二項、第三十二條及第三十四條第三項、第四項竝ニ市制町村制施行令第四十五條乃至第四十八條ノ規定ハ第三十九條第一項ノ規定ニ依リ府縣稅ヲ徴收セシムル場合ノ拂込金ニ之ヲ準用ス

第四十三條 府縣稅ノ徴收期ハ府縣條例ヲ以テ之ヲ規定スベシ（昭和四年勅令第百八十號改正）

第四十四條 府縣稅ノ徴收ニ關スル細則ハ府縣條例ヲ以テ之ヲ規定スベシ（同上）

第四十五條 町村制ヲ施行セザル地ニ於ケル府縣稅ノ徴收ニ關シテハ本章ノ規定ヲ準用ス、其ノ準用シ難キ事項ハ府縣條例ヲ以テ之ヲ規定スベシ（同上）

第六章　府縣ノ監督

第四十六條 左ニ掲グル事件ハ内務大臣ノ許可ヲ受クベシ（同上本條改正）

一 水道、電氣、瓦斯、鐵道、軌道及自動車ノ使用料ヲ新設シ又ハ變更スルコト（同上）

二 支出總額五十萬圓ヲ超ユル繼續費ヲ定メ又ハ變更（減額ヲ除ク）スルコト

第四十六條ノ二 左ニ掲グル事件ハ内務大臣及大藏大臣ノ許可ヲ受クルコトヲ要セズ（昭和四年六月勅令第百八十號新設）

一 元本總額五十萬圓ニ達スル迄ノ府縣債ニ關スルコト

二 借入ノ翌年度ニ於テ償還スル府縣債ニ關スルコト但シ借入金ヲ以テ償還スルモ

ノニ付テハ此ノ限ニ在ラズ

三　小學校恩給基金又ハ罹災救助基金ヨリノ借入ニ係ル府縣債ニ關スルコト（昭和八年十月勅令第二百八十五號改正）

四　府縣債ノ借入額ヲ減少シ又ハ利息ノ定率ヲ低減スルコト

五　府縣債ノ借入先ヲ變更シ又ハ債券發行ノ方法ニ依ル府縣債ヲ其ノ他ノ方法ニ依ル府縣債ニ變更シ若ハ債券發行ノ方法ニ依ラザル府縣債ヲ債券發行ノ方法ニ依ル府縣債ニ變更スルコト（昭和八年十月勅令第二百八十五號改正）

六　府縣債ノ償還年限ヲ短縮シ又ハ其ノ償還年限ヲ延長セズ且利息ノ定率ヲ高メズシテ借替ヲ爲シ若ハ繰上償還ヲ爲スコト但シ外資ニ依リタル府縣債ノ借替又ハ外資ヲ以テスル借替ニ付テハ此ノ限ニ在ラズ（同上）

七　府縣債ノ償還年限ヲ延長セズシテ不均等償還ヲ元利均等償還ニ變更シ又ハ年度內ノ償還期若ハ償還期數ヲ變更スルコト

第七章　市部及郡部ノ經濟ヲ分別シタル府縣ノ行政ニ關スル特例

第四十七條　從來市部及郡部ノ經濟ヲ分別シタル府縣ニ於テハ內務大臣ハ其ノ區域ニ依リ市部及郡部ノ經濟ヲ分別シ市部會及市部參事會竝ニ郡部會及郡部參事會ヲ設ケシムルコトヲ得

第四十八條　市部會及郡部會ハ各市部郡部ニ於テ選出シタル府縣會議員ヲ以テ之ヲ組

（改六）

織ス

2 市部又ハ郡部ニ於テ選出スベキ府縣會議員ノ數十二人ニ滿チザルトキハ府縣制第五條ノ定員ニ拘ラズ之ヲ十二人トス

第四十九條 府縣會ノ權限ニ屬スル事件ニシテ府縣會ノ議決ヲ經ベキモノト市部會又ハ郡部會ノ議決ヲ經ベキモノトノ分別ハ府縣條例ヲ以テ之ヲ規定スベシ(昭和四年六月勅令第百八十號改正)

第五十條 市部會及郡部會ヲ設ケタル府縣ニ於テハ名譽職參事會員ノ定員ヲ十二人トス

2 市部會及郡部會ヲ設ケタル府縣ノ名譽職參事會員ハ各會ニ於テ其ノ定員ノ半數ヲ選擧ス

3 市部參事會及郡部參事會ハ議長及各部會ニ於テ選擧シタル名譽職參事會員ヲ以テ之ヲ組織ス

第五十一條 府縣費ニ關スル市部及郡部ノ分擔及收入ノ割合ハ府縣條例ヲ以テ之ヲ規定スベシ(昭和四年六月勅令第百八十號改正)

第五十二條 第四十九條及前條ノ事件ニ付テハ議員定員ノ五分ノ四以上出席スルニ非ザレバ會議ヲ開クコトヲ得ズ

第五十三條 市部及郡部ノ經濟ヲ分別スル府縣ノ行政ニ關シテハ本章ニ規定スルモノノ外府縣制ノ規定ヲ準用ス

第五十四條 市部會又ハ郡部會解散ヲ命ゼラレタルトキハ其ノ議員ハ府縣會議員ノ職

ヲ失フ

第五十四條ノ二　市部會及郡部會ヲ設ケタル府縣ガ之ヲ廢シタル場合ニ於テハ其ノ際現ニ名譽職參事會員及其ノ補充員タル者ハ最近ノ改選期ニ於テ其ノ職ヲ失フ但シ各十八ノ定員ヲ超ユル員數ニ付テハ府縣知事抽籤シテ解任スベキ者ヲ定ム（昭和二年三月勅令第三十六號追加）

3 前項ノ場合ニ於テ名譽職參事會員ノ補充員ノ補闕順位ハ府縣知事抽籤シテ之ヲ定ム

第八章　島嶼ニ於ケル府縣ノ行政ニ關スル特例

第五十五條　島嶼ノ經濟ト所屬本地ノ經濟トハ府縣會ノ議決ヲ經內務大臣ノ許可ヲ受ケ之ヲ分別スルコトヲ得

第五十六條　東京府下伊豆七島及小笠原島ニ於ケル府稅ノ賦課及府會議員ノ選擧ニ關シテハ當分從前ノ例ニ依ル

第九章　雜　則

第五十七條　町村組合ニシテ町村ノ事務ノ全部又ハ役場事務ヲ共同處理スルモノハ本令ノ適用ニ付テハ之ヲ一町村、其ノ組合管理者ハ之ヲ町村長、其ノ組合吏員ハ之ヲ町村吏員ト看做ス

附　則

1 本令中議員選擧ニ關スル規定ハ次ノ總選擧ヨリ、其ノ他ノ規定ハ大正十五年七月一

日ヨリ之ヲ施行ス
2 左ノ勅令ハ之ヲ廢止ス
明治三十二年勅令第二百二十七號
明治三十二年勅令第二百二十八號
明治三十二年勅令第二百八十五號
明治三十二年勅令第三百十六號
明治三十三年勅令第八十一號
明治三十三年勅令第二百四十八號
府縣會議員選擧區分區令
大正十三年勅令第二百二十七號
3 從前ノ規定ニ依ル手續其ノ他ノ行爲ハ本令ニ別段ノ規定アルモノヲ除クノ外之ヲ本令ニ依リ爲シタルモノト看做ス
4 明治三十三年勅令第二百四十八號第二條ノ規定ニ依ル處分ニ關シ提起シタル訴願ニ付テハ仍從前ノ規定ニ依ル
5 明治三十三年勅令第二百四十八號第二條又ハ同年勅令第八十一號第三條ノ規定ニ依リ爲シタル決定又ハ處分ニ對スル異議ノ申立期間又ハ訴願ノ提起期間ハ決定又ハ處分アリタル日ノ翌日ヨリ之ヲ起算ス
5 明治三十三年勅令第八十一號第二條ノ規定ニ依リ府縣知事ニ爲シタル申請又ハ同令第三條ノ規定ニ依リ府縣參事會ノ決定ニ付セラレタル申請ニシテ大正十五年六月三

十月迄ニ府縣參事會ノ決定ニ付セラレザルモノ又ハ府縣參事會ノ決定ナキモノニ付テハ第三十二條第二項ノ期間ハ同年七月一日ヨリ之ヲ起算ス
7 本令中議員選擧ニ關スル規定施行ノ際大正十五年勅令第三號衆議院議員選擧法施行令又ハ市制町村制施行令中公民權及議員選擧ニ關スル規定未ダ施行セラレザル場合ニ於テハ本令ノ適用ニ付テハ同令又ハ同規定ハ既ニ施行セラレタルモノト看做ス

附　則（昭和二年三月勅令第三十六號）

本令ハ公布ノ日ヨリ之ヲ施行ス

附　則（昭和四年六月勅令第百八十號）

1 本令ハ昭和四年七月一日ヨリ之ヲ施行ス
2 本令ニ依リ府縣條例ヲ以テ規定スルコトヲ要スル事項ニ關シ從前ノ規定ニ依リ定メタルモノハ之ヲ本令ニ依ル府縣條例ト看做ス

附　則（昭和八年十月勅令第二百八十五號）

1 本令ハ公布ノ日ヨリ之ヲ施行ス
2 本令施行前從前ノ第三十七條ノ規定ニ依リ爲シタル處分ニ關スル訴願訴訟ニ付テハ仍從前ノ例ニ依ル

大正十年六月五日初版印刷
大正十年六月八日初版發行
大正十一年五月十日改訂十版發行
大正十二年四月十一日改訂二十版發行
大正十三年九月十八日改訂二十五版發行
大正十四年五月十日改訂三十版發行
大正十四年九月十五日三十一版發行
大正十五年二月十五日三十二版發行
大正十五年七月十八日改訂三十三版發行
大正十五年七月廿六日三十四版發行
大正十五年八月十二日改訂三十五版發行
大正十五年八月廿五日増補四十版發行
大正十五年九月八日四十一版發行
大正十五年九月十五日四十二版發行
大正十五年九月廿五日改訂四十三版發行
大正十五年十月三日四十四版發行
大正十五年十月廿二日改訂四十五版發行
大正十五年十一月十日四十六版發行
昭和二年二月十一日増補四十七版發行
昭和二年二月廿八日四十八版發行
昭和二年三月二十日改訂四十九版發行
昭和二年四月廿五日増補五十版發行
昭和二年五月廿五日増補五十一版發行
昭和二年六月二十日増補五十二版發行
昭和二年八月十五日増補五十三版發行
昭和二年十二月十日五十四版發行
昭和三年一月十一日増補五十五版發行
昭和三年四月三十日五十六版發行
昭和三年五月三十日五十七版發行
昭和三年九月三十日五十八版發行
昭和四年一月五日改訂五十九版發行
昭和四年三月二十日六十版發行
昭和四年六月三十日改訂六十一版發行
昭和四年七月十一日六十二版發行
昭和四年八月十日改訂六十三版發行
昭和四年九月二日改訂六十四版發行
昭和四年十二月十日六十五版發行
昭和五年三月一日改訂六十六版發行
昭和五年六月十日改訂六十七版發行
昭和六年一月十日六十八版發行
昭和六年四月二十日改訂六十九版發行
昭和六年七月五日七十版發行
昭和六年九月五日改訂七十一版發行
昭和七年三月三十日改訂七十二版發行
昭和七年一月十日改訂七十三版發行
昭和七年十二月一日改訂七十四版發行
昭和八年六月十日改訂七十五版發行
昭和八年十一月十日改訂七十六版發行

地方制度提要奧附

著作者　良書普及會
發行者　河中俊四郎
東京市小石川區水道町四七
印刷者　新井長治郎
東京市牛込區市谷加賀町一ノ二
印刷所　株式會社秀英舍

發行所　良書普及會
東京小石川區江戸川町一五
振替口座東京六四四九番
電話小石川（一〇三五番 五一九八番 五一九九番）

定價
金壹圓五拾錢（並製）
金壹圓九拾錢（總革）
金參拾七錢（加除錄第六號）

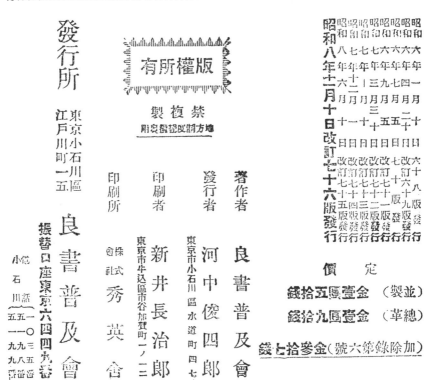

良書普及會刊行書目

挾間 茂著	『市町村の自治權』	菊判上製	二四〇頁	價1.50	送.14
安井英二著	『地方制度講話』	菊判上製	二六〇頁	價1.80	送.14
安井英二著	『地方自治の研究』	菊判上製	三七〇頁	價2.80	送.14
挾間 茂著	『改正地方制度解説』	菊判上製	六七〇頁	價4.90	送.22
挾間 茂著	『地方制度改正大意』	菊判上製	一七〇頁	價1.50	送無
田中廣太郎校	『増補市制町村制實例總覽』	加除臺本	一四二〇頁	價6.90	送.22
菊池愼三著	『地方自治と東京市政』	菊判上製	三〇〇頁	價2.60	送.12
安井英二著	『公營事業論』	菊判上製	一七〇頁	價1.50	送.10
良書普及會編	『改訂加除地方制度輯攬』	良書加除版	一二八〇頁	價1.90	送.12
山崎 巖著	『救貧法制要義』	菊判上製	五六〇頁	價3.80	送.14
藤野 惠著	『公益質屋法要論』	菊判上製	三三〇頁	價3.10	送.14
坂 千秋著	『日本行政法講義』	菊判背革	五七〇頁	價4.50	送.14
杉村章三郎編	『行政法規提要』	良書版總革	一二〇〇頁	價2.20	送.12

良書普及會刊行書目

著者	書名	體裁	頁數	價	送
田中廣太郎著	『市町村稅戸數割正義』	菊判上製	三三〇頁	價 2.60	送 .14
大塚辰治著	『第二改訂 市町村財務規程』	菊判上製	五〇〇頁	價 3.60	送 .18
岡田周造校 戸田吉・東次郎共著	『家屋賃貸價格調査令詳解』	菊判並製	二二〇頁	價 1.00	送 .10
松倉恒次郎編	『市町村財務總覽』	加除臺本	一三〇〇頁	價 3.60	送 .22
田中廣太郎著	『最新 地方財政要綱』	四六判洋裝	一二〇頁	價 .80	送 .10
田中廣太郎著	『增補改删 地方稅制講話』	菊判上製	四八〇頁	價 3.50	送 .18
內務省財務課	『財務例規』	菊判上製	一五〇〇頁	價 5.80	（近刊）
外山福男著	『新地方稅制の運用』	菊判上製	三八〇頁	價 3.40	送 .14
良書普及會編	『改訂 新稅法提要』	菊半截並製	四三〇頁	價 .85	送 .06
松倉恒次郎著	『地方稅延滯金早見表』	菊半上製	二三〇頁	價 .75	送 .06
東京地方改良協會著	『改訂 市町村稅制限外課稅』	四六判洋裝	一〇八頁	價 .63	送 無
近藤行太郎著	『市町村稅特別稅』	四六判並製	二一〇頁	價 1.40	送 .08
水谷平吉著	『增補 市町村公債』	四六判並製	二七〇頁	價 1.70	送 .10

（附は）

良書普及會刊行書目

著者	書名	體裁	頁數	價	送
村田福次郎著	『市町村事務提要』	菊判背革	一五二〇頁	6.50	.22
東京地方改良協會編	『市町村事務令規』	菊判並製	二一〇頁	1.50	.10
大塚辰治著	『市町村例規提要』	菊判上製	七二〇頁	4.50	.22
大塚辰治著	『例規實例市町村條例』	菊判上製	六五〇頁	4.60	.18
大塚辰治著	『市町村の豫算』	菊判上製	四七〇頁	3.50	.18
良書普及會編	『改訂加除地方制度輯覽』	加除綴並製	一四〇〇頁	1.50	.12
良書普及會編	『市制町村制並附屬法規』	菊半截並製	三三〇頁	.55	.06
良書普及會編	『事務必携兵役法竝關係法規』	加除綴總革	一三〇〇頁	2.20	.12
松井春生著	『資源調査法令義解』	菊判並製	二四頁	.15	.02
横內茂芳著	『戶籍事務提要』	菊判背革	六八〇頁	4.50	.18
東京地方改良協會編纂	『改訂選擧事務提要』	菊判背革	一〇八〇頁	4.60	.22
內務省警保局	『選擧法質疑竝判決例』	菊半截並製	三七〇頁	.20	.04
挾間茂著	『選擧法講話』	四六判上製	四二〇頁	2.50	.14

著者	書名	體裁	頁數	價	送
有光金兵衛著	『改訂公文例規及公文例』	菊判並製	四五〇頁	價 2.70	送 .14
大正十四年 大正十五年	『自治研究全集(1.2)』	菊判背革	二一〇〇頁	價 7.90	送 .30
昭和二年	『自治研究全集(3)』	菊判背革	一七〇〇頁	價 6.40	送 .22
昭和三年	『自治研究全集(4)』	菊判背革	一七〇〇頁	價 6.40	送 .22
昭和四年	『自治研究全集(5)』	菊判背革	一七〇〇頁	價 6.40	送 .22
昭和五年	『自治研究全集(6)』	菊判背革	一七〇〇頁	價 6.20	送 .22
昭和六年	『自治研究全集(7)』	菊判背革	一七〇〇頁	價 6.20	送 .22
昭和七年	『自治研究全集(8)』	菊判背革	一七三〇頁	價 6.20	送 .22
昭和八年	『自治研究全集(9)』	菊判背革	一七三〇頁	價 6.20	送 .22
永安百治著	『地方財政調整論』	菊判上製	一八〇頁	價 1.30	送 .14
三好重夫著	『地方財政改革論』	菊判上製	二三〇頁	價 1.50	送 .14
田中廣太郎著	『地方税研究 第三卷』	菊判上製	五二〇頁	價 3.50	送 .18
三好重夫著	『地方財政の實際問題』	菊判上製	二六〇頁	價 1.60	送 .14

良書普及會刊行書目

飯沼一省著	『都市計畫の理論と法制』	菊判上製 四四〇頁	價 3.80	送	.14
飯沼一省著	『地方計畫論』	菊判上製 三五〇頁	價 2.80	送	.14
內務省河川課	『水ニ關スル法令並例規』	菊判上製 八三〇頁	價 5.80	送	.22
田中好著	『土地收用法學說實例總覽』	菊半折込製 二五〇頁	價 1.40	送	.10
武井群嗣著	『道路及道路交通』	菊判洋裝 二七〇頁	價 2.00	送	.12
武井群嗣著	『治水及利水』	菊判洋裝 二八〇頁	價 2.00	送	.12
武井群嗣著	『土地收用・事業助成』	菊判洋裝 二二〇頁	價 1.80	送	.12
小栗忠七編	『例規判例都市計畫法規類集』	菊判上製 一二五〇頁	價 6.80	送	.22
良書普及會編	『新軌道法例規』	菊判並製 全一册	價 .50	送	.02
良書普及會編	『改正土地收用法例規』	菊判並製 全一册	價 .38	送	.02
加藤鐵矢著	『國有財產法詳論』	菊判上製 五〇〇頁	價 4.80	送	.14
木下友三郎修	『行政裁判所判決總覽』	菊判加除綴 二一〇〇頁	價 1500	送	.36
良書普及會編	『頭註帝國法典』	菊半革包裝 一四〇〇頁	價 3.50	送	.18

地方自治法研究復刊大系〔第278巻〕

改訂加除 地方制度輯攬〔改訂76版〕第1分冊

日本立法資料全集 別巻 1088

2019(令和元)年10月25日　復刻版第1刷発行　7688-6:012-010-005

編　纂　良　書　普　及　会
発行者　今　井　　貴
　　　　稲　葉　文　子
発行所　株式会社信山社
〒113-0033 東京都文京区本郷6-2-9-102東大正門前
Ⓣ03(3818)1019　Ⓕ03(3818)0344
来栖支店〒309-1625 茨城県笠間市来栖2345-1
Ⓣ0296-71-0215　Ⓕ0296-72-5410
笠間才木支店〒309-1611 笠間市笠間515-3
Ⓣ0296-71-9081　Ⓕ0296-71-9082
印刷所　ワ イ ズ 書 籍
製本所　カナメブックス
用　紙　七　洋　紙　業

printed in Japan　分類 323.934 g 1088

ISBN978-4-7972-7688-6 C3332 ¥68000E

日本立法資料全集 別巻

地方自治法研究復刊大系

日本立法資料全集 別巻

地方自治法研究復刊大系